한 국 어 능 력 시 험

3급에서 6급까지 단계별 딱! 맞춤 시험 대비서

TOPIK II 토픽II

합격 레시피

저자 이태환

한글파크

 합격 레시피

초판 발행	2019년 7월 22일
초판 11쇄	2024년 7월 5일

저자	이태환
편집	권이준, 김아영
펴낸이	엄태상
콘텐츠 제작	김선웅, 장형진
마케팅본부	이승욱, 왕성석, 노원준, 조성민, 이선민
경영기획	조성근, 최성훈, 김다미, 최수진, 오희연
물류	정종진, 윤덕현, 신승진, 구윤주

펴낸곳	한글파크
주소	서울시 종로구 자하문로 300 시사빌딩
주문 및 교재 문의	1588-1582
팩스	0502-989-9592
홈페이지	http://www.sisabooks.com
이메일	book_korean@sisadream.com
등록일자	2000년 8월 17일
등록번호	제300-2014-90호

ISBN	978-89-5518-626-0 14710
	978-89-5518-624-6 (set)

※ 한국어능력시험(TOPIK)의 저작권과 상표권은 대한민국 국립국제교육원에 있습니다.
TOPIK, Trademark®& Copyright© by NIIED(National Institute for International Education), Republic of Korea

머리말

한국어능력시험(TOPIK)은 한국어를 모국어로 하지 않는 외국인과 재외동포를 대상으로 한국어의 학습 방향을 제시하고 한국어의 보급과 확대를 목적으로 하는 시험 제도입니다. 한국어의 사용 능력을 측정하고 평가하는 대표적인 시험 제도로서 한국 유학과 취업 등에 널리 활용되고 있습니다. 이런 TOPIK 시험의 활용도와 공신력으로 인해 한국어를 배우고 TOPIK 시험을 준비하는 응시자의 수가 해마다 증가하고 있습니다.

이런 흐름 속에서 TOPIK 시험을 준비하는 수많은 응시자들은 '어떤 교재를 선택할까?'라는 고민을 하게 됩니다. 그리고 한국어 교육 현장에서 열정적으로 강의를 담당하고 계시는 선생님들께서는 그런 고민을 하는 응시자들에게 '어떤 교재를 추천하고 어떻게 가르칠까?'라는 고민을 하게 됩니다. 필자 또한 그런 고민을 오랫동안 해 왔습니다.

필자가 한국어 교육을 시작한 지 올해 15년째입니다. 그리고 필자가 몸담고 있는 가천대학교에서 TOPIK 시험 대비 강의도 10년째 해 오고 있습니다. 강의를 하면서 겪었던 시행착오를 통해 좀 더 나은 교수법을 개발하려고 노력한 부분들을 본 교재 〈TOPIK II 합격 레시피〉에 담아 보았습니다. 특히 2014년 제35회부터 TOPIK 시험 체제가 개편된 이후 기출문제 분석과 출제 경향 예측, 모의고사 출제 등을 통해 앞서 말한 고민들을 담아내기 위하여 노력해 왔습니다.

본 교재는 기출문제 분석을 통해 문제 풀이 방법을 설명하는 것에 그치지 않으려고 노력하였는데 그 특징은 다음과 같습니다.
첫째, 유형을 문항별로 나누고 듣기의 경우 대화 상황, 읽기의 경우 지문의 종류를 세분화
둘째, 세분화된 내용들을 분석하고 출제 가능 항목을 정리하여 랭킹(Ranking)으로 제시
셋째, 랭킹으로 제시한 내용을 예상 문제로 만들어 실제 시험에 대비
넷째, 종합 점수를 기준으로 등급별 분할 점수에 맞게 TOPIK II 전체 문항을 급수별로 나눔
다섯째, TOPIK II를 한눈에 분석하는 영역 연계도 학습을 통해 자신의 실력을 확인

본 교재가 나오기까지 고마운 분들께 감사의 인사를 전합니다. 모든 문항을 세분화하고 색으로 표시하는 일이 번거로운데도 불구하고 깔끔한 교재로 만들어 주신 양승주 편집부 과장님께 먼저 감사를 드립니다. 그리고 〈한글파크〉와 인연을 맺게 해 주신 왕성석 마케팅부 차장님, 첫 원고를 보고 반갑게 맞아주신 장은혜 편집부 부장님께도 감사의 인사를 올립니다. 또 꼼꼼하게 교정을 봐 주신 본교 TOPIK 센터 공민정, 이혜진 선생님께 감사의 인사를 전합니다. 실제 TOPIK 시험의 느낌이 나도록 듣기 녹음에 멋진 목소리를 남겨 주신 조영미, 정훈석 성우님들께도 고마움을 전합니다. 끝으로 본 교재의 출판을 기꺼이 맡아 주신 〈한글파크〉 엄태상 대표님 이하 편집진 여러분께도 감사드립니다.

2019년 7월
이태환 드림.
EHwan Dream

차 례

▶ 머리말 ──────────── 03
▶ 일러두기 ──────────── 06
▶ TOPIK(한국어능력시험) 안내 ──────── 08
▶ 영역 연계도 ──────────── 10
▶ 학습 계획표 ──────────── 12

3급

Chapter 1 문법·어휘 ──────── 14

1 [읽기 1번~2번] 알맞은 문법
2 [읽기 3번~4번] 유사 문법
3 [읽기 5번~8번] 광고

Chapter 2 상황과 그에 따른 반응 ─── 43

1 [듣기 1번~2번] 알맞은 그림
2 [듣기 4번~8번] 이어질 수 있는 말(장소/상황)
3 [듣기 9번~12번] 이어서 할 행동

Chapter 3 내용 일치 ──────── 73

1 [듣기 13번] 지인과의 대화
2 [듣기 14번] 안내 방송
3 [듣기 15번] 뉴스
4 [듣기 16번] 인터뷰
5 [읽기 9번] 안내문
6 [읽기 11번~12번] 신문 기사
7 [읽기 19번~20번] 설명문

Chapter 4 중심 생각 ──────── 96

1 [듣기 17번~19번] 대화
2 [듣기 20번] 인터뷰

Chapter 5 순서 배열 ──────── 104

1 [읽기 13번~15번] 정보

Chapter 6 빈칸 채우기 ──────── 109

1 [읽기 16번~18번] 대응 유형, 종합 유형
2 [쓰기 51번] 공개적인 글, 개인적인 글
3 [쓰기 52번] 설명문

Chapter 7 그래프 ──────── 126

1 [읽기 10번] 그래프 확인하기
2 [듣기 3번] 그래프 이해하기
3 [쓰기 53번] 그래프 설명하기

3급 실전모의고사 ──────── 138

4급

Chapter 1 격식적 대화 ──────── 154

1 [듣기 21번~22번] 공적 대화
2 [듣기 25번~26번] 최신 인터뷰
3 [듣기 29번~30번] 직업 인터뷰
4 [듣기 23번~24번] 공공 시설 용무
5 [듣기 27번~28번] 의견/의논

Chapter 2 논설문/설명문 ──────── 170

1 [읽기 21번~22번] 중심 생각, 관용 표현/속담

Chapter 3　신문 기사 제목 —————— 176

1　읽기 25번~27번　제목과 같은 신문 기사

Chapter 4　개인적인 글 —————— 182

1　읽기 23번~24번　등장인물의 심정, 내용 일치

Chapter 5　정보 전달 —————— 186

1　읽기 28번~31번　빈칸 채우기

4급 실전모의고사 —————— 193

5급

Chapter 1　공식적 대화 —————— 202

1　듣기 31번~32번　토론
2　듣기 33번~34번　강연
3　듣기 35번~36번　현장 연설
4　듣기 37번~38번　교양 프로그램
5　듣기 39번~40번　대담

Chapter 2　정보 전달 —————— 218

1　읽기 32번~34번　설명문
2　읽기 35번~38번　정보(중심 생각)
3　읽기 39번~41번　정보(순서 배열)

5급 실전모의고사 —————— 231

6급

Chapter 1　소설 —————— 240

1　읽기 42번~43번　등장인물의 심정, 내용 일치

Chapter 2　정보 전달 —————— 244

1　읽기 44번~45번　설명문/논설문
2　읽기 46번~47번　정보(순서 배열)
3　읽기 48번~50번　종합(논설문)

Chapter 3　공식적 대화 —————— 256

1　듣기 41번-42번　강연(중심 내용)
2　듣기 45번-46번　강연(세부 내용)
3　듣기 49번-50번　강연(화자의 태도)
4　듣기 47번-48번　대담

Chapter 4　정보 전달 —————— 269

1　듣기 43번~44번　다큐멘터리

Chapter 5　작문 —————— 272

1　쓰기 54번　주제별 분류

6급 실전모의고사 —————— 279

책 속의 책

▶ 어휘와 표현 —————— 3
▶ 정답과 해설 —————— 49

일러두기

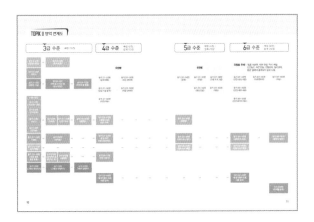

급수별 분할 및 영역별 연계도

TOPIKⅡ 종합 점수를 기준으로 등급별 분할 점수에 맞게 급수별로 나누어 학습할 수 있도록 하였습니다. 아울러 영역별 연계도 학습을 통하여 자신의 실력을 확인하고 나아가 고득점을 받을 수 있도록 구성하였습니다.

유형 및 풀이 방법

문항의 유형을 설명하고 문항에서 요구하는 능력 측정 기준을 제시하였습니다. 〈황금 레시피〉를 통해 전체적인 풀이 방법을 설명하였습니다. 최신 기출문제를 분석하여 구체적인 문제 해결 전략을 제시하였습니다.

출제 가능성이 높은 내용을 순위에 따라 Ranking으로 정리하였습니다. 1999년 이후 20년 동안 출제되었던 TOPIK 중고급의 기출문제를 분석하고 출제 가능성을 예측할 수 있도록 Ranking을 선정하였습니다.

예상 문제

Ranking에 선정된 순위에 따라 예상 문제를 제시하였습니다. 앞서 학습한 문제 해결 전략에 따라서 문제를 해결하는 연습을 반복하도록 하였습니다.

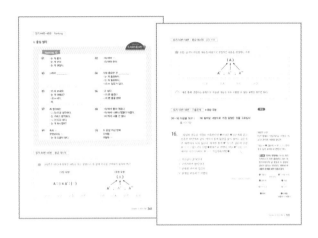

풀이 방법의 유형화

시각적인 유형화를 통해 〈듣기〉 영역과 〈읽기〉 영역의 내용 이해 전략을 세웠습니다. 〈듣기〉 영역의 '이어서 할 행동'의 유형, 〈쓰기〉와 〈읽기〉 영역의 '빈칸에 알맞은 내용'의 유형 등이 대표적인 예입니다.

특히 〈듣기〉와 〈읽기〉 영역의 '중심 생각'과 '주제'의 유형은 학습자가 원하는 점수에 도달하는 데 있어서 매우 중요한 부분입니다. 〈듣기〉 영역의 '화자의 의도와 태도, 말하는 방식'과 〈읽기〉 영역의 '필자의 태도'를 포함하여 약 22개 문항, 44점의 높은 비중을 보이고 있어 반복적으로 유형을 제시하여 익숙해지도록 하였습니다.

실전편

TOPIK II 시험에 대비하여 출제 가능성이 높은 순으로 〈실전모의고사〉를 구성하였습니다. 본 교재의 특성에 맞게 3급, 4급, 5급, 6급 단계별로 급수에 대한 학습을 마치고 풀어 볼 수 있도록 구성하였습니다.

어휘와 표현 & 정답과 해설

문항 유형별로 반드시 알고 있어야 하는 어휘와 표현을 따로 정리하여 학습에 도움이 되도록 하였습니다. 예상문제에 대한 정답과 자세한 설명을 정답과 해설에 정리했습니다.

TOPIK (한국어능력시험) 안내

1. 한국어능력시험의 목적

- 한국어를 모국어로 하지 않는 재외동포·외국인의 한국어 학습 방향 제시 및 한국어 보급 확대
- 한국어 사용능력을 측정·평가하여 그 결과를 국내 대학 유학 및 취업 등에 활용

2. 응시 대상

한국어를 모국어로 하지 않는 재외동포 및 외국인으로서
- 한국어 학습자 및 국내 대학 유학 희망자
- 국내·외 한국 기업체 및 공공기관 취업 희망자
- 외국 학교에 재학 중이거나 졸업한 재외국민

3. 주관 기관

교육부 국립국제교육원

4. 시험의 수준 및 등급

- 시험의 수준 : TOPIK I, TOPIK II
- 평가 등급 : 6개 등급(1~6급)

TOPIK I		TOPIK II			
1급	2급	3급	4급	5급	6급
80점 이상	140점 이상	120점 이상	150점 이상	190점 이상	230점 이상

5. 시험 시간

구분	교시	영역	시간
TOPIK I	1교시	듣기/읽기	100분
TOPIK II	1교시	듣기/쓰기	110분
	2교시	읽기	70분

6. 문항 구성

1) 수준별 구성

시험 수준	교시	영역/시간	유형	문항수	배점	배점총계
TOPIK I	1교시	듣기(40분)	선택형	30	100	200
		읽기(60분)	선택형	40	100	
TOPIK II	1교시	듣기(60분)	선택형	50	100	300
		쓰기(50분)	서답형	4	100	
	2교시	읽기(70분)	선택형	50	100	

2) 문제 유형
  ① 선택형 문항(4지선다형)
  ② 서답형 문항(쓰기 영역)
    • 문장완성형(단답) : 2문항
    • 작문형 : 2문항 − 중급 수준의 200~300자 정도의 설명문 1문항
                      − 고급 수준의 600~700자 정도의 논술문 1문항

7. 등급별 평가 기준

시험 수준	교시	배점 총계
TOPIK Ⅱ	3급	− 일상생활을 영위하는 데 별 어려움을 느끼지 않으며, 다양한 공공시설의 이용과 사회적 관계 유지에 필요한 기초적 언어 기능을 수행할 수 있다. − 친숙하고 구체적인 소재는 물론, 자신에게 친숙한 사회적 소재를 문단 단위로 표현하거나 이해할 수 있다. − 문어와 구어의 기본적인 특성을 구분해서 이해하고 사용할 수 있다.
	4급	− 공공시설 이용과 사회적 관계 유지에 필요한 언어 기능을 수행할 수 있으며, 일반적인 업무 수행에 필요한 기능을 어느 정도 수행할 수 있다. − '뉴스, 신문 기사' 중 평이한 내용을 이해할 수 있다. 일반적인 사회적·추상적 소재를 비교적 정확하고 유창하게 이해하고, 사용할 수 있다. − 자주 사용되는 관용적 표현과 대표적인 한국 문화에 대한 이해를 바탕으로 사회·문화적인 내용을 이해하고 사용할 수 있다.
	5급	− 전문 분야에서의 연구나 업무 수행에 필요한 언어 기능을 어느 정도 수행할 수 있다. − '정치, 경제, 사회, 문화' 전반에 걸쳐 친숙하지 않은 소재에 관해서도 이해하고 사용할 수 있다. − 공식적, 비공식적 맥락과 구어적, 문어적 맥락에 따라 언어를 적절히 구분해 사용할 수 있다.
	6급	− 전문 분야에서의 연구나 업무 수행에 필요한 언어 기능을 비교적 정확하고 유창하게 수행할 수 있다. − '정치, 경제, 사회, 문화' 전반에 걸쳐 친숙하지 않은 주제에 관해서도 이용하고 사용할 수 있다. − 원어민 화자의 수준에는 이르지 못하나 기능 수행이나 의미 표현에는 어려움을 겪지 않는다.

3급 수준　배점 130점

4급 수준　배점 42점 / 합계 172점

읽기 [1~2]번
〈알맞은 문법〉 → 읽기 [3~4]번
〈유사 문법〉

읽기 [5~8]번
〈광고〉

유형별

듣기 [1~2]번
〈알맞은 그림〉 → 듣기[4~8]번
〈이어질 수 있는 말
(장소/상황)〉 → 듣기 [9~12]번
〈이어서 할 행동〉

듣기 [21~22]번
〈공적 대화〉

듣기 [25~26]번
〈최신 인터뷰〉

듣기 [23~24]번
〈공공 시설 용무〉

듣기 [29~30]번
〈직업 인터뷰〉

듣기 [27~28]번
〈의견/의논〉

〈내용 일치〉

듣기 [13]번
〈지인과의 대화〉

듣기 [14]번
〈안내 방송〉

듣기 [15]번
〈뉴스〉 → 읽기 [9]번
〈안내문〉 / 읽기 [11~12]번
〈신문 기사〉 → 읽기 [19~20]번
〈설명문〉 → 읽기 [25~27]번
〈제목과 같은
신문 기사〉

듣기 [16]번
〈인터뷰〉

듣기 [17~19]번
〈대화〉 → 듣기 [20]번
〈인터뷰〉 → 읽기 [21~22]번
〈중심 생각,
관용 표현/속담〉

읽기 [13~15]번
〈순서 배열〉

읽기 [16~18]번
〈대응 유형,
종합 유형〉 → 쓰기 [51]번
〈공개적인 글,
개인적인 글〉 / 쓰기 [52]번
〈설명문〉 → 읽기[28~31]번
〈빈칸 채우기〉

읽기 [10]번
〈그래프 확인하기〉 → 듣기 [3]번
〈그래프 이해하기〉 → 쓰기 [53]번
그래프 설명하기

읽기 [23~24]번
〈등장인물의 심정,
내용 일치〉

5급 수준
배점 40점 /
합계 212점

6급 수준
배점 38점 /
합계 250점

유형별

유형별 주제 : '동물, 미래학, 사회 현상, 역사, 예술,
인간심리, 자연 현상, 전통문화, 정치경제,
환경' 중에서 중복되지 않게 나옴.

듣기 [33~34]번
〈강연〉

듣기 [31~32]번
〈토론〉

듣기 [37~38]번
〈교양 프로그램〉

듣기 [41~42]번
〈강연-중심 내용〉

듣기 [43~44]번
〈다큐멘터리〉

듣기 [47~48]번
〈대담〉

듣기 [35~36]번
〈현장 연설〉

듣기 [39~40]번
〈대담〉

듣기 [45~46]번
〈강연-세부 내용〉

듣기 [49~50]번
〈강연-화자의 태도〉

읽기 [32~34번]
〈설명문〉

읽기 [35~38번]
〈정보-중심 생각〉

읽기 [44~45]번
〈설명문/논설문〉

읽기 [48~50]번
〈종합(논설문)〉

읽기 [39~41번]
〈정보-순서 배열〉

읽기 [46~47]번
〈정보-순서 배열〉

읽기 [42~43]번
〈등장인물의 심정,
내용 일치〉

쓰기 [54]번
〈주제별 분류〉

학습 계획표_6주 완성

	1일차	2일차	3일차	4일차	5일차	6일차	7일차
❶ 주차	읽기 1-2	읽기 3-4	읽기 5-8	듣기 1-2	듣기 4-8	듣기 9-12	듣기 13-16
❷ 주차	읽기 9	읽기 11-12	읽기 19-20	듣기 17-19 듣기 20	읽기 13-15	읽기 16-18	쓰기 51
❸ 주차	쓰기 52	읽기 10 듣기 3	쓰기 53	3급 실전모의고사	듣기 21-22	듣기 25-26	듣기 29-30
❹ 주차	듣기 23-24	듣기 27-28	읽기 21-22	읽기 25-27	읽기 23-24	읽기 28-31	4급 실전모의고사
❺ 주차	듣기 31-32	듣기 33-34	듣기 35-36 듣기 37-38	듣기 39-40	읽기 32-34 읽기 35-38	읽기 39-41	5급 실전모의고사
❻ 주차	읽기 42-43	읽기 44-45 읽기 46-47	읽기 48-50	듣기 41-42 듣기 45-46 듣기 49-50	듣기 47-48 듣기 43-44	쓰기 54	6급 실전모의고사

나만의 학습 계획표

	1일차	2일차	3일차	4일차	5일차	6일차	7일차
❶ 주차							
❷ 주차							
❸ 주차							
❹ 주차							
❺ 주차							
❻ 주차							시험!

3급

▶ 배점 130점

읽기 [1~2]번
〈알맞은 문법〉 → 읽기 [3~4]번
〈유사 문법〉

읽기 [5~8]번
〈광고〉

듣기 [1~2]번
〈알맞은 그림〉 → 듣기[4~8]번
〈이어질 수 있는 말(장소/상황)〉 → 듣기 [9~12]번
〈이어서 할 행동〉

듣기 [13]번
〈지인과의 대화〉

듣기 [14]번
〈안내 방송〉

듣기 [15]번
〈뉴스〉 → 읽기 [9]번
〈안내문〉 읽기 [11~12]번
〈신문 기사〉 → 읽기 [19~20]번
〈설명문〉

듣기 [16]번
〈인터뷰〉

듣기 [17~19]번
〈대화〉 → 듣기 [20]번
〈인터뷰〉

읽기 [13~15]번
〈정보〉

읽기 [16~18]번
〈대화 유형, 종합 유형〉 → 쓰기 [51]번
〈공개적인 글,
개인적인 글〉 쓰기 [52]번
〈설명문〉

읽기 [10]번
〈그래프 확인하기〉 → 듣기 [3]번
〈그래프 이해하기〉 → 쓰기 [53]번
그래프 설명하기

문법 · 어휘

1 알맞은 문법

▶ 읽기 [1~2]번 유형은 문맥에 알맞은 문법을 고르는 문항이다. 기본 문법 사용 능력을 측정하는 문항으로 **3급 수준의 문법**이 출제된다.

읽기 1번~2번 | 황금 레시피

1. 중급 수준의 문법 기능과 의미에 대해 알고 있어야 한다.
2. 〈연결어미〉는 앞의 내용과 뒤의 내용을 (A ➡ B)로 나눈 다음에 어울리는 문법을 선택해야 한다.
3. 〈종결어미〉는 뒤의 내용의 시제가 과거, 현재, 미래인지를 판단한 다음에 어울리는 문법을 선택해야 한다.

읽기 1번~2번 | 기출문제

해설

[1~2] (　　)에 들어갈 가장 알맞은 것을 고르십시오. (각 2점)

1. 휴대 전화를 (　　) 내려야 할 역을 지나쳤다.

① 보든지　　　　② 보다가
③ 보려면　　　　④ 보고서

TOPIK II 〈60회 읽기 1번〉

2. 한국 친구 덕분에 한국 문화를 많이 (　　).

① 알게 되었다　　② 알도록 했다
③ 알아도 된다　　④ 알아야 한다

TOPIK II 〈60회 읽기 2번〉

정답은 ②번
휴대 전화를 보다
➡ 내려야 할 역을 지나쳤다.
'내려야 할 역을 지나쳤다.'는 의외의 내용이다. 이때 호응하는 문법은 〈행동: 의외〉를 나타내는 '-다가'를 찾아야 한다. '-다가'는 앞의 내용을 하는 중에 뒤의 행동으로 바뀔 때 사용한다.

정답은 ①번
한국 친구 덕분에
➡ 한국 문화를 많이 알다.
앞의 내용인 '한국 친구 덕분에'는 〈이유〉로 긍정적인 이유와 결과를 나타낸다. 뒤의 내용은 결과이기 때문에 과거시제를 찾으면 되는데 과거시제는 ①번과 ②번이다. 이 중에서 '그 전에는 한국 문화를 잘 몰랐는데 한국 친구 덕분에 알았다.'라는 의미를 완성하려면 〈설명: 변화〉의 '-게 되다'를 찾아야 한다. '-게 되다'는 앞의 상황을 설명하고 뒤에서 현재의 변화된 상황을 설명할 때 사용한다.

🌐 연결어미 TOPIK에 자주 출제되는 문법

Ranking 30	문법의 의미와 기능	예문
01 −다가	① 행동 전환: 의지 ② 행동 전환: 의외	① 집에 **가다가** 시장에 들러서 과자를 샀다. ② 계단을 뛰어 **내려가다가** 넘어질 뻔했다.
02 −고 나서	순서: 완료	어제 **퇴근하고 나서** 친구들과 만났다.
03 −(으)ㄴ/는데	① 상반: 대조 ② 설명: 도입	① 저 식당은 음식값은 **저렴한데** 맛이 별로 없다. ② 행사장에 **도착했는데** 사람들이 많이 와 있었다.
04 −(으)려고	목적	고향에 **가려고** 기차표를 미리 예매했다.
05 −(으)려면	가정: 의도	다음 버스를 **타려면** 삼십 분을 기다려야 한다.
06 −느라고	이유: 동시	시장에서 물건을 **사느라고** 조금 늦었다.
07 −아/어야	조건: 필수	이 영화는 예매를 **해야** 볼 수 있을 정도로 인기가 많다.
08 −(으)ㄹ까 봐(서)	우려	길이 미끄러워서 **넘어질까 봐** 조심스럽게 걸어왔다.
09 −거나	선택: 택일	나는 시간이 있으면 영화를 **보거나** 책을 읽는다.
10 −자마자	순서: 즉시	어제 너무 피곤해서 **눕자마자** 잠이 들었다.
11 −(으)ㄹ수록	설명: 비례	시간이 **지날수록** 후회만 많아지는 것 같다.
12 −아/어서	① 이유 ② 순서: 계기	① 어제 기침이 나고 열이 **나서** 모임에 나가지 못했다. ② 친구와 학교 앞에서 **만나서** 같이 출발하기로 했다.
13 −아/어서 그런지	추측: 이유	단풍 구경을 갔는데 **주말이라서 그런지** 사람들이 많았다.
14 −더니	경험: 관찰	지난주에는 날씨가 **따뜻하더니** 갑자기 추워졌다.
15 −(으)ㄹ지	선택: 고민	친구 결혼식 때 무슨 옷을 **입을지** 아직 결정하지 못했다.
16 −(으)면서	행동: 동시	나는 항상 노래를 **들으면서** 운전을 한다.
17 −(으)니까	경험: 결과	여행을 갔다가 집에 **돌아오니까** 신문이 쌓여 있었다.
18 −(으)면	가정	바람이 세고 파도가 **높으면** 수영을 할 수 없다고 한다.

19	−든지	선택: 무관	무엇을 **하든지** 최선을 다하는 자세가 필요하다.
20	−(으)ㄴ/는 데다가	포함: 추가	나는 술을 **좋아하는 데다가** 친구도 많아서 자주 술을 마신다.
21	−(으)ㄴ/는 대신에	선택: 대체, 보상	날씨가 안 좋아서 등산을 **가는 대신에** 영화를 보기로 했다.
22	−아/어도	가정: 상반	아무리 **바빠도** 운동을 꼭 해야 한다.
23	−는 김에	행동: 계기	출장을 **가는 김에** 거기에 사는 친구를 만나기로 했다.
24	−는 바람에	이유: 돌발	**배탈이 나는 바람에** 하루 종일 아무것도 못 먹었다.
25	−(으)ㄴ 채로	지속: 상태	너무 피곤해서 옷을 **입은 채로** 그냥 잠이 들었다.
26	−(으)ㄴ/는 덕분에	이유: 긍정	직장 동료가 **도와준 덕분에** 제시간에 보고서를 끝냈다.
27	−도록	① 목적 ② 정도	① 꽃이 잘 **자라도록** 창문 옆에 화분을 두었다. ② 어제 **밤새도록** 놀았더니 많이 피곤하다.
28	−기에/길래	이유: 발견	마트에서 과일을 싸게 **팔기에** 좀 많이 샀다.
29	−더라도	가정: 상반	무슨 일이 **있더라도** 내일까지는 일을 끝내야 한다.
30	−다가 보면	경험: 반복	어려운 일도 자꾸 **하다 보면** 익숙해지기 마련이다.

🍳TIP 빈칸 앞에 '누가(누구와), 언제, 무엇을(무슨), 어디에, 어떻게(어떤), 어느' 등 의문사가 나오면 뒤의 문법은
〈선택: 무관〉의 '−든지' 아니면 〈선택: 고민〉의 '−(으)ㄹ지', 〈확인〉의 '−(으)/는지'라는 점을 기억해 두어야 한다.

🌐 종결어미 TOPIK에 자주 출제되는 문법

Ranking 20		문법의 의미와 기능	예문
01	−아/어 놓다.	유지: 대비	내일은 바쁠 것 같아서 오늘 미리 신청서를 **써 놓았다.**
02	−기로 했다.	① 계획: 약속 ② 계획: 결심	① 나는 이번 방학에 부모님과 같이 설악산에 여행을 **가기로 했다.** ② 나는 내일부터 담배를 **끊기로 했다.**
03	−(으)면 되다.	조건: 충족	지하철역으로 가려면 이쪽으로 3분쯤 **걸어가면 된다.**
04	−게 하다.	명령: 사동	선생님은 학생들에게 휴대 전화를 **끄게 했다.**
05	−게 되다.	설명: 변화	해외 근무를 지원해서 해외 지사에 **가게 되었다.**

06	–(으)ㄴ 적이 있다.	경험: 시간	어렸을 때 부산에서 **산 적이 있다.**
07	–아/어 있다.	지속: 유지	공항에 도착하니까 사촌 동생이 마중을 **나와 있었다.**
08	–아/어 가다.	① 진행: 지속 ② 진행: 완료	① 꽃에 물을 자주 주는데도 자꾸 **시들어 간다.** ② 한국에 온 지 거의 2년이 다 **되어 간다.**
09	–(으)ㄴ/는 셈이다.	판단: 유사 결과	벌써 12월이니까 올해도 다 **지난 셈이다.**
10	–아/어 오다.	진행: 완료	나는 3년 전부터 태권도를 **배워 왔다.**
11	–(으)ㄹ 뻔했다.	행동: 직전	공항에서 하마터면 다른 사람과 가방이 **바뀔 뻔했다.**
12	–나 보다.	추측: 관찰	동생 방이 조용한 걸 보니까 방에서 **자나 보다.**
13	–기 마련이다.	당위: 예정 사실	뭐든지 열심히 하다가 보면 실력이 **좋아지기 마련이다.**
14	–(으)ㄴ/는 모양이다.	추측: 관찰	사무실 바닥이 깨끗한 걸 보니까 **청소를 한 모양이다.**
15	–아/어 버렸다.	행동: 완료	살까 말까 고민하던 구두를 그냥 **사 버렸다.**
16	–아/어 보이다.	판단: 주관적	그 사람은 운동을 해서 그런지 **건강해 보인다.**
17	–(으)ㄴ/는 척하다.	행동: 가식	동생이 자꾸 말을 거는데 귀찮아서 못 **들은 척했다.**
18	–(으)ㄹ지도 모르다.	추측: 불확실	아직 시간이 있지만 서두르지 않으면 자리가 **없을지도 모른다.**
19	–아/어 두다.	유지: 대비	주말에 영화를 보려고 표를 미리 **사 두었다.**
20	–(으)ㄹ 리가 없다.	추측: 불신	이번 일은 위험해서 사람들이 쉽게 **도와줄 리가 없다.**

[1~10] (   )에 들어갈 가장 알맞은 것을 고르십시오. (각 2점)

1. 운동장에서 (   ) 친구와 부딪혀서 넘어졌다.
① 축구할수록　　　② 축구하던데　　　③ 축구하다가　　　④ 축구하려고

2. 나는 저녁을 (   ) 집 앞 공원에서 산책을 한다.
① 먹고 나서　　　② 먹다 보면　　　③ 먹을 만큼　　　④ 먹는 길에

3. 내일 전시회가 (   ) 사람들이 많이 올 것 같다.
① 열리듯이　　　② 열리는데　　　③ 열리든지　　　④ 열리도록

4. 이번 생일에 딸에게 (   ) 인형을 만들었다.
① 선물하도록　　　② 선물하든지　　　③ 선물하려고　　　④ 선물하기에

5. 일할 때 실수를 하지 (   ) 미리 준비를 해야 한다.
① 않기에는　　　② 않을수록　　　③ 않으려면　　　④ 않으니까

6. 급하게 (   ) 우산을 챙겨 나오는 걸 깜빡했다.
① 나오는데도　　　② 나오자마자　　　③ 나오더라도　　　④ 나오느라고

7. 뭐든지 최선을 (   ) 회사 생활을 잘 할 수 있다.
① 다해야　　　② 다해도　　　③ 다하도록　　　④ 다하려면

8. 전화번호를 (   ) 휴대 전화에 얼른 저장했다.
① 잊어버릴까 봐서　　　② 잊어버릴 정도로　　　③ 잊어버릴 테니까　　　④ 잊어버릴 겸해서

9. 몸이 (   ) 힘들면 고향 생각이 많이 난다.
① 아프다면　　　② 아프지만　　　③ 아프듯이　　　④ 아프거나

10. 나는 학교를 (   ) 운전 면허증을 땄다.
① 졸업하도록　　　② 졸업하든지　　　③ 졸업하더라도　　　④ 졸업하자마자

예상문제

[1~10] (   )에 들어갈 가장 알맞은 것을 고르십시오. (각 2점)

1. 사무실을 청소하면서 중요한 서류인 것 같아서 서랍에 (   ).
① 넣어 놓았다   ② 넣을 뻔했다   ③ 넣고 있었다   ④ 넣기만 했다

2. 나는 새해에 열심히 운동해서 살을 (   ).
① 뺄 뻔했다   ② 빼기로 했다   ③ 뺄 리가 없다   ④ 빼려던 참이다

3. 시험 시작 40분 전까지 강의실에 (   ).
① 들어가면 된다   ② 들어가곤 한다   ③ 들어가게 된다   ④ 들어가기 쉽다

4. 엄마는 아이에게 밤 9시 이후에는 게임을 못 (   ).
① 하곤 했다   ② 하게 했다   ③ 해야 했다   ④ 할까 했다

5. 나는 부모님의 뒤를 이어 식당을 (   ).
① 맡게 됐다   ② 맡아 놓았다   ③ 맡을 뿐이었다   ④ 맡을 모양이었다

6. 나는 어렸을 때 피아노를 (   ).
① 배우는 중이다   ② 배운 적이 있다   ③ 배우려던 참이다   ④ 배울지도 모른다

7. 조금 전에 은행에 갔다 왔는데 문이 (   ).
① 닫힌 셈이다   ② 닫혀 있었다   ③ 닫힐 뻔했다   ④ 닫혔을 뿐이다

8. 한국어를 배운 지 거의 2년이 다 (   ).
① 되어 간다   ② 되면 좋겠다   ③ 되어야 한다   ④ 되기로 했다

9. 고객들에게 안내장을 보냈으니까 모든 준비를 (   ).
① 마친 셈이다   ② 마치려던 참이다   ③ 마치기 마련이다   ④ 마치기 십상이다

10. 그 의사는 20년간 환자들을 무료로 (   ).
① 치료해 왔다   ② 치료하게 했다   ③ 치료하는 법이다   ④ 치료하려던 참이다

2 유사 문법

▶ 읽기 [3~4]번 유형은 같은 의미의 문법이나 표현을 고르는 문항이다. 유의 표현 능력을 측정하는 문항으로 보통 **중급 수준의 문법**이 출제되지만 **가끔 4번의 경우 고급 수준의 문법**이 나오는 경우가 있다.

읽기 3번~4번 | 황금 레시피

1. 중급 수준의 문법 기능과 의미에 대해 알고 있어야 한다.
2. 밑줄 친 부분의 문법을 본 후 〈기능〉으로 먼저 확인해야 한다.
3. 〈기능〉으로 찾을 수 없다면 〈의미〉가 비슷한 것을 찾아야 한다.

읽기 3번~4번 | 기출문제   ▶유사 문법

해설

[3~4] 다음 밑줄 친 부분과 의미가 비슷한 것을 고르십시오. (각 2점)

3. 동생은 차를 <u>타기만 하면</u> 멀미를 한다.

① 탈 만해서   ② 타는 탓에
③ 탈 때마다   ④ 타는 동안

TOPIK II 〈60회 읽기 3번〉

정답은 ③번
'–기만 하다.'는 〈유일〉을 나타내는 문법이다. '–기만 하면'의 형태로 사용하면 '그 한 가지의 행동을 하면 그때마다'의 의미가 된다. '동생은 다른 행동이 아니고 차를 타는 행동만 하면 그때마다 멀미를 한다.'의 의미이다. 따라서 선택지 중에서는 이와 같은 의미의 문법을 찾으면 시간을 나타내면서 '행동'과 '반복'의 의미를 나타내는 '–(으)ㄹ 때마다'이다.

4. 이 컴퓨터는 낡아서 <u>수리해 봐야</u> 오래 쓰기 어렵다.

① 수리해 보니까   ② 수리하는 대로
③ 수리하는 바람에   ④ 수리한다고 해도

TOPIK II 〈60회 읽기 4번〉

정답은 ④번
'–아/어 봐야'는 〈행동: 무용〉을 나타내는 문법이다. '수리를 해 봐야 소용이 없다'는 의미이다. 선택지 중에서 이와 같은 의미의 문법을 찾으면 〈가정: 상반〉을 나타내는 '–(ㄴ/는)다고 해도'이다.

🌀 유사 문법

Ranking 40	문법의 의미와 기능	예문 (※ 파란색 예문은 고급 수준의 문법이니 주의해서 보세요.)
01 -(으)ㄴ/는 것 같다.	추측	짐 옮기는 소리가 나는 걸 보니까 옆집이 이사를 **가는 것 같다.** 짐 옮기는 소리가 나는 걸 보니까 옆집이 이사를 **가는 듯하다.** 짐 옮기는 소리가 나는 걸 보니까 옆집이 이사를 **가나 보다.** 짐 옮기는 소리가 나는 걸 보니까 옆집이 이사를 **가는 모양이다.**
02 -(으)ㄹ 정도로	정도	친구를 얼마 전에 만났는데 **몰라볼 정도로** 살이 많이 빠져 있었다. 친구를 얼마 전에 만났는데 **몰라볼 만큼** 살이 많이 빠져 있었다. 친구를 얼마 전에 만났는데 **몰라보게** 살이 많이 빠져 있었다.
03 -기 마련이다.	당위	물건이 오래되면 사용하지 않아도 **낡기 마련이다.** 물건이 오래되면 사용하지 않아도 **낡는 법이다.** 물건이 오래되면 사용하지 않아도 **낡게 돼 있다.**
04 -(으)ㄹ 수밖에 없다.	유일	열이 너무 심하게 나서 병원에 **갈 수밖에 없었다.** 열이 너무 심하게 나서 병원에 **가야만 했다.** 열이 너무 심하게 나서 병원에 **가지 않을 수 없었다.**
05 -(으)ㄹ 뿐만 아니라	포함: 추가	이 식당은 음식 값이 **쌀 뿐만 아니라** 종업원도 아주 친절하다. 이 식당은 음식 값이 **싼 데다가** 종업원도 아주 친절하다. 이 식당은 음식 값이 **싼 것은 물론이고** 종업원도 아주 친절하다.
06 -는 바람에	이유	사람들이 하도 **떠드는 바람에** 친구하고 대화를 할 수가 없었다. 사람들이 하도 **떠드는 통에** 친구하고 대화를 할 수가 없었다. 사람들이 하도 **떠들어서** 친구하고 대화를 할 수가 없었다. 서둘러 **나오는 바람에** 지갑을 안 가지고 나왔다. 서둘러 **나오느라고** 지갑을 안 가지고 나왔다. 서둘러 **나온 탓에** 지갑을 안 가지고 나왔다.
07 -(으)ㄹ까 봐(서)	우려	처음 자전거를 배울 때 **넘어질까 봐** 걱정했는데 생각보다 쉬웠다. 처음 자전거를 배울 때 **넘어질 것 같아서** 걱정했는데 생각보다 쉬웠다. 지각을 하면 앞자리에 **앉을 수 없을까 봐** 미리 강의실로 갔다. 지각을 하면 앞자리에 **앉을 수 없을지도 몰라서** 미리 강의실로 갔다.
08 -자마자	순서	나는 버스터미널에 **도착하자마자** 부모님께 전화를 드릴 생각이다. 나는 버스터미널에 **도착하는 대로** 부모님께 전화를 드릴 생각이다. 나는 버스터미널에 **도착하면 바로** 부모님께 전화를 드릴 생각이다. 백화점 입장이 **시작되자마자** 손님들이 몰려들었다. 백화점 입장이 **시작되기가 무섭게** 손님들이 몰려들었다.

09	-(으)ㄴ/는 셈이다.	판단	오늘이 벌써 12월 말이니까 올해도 다 **지나간 셈이다.** 오늘이 벌써 12월 말이니까 올해도 다 **지나간 거나 같다.** 오늘이 벌써 12월 말이니까 올해도 다 **지나간 거나 마찬가지이다.** 오늘이 벌써 12월 말이니까 올해도 다 **지나간 거나 다름없다.**
10	-(으)나 마나	선택	**물어보나 마나** 동생은 집에 있겠다고 할 것이다. **물어봐도** 동생은 집에 있겠다고 할 것이다. **물어보지 않아도** 동생은 집에 있겠다고 할 것이다. **물어볼 것도 없이** 동생은 집에 있겠다고 할 것이다.
11	-게	목적	금요일이 장학금 신청일이라서 **잊어버리지 않게** 달력에 표시해 두었다. 금요일이 장학금 신청일이라서 **잊어버리지 않도록** 달력에 표시해 두었다.
12	-는 길에	진행	집에 **들어오는 길에** 꽃이 예뻐서 한 다발을 샀다. 집에 **들어오다가** 꽃이 예뻐서 한 다발을 샀다.
13	-아/어 봐야	행동	좀 비싼 것 같지만 다른 가게에 **가 봐야** 값이 다 비슷할 것 같다. 좀 비싼 것 같지만 다른 가게에 **가 봐도** 값이 다 비슷할 것 같다. 좀 비싼 것 같지만 다른 가게에 **가 본다고 해도** 값이 다 비슷할 것 같다.
14	-(으)ㄹ 뿐이다.	유일	바빠서 일을 못 끝냈다는 말은 **변명일 뿐이다.** 바빠서 일을 못 끝냈다는 말은 **변명에 불과하다.** 바빠서 일을 못 끝냈다는 말은 **변명에 지나지 않는다.** 친구에게 항상 도움을 받기만 해서 **미안할 뿐이다.** 친구에게 항상 도움을 받기만 해서 **미안할 따름이다.**
15	-았/었어야 했는데	유감	졸업하고 보니 학교 다닐 때 좀 더 열심히 **공부했어야 했다는** 생각이 든다. 졸업하고 보니 학교 다닐 때 좀 더 열심히 **공부할걸 그랬다는** 생각이 든다.
16	-(으)려던 참이다.	계획	사무실이 너무 더워서 안 그래도 막 에어컨을 **켜려던 참이었다.** 사무실이 너무 더워서 안 그래도 막 에어컨을 **켜려고 했다.**
17	-기 위해서	목적	요즘 살을 **빼기 위해서** 열심히 운동을 하고 있다. 요즘 살을 **빼려고** 열심히 운동을 하고 있다. 요즘 살을 **빼고자** 열심히 운동을 하고 있다.
18	-는 대로	방법: 일관	요가를 배우는데 선생님이 **하는 대로** 따라 하기가 쉽지 않다. 요가를 배우는데 선생님이 **하는 것처럼** 따라 하기가 쉽지 않다. 요가를 배우는데 선생님이 **하는 것과 같이** 따라 하기가 쉽지 않다.
19	-에 달려 있다.	조건	똑같은 재료인데도 음식 맛이 다른 걸 보면 음식은 **요리하기에 달려 있다.** 똑같은 재료인데도 음식 맛이 다른 걸 보면 음식은 **요리하기 나름이다.**
20	-(으)ㄹ지도 모르다.	추측	예상보다 손님이 많이 와서 준비한 음식이 **부족할지도 모른다.** 예상보다 손님이 많이 와서 준비한 음식이 **부족할 수도 있다.**

21	-(으)ㄹ 만하다.	판단	서울 근교에는 가족들과 함께 즐겁게 **놀 만한** 곳이 많이 있다. 서울 근교에는 가족들과 함께 즐겁게 **놀 수 있는** 곳이 많이 있다.
22	-은/는커녕	포함: 부정	목이 너무 아파서 **밥은커녕** 물조차 못 마신다. 목이 너무 아파서 **밥은 물론이고** 물조차 못 마신다. 목이 너무 아파서 **밥은 말할 것도 없고** 물조차 못 마신다.
23	-(으)ㄴ/는 척하다.	행동	회사 동료가 바빠 보였지만 도와주고 싶지 않아서 **모르는 척했다.** 회사 동료가 바빠 보였지만 도와주고 싶지 않아서 **모르는 것처럼 행동했다.** 회사 동료가 바빠 보였지만 도와주고 싶지 않아서 **모르는 체했다.**
24	-다가 보니까	경험	바빠서 식사를 제시간에 **못 하다가 보니까** 속이 쓰릴 때가 많아졌다. 바빠서 식사를 제시간에 **못 하는 탓에** 속이 쓰릴 때가 많아졌다.
25	-듯이	비유	나라마다 언어가 **다르듯이** 문화도 다르다. 나라마다 언어가 **다른 것처럼** 문화도 다르다.
26	-(으)ㄴ/는 반면에	상반	이 제품은 열에 **강한 반면에** 습기에는 약하다. 이 제품은 열에 **강한 데 반해** 습기에는 약하다.
27	-(으)면서(도)	상반	친구가 곤란할까 봐 그 사실을 **알면서** 모른 척했다. 친구가 곤란할까 봐 그 사실을 **알고서도** 모른 척했다.
28	-(으)ㄴ/는데(도)	상반	나는 공부를 열심히 **하는데도** 성적이 잘 오르지 않는다. 나는 공부를 열심히 **하지만** 성적이 잘 오르지 않는다.
29	-(으)ㄴ/는가 하면	상반	이 영화는 재미있는 부분이 **있는가 하면** 지루한 부분도 꽤 있다. 이 영화는 재미있는 부분이 **있기는 하지만** 지루한 부분도 꽤 있다.
30	-든지	선택: 무관	저 사람과 같이 일한다면 뭘 **하든지** 열심히 하는 사람이면 좋겠다. 저 사람과 같이 일한다면 뭘 **하더라도** 열심히 하는 사람이면 좋겠다.
31	-도록	정도: 시간	아이는 날이 **어두워지도록** 아무 연락도 없었다. 아이는 날이 **어두워질 때까지** 아무 연락도 없었다.
32	-(ㄴ/는)다기에/길래	이유: 정보	눈이 피곤할 때 먼 곳을 쳐다보면 효과가 **있다기에** 해 보는 중이다. 눈이 피곤할 때 먼 곳을 쳐다보면 효과가 **있다고 해서** 해 보는 중이다.
33	-(으)려면	가정: 의도	외국에서 생활을 **잘하려면** 그 나라의 문화를 이해하는 게 중요하다. 외국에서 생활을 **잘하기 위해서는** 그 나라의 문화를 이해하는 게 중요하다.
34	-아/어 보이다.	판단: 주관	친구가 기분 좋은 일이 있는지 기분이 **좋아 보였다.** 친구가 기분 좋은 일이 있는지 기분이 **좋은 것 같았다.**
35	-(으)ㄹ 리가 없다.	추측: 확신	그는 정직하기 때문에 거짓말을 **했을 리가 없다.** 그는 정직하기 때문에 거짓말을 **하지 않았을 것이다.**

(36)	–기만 하다.	유일	목감기에 걸려서 그런지 음식을 **먹기만 하면** 목이 아프다. 목감기에 걸려서 그런지 음식을 **먹을 때마다** 목이 아프다.
(37)	–(으)ㄴ 채(로)	지속	저기 우산을 **쓴 채** 서 있는 사람이 오늘 소개할 사람이다. 저기 우산을 **쓰고** 서 있는 사람이 오늘 소개할 사람이다.
(38)	–고도	상반	스마트폰이 복잡해서 그런지 어머니가 설명을 **듣고도** 모르겠다고 하셨다. 스마트폰이 복잡해서 그런지 어머니가 설명을 **들었는데도** 모르겠다고 하셨다.
(39)	–(으)ㄴ/는 줄 몰랐다.	판단	나는 지난주에 모임이 있어서 이번 주 모임은 **있는 줄 몰랐다.** 나는 지난주에 모임이 있어서 이번 주 모임은 **없다고 생각했다.**
(40)	–(으)ㄴ 나머지	이유	나는 그림 작업에 **집중한 나머지** 중요한 전화를 받지 못했다. 나는 그림 작업에 **집중한 탓에** 중요한 전화를 받지 못했다.

예상문제

[1~10] 다음 밑줄 친 부분과 의미가 비슷한 것을 고르십시오. (각 2점)

1. 하늘에 구름이 많이 낀 걸 보니까 비가 <u>올 듯하다</u>.
   ① 올 뻔했다   ② 올 뿐이다   ③ 올 모양이다   ④ 올 리가 없다

2. 1년 만에 고향에 갔는데 <u>몰라볼 정도로</u> 변해서 깜짝 놀랐다.
   ① 몰라보게   ② 몰라보든지   ③ 몰라볼까 봐   ④ 몰라볼 텐데

3. 일을 처음 배울 때에는 <u>실수하기 마련이다</u>.
   ① 실수할 듯하다   ② 실수할 뿐이다   ③ 실수하는 법이다   ④ 실수하는 척한다

4. 밤늦게까지 놀다가 버스가 끊겨서 택시를 <u>탈 수밖에 없었다</u>.
   ① 탈 뻔했다   ② 탈 듯했다   ③ 타야만 했다   ④ 타는 법이었다

5. 집 근처에 있는 슈퍼마켓은 <u>가까울 뿐만 아니라</u> 물건도 다양해서 자주 가는 편이다.
   ① 가까운 이상   ② 가까운 데다가   ③ 가까운 데 비해   ④ 가까운 셈치고

6. 사람들이 시끄럽게 <u>떠드는 바람에</u> 강연에 집중을 할 수 없었다.
   ① 떠든 채로   ② 떠드는 통에   ③ 떠들 정도로   ④ 떠드는 덕분에

7. 스케이트를 처음 타 봤는데 처음에는 <u>넘어질까 봐</u> 걱정했는데 재미있었다.
   ① 넘어질 텐데   ② 넘어질 정도로   ③ 넘어질 리 없어서   ④ 넘어질 것 같아서

8. 지금 진행하고 있는 프로젝트가 <u>끝나자마자</u> 여행을 갈 생각이다.
   ① 끝나 봐야   ② 끝나는 대로   ③ 끝나는가 하면   ④ 끝나기는 하지만

9. 초대장도 보냈기 때문에 이제 모든 행사 준비를 <u>마친 셈이다</u>.
   ① 마친 척했다   ② 마친 거나 같다   ③ 마치기 마련이다   ④ 마치려던 참이다

10. 다시 <u>물어보나 마나</u> 형은 귀찮아서 싫다고 할 게 뻔하다.
    ① 물어보거나   ② 물어보기에   ③ 물어보는 것보다   ④ 물어보지 않아도

3 광고

▶ 읽기 [5~8]번 유형은 글을 읽고 주제를 찾는 문항이다. 주제 파악 여부를 측정하는 문항으로 **광고 문제**가 나온다. 5번은 〈제품 광고〉, 6번은 〈업소 광고〉, 7번은 〈공익 광고〉, 8번은 〈광고의 상세 설명〉으로 구분할 수 있다.

읽기 5번 | 황금 레시피

1 광고 내용에서 명사와 동사를 빨리 찾는다.

2 명사, 동사와 관련 있는 내용을 선택지에서 찾는다.

읽기 5번 | 기출문제 ▶제품 광고

해설

[5~8] 다음은 무엇에 대한 글인지 고르십시오. (각 2점)

5.

몸에 좋은 영양소가 가득~

매일 아침 신선함을 마셔요.

① 과자   ② 안경
③ 우유   ④ 신발

정답은 ③번
핵심어: 몸에 좋다, 영양소, 마시다

TOPIK II 〈60회 읽기 5번〉

읽기 5번 | Ranking

제품 광고

Ranking 50	광고 핵심어
01 시계	일정, 1분 1초, 정확하다, 지켜 주다

02	안경	눈, 보이다, 선명하다, 먼 곳
03	신발	걷다, 편하다
04	자동차	디자인, 타다, 편안한 느낌, 달리다, 소음, 조용하다, 승차감
05	카메라(사진기)	찍다, 다시 보고 싶다, 순간, 추억
06	화장품	피부, 바르다
07	가습기	공기, 물, 건조하다, 촉촉하다
08	우산	소나기, 접다, 펴다, 젖다
09	샴푸	머릿결, 머리카락, 머리를 감다, 부드럽다
10	에어컨	시원한 바람, 더위
11	정수기	깨끗하다, 마시다, 건강
12	노트북	얇다, 가볍다, 빠르다, 편하다, 가지고 다니다
13	책상	높낮이, 조절하다, 이동하다, 편리하다, 바퀴
14	거울	모습, 확인하다, 비추다
15	반지	사랑하다, 선물하다
16	빵	아침, 바쁘다, 대신, 먹다, 든든하다
17	향수	뿌리다, 오래오래, 호감
18	옷장	공기 순환, 습기, 곰팡이, 옷
19	모자	운동하다, 산에 가다, 햇빛, 가리다, 막다
20	우유	아침, 한잔, 대신, 영양가가 높다
21	장난감	아이, 안전하다, 꿈, 희망, 선물하다
22	안약	눈, 빨갛다, 한 방울, 넣다
23	염색약	흰머리, 바르다, 빠르다, 젊음
24	운동복	땀, 흘리다, 공기가 통하다, 배출하다
25	체온계	재다, 쉽다, 빠르다, 정확하다, 귀에 대다, 열이 나다
26	소화제	속이 답답하다, 과식, 체하다, 한 알

27	이불	잠, 덮다, 가볍다, 공기가 잘 통하다
28	휴지(화장지)	깨끗하다, 흡수하다, 닦다
29	선풍기	바람, 시원하다
30	신문	날마다, 매일, 읽다, 보다
31	가방	들어가다, 메다, 들다, 책, 노트북
32	치약	닦다, 입안, 하얗다, 상쾌하다
33	비누	피부, 깨끗하다, 씻다, 닦다, 매끈매끈, 향기, 거품
34	감기약	콧물, 기침, 한 알, 효과, 빠르다
35	의자	앉다, 일하다, 허리, 편안하다
36	장갑	끼다, 겨울, 손, 춥다, 따뜻하다
37	접시	음식, 담다, 가볍다, 예쁘다
38	칫솔	닦다, 입속, 깨끗하다
39	피아노	소리, 맑다, 아름답다, 손가락
40	베개	머리, 목, 건강, 잠
41	책(소설, 시집)	첫 장, 한 권, 감동, 재미, 저자
42	운동화	달리다, 공기가 잘 통하다, 부드럽다
43	세제	흰 옷, 색깔 옷, 깨끗하다, 하얗다
44	자전거	씽씽 달리다, 두 바퀴
45	껌	입안, 씹다, 상쾌하다, 식사 후
46	세탁기	소리 없다, 세제, 깨끗하다, 옷, 건조하다
47	주스	한잔, 과일, 비타민
48	냉장고	신선도, 온도 조절
49	침대	눕다, 자다, 잠, 편안하다, 허리
50	청소기	깨끗하다, 먼지, 소리 없다, 구석구석

예상문제

[1~10] 다음은 무엇에 대한 글인지 고르십시오. (각 2점)

1.
당신의 일정을 지켜 드립니다.
1분 1초라도 정확하게~

① 달력   ② 시계   ③ 라디오   ④ 자동차

2.
글씨가 흐릿하게 보이십니까?
먼 곳까지 선명하게~ 눈을 보호하세요.

① 거울   ② 안경   ③ 신문   ④ 사진기

3.
발이 편해야 모든 게 편합니다.
모두가 걷기 편한 세상으로~

① 신발   ② 비누   ③ 우산   ④ 자동차

4.
타고 싶은 멋진 디자인
편안한 느낌으로 달립니다.

① 운동화   ② 전화기   ③ 등산복   ④ 자동차

5.

찍는 순간 흔들리지 않습니다.
다시 보고 싶은 순간, 추억으로~

① 거울   ② 신문   ③ 사진기   ④ 자전거

6.

바르세요, 아기 피부처럼 뽀송뽀송~
바르세요, 빛나는 피부를 만드세요.

① 치약　　　　② 가습기　　　　③ 화장품　　　　④ 염색약

7.

겨울철, 실내가 건조하세요?
공기를 촉촉하게 만들어 드립니다.

① 청소기　　　　② 세탁기　　　　③ 가습기　　　　④ 정수기

8.

버튼 한 번에 접었다 폈다를 자유롭게
간편한 휴대로 소나기 걱정 뚝!

① 책　　　　② 우산　　　　③ 신문　　　　④ 노트북

9.

머릿결을 부드럽고 향기롭게!
감는 순간 느낄 수 있습니다.

① 치약　　　　② 수건　　　　③ 샴푸　　　　④ 향수

10.

전기 요금 걱정 뚝! 바람이 씽씽!
더위를 날려 버리고 시원한 여름 보내세요.

① 라디오　　　　② 체온계　　　　③ 가습기　　　　④ 에어컨

[5~8] 다음은 무엇에 대한 글인지 고르십시오. (각 2점)

6.

정답은 ④번
핵심어: 이불, 깨끗하다, 세탁, 건조

큰 이불도 깨끗하게

세탁부터 건조까지 한 번에 해결!

① 우체국   ② 여행사
③ 편의점   ④ 빨래방

TOPIK II 〈60회 읽기 6번〉

◎ 업소 광고

Ranking 40		광고 핵심어
01	백화점	세일, 싸다, 기회
02	문구점	학교와 사무실에 필요한 모든 것, 책가방 속, 책상 위 필수품
03	지하철	막히다, 약속 시간, 빠르다, 안전하다, 시민의 발
04	도서관	서적, 잡지, 다양하다, 복사하다, 인생, 준비하다
05	미술관	화가, 작품, 전시, 국외, 국내
06	시장	신용카드, 주차장, 지역 경제, 덤, 정, 장을 보다
07	옷 가게	세일, 신상품, 유행
08	택배 회사	문 앞, 전화 한 통, 신속하다, 소중하다, 안전하다, 배달하다
09	아파트	건축, 층간 소음, 지하철역, 가깝다, 교통, 편리하다
10	결혼식장	인생, 추억, 소중하다, 최고, 교통, 편리하다, 신랑, 신부
11	가구점	나무, 원목, 디자인
12	기숙사	깨끗하다, 다양하다, 편의시설, 인터넷, 세탁실, 간이조리실, 매점, 환경
13	채소 가게	친환경, 무농약, 농산물, 신선하다, 먹을거리

14	사진관	특별한 날, 한 장, 추억, 촬영, 액자
15	학원	배우다, 시작
16	서점	한 권, 선물하다, 문구 용품
17	편의점	1년 365일, 24시간, 언제든지, 생활용품, 식품, 가까운 곳, 택배, 간단한 식사
18	우체국	물건, 배달하다, 은행 업무
19	병원	아프다, 상담하다, 수술하다, 의료 서비스, 환자
20	치과	아프다, 씹다, 힘들다, 치료하다
21	호텔	내 집, 편안하다, 예약하다, 서비스, 침대, 온돌, 조식
22	공항(비행기)	하늘, 여행, 편안하다
23	부동산	집값, 한눈, 지역별, 비교, 아파트, 구입, 상담
24	수리점	망가지다, 고치다, 물건, 출장 서비스
25	주유소	차, 기름, 세차, 무료
26	빵집	굽다, 부드럽다, 아침
27	꽃집	향기, 한 송이, 한 다발, 선물, 축하, 감사, 생일, 기념일, 배달하다
28	안경점	눈, 건강, 글씨, 흐리다, 보이다, 밝다, 깨끗하다, 유행
29	마트(슈퍼마켓)	과일, 채소, 생선, 배달, 세일
30	미용실	자르다, 변화, 바꾸다, 스타일, 염색, 가위
31	박물관	과거, 모습, 전시, 문화재, 시간 여행
32	영화관(극장)	좌석, 편안하다, 화면, 소리
33	은행	모으다, 부자, 지갑, 안정, 내일
34	여행사	항공권, 호텔, 예약, 편안하다, 어디든지, 떠나다
35	놀이공원	꿈, 환상, 온 가족, 연인, 즐기다
36	세탁소	빨다, 옷, 깨끗하다, 이불, 운동화, 맡기다
37	식당(음식점)	재료, 신선하다, 손맛, 가격, 영양, 배달
38	투자 신탁 회사	자산, 재산, 관리, 키우다
39	보험 회사	미래, 들다, 가입하다, 어려울 때, 도움, 힘
40	중고차 매매점	차 값, 자동차, 조건, 고르다

예상문제

[1~10] 다음은 무엇에 대한 글인지 고르십시오. (각 2점)

1.
> 봄맞이 30% 세일~ 쇼핑 기회!
> 넓은 주차 공간, 친절한 안내와 서비스

① 백화점   ② 편의점   ③ 음식점   ④ 안경점

2.
> 저렴하고 품질이 우수한 상품들!
> 학용품은 물론 사무용품 등 모두 준비되어 있습니다.

① 회사   ② 문구점   ③ 기숙사   ④ 슈퍼마켓

3.
> 길이 막혀서 짜증나신다고요?
> 약속 시간까지 빠르고 안전하게 모십니다.

① 자전거   ② 지하철   ③ 자동차   ④ 비행기

4.
> 국내 최대 서적 보유~
> 원하는 자료 검색부터 복사까지 한 번에

① 도서관   ② 미술관   ③ 박물관   ④ 우체국

5.
> 국내외 현대 화가의 작품을 한눈에~
> 동서양의 그림을 한 곳에서 감상하십시오.

① 병원   ② 백화점   ③ 미술관   ④ 음식점

6.

알뜰하게 장도 보고 지역 경제도 살리고!
넓은 주차 공간 완비, 배달 서비스 시작

① 극장　　　　② 시장　　　　③ 병원　　　　④ 편의점

7.

유행에 민감한 당신을 초대합니다.
봄 신상품 대량 보유, 세일 시작~

① 가구점　　　② 여행사　　　③ 옷 가게　　　④ 부동산

8.

전화 한 통만 하십시오.
문 앞에서 문 앞으로 빠르고 안전하게 배달해 드립니다.

① 편의점　　　② 음식점　　　③ 채소 가게　　　④ 택배 회사

9.

지하철역과 5분 거리로 교통 편리!
최신식 공사 방법으로 층간 소음이 없다!

① 극장　　　　② 호텔　　　　③ 아파트　　　④ 백화점

10.

신랑, 신부 만족도 1위
인생 최고의 순간을 저희에게 맡겨 주십시오.

① 예식장　　　② 가구점　　　③ 백화점　　　④ 아파트

[5~8] 다음은 무엇에 대한 글인지 고르십시오. (각 2점)

7.

> ## 등산할 때 담배와 라이터는 두고 가세요.
>
> ## 작은 실천이 아름다운 산을 지킵니다.

① 건강 관리   ② 전기 절약
③ 화재 예방   ④ 교통 안전

TOPIK II 〈60회 읽기 7번〉

정답은 ③번
핵심어: 등산, 담배, 라이터, 산을 지키다

읽기 7번 | Ranking

● 공익 광고

Ranking 20

01	봉사 활동	공동체	이웃, 도움, 나누다, 시간, 재능
02	이웃 사랑		마음의 문, 관심, 인사, 말
03	자연 보호, 환경 보호		푸른 숲, 맑은 강, 지키다, 후손, 미래
04	음식물 쓰레기	환경	먹다, 남기다, 버리다
05	일회용품		한 번, 쓰다, 사용하다, 편리하다, 환경, 망치다
06	분리 배출		작은 실천, 환경, 보호하다, 버리다
07	전기 절약	절약	전원, 끄다, 낭비하다, 아끼다, 불, 플러그, 빼다, 뽑다
08	자원 절약		아끼다, 소중하다, 물, 전기, 에너지
09	교통 안전, 안전 운전	안전	학교, 어린이, 노인, 보호, 신호, 정지선, 지키다, 졸음
10	전기 안전		화재, 위험, 콘센트, 플러그, 꼽다, 뽑다
11	화재 예방		불씨, 꺼지다, 살펴보다
12	안전 관리, 안전 사고		가스, 중간 밸브, 잠그다, 끄다
13	음주 운전		한잔, 생명, 건강, 자신, 타인, 잃다

14	건강 관리, 건강 습관		운동, 걷기, 물 마시기, 100세
15	금연 홍보	건강	피우다, 끊다, 건강, 잃다, 폐
16	감기 예방		손, 씻다, 습관, 건강
17	공공 예절		버스, 지하철, 기차, 대화, 조용히, 휴대폰
18	언어 예절	공공 생활	바른말, 고운 말, 한마디, 따뜻하다, 배려하다, 마음
19	전화 예절		공공장소, 조용히, 소음, 진동
20	자리 양보		몸이 불편하다, 임신부, 노인, 어린이, 배려하다, 비워 두다

예상문제

[1~10] 다음은 무엇에 대한 글인지 고르십시오. (각 2점)

1.

> 당신의 재능을 나눠 주세요.
> 작은 나눔이 받는 사람에게는 큰 선물이 됩니다.

① 봉사 활동　　② 직업 활동　　③ 체육 활동　　④ 경제 활동

2.

> 오늘부터 자동차를 두고 가세요.
> 공기가 나빠지는 것은 자동차 배기가스 때문
> 공해 없는 교통수단 지하철이 답입니다.

① 환경 보호　　② 차량 소개　　③ 건강 관리　　④ 지하철 안내

3.

> 한 번의 편리함이 주는 달콤함.
> 그 달콤함이 환경을 망치고 있습니다.

① 일회용품　　② 언어 예절　　③ 금연 홍보　　④ 음식물 쓰레기

4.

> 먹는 게 반, 버리는 게 반
> 돈이라면 버리시겠습니까?

① 근검 절약　　② 저축 안내　　③ 음식물 쓰레기　　④ 모범 식당 소개

5.

> 중간 밸브는 잠그셨습니까?
> 정기 점검은 꾸준히 받고 계십니까?
> 가스, 보이지 않는다고 방심하면 안 됩니다.

① 안전 관리　　② 건물 안내　　③ 화재 예방　　④ 에너지 절약

6.

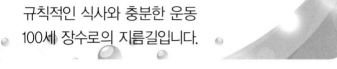

규칙적인 식사와 충분한 운동
100세 장수로의 지름길입니다.

① 식사 예절　　② 건강 관리　　③ 안전 규칙　　④ 체육 활동

7.

안 쓰는 가전제품의 플러그는 빼 놓으셨나요?
우리의 작은 생활 습관이
에너지를 아끼는 지름길입니다.

① 건강 습관　　② 안전 관리　　③ 자연 보호　　④ 전기 절약

8.

나의 즐거움이 옆 사람에게는 소음이 됩니다!
벨소리는 진동으로, 통화는 작은 소리로 짧게!

① 안전 규칙　　② 환경 보호　　③ 공공 예절　　④ 경제 활동

9.

조금 천천히 가시는 건 어떨까요?
먼저 양보를 하시는 건 어떨까요?
보행자를 먼저 생각하시는 건 어떨까요?

① 봉사 활동　　② 안전 운전　　③ 건강 관리　　④ 전화 예절

10.

전화가 무슨 죄가 있나요?
잘못 걸려온 전화에 짜증보다는 친절한 말 한 마디
가는 말이 고와야 오는 말도 곱습니다.

① 언어 예절　　② 건강 관리　　③ 공공 질서　　④ 번호 안내

[5~8] 다음은 무엇에 대한 글인지 고르십시오. (각 2점)

8.

> • 검사 전날 밤 9시 이후에는 아무것도 드시면 안 됩니다.
> • 정확한 검사를 위해 음주를 피하십시오.

① 상품 안내   ② 주의 사항
③ 사용 순서   ④ 장소 문의

TOPIK II 〈60회 읽기 8번〉

정답은 ②번
핵심어: 안 됩니다, 피하십시오

읽기 8번 | Ranking

🌐 광고의 상세 설명

Ranking 20		선택지 어휘
01	이용 안내	영업 안내, 운행 안내, 이용 방법, 사용 방법, 사용 설명, 이용 순서, 사용 순서 등
02	모집 안내	회원 모집, 사원 모집, 지원 자격 등
03	행사 안내	행사 초대 등
04	제품(상품) 소개	제품 안내, 제품 설명, 제품 홍보, 제품 특징, 제품 효과 등
05	수업 안내	강의 안내 등
06	주의 사항	V-(으)십시오, V-지 마십시오 등
07	보관 방법	실온, 냉장, 서늘한 곳, 넣다 등
08	접수 방법	신청 방법, 등록 안내 등
09	안전 규칙	안내원, 안내 방송 등
10	관람 안내	음식물 금지, 촬영 금지 등
11	교환, 환불	교환 안내, 교환 방법, 환불 안내 등

⑫	**문의 안내**	문의 방법 등
⑬	**상품 평가**	사용 소감, 사용 후기 등
⑭	**상담 안내**	문의 사항, 예약, 이용 시간 등
⑮	**배달 안내**	주문, 신속, 이용 시간 등
⑯	**요리 순서**	끓이다, 넣다 등
⑰	**포장 방법**	상자, 종이, 붙이다 등
⑱	**구입 안내**	구입 방법 등
⑲	**여행 상품**	여행지, 가격, 1박 2일 등
⑳	**영화 소개**	개봉, 상영, 주연, 배우, 감독 등

예상문제

[1~10] 다음은 무엇에 대한 글인지 고르십시오. (각 2점)

1.

상처가 난 부위에 붙여 주십시오.
붙이기 전 반드시 소독을 해 주십시오.
연고를 바르면 더욱 효과가 좋습니다.

① 주의 사항　　② 사용 방법　　③ 보관 방법　　④ 특징 소개

2.

'차 사랑 연구회'에서 여러분을 기다립니다.
차를 좋아하시는 분이라면 누구나 환영합니다.

① 회원 모집　　② 접수 방법　　③ 방문 기간　　④ 이용 순서

3.

〈어린이 바둑 대회〉
최고의 어린이 바둑 기사를 찾습니다.
초등학생이라면 누구나 참가 가능합니다.

① 행사 안내　　② 수업 안내　　③ 장소 소개　　④ 학원 소개

4.

유리처럼 투명하고 유리보다 가볍습니다.
전자레인지에 음식을 데울 때 사용해도 안전합니다.

① 제품 효과　　② 주의 사항　　③ 이용 방법　　④ 상품 특징

5.

 ★★★★★ 가격도 저렴하고 품질이 좋아요.
 매우 만족 디자인도 예쁘고 튼튼해서 마음에 들어요.

① 사용 소감　　② 상품 설명　　③ 이용 방법　　④ 문의 사항

6.

- 바른 후 피부가 빨갛게 되거나 가려우면 즉시 사용을 중지하십시오.
- 흐르는 물로 빨리 씻은 후 의사와 상담하시기 바랍니다.

① 사용 방법　　② 장점 소개　　③ 상담 안내　　④ 주의 사항

7.

- 개봉 후 가급적 빨리 드시기 바랍니다.
- 내용물이 남은 경우 냉장실에 넣어 두세요.

① 특징 소개　　② 제품 안내　　③ 사용 방법　　④ 보관 방법

8.

운전면허 시험, 이제 '전진'과 함께라면 걱정 끝!
⊙ 신분증 지참 후 방문 접수
⊙ 접수 상담: 02) 123-4568

① 등록 안내　　② 문의 방법　　③ 상품 안내　　④ 사용 방법

9.

- 구입하신 영수증을 가지고 직접 방문해 주시기 바랍니다.
- 구입 일로부터 14일 이내에 가능합니다.

① 구입 안내　　② 방문 기간　　③ 제품 특징　　④ 교환 방법

10.

이번 4월에 새로 나오는 신형 휴대 전화의
예약을 신청 받습니다.
신청 기간은 3월 31일까지입니다.
www.pineapple.co.kr

① 구입 안내　　② 선택 기준　　③ 주의 사항　　④ 교환 방법

2 상황과 그에 따른 반응

1 알맞은 그림

▶ 듣기 [1~2]번 유형은 대화의 상황을 파악하는 문항이다. 상황 이해 및 내용 파악 능력을 측정하는 문항으로 **3급 수준의 내용**이 출제된다. [1~2]번 유형에서 무엇보다도 중요한 것은 장소이다. 문제를 풀기 전에 선택지를 미리 보면서 그 장소에서 대화할 수 있는 내용이 무엇인지를 생각해 보아야 한다.

듣기 1번~2번 | 황금 레시피

 〈다른 장소〉를 보여 주고 〈그에 맞는 상황〉을 물어본다.

 〈같은 장소〉를 보여 주고 〈남자와 여자의 동작〉을 물어본다.

듣기 1번~2번 | 기출문제 ▶장소/상황

해설

[1~2] 다음을 듣고 알맞은 그림을 고르십시오. (각 2점)

1.
여자: 무엇을 도와 드릴까요?
남자: 이 지갑, 누가 잃어버린 것 같아요. 이 앞에 있었어요.
여자: 네, 이쪽으로 주세요.

정답은 ①번
이 그림은 〈다른 장소〉로 ①번과 ②번은 '분실물 센터'이고 ③번과 ④번은 '백화점 매장'이다. 남자가 지갑을 주운 후 분실물 센터에 맡기는 내용이다. 분실물 센터에서 일어날 수 있는 대화 상황이다.

① 분실물 센터
– 지갑을 맡긴다

② 분실물 센터
– 연락처를 쓴다

③ 백화점 매장
– 매장에 간다

④ 백화점 매장
– 지갑을 고른다

TOPIK II 〈60회 듣기 1번〉

2.

남자: 수미야, 괜찮아? 많이 아프겠다.

여자: 응, 다리가 아파서 못 일어나겠어.

남자: 그래? 내가 도와줄 테니까 천천히 일어나 봐.

정답은 ③번
이 그림은 〈같은 장소〉로 '운동장'에서 일어날 수 있는 대화 상황이다.
남자와 여자가 함께 운동을 하다가 여자가 다리가 아파서 못 일어나고 앉아 있다. 이에 남자가 일어나는 것을 도와주겠다고 하고 있다.

①
함께 뛴다

②
남자는 배가 아프다
(학교 운동장)

③
여자는 다리가 아프다

④
함께 준비 운동을 한다

TOPIK II 〈60회 듣기 2번〉

듣기 1번~2번 | Ranking

🌐 알맞은 그림

Ranking 40	그 장소에서 대화할 수 있는 내용
01 집	텔레비전 보기, 파티하기, 액자 걸기, 옷장 정리하기, 냉장고 정리하기, 정원 가꾸기(꽃, 나무 심기), 전자제품 고장에 대해 물어보기, 전구 갈아 끼우기, 세탁 부탁하기, 집 공사(페인트칠, 못질 등)하기, 집안일(청소, 설거지 등)하기, 선물 들고 방문하기, 요리한 후 맛보기
02 회사	분실물 찾기, 복사하기, 방문하기, 사무실 수리 요청하기, 회사 안 위치 물어보기, 신입사원 소개하기, 물건 들어주기, 물건 옮기기
03 공원, 놀이공원	놀이기구 타기, 야외 공연 구경하기, 산책하기, 운동(야구, 배드민턴 등)하기, 꽃구경하기, 자전거 타기, 벤치에서 음료수 마시기, 사진 찍어 달라고 부탁하기
04 공항, 비행기	비행기 표 구입(예매)하기, 지인 마중하기, 선반에 짐 싣기, 짐 맡기기, 맡긴 짐 찾기, 탑승장 들어가기, 비행기 탑승 준비하기, 게이트 위치 말하기
05 기차역, 기차	자리 찾기, 기차 표 구입하기, 창 밖 경치 이야기하기, 기차역에서 배웅하기, 기차 선반에 짐 싣기
06 정류장, 버스	버스 기다리기, 무거운 물건 받아 주기, 자리 양보하기, 노선표 보기, 정류장 물어보기, 정류장에서 내리기, 고속버스에서 자리 찾기
07 산	등산로 물어보기, 등산하다가 중간에 잠시 쉬기, 정상에서 소감 말하기
08 영화관	영화표 구입하기, 자리 찾기, 먹을거리 사기

09	미용실	머리 자르기, 파마하기, 거울 보기, 머리 말려 주기, 머리 감겨 주기, 기다리는 시간 물어보기
10	음식점/식당	주문하기, 남은 음식 포장 부탁하기, 개업식 축하하기
11	병원	병문안 가기, 재활 치료받기, 진찰받기, 휴게실에서 면회하기, 진료 접수하기
12	사진관	사진관에서 사진 찍기
13	부동산	집 구경하기
14	스케이트장	스케이트 사이즈 고르기, 스케이트 신기, 스케이트 타기, 스케이트 타다가 쉬기, 스케이트 가르쳐 주기, 넘어진 친구 일으켜 주기
15	미술관	작품 감상하기, 사진 촬영 금지 안내
16	가구점	가구(책상, 의자, 침대 등) 고르기
17	바다, 바닷가	배 타고 구경하기, 물놀이하기, 배 타고 낚시하기, 바닷가 산책하기, 준비 운동하기
18	공연장	공연 전 매점 이용하기, 공연(피아노, 기타 연주 등) 관람하기
19	박물관	사진 촬영 금지 안내
20	서점	책 위치 물어보기
21	경찰서	습득물 맡기기
22	아이스크림 가게	주문하기, 고르기, 매장에서 먹기
23	우체국	우편물 보내기
24	자동차	차에서 짐 내리기, 드라이브하기, 고장 수리하기, 주차요금 계산하기, 주유하기, 주차장 찾기
25	호텔	입실하기, 짐 옮기기
26	수영장	준비 운동하기, 물놀이하기
27	스포츠 경기장	경기장에서 운동 경기(야구, 축구) 관람하기
28	고속버스터미널	고속버스 표 구입하기
29	과일 가게	주문하기
30	도서관	책 검색하기, 책 찾기, 빌린 책 반납하기

31	마트	계산하기, 장 보기, 카트 밀기
32	학원	김치 담그는 것 배우기, 동작(춤, 요가 등) 따라 하기
33	시장	생선 구입하기
34	세탁소	세탁물 맡기기
35	안경점	시력 검사하기, 안경 고르기
36	주차장	주차하는 것 봐 주기, 주차장에서 주차 맡기기
37	커피숍	주문하기
38	학교	캠퍼스 함께 걷기
39	엘리베이터	엘리베이터 타기, 엘리베이터 층수 눌러 주기
40	백화점	매장 위치 물어보기, 옷 고르기, 탈의실 물어보기, 바지 입어보기, 구두 고르기, 구두 신어 보기

예상문제

듣기 1번~2번 | 예상문제 ▶장소

[1~2] 다음을 듣고 알맞은 그림을 고르십시오. (각 2점) 01

1.

①
②

③
④

2.

①
②

③
④

예상문제

[1~2] 다음을 듣고 알맞은 그림을 고르십시오. (각 2점) 02

1.

①

②

③

④

2.

①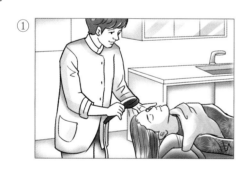

②

③

④

2 이어질 수 있는 말(장소/상황)

▶ 듣기 [4~8]번 유형은 듣고 이어질 수 있는 말을 고르는 문항이다. 상황 이해 및 내용 파악 능력을 측정하는 문항으로 **3급 수준의 내용**이 출제된다. 앞에서 공부한 듣기 [1~2]번 유형(p.43)과 마찬가지로 **어느 장소에서 어떤 이야기를 하는지가 중요하다.** 장소 중에서는 '**회사**'와 '**학교**', '**집**'은 항상 나온다고 생각하고 장소와 관련된 어휘를 알아 두어야 한다. 장소 이외에 **일상생활 속에서의 대화**가 추가된다.

🍲 어휘와 표현(p.04)을 미리 공부하자!

듣기 4번~8번 | 황금 레시피

 〈장소〉가 어디인지를 생각하면서 대화를 들어야 한다.

 〈일상생활〉에서의 대화는 상대방에게 어떻게 말해야 할지 생각하면서 대화를 들어야 한다.

듣기 4번~8번 | 기출문제

해설

[4~8] 다음 대화를 잘 듣고 이어질 수 있는 말을 고르십시오. (각 2점)

4.

여자: 민수 씨, 이번 주 모임 장소가 바뀌었대요.
남자: 그래요? 어디로 바뀌었어요?
여자: _____

① 장소를 다시 말해 주세요.
② 다음 모임은 안 갈 거예요.
③ 이번 주에 만나면 좋겠어요.
④ 정문 옆에 있는 식당이에요.

TOPIK II 〈60회 듣기 4번〉

정답은 ④번
일상생활 중 약속과 관련된 내용이다. 여자는 모임 장소가 바뀌었다고 말했고 남자는 바뀐 장소가 어디인지를 묻고 있다. 이때 여자는 모임 장소를 말해 주는 것이 자연스럽다.

5.

남자: 기차표 알아봤는데 금요일 오후 표는 없는 것 같아.

여자: 그럼 토요일 아침 어때?

남자: _____

① 아침 일찍 기차를 탔어.

② 표가 없어서 아직 못 갔어.

③ 표가 있는지 한번 알아볼게.

④ 금요일 오후 표는 취소하자.

TOPIK II 〈60회 듣기 5번〉

정답은 ③번

일상생활 중 여행과 관련된 내용이다. 남자는 기차표를 예매하려고 하는데 금요일 오후 표가 없다고 말했고 여자는 토요일 아침 표를 구해 보자고 제안하고 있다. 이때 남자는 표가 있는지 알아보겠다고 말하는 것이 자연스럽다.

6.

여자: 내일 발표만 끝나면 이제 이번 학기도 끝나네요.

남자: 그러게요. 수미 씨, 방학 계획은 세웠어요?

여자: _____

① 발표는 늘 어렵지요.

② 계획부터 세워 보세요.

③ 외국어 공부를 좀 할까 해요.

④ 학기가 시작되면 많이 바빠요.

TOPIK II 〈60회 듣기 6번〉

정답은 ③번

학교에서 방학 계획을 말하는 상황이다. 남자는 여자에게 방학 계획이 무엇이냐고 물었다. 이때 여자는 자신의 계획을 말하는 것이 자연스럽다.

7.

남자: 이번에 새로 시작한 드라마 말이야. 진짜 재미있더라.

여자: 아, 그 시골에서 할머니랑 사는 아이 이야기?

남자: _____

① 응. 시골에서 산 적이 있어.

② 아니. 너무 지루해서 졸았어.

③ 아니. 드라마 볼 시간이 없었어.

④ 응. 두 사람 보면서 한참 웃었어.

TOPIK II 〈60회 듣기 7번〉

정답은 ④번

일상생활에서 개인적인 일상을 이야기하는 내용이다. 남자는 새로 시작한 드라마가 재미있다고 말하고 있고 여자는 자신도 그 드라마를 안다고 말하고 있다. 이때 남자는 드라마의 내용에 대해 말하는 것이 자연스럽다.

8.

여자: 팀장님, 프로그램 만족도 설문 조사를 만들어 봤는데요. 확인해 주시겠어요?

남자: 어디 봅시다. 응, 질문 수가 좀 많은 것 같네요.

여자: _____

① 만족도가 높은 편입니다.
② 조사 결과가 나왔습니다.
③ 프로그램이 적은 것 같습니다.
④ 질문을 다시 정리해 보겠습니다.

TOPIK II 〈60회 듣기 8번〉

정답은 ④번
회사에서 상사에게 보고를 하는 상황이다. 여자는 설문 조사 내용을 팀장에게 확인해 줄 것을 부탁했고 남자는 그에 대해 질문 수가 많다고 지적했다. 이때 여자는 질문 수를 다시 정리하겠다고 말하는 것이 자연스럽다.

듣기 4번~8번 | Ranking

이어질 수 있는 말

Ranking 20			그 장소나 일상생활에서 대화할 수 있는 내용
01	장소	회사	분실물 찾기, 복사하기, 방문하기, 사무실 수리 요청하기, 회사 안 위치 물어보기, 신입사원 소개하기, 물건 들어 주기, 물건 옮기기
02		학교	캠퍼스 함께 걷기
03		집	텔레비전 보기, 파티하기, 액자 걸기, 옷장 정리하기, 냉장고 정리하기, 정원 가꾸기(꽃, 나무 심기), 전자제품 고장에 대해 물어보기, 전구 갈아 끼우기, 세탁 부탁하기, 집 공사(페인트칠, 못질 등)하기, 집안일(청소, 설거지 등)하기, 선물 들고 방문하기, 요리한 후 맛보기
04		식당	주문하기, 남은 음식 포장 부탁하기, 개업식 축하하기
05		병원	병문안 가기, 재활 치료받기, 진찰받기, 휴게실에서 면회하기, 진료 접수하기
06		세탁소	세탁물 맡기기
07		서비스센터	고장 신고하기, 고장 문의하기, 수리 요청하기, 맡긴 물건 찾아오기
08		기타 장소	숙박업소, 학원, 커피숍, 가게, 지하철역, 기차역, 수영장, 등산
09	일상생활	개인적인 이야기	모르는 것 질문하기, 부탁하기, 요청하기, 후회하기, 변명하기, 추천하기, 조언하기, 충고하기, 격려하기, 그 외 소소한 일상 이야기하기
10		안부 묻기	웃어른 찾아뵙기, 상대방 안부 물어보기, 표정 보고 이야기하기

⑪		약속하기	약속 정하기, 약속 미루기, 거절하기, 늦은 이유 사과하기
⑫		초대와 방문	집들이 초대하기, 초대 준비하기, 방문 못 한 것 사과하기
⑬		이사 관련 이야기	방 추천하기, 방 구하기, 이사 계획하기, 이삿짐 도와주기, 이삿짐 처리 조언하기
⑭		취업 관련 이야기	새로 시작한 일에 대해 이야기하기, 면접 이야기, 아르바이트 구하기
⑮	일 상 생 활	쇼핑 이야기	전화 주문하기, 교환하기, 환불하기, 물건 고르기, 원하는 색상 말하기
⑯		여행 이야기	여행 계획하기, 여행 소감 이야기하기, 후회하기, 비행기 수화물 보내기
⑰		이동 중 위치 말하기	자기 위치 말하기, 도착 시간 말하기, 전화로 만날 장소 정하기
⑱		분실물 이야기하기	카드 분실 신고하기, 물건 찾기
⑲		문화생활	영화 관람, 공연 관람, 관람 약속
⑳		행사 관련 이야기	행사 일정 물어보기, 교통편 알아보기, 날씨 이야기

예상문제

[1~3] 다음 대화를 잘 듣고 이어질 수 있는 말을 고르십시오. (각 2점) 03

1. ① 내일은 회사에 오실 거예요.

② 오늘 오시게 되면 전화 주세요.

③ 지금 자리에 안 계신데 곧 오실 거예요.

④ 보고서 작성을 끝내셨으면 퇴근하세요.

2. ① 알겠습니다. 벌써 다 준비했어요.

② 죄송합니다. 다음부터는 미리 준비하겠습니다.

③ 알겠습니다. 이번 회의는 제가 준비하겠습니다.

④ 죄송합니다. 빨리 가서 회의 준비를 해야겠어요.

3. ① 출장은 어디로 가세요?

② 출장 갈 때 비행기를 타는 게 어때요?

③ 자, 여기 출장 간 사이에 온 우편물이에요.

④ 맞아요. 제가 얼마나 걱정을 했는지 몰라요.

듣기 4번~8번 | 예상문제 | ▶학교

[1~3] 다음 대화를 잘 듣고 이어질 수 있는 말을 고르십시오. (각 2점) 04

1. ① 나는 공부를 열심히 했어.

② 선생님께 여쭤 보는 게 어때?

③ 그렇게 생각한 적이 없다면서?

④ 생각해 보면 꼭 그렇지는 않아.

2. ① 시험이 어렵다니까 열심히 해야지.

② 최선을 다하면 좋은 결과가 있겠지.

③ 시험이 어렵지 않다니까 괜찮을 거야.

④ 최선을 다했으면 좋은 결과가 있을 거야.

3. ① 계획이 무엇보다 중요하지요.

② 계획보다 실천이 더 중요해요.

③ 저도 아무 계획도 못 세웠어요.

④ 그렇게 계획을 세울 줄 몰랐어요.

예상문제

[1~3] 다음 대화를 잘 듣고 이어질 수 있는 말을 고르십시오. (각 2점)   05

1. ① 그럼, 맛있게 드세요.

② 그럼, 소금을 더 넣을까요?

③ 그래요? 너무 오래 끓었나 봐요.

④ 그래요? 소금을 너무 많이 넣었나 봐요.

2. ① 네. 그냥 나가도 될 것 같아요.

② 아니요. 바람이 보통이 아니에요.

③ 아니요. 코트 정도로는 안 될 거예요.

④ 네. 입어 보나 마나 아주 잘 맞을 거예요.

3. ① 그럼 당신이 메뉴를 정해요.

② 그럼 외식은 내일 하기로 해요.

③ 혼자 밥 먹기 싫었는데 고마워요.

④ 지금은 너무 늦었으니까 다음에 가요.

예상문제

[1~3] 다음 대화를 잘 듣고 이어질 수 있는 말을 고르십시오. (각 2점) 06

1. ① 오만 삼천 원 나왔습니다.

② 김치찌개하고 불고기로 주세요.

③ 저쪽 계산대에서 하시면 됩니다.

④ 저쪽 자리로 안내해 드리겠습니다.

2. ① 그럼, 지금 얼른 시켜.

② 조금만 시킬 걸 그랬어.

③ 한 사람 앞에 하나씩 시키지 그래.

④ 음식이 남을 줄 알았는데 모자라네.

3. ① 여기 얼마예요?

② 저도 좀 더운 것 같네요.

③ 그럼, 에어컨 좀 켜 주세요.

④ 그럼, 다른 자리로 옮겨도 될까요?

예상문제

[1~3] 다음 대화를 잘 듣고 이어질 수 있는 말을 고르십시오. (각 2점)

1. ① 목을 많이 다치셨군요.

② 기침을 한번 참아 보세요.

③ 이 약을 드시고 푹 쉬세요.

④ 이 약을 바르면 좋아질 거예요.

2. ① 병원에 일찍 올걸 그랬어요.

② 역시 예약하고 오길 잘했어요.

③ 그렇게 일찍 예약한 줄 몰랐어요.

④ 안 그래도 병원에 가려던 참이에요.

3. ① 불편을 드려서 정말 죄송합니다.

② 선생님께 메모를 남겨 드릴까요?

③ 예약이 많아서 오래 기다려야 됩니다.

④ 모레는 제가 시간이 없는데 어떻게 하죠?

예상문제

[1~3] 다음 대화를 잘 듣고 이어질 수 있는 말을 고르십시오. (각 2점)

1. ① 허리를 줄여 주세요.

   ② 깨끗하게 빨아 드릴게요.

   ③ 그럼 내일까지 해 주세요.

   ④ 오늘 저녁에 찾으러 올게요.

2. ① 양복이 아주 잘 어울리시네요.

   ② 내일까지는 힘들 것 같은데요.

   ③ 세탁기가 고장이 나서 수리를 맡겼어요.

   ④ 세탁비는 만 천 원인데 만 원만 주세요.

3. ① 세탁기로 빨면 괜찮아질 거예요.

   ② 거기에만 얼룩이 묻은 줄 알았어요.

   ③ 이 정도면 세탁소에 가도 안 해 줄걸요.

   ④ 새 옷이니까 꼭 얼룩을 빼 주셨으면 좋겠어요.

예상문제

[1~4] 다음 대화를 잘 듣고 이어질 수 있는 말을 고르십시오. (각 2점)

1. ① 언제 연락을 드리면 될까요?

② 조금만 더 기다려 달라고요?

③ 내일 사람을 보내 드리겠습니다.

④ 그러면 미리 연락을 주셨어야지요.

2. ① 방은 1개면 됩니다.

② 침대방으로 해 주세요.

③ 3일 정도 있을 거예요.

④ 바다가 보이는 방으로 주세요.

3. ① 그럼 몇 시 표가 있어요?

② 성인 한 명하고 아이 두 명이에요.

③ 그런데 오전 몇 시로 예약해 드릴까요?

④ 부산행 기차는 20분마다 한 대씩 있습니다.

4. ① 네. 여기에 앉아요.

② 아니요. 조금만 사요.

③ 좋아요. 나가서 마셔요.

④ 그래요. 커피숍으로 가요.

예상문제

듣기 4번~8번 | 예상문제   ▶일상생활

[1~11] 다음 대화를 잘 듣고 이어질 수 있는 말을 고르십시오. (각 2점)

1. ① 그럼 같이 갈 걸 그랬구나.

② 나도 영화 보는 걸 좋아해.

③ 나도 재미있는 영화가 좋아.

④ 영화관은 지하철역 근처에 있어.

2. ① 물을 좀 마셔 봐.

② 여행을 가는 게 좋겠어.

③ 친구를 만나서 이야기를 해 봐.

④ 일찍 들어가서 쉬는 게 좋을 것 같아.

3. ① 아니요. 차를 잘못 타서 늦었어요.

② 아니요. 약속이 변경돼서 늦었어요.

③ 아니요. 버스가 안 와서 지하철을 탔어요.

④ 아니요. 어젯밤에 연락을 하지 않았잖아요.

4. ① 그냥 궁금해서 물어봤어요.

② 토요일에 일하는 사람들도 있잖아요.

③ 저희 가게 개업식을 하니까 오시라고요.

④ 제가 토요일에는 약속이 있어서 안 되겠어요.

5. ① 이 층 건물이에요.

   ② 가격은 상관없어요.

   ③ 방이 컸으면 좋겠어요.

   ④ 일 층만 아니면 좋겠어요.

6. ① 빠르면 빠를수록 좋아요.

   ② 이따가 전화하면 안 돼요.

   ③ 알고 보니 이미 늦었어요.

   ④ 언제든지 빨리 보내 드려요.

7. ① 그럼 환불해 드리겠습니다.

   ② 와 주셔서 정말 감사합니다.

   ③ 다른 것으로 교환 가능합니다.

   ④ 또 방문해 주시면 감사하겠습니다.

8. ① 휴가철이라서 길이 막히겠지요?

   ② 고향에 다녀올까 생각 중이에요.

   ③ 휴가비를 어디에 신청하면 되지요?

   ④ 휴가 때 아무 데도 안 갔다 왔어요.

9. ① 지금 들어가고 있어요.

② 그럼 여기서 기다릴게요.

③ 입구에서 왼쪽으로 가면 돼요.

④ 그럼 도착하는 대로 연락할게요.

10. ① 왜 뮤지컬을 자주 봐요?

② 저도 뮤지컬을 즐겨 보려고요.

③ 뮤지컬은 정말 환상적인 것 같아요.

④ 저한테 표가 생겼는데 같이 갈래요?

11. ① 까만색이고 네모나요.

② 지갑과 책이 들어 있어요.

③ 생일 선물로 받은 가방이에요.

④ 책이 여러 권 들어 있어서 무거워요.

3 이어서 할 행동

▶ 듣기 [9~12]번 유형은 여자 혹은 남자가 이어서 할 행동을 고르는 문항이다. 상황 이해 및 추측 능력을 측정하는 문항으로 **3급 수준의 내용**이 출제된다. 앞에서 공부한 듣기 [1~2]번 유형(p.43)과 듣기 [4~8]번 (p.49)과 마찬가지로 **어느 장소에서 어떤 이야기를 하는지가 중요하다.** 장소 중에서는 **'회사'는 항상 나온다**고 생각하고 어휘를 미리 알아 두어야 한다. 이 유형은 주로 '여자가 이어서 할 행동'을 묻고 있지만 회 차에 따라 '남자'를 물어볼 가능성도 있기 때문에 문제를 풀기 전 여자인지 남자인지 반드시 확인해야 한다. 그리고 **대화에서 어느 부분을 집중해서 들어야 하는지에 대한 황금 레시피**를 정리해 보자.

🎒 어휘와 표현(p.07)을 미리 공부하자!

듣기 9번~12번 │ 황금 레시피

🍲1 〈장소〉가 어디인지를 생각하면서 대화를 들어야 한다.

🍲2 7가지 유형(p.66~72)에 따라 〈남자의 요구〉가 몇 번째 대화에 있는지, 〈여자의 계획·제안〉이 몇 번째 대화에 있는지 들어야 한다.

🍲3 이어서 할 행동으로 7가지 유형에 따라 '연락하다'와 '복사하다'의 동사를 사용해 유형을 공부하자.

듣기 9번~12번 │ 기출문제

해설

[9~12] 다음 대화를 잘 듣고 <u>여자</u>가 이어서 할 행동으로 알맞은 것을 고르십시오. (각 2점)

9.
남자: 전시되어 있는 그릇들이 참 특이하고 멋지네요.
여자: 그렇죠? 판매도 한다니까 우리 하나 사 가요.
남자: 그럼, 저 파란색 그릇은 어때요?
여자: 괜찮네요. 제가 가서 얼마인지 알아볼게요. ← 4번째 여자 대화

① 그릇 색깔을 고른다.　　② 그릇 가격을 물어본다.
③ 전시할 그릇을 바꾼다.　　④ 남자에게 그릇을 준다.

TOPIK II 〈60회 듣기 9번〉

정답은 ②번
○ 유형 (6) 〈여자의 계획, 제안〉이다.
(p.71)
여자는 직접 가서 파란색 그릇의 가격이 얼마인지 알아보겠다고 말했다.

10.

남자: 고객님, 그럼 이 카드로 하실 거지요?

여자: 네, 그런데 카드는 바로 나오나요?

남자: 그럼요. 서류 작성은 제가 도와 드릴게요. 신분증 주시겠어요? ← 3번째 남자 대화

여자: 네. 잠깐만요.

① 서류를 찾는다.　　② 신분증을 꺼낸다.

③ 카드를 보여 준다.　④ 신청서를 작성한다.

TOPIK II 〈60회 듣기 10번〉

정답은 ②번
- 유형 (1) 〈남자의 요구〉이다.(p.66)
남자는 여자에게 "신분증을 주시겠어요?"라고 요구했고 여자는 '네.'라고 대답했다.

11.

남자: 누나, 벽시계가 안 가는 것 같은데. 건전지가 다 됐나 봐.

여자: 어, 그러네. 건전지가 어디 있었던 것 같은데…….

남자: 안방 서랍 안에 몇 개 있을 거야. 가져올게. ← 4번째 여자 대화

여자: 아니야. 내가 찾아올 테니까 너는 시계 좀 내려 줘.

① 건전지를 가지러 간다.　② 현재 시간을 확인한다.

③ 시계를 벽에서 내린다.　④ 건전지를 서랍에 넣는다.

TOPIK II 〈60회 듣기 11번〉

정답은 ①번
- 유형 (6) 〈여자의 계획, 제안〉이다. (p.71)
여자는 남자에게 "내가 (건전지를) 찾아올 테니까 너는 시계 좀 내려 줘." 라고 계획을 말하고 있다.

12.

남자: 이수미 씨, 거래처와 하는 회의, 자료는 다 준비됐어요? 회의 전에 먼저 보고 싶은데요.

여자: 지금 자료를 출력해 드릴까요? ← 2번째 여자 대화

남자: 네. 바로 뽑아 주세요. 거래처에 시간과 장소는 알려줬죠?

여자: 어제 확인 이메일 보냈습니다.

① 회의 자료를 만든다.　② 회의 자료를 출력한다.

③ 거래처 직원을 만난다.　④ 거래처에 일정을 알린다.

TOPIK II 〈60회 듣기 12번〉

정답은 ②번
- 유형 (7) 〈여자의 계획, 제안〉이다. (p.72)
여자는 남자에게 "지금 (회의) 자료를 출력해 드릴까요?"라고 제안했고 남자는 '네.'라고 대답했다.

⊕ 여자가 이어서 할 행동

	Ranking 10		그 장소나 일상생활에서 대화할 수 있는 내용
01	장소	회사	분실물 찾기, 복사하기, 방문하기, 사무실 수리 요청하기, 회사 안 위치 물어보기, 신입사원 소개하기, 물건 들어 주기, 물건 옮기기
02		학교	캠퍼스 함께 걷기, 시험 공부하기
03		집	텔레비전 보기, 파티하기, 액자 걸기, 옷장 정리하기, 냉장고 정리하기, 정원 가꾸기(꽃, 나무 심기), 전자제품 고장에 대해 물어보기, 전구 갈아 끼우기, 세탁 부탁하기, 집 공사(페인트칠, 못질 등)하기, 집안일(청소, 설거지 등)하기, 선물 들고 방문하기, 요리한 후 맛보기
04		백화점	매장 위치 물어보기, 옷 고르기, 탈의실 물어보기, 바지 입어보기, 구두 고르기, 구두 신어 보기
05		식당	주문하기, 남은 음식 포장 부탁하기, 개업식 축하하기
06		도서관	개방 시간 및 주의사항 안내, 자료실 이용 규칙 안내, 공사 안내, 열람실 이용 시간 안내, 책 반납하기
07		기타 장소	공연장, 병원, 서비스센터, 학원, 여행사, 서점, 은행, 세탁소, 안경점, 커피숍, 공항 ※ 새로 추가된 장소: 복사실, 박람회, 전시회
08	일상생활	개인적인 이야기	공과금 납부하기
09		쇼핑 이야기	전화 주문하기, 교환하기, 환불하기, 물건 고르기, 원하는 색상 말하기
10		이동 중 위치 말하기	자기 위치 말하기, 도착 시간 말하기, 전화로 만날 장소 정하기

[1~10] 다음 대화를 잘 듣고 <u>여자</u>가 이어서 할 행동으로 알맞은 것을 고르십시오. (각 2점)

1.
① 행사용품을 정리한다.

② 컴퓨터를 확인해 본다.

③ 컴퓨터 수리를 요청한다.

④ 영상 자료를 받으러 간다.

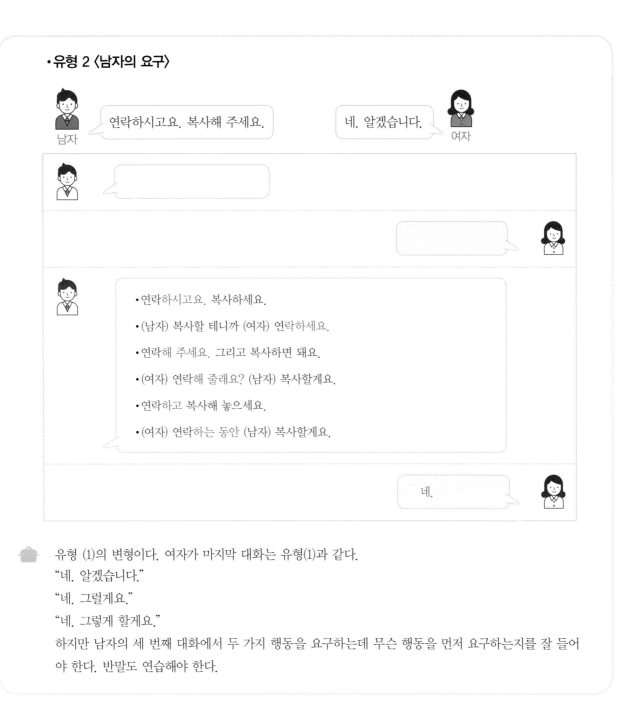

• 유형 2 〈남자의 요구〉

남자: 연락하시고요. 복사해 주세요.

여자: 네. 알겠습니다.

남자:
• 연락하시고요. 복사하세요.
• (남자) 복사할 테니까 (여자) 연락하세요.
• 연락해 주세요. 그리고 복사하면 돼요.
• (여자) 연락해 줄래요? (남자) 복사할게요.
• 연락하고 복사해 놓으세요.
• (여자) 연락하는 동안 (남자) 복사할게요.

여자: 네.

유형 (1)의 변형이다. 여자가 마지막 대화는 유형(1)과 같다.
"네. 알겠습니다."
"네. 그럴게요."
"네. 그렇게 할게요."
하지만 남자의 세 번째 대화에서 두 가지 행동을 요구하는데 무슨 행동을 먼저 요구하는지를 잘 들어야 한다. 반말도 연습해야 한다.

2. ① 꽃집에 간다.
② 그림을 그린다.
③ 화분을 놓는다.
④ 벽에 그림을 건다.

• 유형 3 〈남자의 요구〉

남자: 유형 (1)과 유형 (2)의 요구

여자: 네. 알겠습니다.

▼ 유형 (1) 남자의 요구

• 연락하세요. • 연락해 보세요. • 연락해 보시겠어요?

• 연락해 주세요. • 연락해 주시겠어요? • 연락해 줄 수 있어요?

• 연락하면 돼요. • 연락할래요? • 연락하면 안 될까요?

▼ 유형 (2) 남자의 요구

• 연락하시고요. 복사하세요.

• (남자) 복사할 테니까 (여자) 연락하세요.

• 연락해 주세요. 그리고 복사하면 돼요.

• (여자) 연락해 줄래요? (남자) 복사할게요.

• 연락하고 복사해 놓으세요.

• (여자) 연락하는 동안 (남자) 복사할게요.

네.

유형 (1)과 (2)와 같다. 다만 여자의 "네. 알겠습니다."가 세 번째에 있을 뿐이다. 따라서 남자의 두 번째 대화에서 무슨 행동을 요구하는지를 잘 들어야 한다. 그리고 유형 (1)과 (2)와 같이 행동의 순서를 주의해서 들어야 한다. 반말도 연습해야 한다.

3. ① 취직 준비를 한다.

② 고향으로 돌아간다.

③ 교수님을 찾아간다.

④ 다른 전공으로 바꾼다.

· 유형 4 〈남자의 요구〉

남자　유형 (1)과 유형 (2)의 요구　　　없음　여자

▼ 유형 (1) 남자의 요구

- ·연락하세요.
- ·연락해 주세요.
- ·연락하면 돼요.

- ·연락해 보세요.
- ·연락해 주시겠어요?
- ·연락할래요?

- ·연락해 보시겠어요?
- ·연락해 줄 수 있어요?
- ·연락하면 안 될까요?

▼ 유형 (2) 남자의 요구

- ·연락하시고요. 복사하세요.
- ·(남자) 복사할 테니까 (여자) 연락하세요.
- ·연락해 주세요. 그리고 복사하면 돼요.
- ·(여자) 연락해 줄래요? (남자) 복사할게요.
- ·연락하고 복사해 놓으세요.
- ·(여자) 연락하는 동안 (남자) 복사할게요.

유형 (1)과 (2)와 같다. 다만 여자의 대답인 "네. 알겠습니다."가 없다. 따라서 남자의 마지막 네 번째 대화에서 무슨 행동을 요구하는지를 잘 들어야 한다. 그리고 유형 (1)과 (2)와 같이 행동의 순서를 주의해서 들어야 한다. 반말도 연습해야 한다.

4. ① 물건을 포장한다.
② 소포용 상자를 산다.
③ 소포의 무게를 잰다.
④ 물건을 남자에게 준다.

• 유형 5 〈여자의 계획, 제안〉

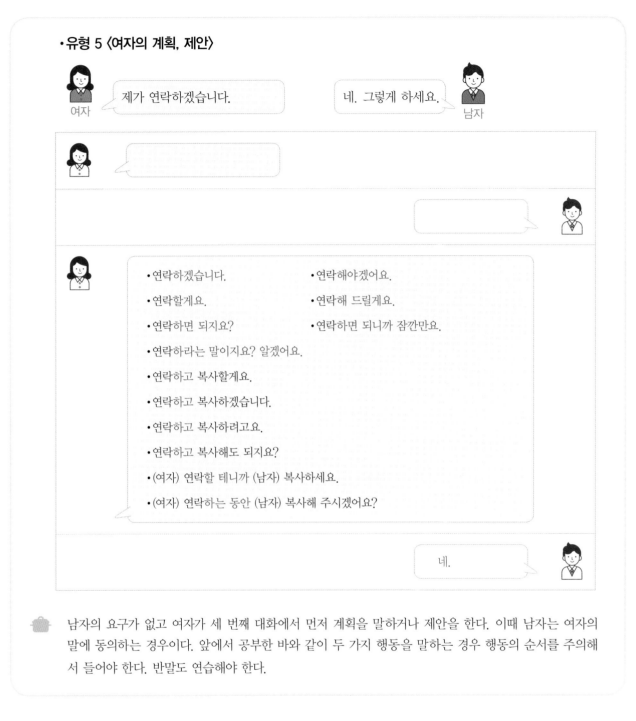

여자: 제가 연락하겠습니다.

남자: 네. 그렇게 하세요.

여자:

남자:

여자:
- 연락하겠습니다.
- 연락할게요.
- 연락하면 되지요?
- 연락하라는 말이지요? 알겠어요.
- 연락하고 복사할게요.
- 연락하고 복사하겠습니다.
- 연락하고 복사하려고요.
- 연락하고 복사해도 되지요?
- (여자) 연락할 테니까 (남자) 복사하세요.
- (여자) 연락하는 동안 (남자) 복사해 주시겠어요?

- 연락해야겠어요.
- 연락해 드릴게요.
- 연락하면 되니까 잠깐만요.

남자: 네.

남자의 요구가 없고 여자가 세 번째 대화에서 먼저 계획을 말하거나 제안을 한다. 이때 남자는 여자의 말에 동의하는 경우이다. 앞에서 공부한 바와 같이 두 가지 행동을 말하는 경우 행동의 순서를 주의해서 들어야 한다. 반말도 연습해야 한다.

5. ① 사무실에 전화를 한다.　　② 확인을 하러 사무실로 간다.
　 ③ 회의 시간을 30분 연기한다.　④ 사람들이 올 때까지 기다린다.

6. ① 집에서 쉰다.　　　　　　　② 옷을 갈아입는다.
　 ③ 밖에 나가서 남자를 기다린다.　④ 남자하고 같이 운동을 하러 간다.

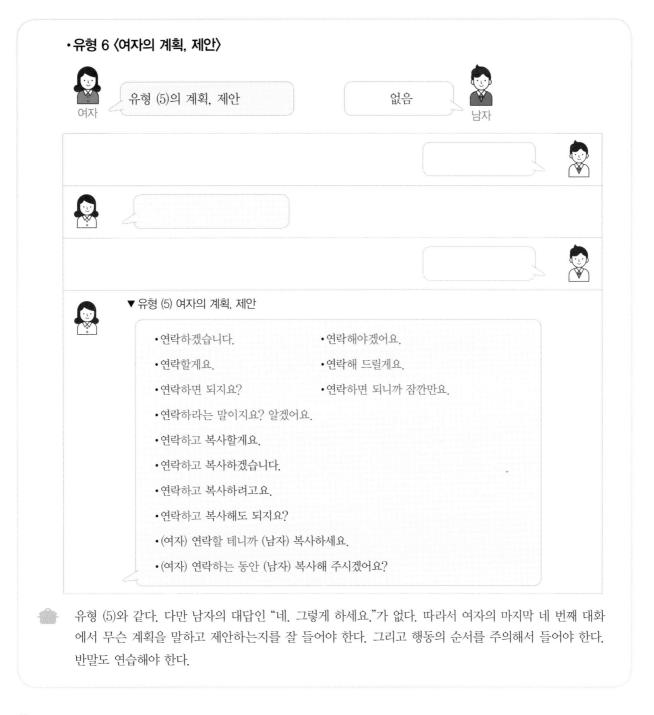

・유형 6 〈여자의 계획, 제안〉

여자: 유형 (5)의 계획, 제안

남자: 없음

▼ 유형 (5) 여자의 계획, 제안

•연락하겠습니다.
•연락해야겠어요.

•연락할게요.
•연락해 드릴게요.

•연락하면 되지요?
•연락하면 되니까 잠깐만요.

•연락하라는 말이요? 알겠어요.

•연락하고 복사할게요.

•연락하고 복사하겠습니다.

•연락하고 복사하려고요.

•연락하고 복사해도 되지요?

•(여자) 연락할 테니까 (남자) 복사하세요.

•(여자) 연락하는 동안 (남자) 복사해 주시겠어요?

유형 (5)와 같다. 다만 남자의 대답인 "네. 그렇게 하세요."가 없다. 따라서 여자의 마지막 네 번째 대화에서 무슨 계획을 말하고 제안하는지를 잘 들어야 한다. 그리고 행동의 순서를 주의해서 들어야 한다. 반말도 연습해야 한다.

7. ① 기차를 타러 간다.
    ② 기차표를 예매한다.
    ③ 부모님께 전화를 한다.
    ④ 고속버스 시간표를 알아본다.

8. ① 도서관에 간다.
    ② 간식을 준비한다.
    ③ 아들의 숙제를 도와준다.
    ④ 아들이 입을 옷을 찾는다.

9. ① 신청서를 작성한다.
    ② 주유소에서 카드로 계산한다.
    ③ 적립금으로 상품을 신청한다.
    ④ 카드 혜택에 대해 설명을 듣는다.

• 유형 7 〈여자의 계획, 제안〉

여자: 유형 (5)의 계획, 제안

남자: 그러면 끝내고 알려 주세요.

여자: 네, 알겠습니다.

남자:

▼ 유형 (5) 여자의 계획, 제안

- 연락하겠습니다.
- 연락할게요.
- 연락하면 되지요?
- 연락하라는 말이지요? 알겠어요.
- 연락하고 복사할게요.
- 연락하고 복사하겠습니다.
- 연락하고 복사하려고요.
- 연락하고 복사해도 되지요?
- (여자) 연락할 테니까 (남자) 복사하세요.
- (여자) 연락하는 동안 (남자) 복사해 주시겠어요?

- 연락해야겠어요.
- 연락해 드릴게요.
- 연락하면 되니까 잠깐만요.

남자: V−고 V−(으)세요.

여자: 네.

제일 까다로운 유형이다. 여자의 두 번째 대화에서 계획을 말하거나 제안을 한다. 그리고 세 번째 대화에서 남자가 행동을 요구하지만 여기서는 중요하지 않으니까 유의해야 한다. 반말도 연습해야 한다.

10. ① 불을 끈다.　　　　　　② 컴퓨터를 끈다.
　　③ 승강기를 탄다.　　　　④ 사무실에서 나간다.

Chapter 3 내용 일치

1 지인과의 대화

▶ 듣기 [13]번 유형은 내용 일치를 찾는 문항이다. **지인과의 대화**로 일상 생활 속에 개인적인 이야기가 주제이다. 세부 내용의 이해 능력을 측정하는 문항으로 **3급 수준의 내용**이 출제된다.

듣기 13번 | 황금 레시피

1 남자와 여자가 말한 내용이나 행동을 주의해서 들어야 한다.

2 선택지는 남자와 여자가 말한 내용이나 행동을 반대로 보여 주기 때문에 주의해야 한다.

> 남자 : 저는 어제 (A)를 했어요.
>
> 여자 : 그래요? 저는 어제 (B)를 했는데.
>
> 남자 : 그렇군요. 그럼 우리 다음에 (C)를 할까요?
>
> 여자 : (C)보다 (D)를 하는 게 어때요?

① 여자는 어제 (C)를 했다.

② 남자는 어제 (A)를 하지 않았다.

③ 남자는 여자에게 not (C)를 하자고 했다.

❹ 여자는 남자에게 (D)를 하자고 했다.

[13~16] 다음을 듣고 내용과 일치하는 것을 고르십시오. (각 2점)

13.

여자: ❹봉사 활동을 해 보고 싶은데 처음이라 뭘 해야 할지 모르겠어요.

남자: ❺봉사 활동을 소개해 주는 인터넷 사이트가 있는데 알려 줄까요?

여자: 네, 좋아요. 민수 씨도 이용해 본 적이 있어요?

남자: 그럼요. 종류도 다양하고 기간도 선택할 수 있어서 편해요.

① 남자는 봉사 활동을 시작하려고 한다.
② 여자는 봉사 활동 때문에 고민하고 있다.
③ 여자는 봉사 활동 검색 사이트를 이용해 봤다.
④ 남자는 여자와 함께 봉사 활동을 한 적이 있다.

TOPIK II 〈60회 듣기 13번〉

① (여자)는 봉사 활동을 시작하려고 한다. not A
❷ 정답
③ (남자)는 봉사 활동 검색 사이트를 이용해 봤다. not B
④ (여자는 봉사 활동을 한 적이 없다.) not A

13.

여자: ❹어제 모임에 왜 안 왔어? 연락도 없어서 궁금했잖아.

남자: 응, ❺어제 가벼운 교통사고가 나서 처리하느라 시간이 오래 걸렸거든.

여자: 정말? 자동차 산 지 얼마 안 됐는데 속상하겠다. 어디 다친 데는 없고?

남자: 응, 다행히 다친 데는 없어.

① 남자는 모임에 참석했다.
② 여자는 교통사고를 당했다.
③ 여자는 어제 모임에 안 갔다.
④ 남자는 얼마 전에 자동차를 샀다.

TOPIK II 〈52회 듣기 13번〉

① 남자는 모임에 (참석하지 못했다.) not A
② (남자는) 교통사고를 당했다. not B
③ 여자는 어제 (모임에 갔다.) not A
❹ 정답

예상문제

[1~3] 다음을 듣고 내용과 일치하는 것을 고르십시오. (각 2점) 12

1. ① 남자의 차가 고장이 났다.

② 남자는 긴급 서비스에 전화했다.

③ 여자는 시동이 안 걸리는 이유를 모른다.

④ 여자의 차는 며칠 전에 서비스를 받았다.

2. ① 남자의 친구는 솜씨가 더 좋다.

② 남자는 가구를 만들 줄 모른다.

③ 여자는 가구 만드는 것을 배운 적이 있다.

④ 여자는 남자가 만든 가구가 마음에 안 든다.

3. ① 여자는 카메라의 크기를 따진다.

② 남자는 카메라를 사고 싶어 한다.

③ 남자는 사고 싶은 카메라를 정했다.

④ 여자는 카메라를 구입한 적이 없다.

2 안내 방송

▶ 듣기 [14]번은 **공공장소나 라디오의 안내 방송이나 현장에서 직접 안내하는 내용**이다. 따라서 이 문항에서 도 **무엇보다도 중요한 것은 장소이다.** 그 장소에서 안내할 수 있는 내용이 무엇인지를 미리 상상해 보면서 준 비해야 한다.

듣기 14번 | 황금 레시피

 안내 방송을 하고 있는 〈장소〉가 어디인지 생각하면서 들어야 한다.

 선택지는 〈누가〉, 〈언제〉, 〈어디서〉, 〈무엇을〉, 〈어떻게〉, 〈왜〉의 6가지 정보를 지문과 틀리게 보여 주기 때문에 주의해야 한다.

듣기 14번 | 기출문제   ▶안내 방송

해설

[13~16] 다음을 듣고 내용과 일치하는 것을 고르십시오. (각 2점)

14.
여자: 주민 여러분, Ⓐ오늘은 아파트 소방 시설 점검이 있습니다. 1동부터 5동은 오전 아홉 시부터 열두 시까지, Ⓑ6동부터 10동은 오후 한 시부터 네 시까지 점검합니다. 오늘 점검 중에는 비상벨이 여러 번 울릴 예정이니 Ⓒ놀라지 마시고 하던 일을 계속하시기 바랍니다.

① 점검은 내일 할 예정이다.
② 오전에 점검이 모두 끝난다.
③ 비상벨이 여러 번 울릴 것이다.
④ 점검이 시작되면 밖으로 나가야 한다.

TOPIK II 〈60회 듣기 14번〉

① 점검은 (오늘) 할 예정이다. not A
② (오후)에 점검이 모두 끝난다. not B
❸ 정답
④ 점검이 (시작돼도 하던 일을 계속해도 된다.) not C

● 안내 방송

Ranking 20	안내 방송 및 안내의 내용
01 아파트	편의를 위한 협조 안내, 엘리베이터 고장 안내, 엘리베이터 안전 점검 안내, 수도관 교체 공사 안내, 가스관 교체 공사 안내, 정기 소독 안내, 소방차 전용 주차 구역 안내, 지하 주차장 청소 안내, 주차장 이용 안내, 바자회 개최 안내
02 백화점	분실물 안내, 특별 상품전 안내, 문화센터 강연 안내, 사은 행사 안내, 세일 안내
03 공원	미아 발생 안내, 셔틀버스 운행 안내, 분실물 찾기 안내, 영화 촬영 협조 안내, 관람 일정 및 주의 사항 안내
04 도서관	개방 시간 및 주의 사항 안내, 자료실 이용 규칙 안내, 공사 안내, 열람실 이용 시간 안내
05 학교	강연 안내, 신입생 건강 검진 안내, 방문 일정 안내, 방송반 프로그램 안내
06 회사	에너지 절약 방침 안내, 소방 시설 점검 안내, 영화 촬영 협조 안내
07 관광지, 유원지	폭우 위험 안내, 주의 사항 안내, 관람 일정 안내
08 기숙사	공동 세탁실 이용 안내, 대청소 안내, 화재 대피 안내
09 놀이공원	놀이기구 이용 안내
10 공연장	관람 시 주의 사항 안내, 관객과 배우와의 대화 안내
11 동물원	관람 시 주의 사항 안내, 동물 공연 안내
12 공항	여권 발급 서비스 안내, 탑승 시간 안내
13 비행기	지연 도착 안내, 도착 시간 및 주의 사항 안내
14 기차	서행 안내, 도착 시간 안내
15 영화관	관객과 감독(배우)과의 대화 안내
16 결혼식장	시설 안내, 결혼식장 대여 안내
17 마트	사은 행사 안내
18 강연장	강연 내용 및 일정 안내
19 경기장	폭우로 인한 경기 취소 안내, 환불 안내, 주의 사항 안내
20 행사	행사 일정 안내

예상문제

[1~3] 다음을 듣고 내용과 일치하는 것을 고르십시오. (각 2점) 13

1. ① 공사 중에도 가스는 공급될 것이다.

② 불편한 점은 관리사무소에 전화하면 된다.

③ 하루 동안 가스관 교체 공사를 할 예정이다.

④ 휴대용 가스레인지는 관리사무소에서 빌려준다.

2. ① 잃어버린 물건은 화장품 매장에 있었다.

② 오후 2시쯤 화장품을 구입한 사람을 찾고 있다.

③ 분실물을 찾기 위해서는 1층 매장에 가면 된다.

④ 분실물센터는 백화점 폐장 시간 이후에도 이용할 수 있다.

3. ① 관리사무소는 공원 가운데에 위치해 있다.

② 세 살 정도의 남자 아이가 길을 잃어버렸다.

③ 남자 아이는 청바지와 빨간색 옷을 입었다.

④ 야구장에서 야구를 보다가 아이를 잃어버렸다.

3 뉴스

▶ 듣기 [15]번 유형은 **뉴스이다.** 뉴스의 내용은 주로 **사건사고, 생활정보, 일기예보, 명소 소개, 경제 소식, 관람 정보, 교통 정보, 스포츠, 행사 소개 등**이다.

🍲 어휘와 표현(p.07)을 미리 공부하자!

듣기 15번 | 황금 레시피

🍲① 뉴스의 내용이 무엇인지 생각하면서 들어야 한다.

🍲② 선택지는 〈누가〉, 〈언제〉, 〈어디서〉, 〈무엇을〉, 〈어떻게〉, 〈왜〉의 6가지 정보를 틀리게 보여 주기 때문에 주의해야 한다.

듣기 15번 | 기출문제 ▶ 뉴스

해설

[13~16] 다음을 듣고 내용과 일치하는 것을 고르십시오. (각 2점)

15.

남자: ④현재 태풍은 제주도를 지나고 있습니다. 제주도는 강한 바람과 함께 비가 내리고 있는데요. ⑧이번 태풍은 특히 바람으로 인한 피해가 큽니다. 제주시에서는 간판이 떨어져 시민 두 명이 큰 부상을 입기도 했습니다. ⑥태풍은 오늘 밤 늦게 동해를 지나 사라지겠습니다.

① 간판이 떨어져서 다친 사람이 있다.
② 태풍은 오늘 밤에 더 강해질 것이다.
③ 이번 태풍의 특징은 비가 많이 오는 것이다.
④ 제주도는 아직 태풍의 영향을 받고 있지 않다.

TOPIK II 〈60회 듣기 15번〉

❶ 정답
② 태풍은 오늘 밤에 (사라질) 것이다.
   not C
③ 이번 태풍의 특징은 (바람이 많이 부는 것이다.) not B
④ 제주도는 (지금) 태풍의 영향을 (받고 있다.) not A

🌐 뉴스

Ranking 10	안내 방송 및 안내의 내용
01 사건사고★	교통사고, 천재지변, 정전 사고, 등반 사고, 화재 사고, 식중독 사고, 물놀이 사고, 낚시 사고, 공연장 사고, 지하철 사고, 기차 사고, 비행기 사고 등
02 일기예보★★	날씨별, 기온별, 계절별, 날씨에 따른 사건사고 등
03 생활정보	새로운 정책이나 변화된 정책 소개, 실생활에 유용한 정보 소개 등
04 명소 소개	유명한 장소, 관광지 소개 등
05 행사 소개★★★	이벤트 소개 등
06 경제	경제 변화, 합리적 소비 등
07 관람 정보	공연, 영화 등 소개
08 스포츠	스포츠 경기 결과, 특정 선수 소개 등
09 교통 정보	시내 및 고속도로 교통 현황 등
10 기타	설문조사, 해외 소식 등

🍳 **TIP**

⑴ 〈사건사고〉의 경우 〈읽기 25~27번 신문 기사 제목〉과 내용이 중복된다.

　　연휴 마지막 날 교통 체증, 고속도로 몸살 앓아　－ 52회 읽기 26번

⑵ 〈일기예보〉의 경우 〈읽기 25~27번 신문 기사 제목〉과 내용이 중복된다.

　　중부 지방 비 오락가락, 내일까지 이어져　－ 37회 읽기 25번

　　낮에는 화창, 밤부터 곳에 따라 빗방울 '뚝뚝'　－ 41회 읽기 25번

⑸ 〈행사 소개〉의 경우 〈읽기 9번 안내문〉과 내용이 중복된다. 주로 〈읽기 9번〉에 행사 소개가 나오기 때문에 출제 가능성이 높지 않다.

예상문제

[1~5] 다음을 듣고 내용과 일치하는 것을 고르십시오. (각 2점) 14

1. ① 부상자의 치료가 모두 끝났다.
   ② 이 사고로 모두 네 명이 다쳤다.
   ③ 화물차 운전자가 이 사고를 냈다.
   ④ 이 사고는 어제 저녁에 일어났다.

2. ① 내일은 날씨가 맑을 것이다.
   ② 내일은 하루 종일 따뜻할 것이다.
   ③ 주말 동안 비가 계속 내릴 것이다.
   ④ 낮과 저녁의 온도차가 크지 않을 것이다.

3. ① 불조심 강조 기간은 한 달 간이다.
   ② 최근 화재 사고가 많이 발생하고 있다.
   ③ 시민들은 소방 안전 교육을 받을 수 있다.
   ④ 이 기간 동안 난방용품을 싸게 팔 예정이다.

4. ① 자동차로 남산공원을 구경할 수 있다.
   ② 설명을 들으면서 남산을 구경할 수 있다.
   ③ 이 프로그램은 일 년 내내 진행되고 있다.
   ④ 이 프로그램은 어린이를 위한 프로그램이다.

5. ① 김치 만들기를 체험해 볼 수 있다.
   ② 이 박물관은 시내 여러 곳에 있다.
   ③ 이 박물관은 학생들에게 인기가 많다.
   ④ 체험을 원하는 사람은 전날 신청하면 된다.

4 인터뷰

▶ 듣기 [16]번은 **인터뷰**이다. 인터뷰의 내용은 TOPIK 시험문제가 만들어지는 시기에 한국에서 화제가 되고 있는 장소나 인물 등을 각색한 것이다.

듣기 16번 | 황금 레시피

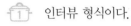 인터뷰 형식이다.

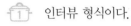 기자의 질문이 무엇인지 확인하면서 인터뷰 주제에 대한 정보를 들어야 한다.

 선택지는 인터뷰 정보를 틀리게 보여 주기 때문에 주의해야 한다.

듣기 16번 | 기출문제 ▶인터뷰

[13~16] 다음을 듣고 내용과 일치하는 것을 고르십시오. (각 2점)

16.

여자: 이번 불꽃 축제를 성공적으로 마치셨다죠? ❹한국에는 불꽃 연출가가 몇 분 안 계시는데, 불꽃 연출가가 되려면 무엇이 필요한가요?

남자: ❺우선 자격증이 있어야 하고요. 위험물을 다루니까 ❸꼼꼼하고 침착한 성격이 좋습니다. 요즘은 음악에 맞춰 불꽃을 터뜨리니까 예술적 감각이 있으면 더 좋고요.

① 한국에는 이 일을 하는 사람이 많다.
② 꼼꼼한 사람은 이 일에 맞지 않는다.
③ 이 일을 하는 데에 자격증은 필요 없다.
④ 이 일을 할 때 예술적 감각이 도움이 된다.

TOPIK II 〈60회 듣기 16번〉

해설

① 한국에는 이 일을 하는 사람이 (적다.) not A
② 꼼꼼한 사람은 이 일에 (맞는다.) not C
③ 이 일을 하는 데에 자격증은 (필요하다.) not B
❹ 정답

예상문제

[1~2] 다음을 듣고 내용과 일치하는 것을 고르십시오. (각 2점)

1.
① 남자는 중학교에서 생물을 가르쳤다.

② 남자는 시청각 자료를 만드는 일을 했다.

③ 남자는 교사로 일하며 해설사로 활동했다.

④ 남자는 어렸을 때부터 동물해설사가 되고 싶었다.

2.
① 이 식당은 음식 만드는 것을 보면서 먹는 곳이다.

② 이 식당은 음식을 파는 곳이 아니라 전시하는 곳이다.

③ 이 식당은 한 명의 요리사가 열 명의 손님을 담당한다.

④ 이 식당은 음식 이외에 칼과 주방 도구도 함께 판매한다.

5 안내문

▶ 읽기 [9]번 유형은 내용 일치를 찾는 문항이다. **안내문**은 지역 행사, 축제, 생활 정보 등 행사 소개가 나온다.
   🎒 어휘와 표현(p.14)을 미리 공부하자!

읽기 9번 | 황금 레시피

1️⃣ 안내문을 먼저 읽는 것이 아니고 선택지를 먼저 읽어야 한다.

2️⃣ 선택지의 정보를 하나하나 안내문과 비교하면서 맞는 정보를 찾아야 한다.

3️⃣ 선택지는 〈누가〉, 〈언제〉, 〈어디서〉, 〈무엇을〉, 〈어떻게〉, 〈왜〉의 6가지 정보를 틀리게 보여 주기 때문에 주의해야 한다.

〈제목〉

◎ 일시:
◎ 장소:
◎ 금액:
◎ 기타:

★ 읽지 말고 확인하자.

① 언제?
② 얼마?
③ 어디?
④ 기타?

[9~12] 다음 글 또는 그래프의 내용과 같은 것을 고르십시오. (각 2점)

9.

인주시 캠핑장 이용 안내

언제 (X)

- **Ⓐ**이용 기간: 3월 ~ 11월
- **Ⓑ**이용 방법: 홈페이지(www.injucamp.com)에서 예약

어떻게 (X)
    ※ 당일 예약 불가

- 이용 요금

기준	평일	주말
1박 2일	30,000원	35,000원
	Ⓒ주차장, 샤워장 이용료 포함↑	

- 문   의: 캠핑장 관리사무소 031) 234-1234

정답 (O)

① 주말에는 이용 요금을 더 받는다.
② 캠핑장은 1년 내내 이용할 수 있다.
③ 예약은 이용 당일 홈페이지에서 하면 된다.
④ 주차장을 이용하려면 돈을 따로 내야 한다.

얼마 (X)

TOPIK II 〈60회 읽기 9번〉

❶ 정답
② 캠핑장은 (10개월 동안) 이용할 수 있다. not A
③ 예약은 이용 당일 (할 수 없다.) not B
④ 주차장 (이용료는 돈을 따로 내지 않아도 된다.) not C

9.

2017 도서 신청 안내

필요한 도서를 신청하십시오.

얼마나 (X)

- ▶ **Ⓐ**신청 기간: 4월 17일(월) ~ 4월 30일(일)
- ▶ **Ⓑ**신청 방법: 도서관 홈페이지

어떻게 (X)
- ▶ 1인 10권 이내 신청 가능(잡지, 어학 교재 제외)

Ⓒ
*책이 도착하면 이메일로 알려 드립니다.

정답 (O)

① 신청할 수 없는 책 종류가 있다.
② 책이 도착하면 전화로 연락해 준다.   언제 (X)
③ 사월 한 달 동안 도서 신청을 받는다.
④ 필요한 책은 이메일로 신청을 해야 한다.

TOPIK II 〈52회 읽기 9번〉

❶ 정답
② 책이 도착하면 (이메일로) 연락해 준다. not C
③ 사월 (2주) 동안 도서 신청을 받는다. not A
④ 필요한 책은 (홈페이지로) 신청을 해야 한다. not B

예상문제

[1~2] 다음 글 또는 도표의 내용과 같은 것을 고르십시오. (각 2점)

1.

제18회 안동 국제 탈춤 축제

행사 개요: 국내외 탈춤을 볼 수 있는 축제
수상 경력: 대한민국 대표 축제, 글로벌 육성 축제 등으로 여러 차례 선정됨.
행사 장소: 안동 탈춤공원, 시내 일부
행사 목적: 한국 전통 문화의 세계화
행사 일시: 9월 28일부터 10월 7일까지

① 이 축제는 올해로 여덟 번째로 열린다.
② 이 축제에서는 한국의 전통 탈춤만 볼 수 있다.
③ 이 축제는 대표 축제로 한 차례 선정된 적이 있다.
④ 이 축제는 한국 전통 문화를 세계에 알리기 위해 열린다.

2.

스키 캠프 참가 안내

■ **장 소:** 은혜 스키장
■ **대 상:** 초·중·고교생, 대학생 개인 및 단체
■ **기 간:** 2018년 12월 1일 ~ 2019년 2월 말
■ **참가비:** 1박 2일 200,000원
　　　　　 - 왕복 교통비, 숙박비, 1박 2식, 시설 이용료 포함.
■ **준비물:** 스키용품 및 스키복(대여 가능)
■ **문의처:** 02-1234-5678

① 대학생들만 캠프에 참가할 수 있다.
② 참가비를 내면 교통비를 따로 내지 않아도 된다.
③ 궁금한 점이 있으면 인터넷으로 알아볼 수 있다.
④ 캠프에 참가하려면 스키복과 스키용품을 구입해야 한다.

6 신문 기사

▶ **읽기 [11~12]번 유형**은 내용과 같은 것을 고르는 문항이다. 세부 내용의 이해 여부를 측정하는 문항으로 3급 수준의 내용이 출제된다. **신문 기사** 주제로 미담, 행사 소개, 최신 화제 등이 있다.

읽기 11번~12번 | 황금 레시피

🍲 1 신문 기사의 주제가 무엇인지 생각하면서 읽어야 한다.

🍲 2 선택지는 〈누가〉, 〈언제〉, 〈어디서〉, 〈무엇을〉, 〈어떻게〉, 〈왜〉의 6가지 정보를 다르게 보여 주기 때문에 주의해야 한다.

🍳 **TIP** 예상해 볼 수 있는 신문 기사와 사이트
- 미담, 행사 소개, 정책과 관련된 내용: 〈연합뉴스〉 – 〈박초롱 기자〉의 기사를 참고
- 건강 정보와 생활 정보와 관련된 내용: 〈아시아경제〉 – 〈이진경 기자〉의 〈카드뉴스〉를 참고
- 동물과 관련된 내용: 〈네이버〉 – 〈애니팩트: The 신기한 동물사전〉
- 정책과 관련된 내용: 네이버(NAVER)나 구글(Google)에서 '부터'와 '시행'을 검색해 보면 TOPIK 시험쯤 시행될 예정이거나 시행 중인 정책을 미리 알 수 있다.
  〈파이낸셜뉴스〉 – 〈용환오 기자〉의 기사 (바뀌는 정책을 꼼꼼하게 때마다 정리해 줌)

읽기 11번~12번 | 기출문제 ▶신문 기사

[9~12] 다음 글 또는 도표의 내용과 같은 것을 고르십시오. (각 2점)

11.
인주시의 한 고등학교는 올해부터 여름 교복으로 티셔츠와 반바지를 입고 있다. **Ⓐ**기존 정장형 교복은 활동할 때 불편하다는 학생들의 의견이 많았기 때문이다. 몸이 편해지니 학생들은 다양한 활동에 적극적으로 참여하기 시작했고 공부에도 더 집중할 수 있어서 학습 효율이 올라갔다. **Ⓑ**새 교복은 기존 교복보다 가격이 저렴해서 **Ⓒ**학부모에게도 인기다.

① 학부모들은 정장형 교복을 더 좋아한다.
② 새 교복은 정장형 교복보다 가격이 비싸다.
③ 기존 교복에 비해 새 교복은 활동할 때 불편하다.
④ 학교는 학생들의 의견을 받아들여서 교복을 바꿨다.

TOPIK II 〈60회 읽기 11번〉

해설

① 학부모들은 (새) 교복을 더 좋아한다. not C
② 새 교복은 정장형 교복보다 가격이 (저렴하다). not B
③ 기존 교복에 비해 새 교복은 활동할 때 (편하다). not A
❹ 정답

12.

최근 한 아파트에서 힘들게 일하는 ❹택배 기사, 청소원 등을 위한 ❸무료 카페를 열어서 화제가 되고 있다. 이 카페는 언제든 부담 없이 음료를 마시면서 쉴 수 있는 곳이어서 이용자들이 만족해하고 있다. ❸주민들은 처음에는 관심을 안 보였지만 지금은 카페에 음료와 간식을 제공하는 등 많은 도움을 주고 있다.

① 이 카페에 간식을 가져다주는 주민들이 생겼다.
② 카페를 열 때 아파트 주민들이 적극적으로 도왔다.
③ 이 카페는 아파트 주민들이 돈을 벌기 위해서 열었다.
④ 택배 기사들이 카페의 운영에 참여해 화제가 되고 있다.

TOPIK II 〈60회 읽기 12번〉

❶ 정답
② 카페를 열 때 아파트 주민들이 (관심을 안 보였다). not C
③ 이 카페는 아파트 주민들이 (무료로) 열었다. not B
④ (택배 기사들을 위한 카페 운영이) 화제가 되고 있다. not A

읽기 11번~12번 | Ranking

◉ 신문 기사

Ranking 08		출제 가능한 내용
01	미담	감동적이고 아름다운 사람들의 이야기
		사고를 당한 사람 구하기, 봉사 활동, 불우이웃돕기, 기부, 분실물 찾아주기, 이웃과의 아름다운 사연, 자신을 도와준 사람 등
02	행사 소개	듣기 15번 〈뉴스〉와 읽기 9번 〈안내문〉의 주제와 중복된다. 이 문항의 특징은 〈뉴스〉와 〈안내문〉보다 행사의 특징이나 의의를 좀 더 구체적으로 설명을 한다. 중복되어 출제는 되지 않지만 세 문항에 공통된 주제이기 때문에 반드시 알아 두어야 한다.
		공연, 관람, 전시회, 박람회, 대회, 홍보 행사, 강연 등
03	최신 화제	TOPIK 시험문제가 만들어지는 시기에 한국에서 화제가 되고 있는 일이 출제된다.
04	정책	TOPIK 시험문제가 만들어지는 시기에 한국에서 앞으로 필요한 정책, 시행될 예정인 정책, 최근에 시행된 정책이 출제된다.
		2019년 7월 현재를 기준으로 나올 수 있는 정책으로는 다음과 같은 것이 있다. 주52시간 근무제 시행 (최근 시행된 정책) 일회용 플라스틱 빨대 사용 제한 (앞으로 필요한 정책)
05	건강 정보	음식, 습관, 건강에 유용한 정보 등이 출제된다.
06	생활 정보	생활에 유용한 정보 등이 출제된다.

07	사회 현상	빠르게 변화하고 있는 현대 사회의 특징 중 신문 기사 내용으로 적합한 것이 출제된다. 인터넷 신문과 종이 신문, 전자책과 종이책 등
08	동물	우리가 모르고 있고 관심을 가질 만한 동물의 특징이 출제된다.

🎩TIP

① 〈정책〉의 경우 〈읽기 13~15번 순서 배열〉과 〈읽기 25~27번 신문 기사 제목〉과 내용이 중복된다.

예상문제

[1~4] 다음 글 또는 도표의 내용과 같은 것을 고르십시오. (각 2점)

1.

고등학교 1학년생이 간경화가 심해진 아버지에게 자신의 간 일부를 이식해 준 사연이 화제가 되고 있다. 학생의 아버지는 오래전부터 간경화를 앓다가 최근 위독해졌다. 간 이식 수술이 필요했지만 간을 이식해 줄 사람이 마땅히 없었다. 학생은 자신이 간을 기증하고 싶었지만 나이가 어려서 불가능하였다. 그러던 중 생일이 지나 이식이 가능한 나이가 되자마자 간 이식을 한 것이다.

① 학생의 아버지는 최근 간경화가 생긴 것을 알았다.

② 학생의 아버지는 간을 기증할 사람을 금방 찾았다.

③ 학생은 간경화가 심해져 아버지로부터 간을 기증 받았다.

④ 학생은 간 기증이 가능한 나이를 기다렸다가 이식 수술을 했다.

2.

2020년 김해 숲길 마라톤 대회가 오는 6월 17일 일요일 오전 8시에 김해운동장에서 개최된다. 이번 마라톤 대회는 하프, 10km와 3km 세 부문으로 나뉘어 진행된다. 참가비는 각각 하프와 10km는 삼만 원, 3km는 만 오천 원이다. 참가는 홈페이지에서 신청하면 된다. 신청 마감은 6월 4일 월요일까지이고 선착순 2,500명까지 받는다.

① 참가는 현장에서 접수를 받는다.

② 참가비는 거리에 관계없이 같다.

③ 참가 신청은 대회 전날까지 가능하다.

④ 참가 인원은 신청자 수에 따라 제한이 있다.

3.

    1인 가구가 증가하면서 혼자 식사를 하는 사람, 이른바 '혼밥'이 늘고 있다. 몇 년 전 해도 식당에서 혼자 밥을 먹는 모습은 낯설었다. 하지만 요즘 식당에 가 보면 1인 고객이 상당한 비중을 차지하고 있다. 이에 발맞추어 외식업계에서는 '1인 삼겹살', '1인 보쌈' 등 1인분 식단을 선보이고 있다. 부담 없는 가격에 1인 고객이나 소비자들은 높은 만족도를 보이고 있다.

① 식당에서 혼자 식사를 하는 사람은 자주 볼 수 없다.

② 1인분 식단은 소비자들에게 좋은 반응을 얻고 있다.

③ 혼자 식사를 하는 사람들이 증가한 것은 물가 때문이다.

④ 외식업계에서는 1인분 식단에 대해 부담스럽게 생각한다.

4.

    집에서 쓰던 텔레비전이나 세탁기를 버리려면 돈을 주고 스티커를 사서 물건에 붙여야 한다고 아는 사람이 많다. 그러나 2012년부터 환경부에서 시행하고 있는 제도를 이용하면 가전제품을 무료로 버릴 수 있다는 사실을 아는 사람은 많지 않다. 환경부 홈페이지를 통해 신청을 하면 직원이 직접 집으로 방문해서 버릴 물건을 무료로 가져가 준다.

① 이 서비스는 앞으로 시행할 예정이다.

② 환경부에 직접 방문해서 신청해야 한다.

③ 신청을 하면 버릴 가전제품을 가지러 온다.

④ 환경부 홈페이지를 통해 스티커를 구입해야 한다.

7 설명문

7 설명문

▶ 읽기 [19~20]번 유형은 문맥에 알맞은 어휘와 내용과 일치하는 것을 고르는 문항이다. 어휘 능력과 세부 내용의 이해 능력을 측정하는 문항으로 **3급 수준의 내용**이 출제된다. 빈칸에 알맞은 어휘는 접속사나 부사를 찾는 문제이다. 그리고 이 유형은 정보를 전달하는 설명문으로 최신 화제, 상식, 기술, 인간심리, 교육, 과학 등의 글이 출제된다.

🏆 어휘와 표현(p.16)을 미리 공부하자!

읽기 19번~20번 ┃ 황금 레시피

 지문을 먼저 읽은 후에 선택지를 확인해야 한다.

 출제 가능성이 높은 접속사와 부사를 미리 공부해야 한다.

 선택지는 〈누가〉, 〈언제〉, 〈어디서〉, 〈무엇을〉, 〈어떻게〉, 〈왜〉의 6가지 정보를 틀리게 보여 주기 때문에 주의해야 한다.

읽기 19번~20번 ┃ 기출문제 ▶내용 일치, 접속사/부사

해설

[19~20] 다음을 읽고 물음에 답하십시오. (각 2점)

ⓐ시각 장애인의 안내견은 주인과 있을 때 행인에게 관심을 두지 않는다. ( ) ⓑ안내견이 주인을 남겨 두고 행인에게 다가간다면 이는 주인이 위험에 처해 있다는 뜻이다. ⓒ안내견은 주인에게 문제가 발생하면 곧장 주변 사람에게 달려가 도움을 요청하도록 훈련을 받기 때문이다. 안내견이 행인의 주위를 맴돌면 안내견을 따라가 주인의 상태를 확인하고 구조 센터에 연락해야 한다.

19. ( )에 들어갈 알맞은 것을 고르십시오.

① 비록 ② 물론 ③ 만약 ④ 과연

정답은 ③번
빈칸 뒤의 '행인에게 다가간다면'은 〈가정〉을 나타내는 문장이다. 문장 앞에 '만약'을 사용하여 의미를 강조한다.

20. 위 글의 내용과 같은 것을 고르십시오.

① 안내견이 주인 곁을 떠나는 경우는 없다.

② 안내견은 문제가 생기면 구조 센터로 달려간다.

③ 안내견이 다가오는 것은 위급한 상황이 생겼다는 뜻이다.

④ 안내견은 항상 주변의 사람들에게 관심을 갖도록 훈련을 받는다.

TOPIK II 〈60회 읽기 19~20번〉

① 안내견이 주인 곁을 떠나는 (경우가 있다.) not B

② 안내견은 문제가 생기면 (주변 사람에게 달려간다.) not C

❸ 정답

④ 안내견은 항상 주변의 사람들에게 관심을 (두지 않도록) 훈련을 받는다. not A

[19~20] 다음을 읽고 물음에 답하십시오. (각 2점)

인터넷으로 회원 가입을 할 때 설정하는 ❹비밀번호는 초기에는 숫자 네 개면 충분했다. 하지만 최근에는 ❺보안 강화를 위해 특수 문자까지 넣어 만들어야 한다. (　　) 비밀번호 변경도 주기적으로 해야 한다. 이 때문에 가입자는 번거로운 것은 물론이고 자주 바뀌는 비밀번호를 기억하지 못해 스트레스를 받는다. ❻개인 정보 보호를 가입자에게만 요구하지 말고 기업도 보안 기술 개발에 적극 투자해야 한다.

19. (　　)에 들어갈 알맞은 것을 고르십시오.

① 그러면

② 게다가

③ 반면에

④ 이처럼

정답은 ②번
빈칸 뒤에 '비밀번호 변경도'라고 하여 포함(추가)의 의미를 나타내기 때문에 '게다가'가 정답이다.

20. 위 글의 내용과 같은 것을 고르십시오.

① 가입자는 비밀번호 변경으로 스트레스를 받는다.

② 초기의 비밀번호는 숫자 네 개로는 만들 수 없었다.

③ 가입자는 기업에 비밀번호 설정을 까다롭게 요구한다.

④ 비밀번호 설정 시에 숫자와 문자 중 하나를 선택해야 한다.

TOPIK II 〈52회 읽기 19~20번〉

정답은 ①번
❶ 정답

② 초기의 비밀번호는 숫자 네 개로 (만들 수 있었다.) not A

③ (기업은 가입자에게) 비밀번호 설정을 까다롭게 요구한다. not C

④ 비밀번호 설정 시에 (숫자와 문자까지 모두를 선택해야 한다.) not B

예상문제

[1~2] 다음을 읽고 물음에 답하십시오. (각 2점)

　　음악을 들으면서 공부를 한다고 해서 학습 능률이 떨어지는 것은 아니다. 사람에 따라 다를 수 있기 때문이다. 음악을 들으면서 공부를 하는 것이 그냥 공부하는 것보다 더 효과적인 경우가 있다. 음악을 듣다 보면 공부가 지루한 줄을 모르게 되고 음악에 맞춰 몸이나 다리를 흔들면 운동도 된다. (　　　) 졸음을 쫓는데도 아주 좋은 방법이 된다.

1. (　　)에 들어갈 알맞은 것을 고르십시오.

① 게다가　　　　　② 오히려　　　　　③ 마침내　　　　　④ 도대체

2. 이 글의 내용과 같은 것을 고르십시오.

① 음악을 너무 오래 들으면 지루해진다.
② 음악에 신경을 쓰면 공부를 할 수 없다.
③ 음악에 맞춰 몸을 흔들면 능률이 떨어진다.
④ 음악을 들으면서 공부를 하면 효과적일 수 있다.

[3~4] 다음을 읽고 물음에 답하십시오. (각 2점)

　야구 경기를 보면 껌을 씹고 있는 선수들의 모습을 자주 볼 수 있다. 야구 선수들이 껌을 씹는 이유는 경기에 대한 긴장감을 줄이기 위해서이다. 껌을 씹는 것 말고도 크게 소리를 지르거나 눈을 감고 조용히 노래를 따라 하는 것도 마찬가지의 행동이다. (　　　) 숨을 천천히 쉬는 것도 긴장을 푸는 좋은 방법 중의 하나이다.

3. (　　)에 들어갈 알맞은 것을 고르십시오.

① 게다가　　　　② 오히려　　　　③ 그러면　　　　④ 그리고

4. 이 글의 내용과 같은 것을 고르십시오.

① 긴장을 줄이려면 계속 떠들어야 한다.
② 야구 경기 중에는 껌을 씹으면 안 된다.
③ 긴장을 풀기 위해서 껌을 씹는 경우가 있다.
④ 야구 선수들은 경기력을 위해 숨을 빨리 쉰다.

Chapter

4 중심 생각

1 대화

▶ 듣기 [17~19]번 유형은 중심 생각을 파악하는 문항이다. 중심 내용의 이해 능력을 측정하는 문항으로 **3급 수준의 내용**이 출제된다. 대화의 내용은 일상생활이 대부분이고, 앞에서 이미 공부한 회사나 특정 장소 등이 종종 출제된다. 이 유형은 주로 '남자의 중심 생각'을 묻고 있지만 회 차에 따라 '여자'를 물어볼 가능성 도 있기 때문에 문제를 풀기 전 남자인지 여자인지 반드시 확인해야 한다.

듣기 17번~19번 | 황금 레시피

1. 남자의 중심 생각인지 여자의 중심 생각인지 반드시 확인한 후 들어야 한다.
2. 중심 생각은 아래의 10가지 유형을 알고 있어야 찾을 수 있다.

듣기 17번~19번 | Ranking

중심 생각

Ranking 10	중심 생각 표현
01 유형 (1) −는 게 좋다. −는 게 낫다. −는 게 괜찮다.	〈자신의 생각을 부드럽게 말할 때〉 병원에 **가는 게 좋아요.** 병원에 **가는 게 좋을 것 같은데요.** 병원에 **가는 게 좋지 않아요?** 병원에 **가는 게 좋지 않을까요?** 병원에 **가는 게 좋지 않을까 싶어요.** 병원에 안 가고 **참는 게 오히려 나빠요.**

02	유형 (2)	−아/어야 −아/어야 하다.	〈자신의 생각을 강하게 말할 때〉 병원에 **가야** 빨리 나을 수 있어요. 병원에 **가야 해요.** 병원에 **가야지요.** 병원에 **가야 하지 않을까요?**
03	유형 (3)	그래서 _____	〈자신의 생각을 이유로 말할 때〉 **그래서** 사람들이 병원에 가는 거예요.
04	유형 (4)	가장 중요한 건 _____ −는 게 중요하다. −는 게 필요하다. −(으)ㄹ 필요가 있다.	〈자신의 생각을 강조해서 말할 때〉 **가장 중요한 건** 병원에 빨리 가는 거예요. 병원에 빨리 **가는 게 중요해요.** 병원에 빨리 **가는 게 필요해요.** 빨리 치료를 **받을 필요가 있어요.**
05	유형 (5)	−아/어 보세요. −는 게 어때요? −(으)ㅂ시다. −자.	〈상대방에게 자신의 생각을 명령, 제안할 때〉 빨리 병원에 **가 보세요.** 빨리 병원에 **가는 게 어때요?** 같이 병원에 **갑시다.** 같이 병원에 **가자.**
06	유형 (6)	−고 싶다. −(으)면 좋겠다. −(으)면 좋을 텐데	〈자신이나 상대방의 소망을 말할 때〉 병원에 빨리 **가고 싶어요.** 병원에 빨리 **갔으면 좋겠어요.** 병원에 빨리 **가면 좋을 텐데.**
07	유형 (7)	제 생각에는 −(ㄴ/는)다고 생각하다. −는 거라고 생각하다. −(ㄴ/는)다고 보다. −는 게 아니겠어?	〈자신의 생각을 직접적으로 말할 때〉 **제 생각에는** 병원 치료부터 받는 게 먼저예요. 빨리 치료를 **받는 것이라고 생각해요.** 중요한 것은 빨리 치료를 **받는 게 아니겠어요?**
08	유형 (8)	−아/어서 좋다/괜찮다. −아/어서 나쁘다/힘들다/어렵다. −아/어서 나쁠 건 없다.	〈자신의 생각을 만족도로 말할 때〉 운동을 하니까 아프지 **않아서 좋아요.** 운동을 **해서 나쁠 건 없어요.** 자주 **아파서 힘들어요.**

09	유형 (9)	특히 ~ 무엇보다도 ~ –는 데 도움이 된다.	〈자신의 생각을 정도로 말할 때〉 **특히** 빨리 치료를 받는 것이 현명하다. **무엇보다도** 빨리 치료를 받는 것이 현명하다. 빨리 치료를 받는 것이 건강을 **회복하는 데 도움이 된다.**
10	유형 (10)	두 문장 반복 이처럼 ~ 이렇듯 ~	위의 중심 생각 표현이 나오지 않을 경우에는 대부분 반복이다. **남자가 두 번 이상 강조하면서 이야기하는 것**을 잘 들어야 한다.

듣기 17번~19번 | 기출문제 ▶대화   해설

[17~20] 다음을 듣고 남자의 중심 생각을 고르십시오. (각 2점)

17.
남자: 이거 어때요? 화분 크기도 적당하고 나무 모양도 예쁘고, 물을 자주 안 줘도 된다니까 키우기 편하겠어요.

여자: 음, 저는 그것보다 꽃이 많이 있는 화분이 좋은데……

남자: 꽃은 금방 지고 지저분해져요. 이걸로 하는 게 어때요?

① 오래 볼 수 있는 꽃이 좋다.
② 관리가 쉬운 식물을 사고 싶다.
③ 식물은 집 밖에서 키워야 한다.
④ 집에 꽃이 많은 화분이 있어야 한다.

TOPIK II 〈60회 듣기 17번〉

정답은 ②번
중심 생각 Ranking 유형 (5) '–는 게 어때요?'에 해당한다.
"키우기 편하겠어요."와 "이걸로 하는 게 어때요?"와 같은 내용을 선택지에서 고른다.

18.
남자: 신청서에 쓸 게 너무 많다. 문화 센터 수업을 신청하는 데 직업까지 쓸 필요가 있나?

여자: 신청자를 잘 알면 요구에 맞는 수업을 해 줄 수 있으니까 그렇지.

남자: 그런 건 따로 물어보면 되지. 정보를 너무 많이 요구하는 것 같아.

① 신청서에 쓸 정보를 줄이면 좋겠다.
② 신청서 쓰는 방법을 안내해야 한다.
③ 신청자 요구에 맞는 수업을 해야 한다.
④ 수업 내용을 미리 알려 주는 것이 좋다.

TOPIK II 〈60회 듣기 18번〉

정답은 ①번
중심 생각 Ranking 유형 (10) '두 문장 반복'에 해당한다.
"신청서에 쓸 게 너무 많다.", "정보를 많이 요구하는 것 같다."라고 반복해서 말하고 있다.

19.

여자: 여보, 아이들 책 좀 사야 하는데 온라인으로 주문해 줄래요?

남자: 직접 보고 사는 게 어때요?

여자: 전문가가 추천한 거예요. 그리고 책은 무거워서 사서 들고 오려면 힘들어요.

남자: 그래도 애들이 볼 거니까 내용을 먼저 살펴보고 사야지요.

① 아이들 책은 무겁지 않아야 한다.

② 아이들 책은 온라인으로 사야 한다.

③ 아이들 책은 전문가의 추천이 중요하다.

④ 아이들 책은 직접 본 후에 사는 게 좋다.

TOPIK II 〈60회 듣기 19번〉

정답은 ④번

중심 생각 Ranking 유형 (5) '−는 게 어때요?'와 유형 (2) '−아/어야하다.'에 해당한다.

"직접 보고 사는 게 어때요?"와 "내용을 먼저 살펴보고 사야지요."와 같은 내용을 선택지에서 고른다.

예상문제

[1~7] 다음을 듣고 남자의 중심 생각을 고르십시오. (각 2점) 16

1. ① 여름용 이불은 직접 만져 본 후 고르는 것이 좋다.
   ② 이불이 부드러우면 피부에 잘 붙기 때문에 좋지 않다.
   ③ 여름용 이불은 거친 것보다 부드러운 것이 더 좋다.
   ④ 인터넷 쇼핑을 이용하면 여름용 이불을 싸게 살 수 있다.

2. ① 자유롭게 다닐 수 있는 여행이 좋다.
   ② 여행 일정을 짜는 것은 힘든 일이다.
   ③ 단체 관광 상품은 여러 가지 장점이 있다.
   ④ 여행은 시간에 맞춰 이동하는 것이 중요하다.

3. ① 마트 휴무일을 평일로 옮겨야 한다.
   ② 마트 휴무일을 미리 알아두는 것이 좋다.
   ③ 전통 시장의 시설을 편리하게 해야 한다.
   ④ 전통 시장 활성화를 위해 마트 휴무일이 필요하다.

4. ① 마음이 편해야 잠을 잘 잘 수 있다.
   ② 피곤이 쌓였을 때는 푹 자는 것이 좋다.
   ③ 잠을 잘 못 자는 이유는 스트레스 때문이다.
   ④ 피곤할 때 따뜻한 물로 목욕을 하는 것이 좋다.

5. ① 화를 푸는 방법을 찾는 것이 필요하다.

   ② 화가 났던 이유를 글로 써 보는 것이 좋다.

   ③ 싸우고 나면 되도록 빨리 화해하는 것이 좋다.

   ④ 싸우기 전에 천천히 친구의 얘기를 들어야 한다.

6. ① 회의 내용을 다시 정리해 주면 좋겠다.

   ② 회의 때는 중요한 이야기만 하는 것이 좋다.

   ③ 의견이 다양하면 적절하게 조정을 해야 한다.

   ④ 회의 중에 서로의 생각을 나눌 수 있었으면 한다.

7. ① 지하철은 시간을 절약할 수 있다.

   ② 차 없이 다니면 여러 가지 장점이 있다.

   ③ 대중교통을 이용하면 책을 읽을 수 있다.

   ④ 운동량이 부족하면 걸어 다니는 것이 좋다.

2 인터뷰

▶ **[20]번 인터뷰에서 중요한 것은 질문하는 사람이 무엇을 물어보는지에 집중을 해야 한다. 바로 그 질문이 중심 생각의 근거이기 때문이다.** 인터뷰의 내용은 우리가 일반적으로 알고 있는 직업을 가진 사람(전문가, 가게 주인, 가수, 번역가 등)이나 TOPIK 시험문제가 만들어지는 시기에 한국에서 화제가 되고 있는 인물이나 장소를 각색한 것이다.

 듣기 20번 | 황금 레시피

> ① 인터뷰 형식이다.
>
> ② 질문이 무엇인지 확인하면서 인터뷰 주제에 대한 정보를 들어야 한다.
>
> ③ 중심 생각은 10가지 유형(p.96)을 알고 있어야 찾을 수 있다

듣기 20번 | 기출문제   ▶인터뷰

해설

[17~20] 다음을 듣고 <u>남자의 중심 생각</u>을 고르십시오. (각 2점)

20.
여자: 기자분이 진행하시는 시사 프로그램이 인기를 끄는 이유는 뭘까요?

남자: 저는 청취자가 누구인가를 먼저 생각합니다. 우리 방송을 듣는 분들은 보통 사람들이거든요. 그래서 저는 일반인의 수준에서 전문가들에게 끊임없이 질문합니다. 어려운 표현이 나오면 다시 설명해 달라고 부탁하기도 하고요.

① 시사 프로그램은 일반인에게 인기를 얻기 어렵다.
② 일반인의 눈높이에서 시사 문제를 전달해야 한다.
③ 청취자가 참여하는 시사 프로그램을 만들고 싶다.
④ 시사 프로그램 진행자는 청취자의 질문에 답해야 한다.

TOPIKII 〈60회 듣기 20번〉

정답은 ②번
중심 생각 Ranking 유형 (3) '그래서'에 해당한다.
시사 프로그램이 인기를 끄는 이유에 대한 대답을 찾는다.
'일반인의 수준에서'와 '어려운 표현이 나오면 다시 설명해 달라고 부탁한다.'와 같은 내용을 선택지에서 고른다.

예상문제

[1~2] 다음을 듣고 <u>남자</u>의 중심 생각을 고르십시오. (각 2점)

1. ① 웃을 때는 큰 소리로 웃는 것이 좋다.

② 웃음은 의사와 환자의 친밀도를 높인다.

③ 웃는 행동이 건강에 좋은 영향을 미친다.

④ 웃는 행동은 환자의 치료에 도움이 된다.

2. ① 과거의 추억을 함께 느껴보고 싶다.

② 젊은이들에게 과거의 모습을 알려야 한다.

③ 학교의 모습을 시기별로 정리하는 게 필요하다.

④ 과거의 모습을 간직하는 것은 의미 있는 일이다.

5 순서 배열

1 정보

▶ 읽기 [13~15]번 유형은 순서를 파악하는 문항이다. 맥락의 이해 능력을 측정하는 문항으로 **3급 수준의 내용**이 출제된다. 이 문항은 (가)~(라)의 네 개 문장으로 구성할 수 있어야 하기 때문에 간단한 구조의 내용이 나온다.

읽기 13번~15번 | 황금 레시피

① 선택지에서 (가)~(라) 중에서 첫 번째 문장을 2개 정해 준다. 그러면 두 문장 중 내용의 범위가 큰 문장이 첫 번째 문장이다.

② 접속사(그리고, 그러나 등), 지시어(이, 그, 저), 포함을 나타내는 조사(N-도) 등이 있는 문장은 첫 번째 문장이 아니다.

③ 접속사, 지시어 등을 확인해 가며 순서에 따라 바르게 배열된 선택지를 고르면 된다.

📖TIP 예상해 볼 수 있는 신문 기사와 사이트
　　　－ 정책과 관련된 내용: 네이버(NAVER)나 구글(Google)에서 '부터'와 '시행'을 검색해 보면 TOPIK 시험쯤
　　　　　　　　　　　　　시행될 예정이거나 시행 중인 정책을 미리 알 수 있다.
　　　　　　　　　　　　　〈파이낸셜뉴스〉 – 〈용환오 기자〉의 기사 (바뀌는 정책을 꼼꼼하게 때마다 정리해 줌)
　　　－ 일화: 네이버(NAVER)에서 〈북토비 생각동화 – 전래 동화〉, 〈헬로우키즈 – 전래동화〉를 검색
　　　－ 건강, 생활과 관련된 내용: 〈아시아경제〉 – 〈이진경 기자〉의 〈카드뉴스〉를 참고
　　　－ 동물과 관련된 내용: 〈네이버〉 – 〈애니팩트: The 신기한 동물사전〉

읽기 13번~15번 | Ranking

◎ **정보**

Ranking 11	출제 가능한 내용
01 개인적인 글	미담, 추억 등

02	인간 관련	연령별 특징, 심리, 신체, 아이디어, 스트레스 등
03	일화	위인, 한국에서 유명한 전래 동화, 이솝우화 등
04	건강	음식 효능, 건강 관리법, 건강을 위한 습관 등
05	정보	생활 상식, 과학 정보 등
06	정책	TOPIK 시험문제가 만들어지는 시기에 한국에서 앞으로 필요한 정책, 시행될 예정인 정책, 최근에 시행된 정책이 출제된다.
07	유래	재미있는 유래
08	사회 현상	과거와 달라진 현상
09	동물	우리가 모르고 있고 관심을 가질 만한 동물의 특징이 출제된다.
10	최신 화제	TOPIK 시험문제가 만들어지는 시기에 한국에서 화제가 되고 있는 일이 출제된다.
11	기술	아이디어

읽기 13번~15번 | 기출문제 ▶ 순서 배열

해설

[13~15] 다음을 순서대로 맞게 배열한 것을 고르십시오. (각 2점)

13.
(가) 환경 보호를 위해 포장 없이 내용물만 판매하는 가게가 있다.
(나) 사람들이 용기에 든 물품을 사려면 빈 통을 준비해 가야 한다.
(다) 빈 통이 없는 사람들에게는 가게에서 통을 대여해 주기도 한다.
(라) 이 가게에서는 밀가루나 샴푸 등을 커다란 용기에 담아 놓고 판매한다.

① (가)-(나)-(라)-(다)   ② (가)-(라)-(나)-(다)
③ (나)-(가)-(라)-(다)   ④ (나)-(다)-(가)-(라)

TOPIK II 〈60회 읽기 13번〉

정답은 ②번
정보 Ranking 유형 (8) 〈사회 현상〉으로 (가)와 (나) 중 첫 번째 문장을 찾아야 한다. (나)는 '용기에 든 물품'에 대한 설명이 없기 때문에 첫 번째 문장이 아니다. 따라서 (가)가 첫 번째 문장이다. (가)에 가게에 대한 설명이 있기 때문에 두 번째 문장은 가게에 대한 보충 설명이 있는 (라)가 자연스럽다.

(가) 환경 보호를 위해 포장 없이 내용물만 판매하는 가게가 있고 / (라) 이 가게는 밀가루나 샴푸 등을 커다란 용기에 담아 놓고 판매를 하고 / (나) 사람들은 빈 통을 준비해 가야 하는데 / (다) 빈 통이 없으면 가게에서 통을 대여해 준다. / 로 내용이 구성된다.

14.

(가) 요금을 내려고 보니 가방 어디에서도 지갑을 찾을 수 없었다.

(나) 감사의 인사를 전하는 나에게 아주머니는 환하게 웃어 주셨다.

(다) 회사에 지각할 것 같아서 막 출발하려는 버스를 뛰어가서 탔다.

(라) 그냥 내리려는데 뒤에 서 있던 아주머니가 대신 요금을 내 주셨다.

① (가)-(다)-(나)-(라) ② (가)-(라)-(다)-(나)
③ (다)-(가)-(라)-(나) ④ (다)-(나)-(라)-(가)

TOPIK II 〈60회 읽기 14번〉

정답은 ③번

정보 Ranking 유형 (1) 〈개인적인 글〉로 (가)와 (다) 중 첫 번째 문장을 찾아야 한다. (가)와 (다) 중에서 내용의 순서상 버스에 타는 행동이 먼저이기 때문에 (다)가 첫 번째 문장이다.

(다) 버스를 탔는데 / (가) 지갑이 없었고 / (라) 뒤에 서 있던 아주머니가 대신 요금을 내 주어서 / (나) 감사의 인사를 전했다 / 로 내용이 구성된다.

15.

(가) 쉬어도 떨림이 계속된다면 마그네슘이 부족해서일 수도 있다.

(나) 눈 밑 떨림의 주된 원인은 피로이므로 푹 쉬면 증상은 완화된다.

(다) 이런 사람들은 마그네슘이 풍부한 견과류나 바나나를 먹으면 좋다.

(라) 누구나 한 번쯤은 눈 밑이 떨리는 경험을 해 본 적이 있을 것이다.

① (나)-(다)-(라)-(가) ② (나)-(라)-(다)-(가)
③ (라)-(가)-(다)-(나) ④ (라)-(나)-(가)-(다)

TOPIK II 〈60회 읽기 15번〉

정답은 ④번

정보 Ranking 유형 (4) 〈건강〉 관련 글로 (나)와 (라) 중 첫 번째 문장을 찾아야 한다. (나)와 (라) 중에서 눈 밑 떨림 현상에 대한 도입은 (라)가 자연스럽기 때문에 (라)가 첫 번째 문장이다.

(라) 눈 밑이 떨리는 경험은 누구나 있었을 텐데 / (나) 그 원인은 피로이므로 푹 쉬면 완화된다. / (가) 쉬어도 떨림이 계속된다면 마그네슘이 부족해서인데 / (다) 이런 사람들은 견과류나 바나나를 먹으면 좋다. / 로 내용이 구성된다.

[1~6] 다음을 순서대로 맞게 배열한 것을 고르십시오. (각 2점)

1.

(가) 어느 날 어머니가 나에게 작은 수첩을 주셨다.

(나) 그러면서 중요한 일이 있을 때마다 메모를 하라고 하셨다.

(다) 그때부터 나는 메모를 하기 시작했고 잊어버리는 일도 줄어들게 되었다.

(라) 나는 평소에 해야 할 일을 자주 잊어버릴 때가 많았다.

① (라)-(다)-(가)-(나)   ② (라)-(가)-(나)-(다)

③ (가)-(라)-(나)-(다)   ④ (가)-(나)-(다)-(라)

2.

(가) 따라서 실내 온도를 신생아에게 가장 쾌적한 24도 정도로 유지해 주어야 한다.

(나) 그래서 체온이 외부의 온도 변화에 영향을 잘 받는다.

(다) 더운 방에서 아기를 포대기에 싸 두면 열이 날 수도 있다.

(라) 신생아는 체온을 조절하는 능력이 완전하지 못하다.

① (라)-(나)-(다)-(가)   ② (라)-(가)-(나)-(다)

③ (다)-(나)-(라)-(가)   ④ (다)-(가)-(나)-(라)

3.

(가) 약을 먹으면 통증이 줄어들기 때문에 무리할 수 있어서 아픈 곳이 더 나빠질 수도 있다.

(나) 팔이 아프면 팔을 조심하게 되고 다리가 아프면 다리를 조심하게 된다.

(다) 사람은 통증을 느끼게 되면 통증을 느끼는 부분을 조심하게 된다.

(라) 하지만 통증을 느낀다고 해서 금방 약을 먹는 것은 좋지 않다.

① (나)-(가)-(다)-(라)   ② (나)-(다)-(가)-(라)

③ (다)-(나)-(라)-(가)   ④ (다)-(라)-(나)-(가)

4.

(가) 아들 개구리가 계속 자기가 본 동물이 더 크다고 하자 결국 아빠는 배가 터져 죽고 말았다.

(나) 그러던 어느 날 아들 개구리가 황소를 보고 아빠에게 더 큰 동물을 봤다고 이야기를 했다.

(다) 어느 시골 연못에 항상 자기의 몸이 큰 것을 자랑하는 아빠 개구리가 있었다.

(라) 아빠 개구리는 아들이 본 짐승보다 몸집을 더 크게 만들려고 몸속에 공기를 불어 넣었다.

① (다)-(라)-(나)-(가) ② (다)-(나)-(라)-(가)
③ (라)-(다)-(가)-(나) ④ (라)-(가)-(다)-(나)

5.

(가) 그리고 나서 산을 오를 때에는 일정한 속도로 걸어야 한다.

(나) 그리고 보통 약 50분 산행 뒤 5분 정도 쉬어야 한다.

(다) 산을 올라가기 전에 등산화가 발에 꼭 맞도록 끈을 묶어 주어야 한다.

(라) 등산을 하는 사람은 안전한 등산을 위해 다음과 같은 점을 조심해야 한다.

① (다)-(가)-(나)-(라) ② (다)-(가)-(라)-(나)
③ (라)-(나)-(가)-(다) ④ (라)-(다)-(가)-(나)

6.

(가) 악어가 먹이를 잡을 때에 물속에서 바위인 것처럼 움직이지 않고 먹이를 기다린다.

(나) 육식 동물인 악어는 다른 동물들과 달리 독특한 방법으로 먹이를 잡는다.

(다) 동물들은 바위인 줄 알고 물가에서 물을 마시기 시작한다.

(라) 그러는 순간 악어는 아주 빠르게 먹이를 물고 물속으로 들어간다.

① (나)-(라)-(가)-(다) ② (나)-(가)-(다)-(라)
③ (가)-(다)-(나)-(라) ④ (가)-(나)-(다)-(라)

Chapter 6 | 빈칸 채우기

1 대응 유형, 종합 유형

▶ 읽기 [16~18]번 유형은 빈칸에 알맞은 내용을 고르는 문항이다. 문장 안에서 필요한 표현을 찾는 능력을 측정하는 문항으로 **3급 수준의 내용**이 출제된다. 이 유형은 주제가 아주 다양하지만 문장에서 답을 찾는 유형으로 나눌 수 있다. 대응 유형과 종합 유형으로 나눌 수 있다. 단, 회 차에 따라서 대응 유형만 나오는 경우도 있다.

읽기 16번~18번 | 황금 레시피 : 대응 유형

 대응: 두 내용이 어떤 관계에 의하여 서로 짝이 되는 유형

$$A : B = A' : (B')$$

① B'   ② C   ③ D   ④ E

 빈칸 앞과 뒤의 내용 중에서 유의어나 비슷한 표현을 찾는다.

 빈칸에 들어갈 짝이 되는 내용을 찾은 후 의미를 파악한다.

 의미 파악이 끝나면 접속사의 종류를 확인한 후 유의어나 비슷한 표현을 찾거나 반의어나 반대 표현을 찾은 후 선택지에서 고른다.

[16~18] 다음을 읽고 (   )에 들어갈 내용으로 가장 알맞은 것을 고르십시오. (각 2점)

16.

　　원래 **Ⓐ악수**는 상대를 안심시키기 위한 행동이었다. 중세 시대의 기사들은 칼과 같은 **Ⓑ무기를 가지고 다니다가 적과 싸울 때 꺼내 들었다.** 하지만 **Ⓐ'(   )** 때에는 **Ⓑ'악수를 하면서 손에 무기가 없음을 보여 주었다.** 이렇게 안전을 확인시켜 주기 위한 행동이 오늘날에는 반가움과 존중을 표시하는 인사법이 되었다.

① 싸울 생각이 없을
② 상대의 도움을 받았을
③ 자신의 잘못을 사과할
④ 무기를 새로 구해야 할

TOPIK II 〈60회 읽기 16번〉

정답은 ①번
대응 유형으로 반의 표현을 활용하여 빈칸에 들어갈 알맞은 내용을 찾으면 된다.

Ⓐ악수는 상대를 안심시키기 위한 행동
Ⓑ무기를 가지고 다니다가 적과 싸울 때 꺼내 들었다.

하지만 **Ⓐ'**(적과 싸우지 않을) 때에는 **Ⓑ'**악수를 하면서 손에 무기가 없음을 보여 주었다. 이렇게 안전을 확인시켜 주기 위한 행동

17.

　　특별한 사건 없이 주인공의 단순하고 반복적인 일상을 다룬 영화가 인기를 끌고 있다. 주인공이 하루하루를 평범하게 보낼 뿐 별다른 일을 하지 않는데도 관객들은 영화에 빠져든다. 관객들은 그동안 잊고 지냈던 일상의 기쁨을 새삼 깨닫는 것이다. 그리고 행복은 **Ⓐ크고 거창한 꿈에만 있는 것이 아니라 Ⓑ(   )** 일에서도 찾을 수 있음을 발견한다.

① 스스로 인정하지 않는
② 현실 속의 작고 소소한
③ 평소 자주 하지 못하는
④ 일상에서 하기 쉽지 않은

TOPIK II 〈60회 읽기 17번〉

정답은 ②번
대응 유형으로 반의 표현을 활용하여 빈칸에 들어갈 알맞은 내용을 찾으면 된다.

행복은 **Ⓐ크고 거창한 꿈에만 있는 것이 아니라 Ⓑ**(작은) 일에서도 찾을 수 있다.

🍲 종합: 같거나 비슷한 내용을 바탕으로 종합적인 내용을 완성하는 유형

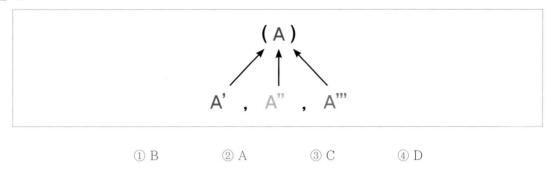

① B   ② A   ③ C   ④ D

🍲 예를 통해 설명하는 유형으로 서술된 내용을 모두 포함할 수 있는 표현을 찾으면 된다.

읽기 16번~18번 | 기출문제   ▶종합 유형

[16~18] 다음을 읽고 (   )에 들어갈 내용으로 가장 알맞은 것을 고르십시오. (각 2점)

16.   의심과 믿음을 색깔로 비유한다면 Ⓐ'의심은 Ⓐ'검은색과 같고 믿음은 하얀색과 같다. 아무리 흰색 물감을 많이 넣어도 검은색은 하얀색이 되지 않는다. 하지만 흰색 Ⓐ'''물감은 검은색 물감 Ⓐ''한 방울만으로도 금방 Ⓐ회색으로 변한다. 이는 Ⓐ'''사람 사이에서도 마찬가지이다. Ⓐ''한번 의심하게 되면 Ⓐ(   ).

① 자신감이 줄어든다
② 고민거리가 많아진다
③ 문제점 파악이 힘들다
④ 관계를 되돌리기 어렵다

TOPIK II 〈37회 읽기 16번〉

정답은 ④번
빈칸 앞에서 '의심'이라고 하였다. '의심'과 관련된 내용을 찾으면

'의심 → Ⓐ'검은색 → Ⓐ''한 방울만으로도 금방 회색으로 변한다.'이다.

🔖**TIP** TOPIK 유형에는 'N-도 마찬가지이다.'가 자주 활용된다. 이는 '마찬가지이다'의 앞 문장과 뒤 문장의 경우가 같다는 의미이다. 따라서 두 내용의 관계를 보면 다음과 같다.

18.

　　한 가전 업체에서 ❹'옷을 태우지 않는 다리미를 내놓았다. 작동 원리는 다림질하다 손을 떼면 다리미 밑판 앞뒤에서 ❹"다리가 튀어나와 옷과 다리미 사이에 간격이 생기는 방식이다. 다리미를 다시 잡으면 다리가 들어간다. 별것 아닌 듯한 이 다리미에 시장의 반응은 뜨거웠다. 많은 사람들이 고민하던 ❹(　　　　　　) 때문이다.

① 가격을 저렴한 수준으로 낮추었기
② 모양을 적절한 방법으로 바꾸었기
③ 내용을 합리적인 방식으로 설명했기
④ 문제를 새로운 아이디어로 해결했기

TOPIK II 〈47회 읽기 18번〉

정답은 ④번

빈칸 앞에서 '많은 사람들이 고민하던 (무엇) 때문이다.'라고 하였다. '때문이다' 문장은 앞에 결과문이 나오는데 이를 한 문장으로 다시 정리하면 다음과 같다.

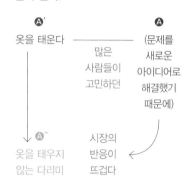

예상문제

[1~2] 다음을 읽고 (   )에 들어갈 내용으로 가장 알맞은 것을 고르십시오. (각 2점)

1.

　　달은 예로부터 사람들의 관심 대상이었다. 예를 들어 동양 사람들은 달 속에 토끼가 살고 있다고 생각했고 서양 사람들은 여신이 살고 있다고 생각했다. 달 표면의 어두운 면을 위주로 보면 토끼의 모습을 볼 수 있고 (　　　　　) 여신의 모습을 볼 수 있다. 다시 말해 동일한 달을 어떻게 보느냐에 따라 생각이 달라지는 것이다.

① 달이 커지는 정도에 따라 살펴보면

② 달의 밝은 부분을 중심으로 바라보면

③ 달을 서양 사람들의 시선에서 알아보면

④ 달이 뜨는 시간과 지는 시간에 지켜보면

2.

　　직장인들은 직장에서 일하면서 월급을 받기도 하지만 보람을 찾기도 한다. 이런 보람을 느끼기 위해서는 직장이 자신의 적성에 잘 맞아야 한다. 업무가 자신의 적성에 잘 맞아야 직장 생활을 즐겁게 할 수 있는 것이다. 그렇기 때문에 직장을 선택할 때는 월급이나 근무 조건도 중요하지만 무엇보다도 (　　　　　) 먼저 고려해야 한다.

① 평생 근무할 직장인지를

② 타인의 평가가 어떤지를

③ 사회적 지위가 어떤지를

④ 자신의 적성에 맞는지를

[1~2] 다음을 읽고 (   )에 들어갈 내용으로 가장 알맞은 것을 고르십시오. (각 2점)

1.

> 흔히 우리의 성격은 태어날 때부터 선천적으로 결정된다고 생각하는 사람이 많다. 그러나 반드시 그런 것은 아니다. 대부분의 학자들은 성격이 선천적으로 타고나는 것과 (   ) 복합적으로 작용하여 형성되는 것이라고 말한다. 다시 말해 성격은 유전과 환경의 영향으로 형성된다는 것이다.

① 어릴 때 받은 사랑이

② 태어날 때 느낀 감정이

③ 성장하면서 영향을 주는 사람이

④ 자라나는 과정에서 겪는 경험이

2.

> 나무가 잘 자라게 하려면 때에 맞춰 가지를 잘라 주어야 한다. 잘라 주지 않으면 영양분이 골고루 공급되지 않고 이상하게 자라기 때문이다. 사람도 이와 마찬가지다. 어렸을 때 잘못을 했을 경우 부모가 (   ) 그 아이는 제멋대로 자라날 것이다. 또 어른이 되어서도 예의 없는 사람이 될 가능성이 높다.

① 사랑을 주지 않는다면

② 반성을 하지 않는다면

③ 자식을 야단치지 않는다면

④ 책임을 지려고 하지 않는다면

2 공개적인 글, 개인적인 글

▶ **쓰기 [51]번 유형**은 빈칸에 알맞은 내용을 직접 써서 글을 완성하는 문항이다. 문장을 구성하는 능력을 측정하는 문항으로 **3급 수준의 내용**이 출제된다. 이 유형은 **실용문**으로 일상생활에서 필요에 따라 쓰는 글이다. 이는 다시 공개적인 글과 개인적인 글로 나누어 살펴볼 수 있다. 공개적인 글은 여러 사람이 함께 볼 수 있는 내용으로 주로 홈페이지나 게시판 글이 나오고 이메일이나 문자 메시지로 나오는 경우도 있다. 반면 개인적인 글은 지인에게 보내는 내용으로 이메일이나 문자 메시지가 주로 나온다.

	출제 가능한 내용
공개적인 글	• 단체 알림 - 학생회, 동아리, 여행사 등 단체에서 개인에게 정보를 제공하는 글 • 개인 알림 - 중고 물품 기증이나 판매, 분실물 습득이나 찾아주기, 룸메이트 찾기 등 • 개인 문의 - 교환이나 환불 요청, 예약이나 취소하기, 조언 구하기, 구매 후기 등
개인적인 글	• 초대, 축하, 감사, 약속, 부탁, 안부 등 일상적인 내용

쓰기 51번 | 황금 레시피 : 공개적인 글

1. '-(스)ㅂ니다'인지 '-아/어요'인지 확인한다. 공개적인 글이기 때문에 대부분 '-(스)ㅂ니다'이다.

2. 글을 쓰는 사람이 누구인지 반드시 확인한다. 개인적인 알림일 경우에는 '글을 쓰는 사람, 바로 나'라고 생각하면서 쓰면 된다. 하지만 단체 알림일 경우에는 '글을 읽는 사람'이라고 생각하면서 써야 한다.

3. 글의 제목을 이용하여 동사를 찾는다. 동사를 찾은 후 그대로 사용하면 안 되고 (㉠)의 앞뒤를 보고 문법을 활용하여 사용해야 한다. 그리고 동사만 쓰면 안 되고 거기에 맞는 목적어(N-을/를)를 반드시 찾아 써야 한다.

4. 빈칸 앞과 뒤의 내용을 확인한다. 또 빈칸 뒤가 마침표(.)인지 물음표(?)인지 문법 연결인지 확인한다.

5. 높임말을 사용해야 하는지 확인한다. 공개적인 글이기 때문에 대부분 높임말을 사용한다.

6. 새 단어를 생각해서 쓰는 것이 아니라 지문 안의 단어를 이용해야 한다는 것을 명심해야 한다. 그리고 3급 수준이기 때문에 중고급 어휘도 잘 쓰지 않으니 쉬운 어휘로 쓰면 된다.

🌐 자주 사용하는 문법과 표현

01	요청이나 부탁	① V-아/어 주십시오. ② V-기 바랍니다.
02	계획	① V-(으)려고 합니다. ② V-고자 합니다.
03	요구	① 구합니다. ② 찾습니다.

쓰기 51번 │ 기출문제   ▶공개적인 글

[51] 다음 글을 읽고 ㉠과 ㉡에 들어갈 말을 한 문장씩 쓰십시오.

51.

나
=
무엇을 · **무료로 드립니다**   제목 활용

저는 유학생인데 공부를 마치고 다음 주에 고향으로 돌아 갑니다. 그래서 지금 (　㉠　). 책상, 의자, 컴퓨터, 경영학 전공 책 등이 있습니다. 이번 주 금요일까지 방을 비워 줘야 합니다.

(　㉡　). 제 전화번호는 010-1234-5678입니다.

㉠ 제가 사용하던 물건을 드리려고 합니다
_____

㉡ 금요일 전까지 연락해 주십시오
_____

TOPIK II 〈35회 쓰기 51번〉

해설

〈공개적인 글: 개인 알림〉

🍲 황금 레시피

> ① -(스)ㅂ니다.
> ② 글을 쓰는 사람: 나
> ③ (㉠)의 동사: 무료로 드립니다
> ④ (㉡)의 앞 문장에 시간이, 뒤 문장에 전화번호가 있다.
> ⑤ 높임말 사용

(㉠)의 표현
(무엇)을 무료로 드리려고 합니다.
- 책상, 의자, 컴퓨터, 경영학 전공 책 ➡ 물건
- (어떤) 물건 ➡ 사용하던 물건
- (누가) 사용하던 물건 ➡ 제가 사용 하던 물건
- ◑ 제가 사용하던 물건을 무료로 드 리려고 합니다.

(㉡)의 표현
시간 – 언제까지
전화번호 – 연락해 주십시오.
◑ 금요일 전까지 연락해 주십시오.

51.

Q & A
한국대학교 도서관
→ 게시판

제목 : 도서관을 이용하고 싶습니다. ← 왜?   작성자 : 타넷(2018-10-20)

한국대학교를 졸업한 학생인데 도서관을 이용하고 싶습니다.

선배에게 물어보니 졸업생이 도서관을 이용하려면 출입증이 (㉠   ).

출입증을 만들려면 (㉡   )?

방법을 알려 주시면 감사하겠습니다.

㉠ 필요하다고 합니다 / 있어야 한다고 합니다

㉡ 어떻게 해야 합니까 / 됩니까

TOPIK II 〈60회 쓰기 51번〉

〈공개적인 글: 개인 문의〉

🍜 황금 레시피

① -(스)ㅂ니다
② 글을 쓰는 사람: 나
   글을 읽는 사람: 도서관 홈페
   이지 관리자
③ (㉠)의 서술어: 필요하다, 있다
④ (㉡)의 뒤에 물음표(?)가 있다.

(㉠)의 표현
뒤의 내용에 '출입증을 만들다'라는
표현이 있다.
'출입증이 (㉠)'를 완성하기 위한 어휘
는 '있다', '필요하다'를 사용해야 한다.
그리고 문법은 '선배에게 물어보니'라
고 시작하였기 때문에 '간접화법'을
사용해야 한다.

(㉡)의 표현
물음표(?)로 문장이 끝나고, 뒤의 내
용에 "방법을 알려 주시면 감사하겠습
니다."가 있다. (㉡)의 어휘는 방법을
질문하는 '어떻게'를 사용해야 한다.
그리고 문법은 '-(으)려면'과 자주 호
응하는 '-아/어야 한다.'를 사용해야
한다.

① '-(스)ㅂ니다'인지 '-아/어요'인지 확인한다. 개인적인 글이기 때문에 대부분 '-(스)ㅂ니다'이다.

② 글을 쓰는 사람이 누구인지 반드시 확인한다. 개인적인 글이기 때문에 대부분 여러분이 '글을 쓰는 사람, 바로 나'라고 생각하면서 쓰면 된다.

③ 글을 읽는 사람이 누구인지 반드시 확인한다. 개인적인 글로 이메일이나 문자 메시지가 대부분이다. 이때 글을 받는 사람이 친한 사람일 경우에는 일반적인 높임말을 사용하기 때문에 크게 주의할 점은 없다. 그런데 글을 받는 사람이 윗사람이나 높은 사람인 경우에는 유의해야 한다. 높임말 사용도 중요하지만 상황에 맞게 예의를 갖추어야 하기 때문이다. 예를 들어 명령이나 소망을 나타내는 'V-기 바랍니다'는 윗사람이나 높은 사람에게 사용하지 않는 문법이다. 따라서 개인적인 글에서는 아래의 문법을 활용해야 한다.

④ 개인적인 글은 제목이 없기 때문에 문법을 생각하면서 빈칸 앞과 뒤의 내용을 확인한다. 그리고 알맞은 동사를 찾았다고 하더라도 동사만 쓰면 안 되고 거기에 맞는 목적어(N-을/를)를 반드시 찾아 써야 한다.

⑤ 빈칸 뒤가 마침표(.)인지 물음표(?)인지 문법 연결인지 확인한다.

자주 사용하는 문법과 표현

01	요청이나 부탁	① V-고 싶습니다. ② V-았/었으면 좋겠습니다. ③ V-아/어 주시겠습니까?
02	허락이나 의향 묻기	V-(으)면 될까요?/되겠습니까?
03	계획	V-(으)려고 합니다.

해설

51.

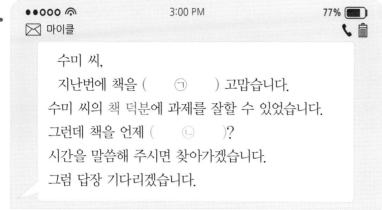

•●○○○ 📶   3:00 PM   77% 🔋

✉ 마이클   📞 🗑

수미 씨,
  지난번에 책을 (㉠   ) 고맙습니다.
수미 씨의 책 덕분에 과제를 잘할 수 있었습니다.
그런데 책을 언제 (㉡   )?
시간을 말씀해 주시면 찾아가겠습니다.
그럼 답장 기다리겠습니다.

㉠ 빌려줘서

㉡ 돌려주면 될까요

TOPIK II 〈52회 쓰기 51번〉

🍲 황금 레시피

① '-(스)ㅂ니다.
② 글을 쓰는 사람: 나
③ 글을 읽은 사람: 수미 씨 – 친한 사람
④ (㉠) 왜 고마울까?
⑤ (㉡)의 앞에 '언제'가 있고 뒤에 물음표(?)가 있다.

(㉠) 고마운 이유를 찾으면 '책을 빌려줬다'이다.
◈ 지난번에 책을 (빌려줘서) 고맙습니다.

(㉡) '언제'가 있기 때문에 '빌려주다'의 반의어인 '돌려주다'를 사용해야 한다. 그리고 빈칸 뒤에 물음표(?)가 있기 때문에 허락이나 의향을 묻는 문법 '-(으)면 될까요?'를 사용해야 한다.
◈ 그런데 책을 언제 (돌려주면 될까요)?

예상문제

[1~2] 다음을 읽고 ⊙과 ⓒ에 들어갈 말을 한 문장씩 쓰십시오. (각 10점)

1.

룸메이트 구함.

저는 은혜대학교에 다니는 여학생입니다. 제가 살고 있는 집은 방이 두 개라서 혼자 살기 좀 큰 편입니다. 그래서 함께 (⊙). 학교에서 가깝고 시설도 좋습니다. 저와 같이 살 생각이 있으신 여학생은 (ⓒ). 제 전화번호는 010-1234-5678니다.

⊙
_____

ⓒ
_____

2.

회원 모집

여러분은 우리 차에 대해 얼마나 알고 드십니까? 우리 차 모임 '차 사랑'에서는 함께 차도 마시고 우리 차에 대해 공부도 하실 분을 (⊙). 차를 좋아하는 분이라면 누구나 환영합니다.
평일 오전 9시부터 오후 5시 사이에 언제든지 저희 사무실로 (ⓒ). 사무실은 동아리 회관 3층 303호입니다.

⊙
_____

ⓒ
_____

예상문제

[1~2] 다음을 읽고 ⊙과 ⓒ에 들어갈 말을 한 문장씩 쓰십시오. (각 10점)

1.

●●○○○ 🔋   3:00 PM   77% 🔋

✉   📞 🗑

> 마이클 윌리엄 씨께
> 지난번 저희 결혼식에 참석해 주셔서 감사합니다.
> 새로 이사한 집도 이제 정리가 거의 끝났습니다.
> 그래서 (⊙   ).
> 집들이 시간은 이번 주 토요일 저녁 6시입니다.
> 혹시 (ⓒ   )?
> 그럼 연락 기다리겠습니다.

⊙ _____

ⓒ _____

2.

받는 사람	공민정(kmjlove@gachon.ac.kr)
제 목	안녕하십니까?

> 안녕하세요?
> 저는 은혜대학교에 재학 중인 김준기라고 합니다. 이번에 개최되는 '대학 생활' 사진 공모전에 (⊙   ). 공모전 응모 작품은 이메일에 첨부했으니 확인해 주시기 바랍니다.
> 그런데 혹시 응모 결과는 (ⓒ   )? 공고문에 수상자 발표 날짜가 따로 나와 있지 않아서 문의 드립니다.
> 그럼 안녕히 계십시오.

⊙ _____

ⓒ _____

3 설명문

▶ **쓰기 [52]번** 유형은 빈칸에 알맞은 내용을 직접 써서 글을 완성하는 문항이다. 문장을 구성하는 능력을 측정하는 문항으로 **3급 수준의 내용**이 출제된다. 이 유형은 **설명문**으로 어떠한 정보를 이해할 수 있도록 서술한 실용적인 글이다.

쓰기 52번 | 황금 레시피

 대응: 두 내용이 어떤 관계에 의하여 서로 짝이 되는 유형이다.

$$A : B = A' : (B^{\text{"}})$$

　　　① B'　　　　② C　　　　③ D　　　　④ E

(1) 빈칸 앞과 뒤의 내용 중에서 유의어나 비슷한 표현을 찾는다.
(2) 빈칸에 들어갈 짝이 되는 내용을 찾은 후 의미를 파악한다.
(3) 접속사의 종류를 확인한 후 유의어나 비슷한 표현을 찾거나 반의어나 반대 표현을 찾은 후 선택지에서 고른다.
(4) 새 단어를 생각해서 쓰는 것이 아니라 지문 안의 단어를 이용해야 한다는 것을 명심해야 한다. 그리고 3급 수준이기 때문에 중고급 어휘도 잘 쓰지 않으니 여러분이 알고 있는 쉬운 어휘로 쓰면 된다.
(5) 대표적인 6개의 문법은 다음과 같다.

① **목적과 당위**	-(으)려면 -아/어야 한다. -기 위해서는 -아/어야 한다. 따라서 -아/어야 한다.
② **결과와 원인**	왜냐하면 -기 때문이다.
③ **부분 부정**	-(ㄴ/는)다고 해서 (꼭/반드시) -(으)ㄴ/는 것은 아니다.
④ **인용**	전문가들은 -(으)라고 한다.
⑤ **의견**	-는 것이 좋다.
⑥ **비교**	-는 것보다는 -는 것이 낫다.

[52] 다음을 읽고 ㉠과 ㉡에 들어갈 말을 한 문장씩 쓰십시오. (각 10점)

52.
　　사람들은 음악 치료를 할 때 **Ⓐ**환자에게 주로 밝은 분위기의 **Ⓑ**음악을 들려줄 것이라고 생각한다. 그러나 **Ⓐ'**환자에게 항상 밝은 분위기의 음악을 **Ⓑ'**(　　㉠　　). **Ⓒ**치료 초기에는 **Ⓓ**환자가 편안한 감정을 느끼는 것이 중요하다. 그래서 **Ⓒ**환자의 심리 상태와 비슷한 분위기의 음악을 들려준다. **Ⓒ'**그 이후에는 환자에게 다양한 분위기의 음악을 들려줌으로써 **Ⓓ'**환자가 다양한 감정을 (　　㉡　　).

㉠ 들려주는 것은 아니다 / 사용하는 것은 아니다
_____

㉡ 느끼게 한다 / 느끼도록 한다
_____

TOPIK II 〈60회 쓰기 52번〉

(㉠) **문법:** 사람들은 (어떻게) 생각한다. 그러나 –(으)ㄴ/는 것은 아니다.
　　대응: 주로 밝은 분위기의 음악을 **Ⓐ** 들려줄 것이라고 생각한다. **Ⓑ**
　　반의: 항상 밝은 분위기의 음악을 **Ⓐ'** (들려주는 것은 아니다). **Ⓑ'**
(㉡) **문법:** N–에게 (사동 표현: –게 하다)
　　대응: **Ⓒ**치료 초기에는 환자의 심리 상태와 비슷한 분위기의 음악을 들려준다. **Ⓓ**환자가 편안한 감정을 느끼는 것이 중요하다.
　　유의: **Ⓒ'**그 이후에는 환자에게 다양한 분위기의 음악을 들려준다. 그럼으로써 **Ⓓ'**환자가 다양한 감정을 (느끼게 한다).

52.
　　우리는 기분이 좋으면 밝은 표정을 짓는다. 그리고 기분이 좋지 않으면 표정이 어두워진다. **Ⓐ'**왜냐하면 (　　㉠　　). 그런데 **Ⓐ**이와 반대로 표정이 우리의 감정에 영향을 주기도 한다. 그래서 **Ⓑ**기분이 안 좋을 때 밝은 표정을 지으면 기분도 따라서 좋아진다. 그러므로 **Ⓑ'**우울할 때일수록 (　　㉡　　) 것이 좋다.

㉠ 감정이 우리의 표정에 영향을 주기 때문이다
_____

㉡ 밝은 표정을 짓는
_____

TOPIK II 〈52회 쓰기 52번〉

(㉠) **문법:** 왜냐하면 –기 때문이다.
　　대응: 왜냐하면 (　　　　). **Ⓐ**이와 반대로 표정이 우리의 감정에 영향을 주기도 한다.
　　반의: **Ⓐ'**감정이 우리의 표정에 영향을 주기 때문이다.
(㉡) **문법:** –는 것이 좋다.
　　대응: **Ⓑ**기분이 안 좋을 때 밝은 표정을 지으면 **Ⓑ'**우울할 때일수록 (　　)
　　유의: 밝은 표정을 짓는

52. 　사람의 손에는 눈에 보이지 않는 세균이 많다. 그래서 병을 예방하기 위해서는 자주 Ⓐ(　ㄱ　). 그런데 전문가들은 Ⓐ'손을 씻을 때 꼭 Ⓑ(　ㄴ　). Ⓑ'비누 없이 물로만 씻으면 손에 있는 세균을 제대로 없애기 어렵기 때문이다.

ㄱ 손을 씻어야 한다

ㄴ 비누를 사용하라고 한다

TOPIK II 〈47회 쓰기 52번〉

(ㄱ) 문법: -기 위해서는 -아/어야 한다.
　　　유의: (손을 씻어야 한다.) Ⓐ
　　　대응: 손을 씻을 때 Ⓐ'
(ㄴ) 문법: 전문가들은 -(으)라고 한다.
　　　반의: (비누를 사용하라고 한다.) Ⓑ
　　　대응: 비누 없이 Ⓑ'

52. 　머리는 언제 감는 것이 좋을까? 사람들은 보통 Ⓐ아침에 머리를 감는다. 그러나 더러워진 머리는 감고 자야 머릿결이 좋기 때문에 Ⓐ'(　ㄱ　). 그런데 젖은 머리로 자면 머릿결이 상하기 쉽다. 따라서 Ⓑ(　ㄴ　). 만약 Ⓑ'머리를 말리기 어려우면 아침에 감는 것이 더 낫다.

ㄱ 저녁에 감는 것이 좋다

ㄴ 자기 전에 머리를 말리고 자야 한다

TOPIK II 〈41회 쓰기 52번〉

(ㄱ) 문법: -는 것이 좋다.
　　　대응: 아침에 머리를 감는다. 그러나 Ⓐ
　　　반의: (저녁에 감는 것이 좋다.) Ⓐ'
(ㄴ) 문법: 따라서 -아/어야 한다.
　　　반의: 자기 전에 머리를 말리고 자야 한다. Ⓑ
　　　대응: 머리를 말리기 어려우면 Ⓑ'

[1~2] 다음을 읽고 ㉠과 ㉡에 들어갈 말을 한 문장씩 쓰십시오. (각 10점)

1.

여름에는 어떤 색 옷을 입는 것이 좋을까? 여름에는 밝은색 (㉠   ). 왜냐하면 밝은색은 빛을 반사해서 햇빛이 피부에 직접 닿는 것을 막아 주는 반면에 어두운색은 빛을 흡수해서 체온이 올라가기 때문이다. 그리고 밝은색 옷을 입으면 모기에게 많이 물리지 않는다. 왜냐하면 모기는 어두운색을 좋아해서 어두운 색 옷을 입은 사람을 많이 (㉡   ).

㉠ _____

㉡ _____

2.

색은 사람의 마음에 영향을 미친다. 파란색은 정직해 보인다는 느낌을 받고, 노란색은 꼼꼼해 보인다는 인상을 받는다. 또 빨간색은 적극적으로 보인다는 (㉠   ). 색의 이러한 특징을 실생활에 활용하면 효과를 볼 수 있다. 예를 들면 면접에서 무슨 색의 넥타이를 고르느냐에 따라 면접관에게 주는 느낌이 달라진다. 만약 면접관에게 솔직하고 진실한 느낌을 주고 싶다면 (㉡   ) 것이 좋다.

㉠ _____

㉡ _____

7 그래프

1 그래프 확인하기

▶ **읽기 [10]번 유형**은 비교 문법을 활용하여 선택지의 정보와 그래프가 일치하는지를 확인하는 문제이다. 최신 화제를 성별, 연령별, 세대별, 지역별로 구분해 설문 조사를 한 내용이 대부분이다. 주로 원 그래프나 막대 그래프로 출제된다.

🍲 어휘와 표현(p.17)을 미리 공부하자!

읽기 10번 | 황금 레시피

1️⃣ 그래프를 먼저 보는 것이 아니고 제목만 확인한 후 선택지를 먼저 읽어야 한다.

2️⃣ 그래프의 정보를 하나하나 그래프와 비교하면서 맞는 정보를 찾아야 한다.

3️⃣ 선택지는 비교 표현, 순위 표현, 변화 표현으로만 구성되기 때문에 어휘와 표현은 미리 공부해 두어야 한다.

> ### 〈그래프〉
>
> ### ★ 읽지 말고 확인합시다.
>
> ① 비교   ② 비교   ③ 비교   ④ 비교

[1~2] 다음 글 또는 도표의 내용과 같은 것을 고르십시오.

1.

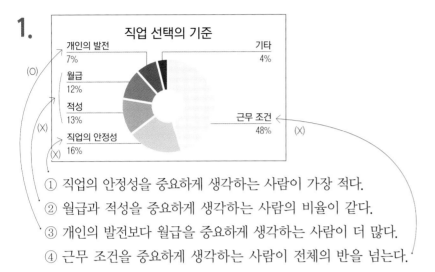

① 직업의 안정성을 중요하게 생각하는 사람이 가장 적다.
② 월급과 적성을 중요하게 생각하는 사람의 비율이 같다.
③ 개인의 발전보다 월급을 중요하게 생각하는 사람이 더 많다.
④ 근무 조건을 중요하게 생각하는 사람이 전체의 반을 넘는다.

TOPIK II 〈52회 읽기 10번〉

정답은 ③번
개인의 발전(7%) VS 월급(12%)
선택지와 그래프의 정보가 일치한다.

2.

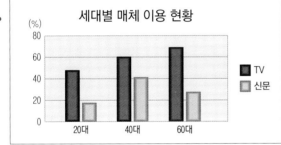

① 신문을 보는 사람의 비율은 20대와 60대가 같다.
② 모든 세대가 텔레비전보다 신문을 더 많이 본다.
③ 신문을 보는 사람의 비율은 60대가 40대보다 낮다.
④ 텔레비전을 보는 사람의 비율은 20대가 40대보다 높다.

TOPIK II 〈47회 읽기 10번〉

정답은 ③번
신문을 보는 사람은 그래프 중 신문의 높이(밝은색)인데 60대가 40대보다 낮은 것을 확인할 수 있다.

① 20대 < 60대
② 텔레비전 > 신문
❸ 60대 < 40대 정답
④ 20대 < 40대

예상문제

[1~2] 다음 글 또는 도표의 내용과 같은 것을 고르십시오.

1.
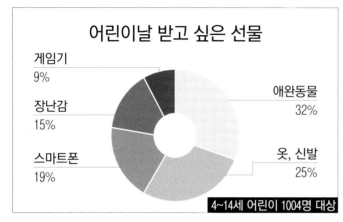

① 스마트폰을 받고 싶은 어린이가 가장 많다.

② 게임기와 장난감을 받고 싶은 어린이의 비율이 같다.

③ 애완동물을 받고 싶은 어린이가 전체의 반을 넘는다.

④ 스마트폰보다 옷, 신발을 받고 싶은 어린이가 더 많다.

2.
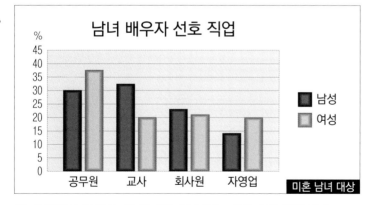

① 자영업은 남성이 세 번째로 선호하는 배우자의 직업이다.

② 여성은 배우자의 직업으로 회사원보다 자영업을 더 선호한다.

③ 공무원은 남성과 여성 모두가 가장 원하는 배우자의 직업이다.

④ 배우자의 직업으로 회사원을 꼽은 사람은 남성이 여성보다 더 많다.

2 | 그래프 이해하기

▶ **듣기 [3]번 유형**은 설문 조사 통계 결과를 잘 듣고 해석한 내용과 일치하는 그래프를 고르는 문항이다. 최신 화제를 성별, 연령별, 세대별, 지역별로 구분해 설문 조사를 한 내용이 대부분이다. 주로 순위를 나타내는 그래프와 변화를 나타내는 그래프로 출제된다.

🧳 어휘와 표현(p.17)을 미리 공부하자!

듣기 3번 | 황금 레시피

1️⃣ 그래프의 정보가 무엇인지 확인하면서 들어야 한다.

2️⃣ 대부분 순위 표현과 변화 표현을 모두 들려주기 때문에 그래프와 비교하면서 맞는 정보를 찾아야 한다.

3️⃣ 선택지는 비교 표현, 순위 표현, 변화 표현으로만 구성되니 어휘와 표현을 미리 공부해 두어야 한다.

듣기 3번 | 기출문제   ▶ 순위, 변화

[3] 다음 글 또는 도표의 내용과 같은 것을 고르십시오.

3.
남자: 여러분은 운동을 자주 하십니까? 문화체육관광부 조사 결과에 따르면 우리 국민이 주 1회 이상 생활 체육에 참여하는 비율이 2014년 이후 계속해서 증가한 것으로 나타났습니다. 가장 많이 하는 운동은 걷기였으며 그 다음은 등산, 그리고 헬스가 그 뒤를 이었습니다.

① 생활체육 참여율

② 생활체육 참여율

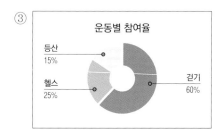

③ 운동별 참여율

④ 운동별 참여율

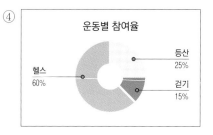

TOPIK II 〈52회 듣기 3번〉

정답은 ②번

변화 그래프로 '(시기)에 = 2014년 이후 계속해서 증가한 것'에 해당되는 그래프는 ②번이다. 순위 그래프인 운동별 참여율의 경우 1위 걷기, 2위 등산, 3위 헬스인데 일치하는 것이 없다.

3.

남자: 직장인들은 점심시간을 어떻게 보낼까요? 직장인의 점심시간은 한 시간이 70%였고, 한 시간 삼십 분은 20%, 한 시간 미만은 10%였습니다. 식사 후 활동은 '동료와 차 마시기'가 가장 많았으며 '산책하기', '낮잠 자기'가 뒤를 이었습니다.

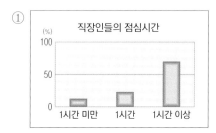

① 직장인들의 점심시간

② 직장인들의 점심시간

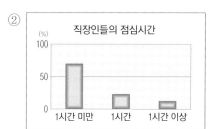

③ 직장인들의 점심 식사 후 활동

④ 직장인들의 점심 식사 후 활동

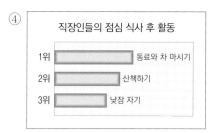

TOPIK II 〈60회 듣기 3번〉

정답은 ④번

순위 그래프인 '직장인들의 점심시간'은 조사 결과와 그래프가 일치하는 것이 없다.

'직장인들의 점심 식사 후 활동'은 '1위 동료와 차 마시기, 2위 산책하기, 3위 낮잠 자기'이다.

예상문제

[1~2] 다음을 듣고 알맞은 그림을 고르십시오. (각 2점) 🎧 18

1.

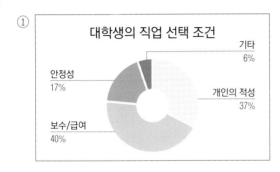

① 대학생의 직업 선택 조건
- 기타 6%
- 안정성 17%
- 개인의 적성 37%
- 보수/급여 40%

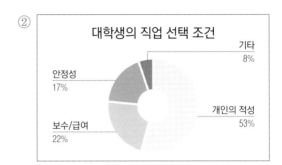

② 대학생의 직업 선택 조건
- 기타 8%
- 안정성 17%
- 개인의 적성 53%
- 보수/급여 22%

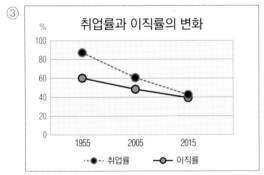

③ 취업률과 이직률의 변화
····●···· 취업률 ──●── 이직률

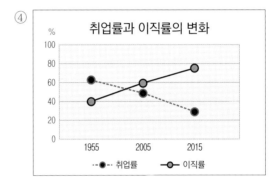

④ 취업률과 이직률의 변화
····●···· 취업률 ──●── 이직률

2.

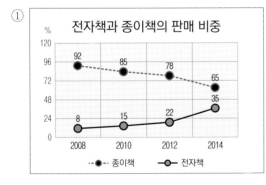

① 전자책과 종이책의 판매 비중
92, 85, 78, 65 / 8, 15, 22, 35
2008 2010 2012 2014
····●···· 종이책 ──●── 전자책

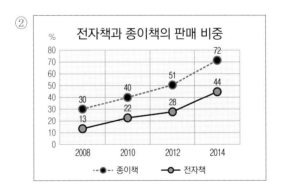

② 전자책과 종이책의 판매 비중
30, 40, 51, 72 / 13, 22, 28, 44
2008 2010 2012 2014
····●···· 종이책 ──●── 전자책

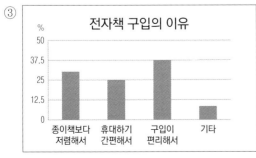

③ 전자책 구입의 이유
종이책보다 저렴해서 / 휴대하기 간편해서 / 구입이 편리해서 / 기타

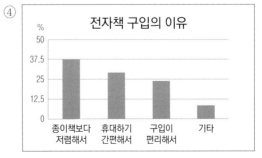

④ 전자책 구입의 이유
종이책보다 저렴해서 / 휴대하기 간편해서 / 구입이 편리해서 / 기타

3 그래프 설명하기

▶ **쓰기 [53]번 유형**은 통계 결과 그래프를 보고 풀어서 쓰는 문항이다. 역시 최신 화제를 성별, 연령별, 세대별, 지역별로 구분해 설문 조사를 한 내용이 대부분이다. 주로 순위를 나타내는 그래프와 변화를 나타내는 그래프가 기본이고 정리 단계에서 비교를 하거나 원인이나 전망을 추가로 써야 한다.

 어휘와 표현(p.17)을 미리 공부하자!

쓰기 53번 | 황금 레시피

> 순위 그래프의 해석 방법과 변화 그래프의 해석 방법의 전체적인 틀을 익혀야 한다.
> 앞에서 공부한 듣기 [3]번 유형의 표현 중 여러분이 생각했을 때 가장 쉽게 쓸 수 있다고 생각하는 표현을 골라서 연습하는 것이 좋다. 가끔 여러분 중에는 고급 수준의 어휘나 문법을 사용하면 좀 더 좋은 점수를 받을 수 있을 것이라고 착각하는 수험생이 많다.
> 하지만 TOPIK 쓰기 문항의 채점 기준은 고급 수준의 어휘나 문법을 사용했을 때 점수를 더 주는 가점제가 아니라 틀렸거나 어색할 때 점수를 깎는 감점제라는 것을 알아야 한다.
> 그렇기 때문에 쓰기 [53]번 유형은 문법, 맞춤법, 띄어쓰기 등을 틀리지 않게 쓰는 것이 가장 중요하다. 앞에서 계속 강조한 것처럼 여러분이 알고 있고 자신 있는 어휘와 문법을 활용해 문장을 구성하려고 노력해야 한다.

① 그래프의 정보에 대하여 순위 표현, 변화 표현, 비교 표현으로 정확하게 표현해야 한다.

② 그래프는 보통 아래와 같이 두 가지 내용을 결합하여 쓰도록 출제된다.
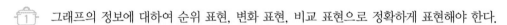
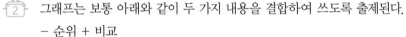
   – 순위 + 비교
   – 순위 + 원인이나 이유, 전망
   – 변화 + 비교
   – 변화 + 원인이나 이유, 전망

순위 그래프 쓰기

(조사 기관)에서 (대상)을 대상으로 (주제)에 대하여 조사를 하였다. 그 결과 (비교 대상 1)은 (무엇)이 (몇)%로 가장 많았다. 그 다음으로 (무엇)과 (무엇)이 뒤를 이었다. 반면 (비교 대상 2)는 (무엇)이 (몇)%로 가장 높게 나타났다. 그 다음으로 (무엇), (무엇) 순이었다.

정리표현	원인	이러한 원인으로는 (무엇)과 (무엇)을 들 수 있다.
	이유	이유에 대해 (무엇), (무엇)이라고 응답하였다.
	전망	앞으로 V-(으)ㄹ 것으로 전망된다/기대된다/예상된다.
	요약	조사 결과를 통해서 V-(ㄴ/는)다는 것을 알 수 있다. 결과를 통해서 V-(으)ㄴ 것으로 나타났다. / V-는 것으로 나타났다.(= 드러났다.) 이러한 결과는 V-(으)ㄴ 것으로 보인다. / V-는 것으로 보인다. (비교 대상)은 (무엇)이 중요하다고 생각했다.

변화 그래프 쓰기

(조사 기관)에서 (대상)을 대상으로 (주제)에 대하여 조사를 하였다. (시기)에 (무엇)이 (몇)이었는데
- 꾸준히 (증가/감소)하다
- (시기에) 크게 (증가/감소)하다
- 꾸준히 (증가/감소)하다가 잠시 (증가/감소)하더니 다시 늘어나다

그래서 (시기)에 (무엇)이 (몇)이 되었다.

정리표현	원인	이러한 원인으로는 (무엇)과 (무엇)을 들 수 있다.
	이유	이유에 대해 (무엇), (무엇)이라고 응답하였다.
	전망	앞으로 V-(으)ㄹ 것으로 전망된다/기대된다/예상된다.
	요약	조사 결과를 통해서 V-(ㄴ/는)다는 것을 알 수 있다. 결과를 통해서 V-(으)ㄴ 것으로 나타났다. / V-는 것으로 나타났다.(= 드러났다.) 이러한 결과는 V-(으)ㄴ 것으로 보인다. / V-는 것으로 보인다. (비교 대상)은 (무엇)이 중요하다고 생각했다.

53. 다음을 참고하여 '아이를 꼭 낳아야 하는가'에 대한 글을 200~300자로 쓰시오. 단, 글의 제목을 쓰지 마시오. (30점)

● 조사 기관: 결혼문화연구소   ● 조사 대상: 20대 이상 성인 남녀 3,000명

아이를 꼭 낳아야 하는가

그렇다 80% (남) / 67% (여)
아니다 20% (남) / 33% (여)

■ 남 ■ 여

'아니다'라고 응답한 이유

	남	여
1위	양육비 부담	자유로운 생활
2위	자유로운 생활	직장 생활 유지

TOPIK II 〈52회 쓰기 53번〉

	(	결	혼	문	화	연	구	소	)	에	서		(	20	대		이	상

    (결혼문화연구소) 에서 (20대 이상
성인 남녀 3,000명) 을 대상으로 ' (
아이를 꼭 낳아야 하는가) ' 에 대하여
조사를 하였다. 그 결과 남자는 ' 그렇
다 ' 라는 응답이 80%, ' 아니다 ' 라는
응답이 20% 로 나타났다. 반면 여자는
' 그렇다 ' 라는 응답이 67%, ' 아니다 '
라는 응답이 33% 로 나타났다. 남녀가
' 아니다 ' 라고 응답한 이유에 대하여
남자는 ' 양육비가 부담되어서 ', 여자는
' 자유로운 생활을 원해서 ' 가 가장 많
았다. 다음으로 남자는 ' 자유로운 생활
을 원해서 ', 여자는 ' 직장 생활을 유
지하고 싶어서 ' 라고 응답하였다.

53. 다음을 참고하여 '인주시의 자전거 이용자 변화'에 대한 글을 200~300자로 쓰시오. 단, 글의 제목을 쓰지 마시오. (30점)

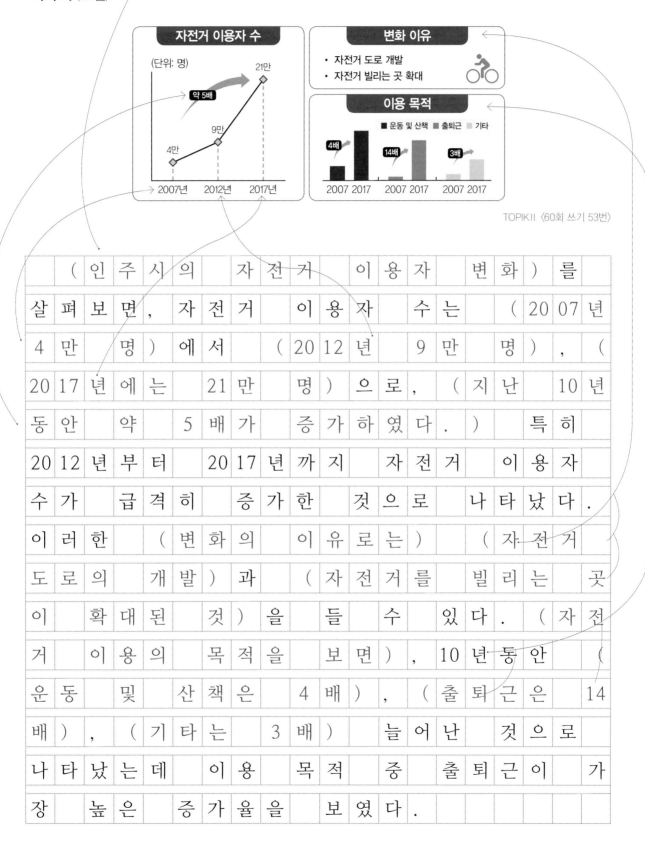

자전거 이용자 수

(단위: 명)

21만

약 5배

9만

4만

2007년 2012년 2017년

변화 이유
• 자전거 도로 개발
• 자전거 빌리는 곳 확대

이용 목적

■ 운동 및 산책 ■ 출퇴근 ▨ 기타

4배 14배 3배

2007 2017 2007 2017 2007 2017

TOPIK II 〈60회 쓰기 53번〉

	(	인	주	시	의		자	전	거		이	용	자		변	화	)	를
살	펴	보	면	,		자	전	거		이	용	자		수	는		(	20	07	년
4	만		명	)	에	서		(	20	12	년		9	만		명	)	,	(
20	17	년	에	는		21	만		명	)	으	로	,	(	지	난		10	년
동	안		약		5	배	가		증	가	하	였	다	.	)		특	히
20	12	년	부	터		20	17	년	까	지		자	전	거		이	용	자
수	가		급	격	히		증	가	한		것	으	로		나	타	났	다	.
이	러	한		(	변	화	의		이	유	로	는	)		(	자	전	거
도	로	의		개	발	)	과		(	자	전	거	를		빌	리	는		곳
이		확	대	된		것	)	을		들		수		있	다	.	(	자	전
거		이	용	의		목	적	을		보	면	)	,		10	년	동	안		(
운	동		및		산	책	은		4	배	)	,		(	출	퇴	근	은		14
배	)	,		(	기	타	는		3	배	)		늘	어	난		것	으	로
나	타	났	는	데		이	용		목	적		중		출	퇴	근	이		가
장		높	은		증	가	율	을		보	였	다	.					

예상문제

1. 다음을 참고하여 '대학생 취업 희망 기업'에 대한 글을 200~300자로 쓰시오. 단, 글의 제목을 쓰지 마시오. (30점)

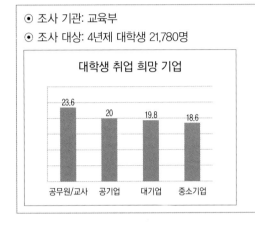

	공무원과 교사를 선호하는 이유
1위	직업의 안정성
2위	일에 대한 보람
3위	사회적 존경

조사 기관: 교육부
조사 대상: 4년제 대학생 21,780명

대학생 취업 희망 기업

공무원/교사 23.6　공기업 20　대기업 19.8　중소기업 18.6

2. 다음을 참고하여 '종이신문 정기 구독률의 변화'에 대한 글을 200~300자로 쓰시오. 단, 글의 제목을 쓰지 마시오. (30점)

⊙ 조사 기관: 한국언론진흥재단 종이신문 정기 구독률 1998: 64.5, 2000: 59.8, 2006: 40, 2014: 20.2	원인	• 스마트폰의 사용 증가 • 기사에 대한 자신의 의견 표현
	전망	• 종이신문 발행 중단(2030년대) • 온라인 신문 시장 확대

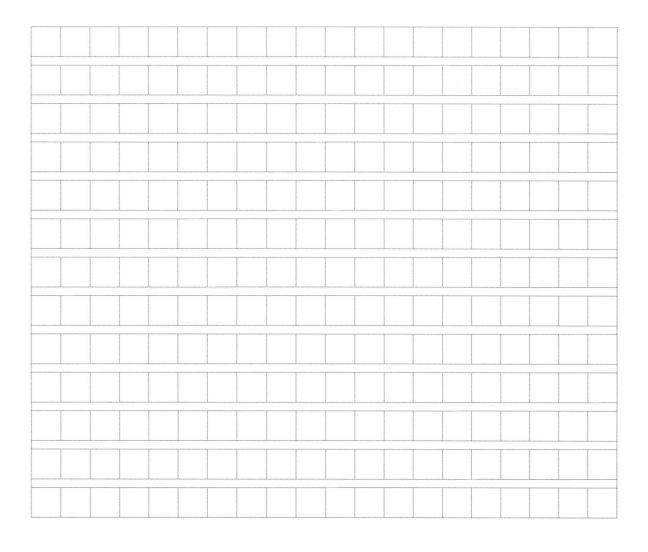

한·국·어·능·력·시·험·T·O·P·I·K·Ⅱ

실전모의고사

TOPIK Ⅱ (3급)

듣기, 쓰기, 읽기

[1~3] 다음을 듣고 알맞은 그림을 고르십시오. (각 2점) 19

1.

①  ②

③  ④

2.

①  ②

③  ④

3.

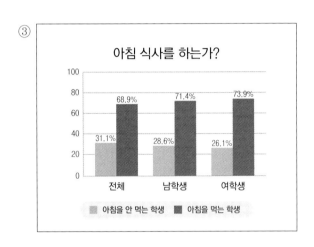

① 아침에 무엇을 먹는가? (남학생)

과일 10%
빵이나 과자 23.5%
밥과 국 24.5%
우유 42%

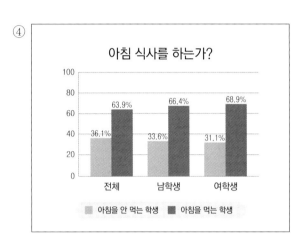

② 아침에 무엇을 먹는가? (여학생)

우유 11.5%
밥과 국 20.5%
빵이나 과자 20%
과일 48%

③ 아침 식사를 하는가?

전체 31.1% 68.9%
남학생 28.6% 71.4%
여학생 26.1% 73.9%

아침을 안 먹는 학생 / 아침을 먹는 학생

④ 아침 식사를 하는가?

전체 36.1% 63.9%
남학생 33.6% 66.4%
여학생 31.1% 68.9%

아침을 안 먹는 학생 / 아침을 먹는 학생

[4~8] 다음 대화를 잘 듣고 이어질 수 있는 말을 고르십시오. (각 2점)

4. ① 그럼요. 제가 당연히 사야지요.

② 그럼요. 냉면은 시원해야 맛있지요.

③ 좋아요. 제가 냉면 재료를 사 올게요.

④ 좋아요. 한번 가 보려고 했는데 잘 됐어요.

5. ① 생각보다 시험이 쉬웠어요.

② 이번에는 붙기가 어렵겠군요.

③ 다시 도전하면 되니까 힘내세요.

④ 꼭 붙을 테니까 걱정하지 마세요.

6. ① 영화 보긴 다 틀렸군.

② 표를 예매할걸 그랬다.

③ 표를 미리 예매하길 잘했네.

④ 영화가 재미없을 거라고 했잖아.

7. ① 그러면 김밥하고 라면 좀 부탁할게요.

② 배가 많이 고플 텐데 뭐 좀 먹을래요?

③ 그러니까 휴게실에 가서 좀 쉬지 그래요?

④ 늦게까지 일하지 않으니까 편한 것 같아요.

8. ① 그럼 괜찮은 곳 좀 추천해 줘.

② 단풍 구경을 못 가서 너무 아쉬워.

③ 길도 막히는데 단풍 구경은 내년에 가.

④ 지금쯤이면 경치가 정말 아름다울 거야.

[9~12] 다음 대화를 잘 듣고 여자가 이어서 할 행동으로 알맞은 것을 고르십시오. (각 2점)

9. ① 치마의 잉크를 뺀다.

② 다른 치마를 고른다.

③ 남자에게 치마를 준다.

④ 치마를 가지고 돌아간다.

10. ① 옷을 갈아입는다.

② 자전거를 꺼낸다.

③ 공원에서 기다린다.

④ 자전거를 타러 간다.

11. ① 야유회 장소를 찾아본다.

② 부서별 인원을 확인한다.

③ 안내문을 홈페이지에 올린다.

④ 야유회 프로그램을 작성한다.

12. ① 다른 직원을 부른다.

② 늦게 오는 손님을 기다린다.

③ 창가 쪽 자리의 온풍기를 켠다.

④ 손님에게 안쪽 자리를 안내한다.

[13~16] 다음을 듣고 내용과 일치하는 것을 고르십시오. (각 2점)

13. ① 여자는 점심마다 뭘 먹을지 고민이다.

② 도시락은 매일 다른 메뉴로 배달해 준다.

③ 여자는 매일 먹는 배달 도시락이 지겹다.

④ 남자는 다이어트를 위해 배달 도시락을 먹는다.

14. ① 아파트 단지 내에 고장 난 차량이 있다.

② 앞으로 주차선 안에 차를 세워야 한다.

③ 주차선 밖에 주차한 차는 벌금을 내야 한다.

④ 이번 달부터 주차선 밖에 주차하면 경고장을 붙인다.

15. ① 비는 내일 오전에 그칠 것이다.

② 비가 그친 후에 날씨가 추워질 것이다.

③ 기온이 영하로 떨어지지 않을 것이다.

④ 내일 밤부터 전국적으로 비가 올 것이다.

16. ① 이 회사는 옥상을 정원으로 바꾸었다.

② 건물 옥상은 보통 활용도가 높은 공간이다.

③ 최근 도시 지역에 공원이 많이 생기고 있다.

④ 이 회사는 도시에 정원을 만드는 일을 한다.

17. ① 양치질을 식사한 후에 바로 하는 것이 좋다.

② 양치질을 자주 할수록 치아 건강에 효과적이다.

③ 양치질은 좋은 칫솔로 올바르게 닦는 게 중요하다.

④ 양치질 횟수를 자신의 상황에 맞게 조절해야 한다.

18. ① 사업계획서는 구체적으로 작성해야 한다.

② 목차는 간단하고 분명하게 하는 것이 좋다.

③ 목차는 사업계획서에서 별로 중요하지 않다.

④ 사업계획서는 여러 사람의 조언을 구해야 한다.

19. ① 요즘 취직하기가 너무 어렵다.

② 실수를 하지 않도록 노력해야 한다.

③ 최선을 다하는 태도가 제일 중요하다.

④ 상사와 동료들과 원만하게 지내야 한다.

20. ① 지역 내 주차 문제를 빨리 해결해야 한다.

② 아이들에게 공부할 수 있는 공간이 필요하다.

③ 공간을 공유하는 것으로 이웃과 정을 나눌 수 있다.

④ 이웃과 소통을 하기 위한 다양한 방법을 마련해야 한다.

[51~52] 다음을 읽고 ⊙과 ⓒ에 들어갈 말을 각각 한 문장으로 쓰시오. (각 10점)

51.

제목: 외국인 유학생 글쓰기 대회 참가 문의

  안녕하세요. 저는 은혜시에 사는 외국인 유학생입니다. 매년 5월 은혜대학교에서 외국인 유학생 글쓰기 대회를 한다고 들었습니다. 저도 이번 대회에 (⊙   ).
그런데 홈페이지에서 글쓰기 대회에 대한 정보를 찾을 수가 없습니다.
어떻게 하면 정보를 (ⓒ   )? 답변 부탁드립니다.

⊙ _____

ⓒ _____

52.

  우리 몸에서 주름이 가장 많은 곳은 바로 입술이다. 입술에 주름이 많은 이유는 입을 크게 벌리기가 쉽기 때문이다. 만약 입술에 주름이 없다면 노래를 부르거나 하품을 할 때 입을 (⊙   ). 그리고 입술 주름은 사람마다 (ⓒ   ). 또 주름의 모양은 세월이 흘러도 변하지 않는다. 그래서 사람에 따라 무늬가 다른 지문처럼 사람을 구별하는 데에도 이용될 수 있다.

⊙ _____

ⓒ _____

53. 다음을 참고하여 '선호하는 주거 형태'에 대한 글을 200~300자로 쓰시오. 단, 글의 제목을 쓰지 마시오. (30점)

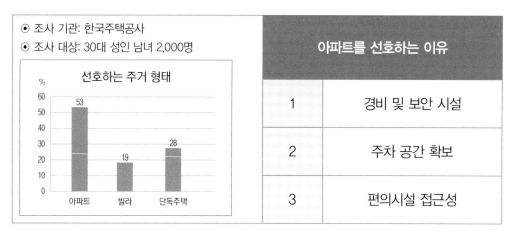

	아파트를 선호하는 이유
1	경비 및 보안 시설
2	주차 공간 확보
3	편의시설 접근성

조사 기관: 한국주택공사
조사 대상: 30대 성인 남녀 2,000명

선호하는 주거 형태
아파트 53
빌라 19
단독주택 28

[1~2] (   )에 들어갈 가장 알맞은 것을 고르십시오. (각 2점)

1. 아침에 눈이 (   ) 지금은 그쳤다.
① 오다가　　　　② 오는데　　　　③ 오든지　　　　④ 오니까

2. 잊어버리지 않으려고 약속 날짜를 달력에 (   ).
① 표시해 버렸다　　② 표시해 놓았다　　③ 표시한 척했다　　④ 표시한 셈이었다

[3~4] 다음 밑줄 친 부분과 의미가 비슷한 것을 고르십시오. (각 2점)

3. 저 가게는 요즘 문을 안 여는 걸 보니까 장사를 <u>그만둘 모양이다.</u>
① 그만둘 만하다　　② 그만둘 뿐이다　　③ 그만둘 듯하다　　④ 그만둘 지경이다

4. 급하게 <u>나온 탓에</u> 지갑을 집에 놓고 나왔다.
① 나온 채로　　② 나온 김에　　③ 나오는 만큼　　④ 나오는 바람에

[5~8] 다음은 무엇에 대한 글인지 고르십시오. (각 2점)

5.
가장 맑고 깨끗한 물을 만나세요~
한 잔의 물이 여러분의 건강을 지켜 드립니다.

① 가습기　　　　② 정수기　　　　③ 세탁기　　　　④ 냉장고

6.
나무의 느낌을 그대로 살린 친환경 자재
다양한 디자인, 소파·침대 등 합리적 가격

① 호텔　　　　② 극장　　　　③ 부동산　　　　④ 가구점

7.

도움을 필요로 하는 이웃은 늘 주변에 있습니다.
따뜻한 손길이 모일수록 이웃 사랑은 커집니다.

① 언어 예절   ② 공공 예절   ③ 봉사 활동   ④ 체육 활동

8.

◎ 입구에 동전이나 지폐를 넣으십시오.
◎ 원하는 상품을 선택 후 버튼을 눌러 주십시오.

① 이용 순서   ② 주의 사항   ③ 교환 방법   ④ 판매 장소

[9～12] 다음 글 또는 그래프의 내용과 같은 것을 고르십시오. (각 2점)

9.

제28회 대관령 눈꽃축제 2019

- ▣ 일   시: 2019년 1월 18일 ～ 1월 27일 (매일)
- ▣ 장   소: 평창 올림픽 메달 플라자
- ▣ 프로그램: 눈 조각 공원, 눈썰매, 승마, 마차 체험, 대관령 눈꽃 축제 공연
- ▣ 기 념 품: 방문객들께 기념품과 강원도 여행 안내 책자 무료 증정
- ▣ 문의사항: 033-335-3995

① 이 축제는 2주일 동안 열린다.
② 방문객들은 말을 타 볼 수 있다.
③ 문의는 홈페이지를 통해 할 수 있다.
④ 방문객들은 안내 책자를 구입해야 한다.

10.

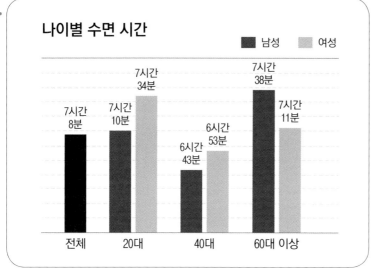

나이별 수면 시간

■ 남성　■ 여성

전체: 7시간 8분 (남성)
20대: 7시간 10분 (남성), 7시간 34분 (여성)
40대: 6시간 43분 (남성), 6시간 53분 (여성)
60대 이상: 7시간 38분 (남성), 7시간 11분 (여성)

① 여성보다 남성의 평균 수면 시간이 더 길다.

② 남녀 모두 40대가 20대보다 수면 시간이 더 길다.

③ 남성은 나이가 들면 들수록 평균 수면 시간이 줄어든다.

④ 여성은 20대가 가장 많은 시간을, 40대가 가장 적은 시간을 잔다.

11.

　　스마트폰으로 버스 도착 정보를 안내해 주는 어플리케이션이 진화하고 있다. 이 어플리케이션은 처음에는 시민들이 버스를 타려고 할 때 정류장 고유번호를 입력하면 버스가 언제 도착하는지를 알려 주는 것이었다. 이후에는 교통사고나 교통 상황 등에 관한 정보도 포함되었다. 최근에는 버스 안이 복잡한지 여유가 있는지도 알려 주고 있다. 이 서비스로 시민은 한층 편리하게 대중교통을 이용할 수 있게 되었다.

① 이 어플리케이션으로 교통이 원활하게 됐다.

② 버스에 사람이 많이 탔는지에 대해 알 수 있다.

③ 이 어플리케이션은 버스 도착 시간만 확인할 수 있다.

④ 교통사고에 관한 정보는 어플리케이션으로 확인하지 못한다.

12.

　　정부는 올해부터 적극적인 공무원 사회를 만들기 위해 '소극행정 신고센터'를 신설했다. 소극행정이란 공무원이 해야 할 일을 하지 않거나 할 수 있는 일을 하지 않아서 국민생활과 기업 활동에 불편을 주거나 손해를 입혔을 때 발생하게 되는 업무 행태를 말한다. 이렇게 공무원의 소극행정으로 인해 피해를 받은 국민이나 기업은 신고 요건이 충족되면 '국민신문고'를 통해 신고하면 된다.

① 정부는 소극행정 신고센터를 만들 예정이다.
② 소극행정 신고센터는 기업은 이용하지 못한다.
③ 공무원의 소극행정으로 손해를 입으면 신고할 수 있다.
④ 소극행정으로 인한 피해는 경찰서를 통해 신고하면 된다.

[13~15] 다음을 순서대로 맞게 배열한 것을 고르십시오. (각 2점)

13.

(가) 이 이야기는 우리에게 남을 도와주면 좋은 일로 되돌아온다는 사실을 알려 준다.

(나) 개미는 그 사냥꾼의 발을 물어 비둘기의 생명을 구해 주었다.

(다) 샘물을 먹으려던 개미 한 마리가 물에 빠진 것을 보고 비둘기가 나뭇잎을 떨어뜨려 구해 주었다.

(라) 그 후 시간이 지난 어느 날 사냥꾼이 비둘기를 향해 총을 쏘려고 하는 것을 개미가 보았다.

① (나)-(가)-(다)-(라)　　　　② (나)-(다)-(가)-(라)
③ (다)-(나)-(라)-(가)　　　　④ (다)-(라)-(나)-(가)

14.

(가) 따라서 미세먼지가 심할 때에는 가능하면 외출을 하지 않는 것이 좋다.

(나) 그리고 외출에서 돌아오면 바로 몸을 깨끗이 씻고 물을 많이 마셔서 몸속의 미세먼지를 내보내야 한다.

(다) 만약 외출을 해야 한다면 미세먼지 전용 마스크를 착용하라고 전문가들은 권유한다.

(라) 미세먼지에는 여러 종류의 오염 물질 성분이 많이 들어 있다.

① (다)-(가)-(라)-(나)　　　　② (다)-(라)-(가)-(나)
③ (라)-(가)-(다)-(나)　　　　④ (라)-(나)-(다)-(가)

15.

(가) 단오는 예로부터 설, 추석과 함께 가장 큰 명절 중 하나였다.

(나) 남자들은 씨름을 하였고 여자들은 그네 타기를 즐겼다.

(다) 이날 사람들은 씨름과 그네 타기 등 다양한 놀이를 하며 하루를 보냈다.

(라) 이 외에도 여름 동안 더위를 피하라는 의미로 부채를 선물하는 풍습도 있었다.

① (가)-(다)-(나)-(라)　　　　② (가)-(나)-(다)-(라)

③ (다)-(라)-(나)-(가)　　　　④ (다)-(가)-(나)-(라)

[16~18] 다음을 읽고 ( )에 들어갈 내용으로 가장 알맞은 것을 고르십시오. (각 2점)

16.

　얼굴 모양과 치아 모양은 밀접한 관계가 있다. 얼굴형이 긴 사람은 치아 모양도 길고 얼굴형이 둥근 사람은 치아 모양도 둥근 모양이다. 또한 얼굴이 네모난 사람은 치아도 네모 모양이다. 그래서 대체로 얼굴이 둥근 편인 한국인들은 서양 사람에 비해서 ( ) 모양이다.

① 치아가 짧고 둥근

② 이가 크고 넓적한

③ 입이 작고 세모난

④ 입술이 두껍고 동그란

17.

　옷차림은 개인의 가치관과 밀접한 관련이 있다. 일반적으로 품위를 중요하게 생각하고 보수적인 가치관을 지닌 사람들은 정장 차림을 즐겨 입는다. 그러나 개방적이고 활동적인 성격의 사람들은 편의성을 중시하여 개성이 돋보이는 옷차림을 한다. 옷차림을 통해서 개인의 ( ) 있는 것이다.

① 사고 방식을 알 수

② 경제 수준을 엿볼 수

③ 활동 범위를 짐작할 수

④ 건강 상태를 살펴볼 수

18.

　　사람의 미각은 다섯 가지 맛밖에 구별할 수 없다. 그러나 실제로는 시각과 후각의 도움을 받아야 정확한 맛을 알 수 있다. 특히 후각의 도움을 받지 못한다면 맛을 정확하게 느낄 수 없다. 예를 들어 눈을 가리고 코를 막은 사람에게 콜라와 사이다를 마시게 한 후 맛을 구별하라고 하면 잘 못한다. 그것은 바로 미각이 (　　　　　) 제대로 발휘되기 때문이다.

① 반복되는 훈련을 받아야

② 후각 정보의 도움을 받아야

③ 시각 정보가 주어지지 않아야

④ 다른 감각으로부터 자유로워야

[19~20] 다음을 읽고 물음에 답하십시오. (각 2점)

　　은행나무는 가로수로 널리 활용되어 주변에서 흔히 볼 수 있다. 도시의 기후와 토양에 잘 맞고 오염 물질과 병충해에 강하기 때문에 활용된 것이다. (　　　　　) 환경오염이 아주 심했던 지역에서 가장 먼저 자라난 것도 바로 은행나무였다. 하지만 은행나무는 암나무에서 열리는 열매 냄새가 고약하다는 단점이 있다. 그래서 각 지방자치단체에서는 암나무 대신에 열매가 열리지 않는 수나무로 가로수를 단계적으로 교체하겠다고 발표를 하였다.

19. (　　　)에 들어갈 내용으로 알맞은 것을 고르십시오.

① 실제로　　　　　② 수시로　　　　　③ 오히려　　　　　④ 차라리

20. 이 글의 내용과 같은 것을 고르십시오.

① 은행나무는 가로수로 적합하지 않다.

② 은행나무의 열매는 냄새가 없는 편이다.

③ 은행나무는 환경오염과 병충해에 강하다.

④ 은행나무를 수나무에서 암나무로 교체할 예정이다.

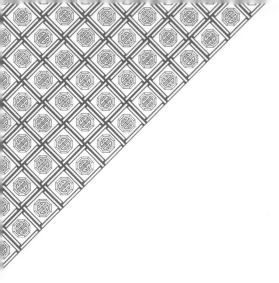

4급

▶ 배점 42점 / 합계 172점

유형별

듣기 [21~22]번
〈공식적 대화〉

듣기 [25~26]번
〈최신 인터뷰〉

듣기 [29~30]번
〈직업 인터뷰〉

듣기 [23~24]번
〈공공 시설 용무〉

듣기 [27~28]번
〈의견/의논〉

읽기 [21~22]번
〈중심 생각, 관용 표현/속담〉

읽기 [25~27]번
〈제목과 같은 신문 기사〉

읽기 [23~24]번
〈등장인물의 심정, 내용 일치〉

읽기 [28~31]번
〈빈칸 채우기〉

1 격식적 대화

1 공적 대화

▶ 듣기 [21~22]번 유형은 중심 생각과 내용 일치를 찾는 문항이다. 중심 내용의 이해 능력과 세부 내용의 이해를 측정하는 문항으로 **4급 수준의 내용**이 출제된다. 대화의 내용은 공식적인 대화일 경우 회의와 업무 지시, 개인적인 대화인 경우 자신의 의견을 말하거나 조언을 구하려고 의논하는 내용이 대부분이다. 4급 수준 듣기의 경우 [21]번부터는 2번씩 들려주기 때문에 중간에 못 듣더라도 다시 들을 기회가 있으니 반복해서 연습해야 한다.

Ranking 04		출제 가능한 내용
01	회의	• 회사에서 사업 계획이나 판매 전략 등에 대해 회의하는 경우
02	업무 지시	• 회사나 업체에서 상사가 부하 직원에게 업무 지시를 내리는 경우
03	의견 말하기	• 실제 사회 문제나 어떤 사실에 대해 자신의 의견을 말하는 경우
04	의논하기	• 개인적인 고민 등을 지인에게 조언을 구하는 경우

듣기 21번~22번 | 황금 레시피

1. 남자의 중심 생각인지 여자의 중심 생각인지 반드시 확인한 후 들어야 한다.
2. 회의 형식으로 상대방에게 무엇을 말하는지 잘 들어야 한다.
3. 중심 생각은 다음의 10가지 유형을 알고 있어야 찾을 수 있다.
4. 선택지는 인터뷰 정보를 틀리게 보여 주기 때문에 주의해야 한다.

중심 생각

Ranking 10

01	−는 게 좋다. −는 게 낫다. −는 게 괜찮다.	02	−아/어야 ~ −아/어야 하다.
03	그래서 _____	04	가장 중요한 건 _____ −는 게 중요하다. −는 게 필요하다. −(으)ㄹ 필요가 있다.
05	−아/어 보세요. −는 게 어때요? −(으)ㅂ시다. −자.	06	−고 싶다. −(으)면 좋겠다. −(으)면 좋을 텐데.
07	제 생각에는 −(ㄴ/는)다고 생각하다. −는 거라고 생각하다. −(ㄴ/는)다고 보다. −는 게 아니겠어?	08	−아/어서 좋다/괜찮다. −아/어서 나쁘다/힘들다/어렵다. −아/어서 나쁠 건 없다.
09	특히 ~ 무엇보다도 ~ −는 데 도움이 된다.	10	두 문장 이상 반복 이처럼 ~ 이렇듯 ~

[21~22] 다음을 듣고 물음에 답하십시오. (각 2점)

여자: 교장 선생님, 지난주에 선생님들과 회의가 있었는데요. **Ⓐ**지하에 있는 빈 교실을 창고나 토론방으로 이용하자는 의견이 있었습니다.

남자: 음, 창고보다는 토론방이 더 낫지 않을까요? 학생들이 팀 과제를 준비하면서 편하게 얘기하는 공간이 부족하다는 말이 많았잖아요.

여자: 그런데 **Ⓑ**그 교실은 어둡고 환기가 잘 안 되는데 토론방으로 괜찮을까요? **Ⓒ**에어컨도 설치가 안 돼 있고요.

남자: 그건 해결이 가능하지 않을까요? 거기를 창고로 쓰긴 좀 아까워요.

21. 남자의 중심 생각으로 알맞은 것을 고르십시오.

① 교실의 불편한 점을 고쳐야 한다.
② 빈 교실을 토론방으로 활용하는 게 좋다.
③ 학생들의 팀별 과제를 늘릴 필요가 있다.
④ 토론 수업을 위해 교실을 넓게 지어야 한다.

〈회의〉를 하는 상황으로 중심 생각 Ranking 유형 (1) '–는 게 좋지 않을까요?'에 해당한다.
남자의 중심 생각은 "창고보다는 토론방이 더 낫지 않을까요?"이다. 따라서 이와 같은 내용을 선택지에서 고르면 답은 ②번이 된다.

22. 들은 내용으로 맞는 것을 고르십시오.

① 지하에 창고를 새로 만들었다.
② 남자는 빈 교실의 환기 문제를 해결했다.
③ 여자는 지난주에 선생님들과 회의를 했다.
④ 지하에 있는 교실에 에어컨을 모두 설치했다.

TOPIK II 〈60회 듣기 21~22번〉

① 지하에 창고를 (만들지 않았다.) not A
② 남자는 빈 교실의 환기 문제를 (해결하지 않았다.) not B
❸ 정답
④ 지하에 있는 교실에 (에어컨이 설치가 안 돼 있다.) not C

예상문제

[1~2] 다음을 듣고 물음에 답하십시오. (각 2점)

1. 여자의 중심 생각으로 맞는 것을 고르십시오.

　① 제품의 생산량을 늘려야 한다.

　② 신제품에 대한 반응이 꽤 늦은 것 같다.

　③ 성공이라고 평가하기에는 아직 이른 감이 있다.

　④ 신제품의 반응이 좋을 것이라고 예상하지 못했다.

2. 들은 내용으로 맞는 것을 고르십시오.

　① 신제품에 대해 회사 내에서 기대가 컸다.

　② 신제품 판매량이 서너 달 동안 꾸준히 증가했다.

　③ 남자는 신제품의 반응에 대해 성공적이라고 생각한다.

　④ 여자는 제품의 인기가 계속될 것으로 기대하고 있다.

[3~4] 다음을 듣고 물음에 답하십시오. (각 2점)

3. 남자의 중심 생각으로 맞는 것을 고르십시오.

　① 친구와 사이좋게 지내야 한다.

　② 항상 친구의 의견을 존중해야 한다.

　③ 친구와 싸우면 사과를 빨리 하는 것이 좋다.

　④ 사과할 때 편지를 쓰는 것도 좋은 방법이다.

4. 들은 내용으로 맞는 것을 고르십시오.

　① 여자는 글을 잘 쓰지 못한다.

　② 여자는 친구 때문에 화가 났다.

　③ 여자는 친구에게 미안해하고 있다.

　④ 여자는 친구와 싸운 후에 바로 사과했다.

2 최신 인터뷰

▶ 듣기 [25~26]번 유형은 중심 생각과 내용 일치를 찾는 문항이다. 중심 내용의 이해 능력과 세부 내용의 이해를 측정하는 문항으로 **4급 수준의 내용**이 출제된다. 대화의 내용은 최신 화제에 대한 인터뷰이다. 4급 수준 문항에서는 새로운 문제 유형보다는 기존의 유형이 반복된다. 어휘와 문법의 수준은 올라가지만 앞에서 공부한 황금 레시피는 동일하게 적용된다. 다행인 것은 듣기의 경우 [21]번부터는 2번씩 들려주기 때문에 중간에 못 들더라도 다시 들을 기회가 있으니 반복해서 연습해야 한다.

듣기 25번~26번 | 황금 레시피

1. 남자의 중심 생각인지 여자의 중심 생각인지 반드시 확인한 후 들어야 한다.
2. 인터뷰 형식으로 질문하는 사람의 질문 주제가 무엇인지 들어야 한다.
3. 중심 생각은 다음의 10가지 유형을 알고 있어야 찾을 수 있다.
4. 질문하는 사람과 대답하는 사람이 1번씩만 대화를 주고받는데 중심 생각은 대부분 마지막 내용에 있는 편이다.
5. 선택지는 인터뷰 정보를 틀리게 보여 주기 때문에 주의해야 한다.

듣기 25번~26번 | Ranking

🌐 중심 생각

꼭 외워야 할 표현 2/9

Ranking 10

01	-는 게 좋다. -는 게 낫다. -는 게 괜찮다.	**02**	-아/어야 ~ -아/어야 하다.
03	그래서 _____	**04**	가장 중요한 건 _____ -는 게 중요하다. -는 게 필요하다. -(으)ㄹ 필요가 있다.
05	-아/어 보세요. -는 게 어때요? -(으)ㅂ시다. -자.	**06**	-고 싶다. -(으)면 좋겠다. -(으)면 좋을 텐데.

07	제 생각에는 -(ㄴ/는)다고 생각하다. -는 거라고 생각하다. -(ㄴ/는)다고 보다. -는 게 아니겠어?	08	-아/어서 좋다/괜찮다. -아/어서 나쁘다/힘들다/어렵다. -아/어서 나쁠 건 없다.
09	특히 ~ 무엇보다도 ~ -는 데 도움이 된다.	10	두 문장 이상 반복 이처럼 ~ 이렇듯 ~

듣기 25번~26번 | 기출문제 ▶중심 생각, 내용 일치

해설

[25~26] 다음을 듣고 물음에 답하십시오. (각 2점)

여자: 선생님께서 만든 놀이터는 기존의 놀이터와 어떻게 다른가요?

남자: 이곳은 ❹기존의 놀이터보다 크고 넓지만 그네나 미끄럼틀 같은 놀이기구는 하나도 없습니다. 대신 ❺모래밭과 물이 흐르는 개울이 있고, 작은 언덕도 있어요. ❻언덕 옆에 오래된 통나무들도 놓여 있고요. 이곳에 오면 아이들은 언덕을 오르거나 통나무를 타 보기도 하고 개울에서 물놀이를 하기도 해요. 놀이기구가 없기 때문에 아이들은 무한한 상상력을 발휘하게 되는 거죠. 이곳에서 아이들은 각자 다른 방법으로 새로운 것들을 해 보면서 자유롭게 놉니다.

중심 생각 Ranking 유형 (3) '그래서'에 해당한다.

여자는 남자가 만든 놀이터가 기존의 놀이터와 어떻게 다른지에 대하여 질문하고 있다. 이에 대한 남자의 중심 생각은 "놀이기구가 없기 때문에 아이들은 무한한 상상력을 발휘하게 된다."이다. 따라서 이와 같은 내용을 선택지에서 고르면 정답은 ③번이 된다.

25. 남자의 중심 생각으로 알맞은 것을 고르십시오.

① 아이들이 노는 놀이터는 공간이 넓을수록 좋다.
② 놀이터에 다양한 놀이기구를 더 설치해야 한다.
③ 놀이기구가 없는 놀이터는 상상력을 기르기에 좋다.
④ 놀이터에 있는 놀이기구의 관리를 철저히 해야 한다.

26. 들은 내용으로 맞는 것을 고르십시오.

① 이 놀이터는 기존 놀이터보다 작아졌다.
② 안전을 위해 놀이터의 통나무들을 치웠다.
③ 이 놀이터에서 아이들이 물놀이를 할 수 있다.
④ 놀이터 안에 모래밭을 없애고 언덕을 만들었다.

① 이 놀이터는 기존 놀이터보다 (커졌다.) not A
② (놀이터에 통나무들이 놓여 있다.) not C
❸ 정답
④ 놀이터 안에 (모래밭이 있고) 언덕을 만들었다. not B

TOPIK II ⟨60회 듣기 25~26번⟩

예상문제

듣기 25번~26번 | 예상문제 ▶중심 생각, 내용 일치

[1~2] 다음을 듣고 물음에 답하십시오. (각 2점)

1. 남자의 중심 생각으로 맞는 것을 고르십시오.

① 병원 실내를 아름답게 꾸미는 것이 필요하다.

② 환자를 치료하기 위한 약품 개발에 노력해야 한다.

③ 병을 치료할 때에는 심리적 치료를 먼저 해야 한다.

④ 치료를 할 때 환자의 심리적 안정이 가장 중요하다.

2. 들은 내용으로 맞는 것을 고르십시오.

① 이 병원은 의사와 간호가 매우 친절한 편이다.

② 이 병원은 환자들이 스스로 병원 천장을 예쁘게 꾸몄다.

③ 이 병원은 환자의 치료뿐만 아니라 마음에도 신경을 쓴다.

④ 이 병원은 하루 종일 누워 있는 환자를 위해 좋은 침대를 사용한다.

[3~4] 다음을 듣고 물음에 답하십시오. (각 2점)

3. 남자의 중심 생각으로 맞는 것을 고르십시오.

① 아이들은 할머니에게 교육을 받아야 한다.

② 옛날이야기 수업이 더욱 확대되기를 기대한다.

③ 할머니 세대와 아이 세대의 차이를 줄여야 한다.

④ 노인 일자리 사업이 잘 이루어지지 않아 안타깝다.

4. 들은 내용으로 맞는 것을 고르십시오.

① 학부모들이 일일 선생님으로 유치원에 나온다.

② 옛날이야기를 들려주는 직업이 인기를 끌고 있다.

③ 노인 일자리 정책을 통해서 수업을 할 수 있게 되었다.

④ 이 유치원에서는 월요일마다 '옛날이야기' 수업을 한다.

3 직업 인터뷰

▶ **듣기 [29~30]번 유형**은 인터뷰 대상자의 직업과 세부 내용을 파악하는 문항이다. 대화 참여자를 파악하는 능력과 세부 내용의 이해를 측정하는 문항으로 **4급 수준의 내용**이 출제된다. 대화의 내용은 직업에 대한 인터뷰이다. 4급 수준 문항에서는 새로운 문제 유형보다는 기존의 유형이 반복되지만 이번 문항 [29]번은 인터뷰 대상의 직업을 묻는 내용이 출제된다. 앞에서 공부한 듣기 [20]번과 마찬가지로 인터뷰의 내용은 TOPIK 시험문제가 만들어지는 시기에 한국에서 화제가 되고 있는 인물이나 장소를 각색한 것이다. 독특한 직업이 자주 출제되기 때문에 아래와 같이 신문 기사와 사이트를 안내한다. 시험 전 한번 확인해 보면 도움이 될 것이다.

> **TIP** 인터넷 검색: EBS 뉴스 – 〈꿈을 잡아라〉

듣기 29번~30번 | 황금 레시피

① 인터뷰 대상이 남자인지 여자인지 확인해야 한다.

② 주로 (여–남–여–남)의 형태로 나오지만 가끔 (여–남)의 형태로 나오기도 한다.

③ 대답하는 사람의 직업이 무엇인지 선택지를 통해 확인해야 한다. 의사, 교사, 신문 기자 등 특정 직업명이 나오기도 하지만 '(무엇)을 (무엇)하는 사람'의 형태로 나오기 때문에 무슨 일을 하는지 주의해서 들어야 한다.

④ 질문하는 사람은 첫 번째 질문에서 무슨 일을 하는지 질문하고
두 번째 질문에서 좀 더 구체적으로 하는 일을 질문한다.
따라서 질문하는 사람의 내용을 잘 들어야 대답하는 사람의 직업을 알 수 있다.

⑤ 선택지는 인터뷰 정보를 틀리게 보여 주기 때문에 주의해야 한다.

[29~30] 다음을 듣고 물음에 답하십시오. (각 2점)

> 여자: ❹오늘처럼 팬들로 가득 찬 야외 공연장 관리는 쉽지 않으시겠어요.
>
> 남자: 아무래도 실내 공연장보다 힘들긴 합니다. 저희는 공연을 하는 동안 무대 아래에서 사람들이 안전선을 넘어가지 못하게 하고, 열성 팬들의 돌발 행동에도 대비해야 하는데요. 야외 공연장은 관중이 많아서 관리가 더 힘들지요. 또 오늘처럼 비가 오면 사람들 움직임도 잘 안 보이거든요. 그래서 ❸실내 공연장에 있을 때보다 훨씬 긴장됩니다.
>
> 여자: 다행히 ❻오늘은 사고가 없었지만 사고가 발생하면 어떻게 하시나요?
>
> 남자: 무대의 가수들을 먼저 이동시키고 상황별 행동 수칙에 따라 대처를 합니다.

29. 남자는 누구인지 맞는 것을 고르십시오.

① 공연 장소를 섭외하는 사람
② 공연장 좌석을 안내하는 사람
③ 공연장에서 안전을 관리하는 사람
④ 공연장의 무대 시설을 고치는 사람

여자는 "야외 공연장 관리가 쉽지 않겠다."고 말하였고 남자는 "공연을 하는 동안 사람들이 안전선을 넘어가지 못하게 하고 열성 팬들의 돌발 행동에도 대비해야 한다."라고 대답하였다. 따라서 남자의 직업은 '안전을 관리하는 사람'이라는 것을 알 수 있다. 따라서 이와 같은 내용을 선택지에서 고르면 답은 ③번이 된다.

30. 들은 내용으로 맞는 것을 고르십시오.

① 오늘 공연은 실내에서 진행되었다.
② 비가 왔음에도 공연장에 사람들이 많았다.
③ 오늘 공연 중 열성 팬으로 인한 사고가 있었다.
④ 남자는 실내보다 야외에서 일할 때 마음이 편하다.

TOPIK II 〈60회 듣기 29~30번〉

① 오늘 공연은 (야외)에서 진행되었다. not A
❷ 정답
③ 오늘 공연 중 사고가 (없었다.) not C
④ 남자는 실내보다 야외에서 일할 때 (긴장이 된다.) not B

예상문제

[1~2] 다음을 듣고 물음에 답하십시오. (각 2점) 28

1. 남자는 누구인지 고르십시오.

   ① 전시회를 기획하는 사람

   ② 가구 회사를 운영하는 사람

   ③ 전통 문화를 연구하는 사람

   ④ 목재로 예술품을 만드는 사람

2. 들은 내용으로 맞는 것을 고르십시오.

   ① 남자는 자연미보다 기술성을 강조하고 있다.

   ② 나뭇결은 작가의 기법에 따라 다양하게 연출된다.

   ③ 선조들의 전통 기법이 현대적으로 잘 개발되었다.

   ④ 남자가 만든 작품에 대한 사람들의 평가가 좋았다.

[3~4] 다음을 듣고 물음에 답하십시오. (각 2점) 29

3. 남자는 누구인지 맞는 것을 고르십시오.

   ① 한옥을 짓는 사람

   ② 한옥에서 사는 사람

   ③ 한옥을 관리하는 사람

   ④ 한옥에 자재를 공급하는 사람

4. 들은 내용으로 맞는 것을 고르십시오.

   ① 미래형 한옥은 나무만을 이용하여 짓는다.

   ② 전통 한옥은 화재에 약하다는 단점이 있다.

   ③ 남자는 처음부터 미래형 한옥에 관심을 가졌다.

   ④ 미래형 한옥은 단점을 보완했지만 장점을 살리지 못했다.

4 공공 시설 용무

▶ 듣기 [23~24]번 유형은 대화의 상황과 내용 일치를 찾는 문항이다. 대화 상황을 파악하는 능력과 세부 내용의 이해를 측정하는 문항으로 **4급 수준의 내용**이 출제된다. 이 유형은 관공서, 업체, 회사, 호텔, 박물관, 학교 등 공용 시설에 볼일이 있어서 정보를 알아보는 것이 대화 내용이다.

듣기 23번~24번 | 황금 레시피

1. 선택지를 먼저 본 후 남자나 여자가 공용 시설에서 무슨 볼일이 있는지 예상해 본다.
2. 남자나 여자가 무엇을 하고 있는지를 묻기 때문에 선택지의 동사들을 미리 알아 두어야 한다. 선택지의 동사와 함께 '(무엇)을 V-고 있다.'의 (무엇)을 주의해서 들어야 한다.
3. 선택지는 대화의 정보를 틀리게 보여 주기 때문에 주의해야 한다.

듣기 23번~24번 | Ranking

선택지 동사

Ranking 09	선택지 동사
01 알려 주세요.	문의하다, 알아보다, 질문하다, 묻다, 조사하다
02 알려 줄게요.	설명하다, 소개하다, 안내하다, 알려 주다
03 제안	제안하다, 권하다, 건의하다, 추천하다, 제시하다
04 요구	요구하다, 요청하다
05 확인	확인하다, 점검하다
06 신청	신청하다
07 상담	상담하다
08 보고	보고하다, 발표하다
09 기타	주문하다, 예약하다, 취소하다, 변경하다, 주장하다, 강조하다

[23~24] 다음을 듣고 물음에 답하십시오. (각 2점)

남자: 거기 청년 희망 센터지요? 면접 때 입는 정장을 무료로 빌릴 수 있다고 해서 전화 드렸는데요. 어떻게 하면 되나요?

여자: 이 서비스는 인주시에 살고 있는 인주 시민이라면 누구나 이용할 수 있습니다. 신청은 회사 면접 보기 일주일 전부터 가능하고요. ❹대여 신청은 홈페이지에서 하시면 되는데요. ❺홈페이지에서 원하는 옷을 선택하고 예약한 날 신분증을 가지고 오시면 됩니다.

남자: ❻혹시 정장을 택배로도 받을 수 있을까요?

여자: ❻네, 이메일로 신분증 사본을 보내고 택배비를 내시면 됩니다.

23. 남자는 무엇을 하고 있는지 고르십시오.

① 정장 대여 방법을 알아보고 있다.
② 정장 대여 날짜를 문의하고 있다.
③ 정장 대여 가격을 확인하고 있다.
④ 정장 대여 예약을 변경하고 있다.

남자는 면접 때 입는 정장을 무료로 빌리려고 질문하고 있다. 따라서 이와 같은 내용을 선택지에서 고르면 정답은 ①번이 된다.

24. 들은 내용으로 맞는 것을 고르십시오.

① 센터에서 신청자가 입을 옷을 골라 준다.
② 센터에 가서 정장 대여 신청서를 내야 한다.
③ 이 서비스로 신청한 옷을 택배로 받기는 어렵다.
④ 이 서비스는 인주시에 살고 있어야 이용할 수 있다.

TOPIK II 〈60회 듣기 23~24번〉

① 신청자가 입을 옷을 (고른다.) not B
② (홈페이지에서) 정장 대여 신청서를 내야 한다. not A
③ 이 서비스로 신청한 옷을 택배로 (받을 수 있다.) not C
❹ 정답

예상문제

[1~2] 다음을 듣고 물음에 답하십시오. (각 2점) 30

1. 남자는 무엇을 하고 있는지 고르십시오.

　① 무료 법률 상담에 대해 문의하고 있다.

　② 무료 법률 상담 홍보를 준비하고 있다.

　③ 무료 법률 상담 서비스를 설명하고 있다.

　④ 무료 법률 상담의 문제점을 알아보고 있다.

2. 들은 내용으로 맞는 것을 고르십시오.

　① 무료 법률 상담 시간은 한 시간이다.

　② 예약을 할 때에는 전화로만 가능하다.

　③ 무료 법률 상담소는 시청 본관에 있다.

　④ 질문을 미리 준비하면 상담을 받기에 편리하다.

[3~4] 다음을 듣고 물음에 답하십시오. (각 2점) 31

3. 남자는 무엇을 하고 있는지 고르십시오.

　① '무료 체험' 판매 전략을 제안하고 있다.

　② '무료 체험' 판매 전략의 장점을 설명하고 있다.

　③ '무료 체험' 판매 전략의 필요성을 강조하고 있다.

　④ '무료 체험' 판매 전략에 대한 반응을 보고하고 있다.

4. 들은 내용으로 맞는 것을 고르십시오.

　① 판매 전략 시행 이후 판매량이 지속적으로 늘고 있다.

　② 무료 체험 기간을 지금보다 줄이는 것이 효율적이다.

　③ 이 회사의 판매 전략을 다른 회사들이 따라 하고 있다.

　④ 이 판매 전략에 대한 고객들의 반응이 처음부터 좋지 않았다.

5 의견/의논

▶ 듣기 [27~28]번 유형은 화자의 의도와 내용 일치를 찾는 문항이다. 화자가 말하는 의도와 세부 내용의 이해를 측정하는 문항으로 **4급 수준의 내용**이 출제된다. 이 유형은 사회 문제, 정보 전달, 개인 고민 등에 대한 대화 내용이다.

듣기 27번~28번 | 황금 레시피

1. '남자가 여자에게'인지 '여자가 남자에게'인지 반드시 확인해야 한다.
2. 남자나 여자가 상대방에게 무엇을 말하려고 하는지 의도를 묻는데, 중심 생각을 먼저 찾은 후 이와 비슷한 내용을 선택지에서 찾아야 한다.
3. 대화의 내용은 사회 문제, 정보 전달, 개인 고민 등이기 때문에 의도를 Ranking과 같이 정리할 수 있다.

듣기 27번~28번 | Ranking

🏵 의도

Ranking 07

01	비판	사회 문제에 대해 자신의 의견을 밝히는 경우 비판하다, 불만을 (표시하다/제기하다), 문제점을 지적하다
02	설명	제도나 사회 현상에 대해 알려 주려는 경우 설명하다, 알려 주다, 언급하다
03	권유	새로운 것에 대해 제안하거나 권유하려는 경우 제안하다, 권유하다
04	의논	개인 고민에 대해 조언을 구하는 경우 상의하다, 의논하다
05	우려	사회 문제에 대해 비판보다는 걱정을 하는 경우 우려를 표현하다, 걱정이 되다
06	동조	상대방의 의견에 동의하는 경우 의견을 전달하다, 동조를 얻다
07	지시	주로 회사 내에서 상사가 부하 직원에게 업무를 지시하는 경우 지시하다

[27~28] 다음을 듣고 물음에 답하십시오. (각 2점)

남자: ❹수미 씨, 이번 단합 대회 정말 좋지 않았어요? ❺저는 부서원들
　　　이랑 운동도 하고 음식도 같이 해 먹으니까 더 친해진 것 같아요.

여자: 그렇긴 한데 저는 좀 피곤했어요. ❻장소가 멀어서 이동하는 데
　　　시간도 꽤 걸렸고요.

남자: 좀 피곤하긴 해도 서로 소통할 기회도 생기고, 가끔 교외로 나가
　　　바람을 쐬는 것도 괜찮지 않아요?

여자: 단합 대회를 밖으로 나가서만 해야 하는 건 아니잖아요. 단합이
　　　나 소통을 위한 거라면 회사 안에서도 가능할 것 같아요.

27. 남자가 여자에게 말하는 의도를 고르십시오.

　　① 단합 대회의 의의를 말하려고
　　② 단합 대회 참여를 부탁하려고
　　③ 단합 대회의 방식을 바꾸려고
　　④ 단합 대회의 문제를 지적하려고

말하는 의도는 중심 생각을 푸는 방
법으로 답을 고르면 된다. 남자의 중
심 생각은 Ranking 유형 (1) '–는 게
좋지 않아요?'이다.
"단합 대회가 정말 좋았다.", "서로 소
통할 기회도 생기고, 교외로 나가 바
람을 쐬는 것도 괜찮다."와 같은 내용
을 선택지에서 고르면 정답은 ①번이
된다.

28. 들은 내용으로 맞는 것을 고르십시오.

　　① 단합 대회에서 음식을 만들어 먹었다.
　　② 여자는 단합 대회에 참석하지 않았다.
　　③ 단합 대회는 회사 안에서 진행되었다.
　　④ 남자는 단합 대회에서 운동을 안 했다.

TOPIK II 〈60회 듣기 27~28번〉

❶ 정답
② 여자는 단합 대회에 (참석했다.)
　 not A
③ 단합 대회는 회사 (밖에서) 진행되
　 었다. not C
④ 남자는 단합 대회에서 운동을 (했
　 다.) not B

예상문제

듣기 27번~28번 | 예상문제 ▶의도, 내용 일치

[1~2] 다음을 듣고 물음에 답하십시오. (각 2점) 32

1. 여자가 남자에게 말하는 의도를 고르십시오.

　　① 대학 축제의 장점에 대해 설명하려고

　　② 학교 안에서 장사하는 것을 비판하려고

　　③ 장사하는 사람의 수를 줄여야 한다고 제안하려고

　　④ 축제를 위한 장소를 더 늘려야 한다고 강조하려고

2. 들은 내용으로 맞는 것을 고르십시오.

　　① 남자는 축제 때 장사를 할 계획이다.

　　② 여자는 축제 때 차량을 통제하는 것을 반대한다.

　　③ 장사하는 사람들이 너무 많아 학교가 매우 복잡하다.

　　④ 축제 때 학교 안에서 장사를 하는 건 이번이 처음이다.

[3~4] 다음을 듣고 물음에 답하십시오. (각 2점) 33

3. 여자가 남자에게 말하는 의도를 고르십시오.

　　① 후보자 지지를 부탁하기 위해

　　② 선거 홍보 효과를 강조하기 위해

　　③ 후보자의 준법정신을 지적하기 위해

　　④ 선거 홍보 방법의 문제점을 옹호하기 위해

4. 들은 내용으로 맞는 것을 고르십시오.

　　① 선거를 할 때 교통 환경을 살펴야 한다.

　　② 후보자는 지하철역 주차장에 차를 세웠다.

　　③ 대중교통을 이용하는 정치인을 뽑아야 한다.

　　④ 지하철역에서 선거 운동하는 것이 효과가 좋다.

논설문/설명문

1 중심 생각, 관용 표현/속담

▶ 읽기 [21~22]번 유형은 문맥에 알맞은 어휘와 중심 생각을 고르는 문항이다. 어휘 능력과 중심 내용의 이해 능력을 측정하는 문항으로 **4급 수준의 내용**이 출제된다. (빈칸)에 알맞은 어휘는 관용 표현과 속담을 찾는 문제이다. 그리고 이 유형은 주제에 대하여 자기의 생각을 밝히는 논설문과 정보를 전달하는 설명문이 출제된다. 최신 화제, 상식, 기술, 인간 심리, 교육, 과학, 경제 등의 글이 출제된다.

🎒 어휘와 표현(p.20, 27)을 미리 공부하자!

읽기 21번~22번 | 황금 레시피

🎒   [21]번 관용 표현은 평소에 학습이 필요한 부분이다. TOPIK에 출제되었던 관용 표현은 187개로 그 수가 매우 많다. 따라서 짧은 시간에 외울 수 있는 분량이 아니기 때문에 틈틈이 익혀 두어야 한다. 그리고 속담도 가끔 출제되는데 기출문제 기준으로 3번 출제되었다. 관용 표현보다 비중은 작지만 역시 평소에 학습이 필요한 부분이다. 관용 표현과 속담 문제는 (빈칸)이 없어도 되는 문장이다. 따라서 설명에 있는 단어와 연결하면서 외워야 한다.

읽기 21번~22번 | Ranking

🏵 중심 생각

꼭 외워야 할 표현 3/9

Ranking 10		
01	—는 게 좋다. —는 게 낫다. —는 게 괜찮다.	02 —아/어야 ∼ —아/어야 하다.

03	그래서 _____	04 가장 중요한 건 _____
		      —는 게 중요하다.
		      —는 게 필요하다.
		      —(으)ㄹ 필요가 있다.

05	-아/어 보세요. -는 게 어때요? -(으)ㅂ시다. -자.	**06**	-고 싶다. -(으)면 좋겠다. -(으)면 좋을 텐데.
07	제 생각에는 -(ㄴ/는)다고 생각하다. -는 거라고 생각하다. -(ㄴ/는)다고 보다. -는 게 아니겠어?	**08**	-아/어서 좋다/괜찮다. -아/어서 나쁘다/힘들다/어렵다. -아/어서 나쁠 건 없다.
09	특히 ~ 무엇보다도 ~ -는 데 도움이 된다.	**10**	두 문장 이상 반복 이처럼 ~ 이렇듯 ~

읽기 21번~22번 | 기출문제 ▶중심 생각, 관용 표현/속담

해설

[21~22] 다음을 읽고 물음에 답하십시오. (각 2점)

　문자 교육은 빠를수록 좋다고 믿는 부모들이 있다. 이들은 자신의 아이가 또래보다 글자를 더 빨리 깨치기를 바라며 문자 교육에 (　　　　). 그런데 나이가 어린 아이들은 아직 다양한 능력들이 완전히 발달하지 못해 온몸의 감각을 동원하여 정보를 얻는다. 이 시기에 글자를 읽는 것에 집중하다 보면 다른 감각을 사용할 기회가 줄어 능력이 고르게 발달하는 데 어려움이 있을 수 있다.

21. (　　)에 들어갈 알맞은 것을 고르십시오.

　① 손을 뗀다　　　　② 이를 간다
　③ 담을 쌓는다　　　④ 열을 올린다

22. 위 글의 중심 생각을 고르십시오.

　① 문자 교육을 하는 방법이 다양해져야 한다.
　② 아이의 감각을 기르는 데 문자 교육이 필요하다.
　③ 이른 문자 교육이 아이의 발달을 방해할 수 있다.
　④ 아이들은 서로 비슷한 시기에 글자를 배우는 것이 좋다.

TOPIK II 〈60회 읽기 21~22번〉

정답은 ④번
'자신의 아이가 또래보다 글자를 더 빨리 깨치기를 바라며 문자 교육에 (어떻게 한다).'이다. 내용상 교육에 '힘쓴다', '노력을 기울인다' 등의 내용이 자연스럽다. 이때 '노력하다'의 의미를 나타내는 관용 표현은 '열을 올리다'이다.

정답은 ③번
중심 생각 Ranking 유형 (9) '-는 데 도움이 된다'에 해당한다.
'글자를 읽는 것에 집중하다 보면 다른 감각을 사용할 기회가 줄어 능력이 고르게 발달하는 데 좋지 않을 수 있다.'이다.

[1~2] 다음을 읽고 물음에 답하십시오. (각 2점)

인류 문명은 자연 개발과 자연 보호라는 모순 속에서 발달해 왔다. 그 중에서 인류가 소홀히 한 부분은 바로 물이다. 물의 소중함을 잊고 물을 오염시키고 만 것이다. 이에 따라 세계 각지에서 많은 사람들이 수질 오염과 물 부족으로 고통당하고 지역 간, 국가 간 물 분쟁이 끊임없이 일어나서 (   ) 있다. 이제 물 부족 문제는 한 국가의 문제만이 아니라 세계적인 문제가 되고 있다.

1. (   )에 들어갈 알맞은 것을 고르십시오.

① 가슴을 치고   ② 골머리를 앓고   ③ 고개를 흔들고   ④ 귀를 기울이고

2. 위 글의 중심 생각을 고르십시오.

① 인류 문명은 물과 함께 성장해 왔다.
② 물 부족 문제는 모든 국가의 문제가 되었다.
③ 인류는 물의 소중함을 잊고 물을 오염시켰다.
④ 물 부족 현상을 대비하여 물을 아껴 써야 한다.

[3~4] 다음을 읽고 물음에 답하십시오. (각 2점)

축구 선수 11명이 운동장에서 경기를 해도 시야가 넓은 선수는 운동장 전체를 보기 때문에 어디가 비어 있고 어디로 공을 보내야 좋을지 잘 볼 수 있다. 이런 선수는 힘을 덜 들이고 효과적인 축구를 한다. 그러나 시야가 좁은 선수는 운동 장의 한 부분만을 보기 때문에 항상 이미 수비진이 지키고 있는 곳을 뚫기 위해 (   ) 실패만 거듭한다. 우리의 인생도 비슷하다. 따라서 넓게 볼 수 있을 때 삶을 성공적으로 살아갈 수 있다.

3. ( )에 들어갈 알맞은 것을 고르십시오.

① 진땀을 빼다가   ② 자리를 잡다가   ③ 한눈을 팔다가   ④ 첫발을 떼다가

4. 위 글의 중심 생각을 고르십시오.

① 실패하지 않도록 준비하는 자세가 필요하다.

② 경기에 이기기 위해서 효과적인 방법을 찾아야 한다.

③ 성공적인 삶을 살아가기 위해서는 넓은 시야가 필요하다.

④ 축구 선수는 운동장 전체를 볼 수 있는 능력을 키워야 한다.

[5~6] 다음을 읽고 물음에 답하십시오. (각 2점)

    실패를 해 보지 못한 사람은 실패를 계속하는 사람들을 전혀 이해하지 못한다. 이런 사람은 이 세상에 밝은 면만 있는 것이 아니라 어두운 면도 있다는 사실을 잘 모른다. 이렇게 한쪽 면만 보다가 보니 '(   ).'고 할 수 있다. 이러다 보면 생각과 마음이 좁을 수밖에 없다. 따라서 실패는 사람을 겸손하고 너그럽게 만드는 힘을 지니고 있다.

5. ( )에 들어갈 알맞은 것을 고르십시오.

  ① 등잔 밑이 어둡다

  ② 고생 끝에 낙이 온다

  ③ 하나만 알고 둘은 모른다

  ④ 개구리 올챙이 적 생각 못 한다

6. 위 글의 중심 생각을 고르십시오.

  ① 실패는 성공을 하기 위해 거치는 과정이다.

  ② 성공한 사람들은 실패하는 사람들을 이해 못 한다.

  ③ 실패는 세상의 어두운 면을 볼 수 있는 기회를 준다.

  ④ 세상의 밝은 면과 어두운 면을 모두 볼 줄 알아야 한다.

[7~8] 다음을 읽고 물음에 답하십시오. (각 2점)

　　최근 명절이 다가오면서 명절 선물 과대 포장에 대한 불만이 늘고 있다. 백화점에서 판매하는 각종 선물세트의 포장 비용이 선물 자체 비용보다 더 비싸다는 것이다. 이렇게 (　　　　　) 선물은 주는 사람도 받는 사람도 기분이 좋을 리가 없다. 화려한 포장보다는 내용물이 얼마나 좋으냐가 더 중요하기 때문이다. 판매자는 선물의 크기나 포장보다는 내용물의 질에 더욱 신경을 써야 할 것이다.

7. (　　)에 들어갈 알맞은 것을 고르십시오.

　① 병 주고 약 주는
　② 배보다 배꼽이 큰
　③ 겉 다르고 속 다른
　④ 꿈보다 해몽이 좋은

8. 위 글의 중심 생각을 고르십시오.

　① 명절 선물의 가격을 인하해야 한다.
　② 선물의 크기나 포장보다 질이 중요하다.
　③ 내용물만큼 포장에도 신경을 써야 한다.
　④ 값싸고 질 좋은 선물을 고르는 안목이 필요하다.

1 제목과 같은 신문 기사

▶ 읽기 [25~27]번 유형은 신문 기사 제목을 읽고 가장 잘 설명한 것을 고르는 문항이다. 머리글을 이해하는 능력을 측정하는 문항으로 **4급 수준의 내용**이 출제된다. 제목의 특성상 짧아야 하기 때문에 제목에 주로 사용되는 어휘는 한자어와 순 한글 부사가 자주 나온다.

🍲 어휘와 표현(p.33)을 미리 공부하자!

읽기 25번~27번 | 황금 레시피

🍲1 신문 기사 제목에 자주 사용되는 어휘를 익혀 두어야 한다.
그리고 그 어휘에 함축되어 있는 내용을 선택지를 통해 추측해서 풀어야 한다.

🍲2 단어를 모르더라도 그 단어가 가지고 있는 느낌이 긍정적인지 부정적인지를 판단해야 한다.

🍲3 신문 기사 제목으로 자주 나오는 내용을 정리하면 다음과 같다.
이 중 앞에서 공부한 듣기 [15]번 뉴스와 주제가 같은 것이 있는데 중복되어 출제되지는 않는다.

🍲TIP 예상해 볼 수 있는 신문 기사와 사이트
– 건강 정보와 생활 정보와 관련된 내용: 〈아시아경제〉 – 〈이진경 기자〉의 〈카드뉴스〉를 참고
– 정책과 관련된 내용: 네이버(NAVER)나 구글(Google)에서 '부터'와 '시행'을 검색해 보면 TOPIK 시험쯤
시행될 예정이거나 시행 중인 정책을 미리 알 수 있다.
〈파이낸셜뉴스〉 – 〈용환오 기자〉의 기사 (바뀌는 정책을 꼼꼼하게 때마다 정리해 줌)

읽기 25번~27번 | Ranking

🌐 신문 기사 주제

Ranking 09	출제 가능한 내용
01 **최신 화제**	TOPIK 시험문제가 만들어지는 시기에 한국에서 화제가 되고 있는 일이 출제된다.
02 **경제 관련**	경제 변화, 합리적 소비 등

03	정책 관련	TOPIK 시험문제가 만들어지는 시기에 한국에서 앞으로 필요한 정책, 시행될 예정인 정책, 최근에 시행된 정책이 출제된다.
04	날씨 정보	날씨별, 기온별, 계절별, 날씨에 따른 사건사고
05	관람 정보	공연, 영화 등 소개
06	스포츠	스포츠 경기 결과, 특정 선수 소개 등
07	건강 정보	음식, 습관, 건강에 유용한 정보 등이 출제된다.
08	생활 정보	실생활에 유용한 정보 소개 등
09	사건사고	교통사고, 천재지변, 정전 사고, 등반 사고, 화재 사고, 식중독 사고, 물놀이 사고, 낚시 사고, 공연장 사고, 지하철 사고, 기차 사고, 비행기 사고 등

읽기 25번~27번 │ 기출문제 ▶신문 기사 제목

해설

[25~27] 다음 신문 기사의 제목을 가장 잘 설명한 것을 고르십시오. (각 2점)

25.

출산율 또 하락, 정부 대책 효과 없어

부정적 상황   부정적 상황

① 정부가 대책을 세워 노력했으나 출산율은 다시 떨어졌다.
② 정부는 출산율이 낮아지지 않도록 효과적인 정책을 마련하였다.
③ 정부의 정책 중 시급히 개선되어야 할 부분이 출산 관련 정책이다.
④ 출산과 관련한 정부의 지원이 축소되자 출산율이 급격히 낮아졌다.

TOPIK II 〈60회 읽기 25번〉

정답은 ①번
출산율이 하락했다는 부정적 결과와 정부의 대책이 효과가 없었다는 부정적 결과를 자연스럽게 연결하면 된다.

26.

놀이공원, 수익에만 치중 이용객 안전은 뒷전

부정적 상황　　　　　　　부정적 상황

① 놀이공원의 이용객들은 놀이공원에 안전시설 점검을 요구했다.
② 놀이공원이 이용객의 안전을 중시하기 시작한 후 수익이 증가했다.
③ 놀이공원이 수익은 중요시하고 이용객의 안전은 중요시하지 않고 있다.
④ 놀이공원은 수익이 감소해 이용객의 안전에 더 이상 투자하기 어려워졌다.

TOPIK II 〈60회 읽기 26번〉

정답은 ③번
'치중하다'는 '어떠한 것을 특히 중요하게 생각하다'라는 의미이다. 그리고 '뒷전'은 '순서상 그 다음 순서'라는 의미이다.
따라서 "놀이공원이 수익만 중요하게 생각하고 이용객의 안전은 그 다음이라고 생각하고 있다."라는 의미이다.

27.

제2공장 정상 가동, 반도체 공급 안정은 미지수

긍정적 상황　　　　　　　판단 유보

① 제2공장이 정상적으로 가동됨에 따라 반도체 공급이 안정되었다.
② 제2공장이 반도체 생산을 시작했지만 공급이 안정될지는 불확실하다.
③ 반도체가 안정적으로 공급되기 위해서는 제2공장의 가동이 필수적이다.
④ 반도체 공급이 안정적으로 이루어지면서 제2공장도 정상 가동될 수 있었다.

TOPIK II 〈60회 읽기 27번〉

정답은 ②번
'미지수'는 '예측할 수 없는 미래'라는 의미로 사용한다. "제2공장이 정상적으로 가동이 됐다는 긍정적인 상황이지만 반도체의 공급이 안정될지는 예측할 수 없다."라는 의미이다.

예상문제

[1~9] 다음 신문 기사의 제목을 가장 잘 설명한 것을 고르십시오. (각 2점)

1.

수재민을 돕는 따뜻한 손길 이어져

① 재해를 당한 사람을 돕는 손길이 계속되고 있다.

② 요즘 수재민을 돕는 사람들이 점차 줄어들고 있다.

③ 피해를 당한 사람을 돕는 사람들이 많아져야 한다.

④ 재해를 입은 사람이 서로 돕는 따뜻한 사회가 필요하다.

2.

가파르게 상승하던 집값, 주택 가격 안정 대책 발표 이후 주춤

① 안정되었던 주택 가격이 정부가 대책을 발효하자 크게 상승했다.

② 주택 가격이 급등하다가 정부가 대책을 발표하고 나서 하락했다.

③ 조금 떨어졌던 주택 가격이 정부의 대책 발표 이후 다시 상승했다.

④ 주택 가격의 급격한 상승세가 정부의 대책 발표 이후 조금 약화됐다.

3.

경찰, 다음 달부터 신호 위반 차량 단속 강화하기로

① 경찰은 과속 금지 구역을 점차 확대할 계획이다.

② 경찰은 다음 달부터 교통 신호 체계를 재정비할 계획이다.

③ 경찰은 음주 운전에 대해 더욱 강력하게 단속할 예정이다.

④ 경찰은 신호를 어기는 차량을 더 엄격하게 단속할 예정이다.

4.

평년보다 장마 기간 늘어, 단풍 일찍 올 듯

① 평년에 비해 장마가 길어서 단풍 시기가 빨라질 것이다.

② 예년에 비해 장마가 짧아서 단풍 시기가 늦춰질 것이다.

③ 평년에 비해 장마가 짧아서 단풍을 구경할 수 있는 시간이 줄 것이다.

④ 예년에 비해 장마가 길어서 단풍을 구경할 수 있는 시간이 늘 것이다.

5.

느낀 만큼 낸다, 후불제 연극 성공

① 후불제 관람료에 대해 우려를 느끼는 시선이 적지 않다.

② 연극을 본 후 관람료를 내는 연극이 점차 증가하고 있다.

③ 관람료를 후불제로 바꾼 후 연극을 보는 관객 수가 늘어났다.

④ 연극을 보고 난 후 감동을 받은 만큼 관람료를 내는 연극이 성공을 거두고 있다.

6.

이태백, 내일 400m 계주 출전, 대회 첫 3관왕 노려

① 이태백 선수가 400m 계주에서 동메달을 획득했다.

② 이태백 선수가 400m 계주에서 세 번째 주자로 나선다.

③ 이태백 선수는 내일 금메달을 따면 3년 연속 우승 기록을 세운다.

④ 이태백 선수가 내일 세 번째 금메달을 따기 위해 400m 계주 경기에 나간다.

7.

무리한 가사 노동에 주부 건강 '빨간불'

① 힘든 집안일로 인해 주부들의 건강이 좋지 않다.
② 힘든 집안일을 주부에게만 강요하는 것은 사라져야 한다.
③ 주부들이 건강을 지키려면 집안일을 가족과 나누어 해야 한다.
④ 집안일만 하는 주부들이 건강을 지키려면 운동을 하는 것이 좋다.

8.

염색약 부작용 속출, 천연 재료 염색약 각광

① 천연 재료로 만든 염색약이 나왔지만 아직까지 판매율이 높지 않다.
② 염색약의 재료에 관심이 많아졌지만 부작용은 여전히 지속되고 있다.
③ 염색약 색이 변하면서 천연 재료를 사용해야 한다는 요구가 높아지고 있다.
④ 염색을 한 후 부작용이 잇따라 생기면서 천연 재료의 염색약이 인기를 끌고 있다.

9.

제주도 태풍과 폭우, 수백 명 관광객 발 묶여

① 제주도에서 태풍으로 인해 많은 사람들이 다쳤다.
② 제주도에 비가 많이 와서 관광객들의 방문이 잇따라 취소됐다.
③ 제주도에서 폭우로 인해 관광객들이 여행지를 벗어나지 못했다.
④ 제주도에 비가 많이 와서 아름다운 경치를 즐기려는 관광객들이 몰려들었다.

4 개인적인 글

1 등장인물의 심정, 내용 일치

▶ 읽기 [23~24]번 유형은 개인적인 글을 읽고 등장인물의 심정이나 태도와 내용이 같은 것을 고르는 문항이다. 글쓴이의 태도를 파악하는 능력과 세부 내용을 이해하는 능력을 측정하는 문항으로 **4급 수준의 내용**이 출제된다. 등장인물의 심정이나 태도의 경우 앞뒤 내용을 통해 어떤 심정인지를 추측해야 하고 그에 맞는 감정 어휘를 골라야 한다.

🎒 어휘와 표현(p.38)을 미리 공부하자!

읽기 23번~24번 | 황금 레시피

1️⃣ 밑줄 친 부분의 앞과 뒤의 내용을 통해 등장인물의 심정이나 태도를 파악해야 한다.

2️⃣ 감정 어휘를 익혀 두는 것이 중요하다. (어휘와 표현 p.38)

3️⃣ 선택지는 등장인물들이 말한 내용이나 행동을 반대로 보여 주기 때문에 주의해야 한다.

읽기 23번~24번 | 기출문제 ▶개인적인 글

[23~24] 다음을 읽고 물음에 답하십시오. (각 2점)

Ⓐ고향에 사는 아버지가 오랜만에 우리 집에 오셨다. 나는 남편과 함께 아버지와 이런저런 이야기를 나누며 거실에 앉아 있었다. 그때 갑자기 남편이 아버지를 모시고 영화관에 가자고 했다. 그 말에 나는 "영화관은 무슨? 아버지는 어둡고 갑갑해서 영화관 가는 거 안 좋아하셔."하고 내뱉었다. 그래서 아버지에게 슬쩍 "영화 보러 가실래요?"하고 물었는데 손사래를 치실 것 같던 아버지는 그저 가만히 계셨다. 그 순간 나는 아버지의 마음을 읽을 수 있었다. 나는 왜 아버지가 영화관에 가는 것을 안 좋아하실 거라고 생각했을까. 지금껏 내 기준에서 판단한 일들이 얼마나 많을까 생각하니 마음이 무거워졌다. 영화관에 갈 준비를 하며 옷도 살피고 모자도 쓰고 벗기를 반복하시는 아버지의 얼굴에는 미소가 가득했다. Ⓑ그런 아버지를 보며 나는 앞으로 아버지가 무엇을 좋아하시는지 관심을 가지기로 했다.

23. 밑줄 친 부분에 나타난 나의 심정으로 알맞은 것을 고르십시오.

① 부담스럽다　　　② 불만스럽다

③ 짜증스럽다　　　④ 죄송스럽다

24. 이 글의 내용과 같은 것을 고르십시오.

① 나는 아버지와 자주 영화를 보러 다녔다.

② 아버지는 내 질문에 아무 말도 하지 않았다.

③ 아버지는 영화를 보러 가기 위해 우리 집에 왔다.

④ 나는 아버지가 외출 준비하는 모습이 마음에 들지 않았다.

TOPIK II 〈60회 읽기 23~24번〉

정답은 ④번

밑줄 친 부분의 앞과 뒤의 내용을 보면

앞: 영화를 보러 가자고 하면 싫다고 하실 것 같은 아버지를 보고 마음을 읽을 수 있었다.

뒤: 지금껏 내 기준에서 판단한 일들이 얼마나 많을까 생각하니 마음이 무거워졌다.

이때 등장인물의 심정은 어떨까? 등장인물은 "아버지에 대한 자신의 판단이 틀렸다는 것을 깨닫고 마음이 무거워졌다."라고 표현하고 있다. 이때 심정은 '미안하다'가 가장 자연스럽다.

① 정보 없음

❷ 정답

③ 아버지는 (오랜만에) 우리 집에 왔다. not A

④ 나는 아버지가 외출 준비하는 (모습에 관심을 가지기로 했다.) not B

[1~2] 다음을 읽고 물음에 답하십시오. (각 2점)

동료 교사의 결혼식에 갔을 때 일이다. 다른 동료 교사가 아들을 데리고 결혼식에 참석했다. 아이는 다섯 살 남짓으로 호기심이 왕성하고 활발한 듯 보였다. 결혼식이 끝나고 같은 자리에서 식사를 하게 되었다. 그런데 아이가 갑자기 어떤 사람을 가리키면서 큰 소리로 엄마에게 물었다. "우와, 엄마 저 아저씨 되게 뚱뚱하고 머리가 정말 커요. 이상해요." 근처에 있던 사람들은 모두 엄마가 어떻게 대답할지 궁금해 했다. 혹시 "너도 그렇게 많이 먹으면 저렇게 될 거야."라고 대답하지는 않을까? 그러나 엄마는 "사람들 중에는 뚱뚱한 사람도 있고 날씬한 사람도 있는 거야. 이상한 게 아니야."라고 대답했다. 그 대답을 듣는 순간 <u>나도 모르게 미소가 지어졌다.</u> 그리고 이때까지 나와 다르다는 이유만으로 남을 제대로 평가하지 않고 무시한 적은 없었는지 되돌아보게 되었다.

1. 밑줄 친 부분에 나타난 나의 심정으로 알맞은 것을 고르십시오.

① 흐뭇하다   ② 뭉클하다   ③ 걱정스럽다   ④ 자랑스럽다

2. 이 글의 내용과 같은 것을 고르십시오.

① 아이는 식사량이 많아서 살이 쪘다.

② 아이의 엄마는 다른 사람보다 뚱뚱한 편이다.

③ 아이의 엄마는 아이의 버릇없는 행동을 혼냈다.

④ 아이 엄마의 대답 덕분에 나 자신을 반성하게 되었다.

[3~4] 다음을 읽고 물음에 답하십시오. (각 2점)

　　유치원에서 교사로 일한 지 5년이 넘었다. 우리 유치원은 건물 2층에 있어서 수업이 끝나면 계단을 이용해 아이들을 내보냈다. 행여 계단에서 아이들이 다칠세라 수업이 끝날 때면 나는 물론이고 모든 동료 교사들이 신경을 쓰는 시간이다. 아이들을 좀 더 안전하고 질서 있게 보내고자 생각해 낸 것이 여자 아이들을 먼저 나가게 하는 것이었다. 평소처럼 유치원이 끝나고 나는 "공주님들, 가방 챙겼지요? 자, 그럼 공주님들 먼저 밖으로 나가세요."라고 말했다. 그런데 한 남자 아이가 입술을 삐쭉 내밀고 나를 쳐다보았다. 그러고는 손을 들고 "왜 맨날 맨날 공주님들만 먼저 나가요. 왕자님들도 순서를 바꿔 가면서 먼저 가게 해 주세요."라고 말하는 것이었다. <u>순간 나는 할 말을 잃고 말았다.</u> 남자가 여자에게 양보하는 것이 당연하다는 나의 평소 생각을 되돌아보게 되었고 집에 빨리 가고 싶은 아이의 마음을 헤아리지 못한 것 같았기 때문이다.

3. 밑줄 친 부분에 나타난 나의 심정으로 알맞은 것을 고르십시오.

① 당황스럽다　　　　② 불만스럽다　　　　③ 걱정스럽다　　　　④ 사랑스럽다

4. 이 글의 내용과 같은 것을 고르십시오.

① 나는 초등학교에서 일한 지 오 년이 지났다.

② 유치원이 끝나면 엘리베이터로 학생을 이동시킨다.

③ 유치원 선생님들은 남자 아이들을 먼저 집에 보낸다.

④ 나는 남자가 여자에게 양보하는 것을 당연하다고 생각했다.

Chapter 5 | 정보 전달

1 빈칸 채우기

▶ 읽기 [28~31]번 유형은 (빈칸)에 알맞은 내용을 고르는 문항이다. 문장 안에서 필요한 표현을 찾는 능력을 측정하는 문항으로 **4급 수준의 내용**이 출제된다. 앞에서 공부한 읽기 [16~18]번 유형과 동일한 유형이지만 어휘와 문법의 수준이 높아졌다. 답을 찾는 방법은 동일하기 때문에 이해하지 못하는 내용이 있더라도 알고 있는 어휘와 문법을 중심으로 답을 찾아야 한다. 대응 유형과 종합 유형으로 나눌 수 있는데 회 차에 따라서 대응 유형만 나오는 경우도 있다.

읽기 28번~31번 | 황금 레시피 : 대응 유형

대응: 두 내용이 어떤 관계에 의하여 서로 짝이 되는 유형

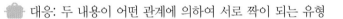

$$A : B = A' : (B')$$

① B'   ② C   ③ D   ④ E

1 빈칸 앞과 뒤의 내용 중에서 유의어나 비슷한 표현을 찾는다.

2 빈칸에 들어갈 짝이 되는 내용을 찾은 후 의미를 파악한다.

3 의미 파악이 끝나면 접속사의 종류를 확인한 후 유의어나 비슷한 표현을 찾거나 반의어나 반대 표현을 찾은 후 선택지에서 고른다.

[28~31] 다음을 읽고 (   )에 들어갈 내용으로 가장 알맞은 것을 고르십시오. (각 2점)

28. ❹수업에 게임 방식을 도입하면 ❸열의를 갖고 참여하는 학생들이 많아진다. 학생들은 흥미진진한 퀴즈를 풀며 용어와 개념을 익힌다. 퀴즈의 정답을 맞힌 학생에게는 즉각적으로 점수가 부여되는데 어려운 문제를 빨리 맞힐수록 획득하는 점수가 크다. ❹'이러한 방법을 활용하면 학생들이 ❸'(   ) 수 있다.

① 교실 환경을 살필
② 수업에 보다 집중할
③ 게임에 흥미를 느낄
④ 친구들과 더 소통할

TOPIKⅡ 〈60회 읽기 28번〉

정답은 ②번
대응 유형으로 비슷한 표현을 활용하여 빈칸에 들어갈 알맞은 내용을 찾으면 된다.
❹수업에 게임 방식을 도입하면
❸열의를 갖고 참여하는 학생들이 많아진다.
❹'이러한 방법을 활용하면 학생들이
❸'(수업에 열의를 갖고 참여할) 수 있다.

30. ❹깨어져도 파편이 튀지 않는 안전유리는 한 과학자가 실험실 선반에서 떨어진 유리병에 주목하면서 발명되었다. 산산조각 난 다른 유리병과 달리 금이 간 채 형태를 유지하고 있는 유리병이 있었다. 이 병은 안에 담긴 용액이 마르면서 ❸유리 표면에 생긴 막이 유리 조각을 붙잡고 있었다. ❸'이 점에 착안하여 (   ) ❹'안전유리를 제작하게 되었다.

① 파편 조각을 붙인
② 유리에 막을 입힌
③ 유리를 여러 장 겹친
④ 깨지지 않는 재료를 사용한

TOPIKⅡ 〈60회 읽기 30번〉

정답은 ②번
대응 유형으로 비슷한 표현을 활용하여 빈칸에 들어갈 알맞은 내용을 찾으면 된다.
이 점에 착안하여 (어떻게 만든) 안전유리를 제작하게 되었다.
❹깨어져도 파편이 튀지 않는 안전유리
❸유리 표면에 생긴 막이 유리 조각을 붙잡고 있었다.
❹'안전유리를 제작하게 되었다.
❸'이 점에 착안하여 (유리 표면에 막을 입혔다.)

31.

　　보통 **Ⓐ**수학에서는 개념이 먼저 정립되고 기호가 등장한다. 그러나 수가 끝없이 커지는 상태를 가리키는 **Ⓑ**무한대의 경우에는 정반대이다. 무한대는 (　　　　　) 후에도 한동안 개념이 정립되지 못했다. 왜냐하면 당시의 학자들은 무한대를 인간의 능력으로는 파악할 수 없다고 여겼기 때문이다. 그래서 수학계에서 무한대를 정의하는 것은 오랫동안 시도되지 않았다.

① 기호가 만들어진
② 의미가 여러 번 바뀐
③ 학계에서 활발히 연구된
④ 반대되는 이론이 등장한

TOPIK II 〈60회 읽기 31번〉

정답은 ①번
대응 유형으로 반의 표현을 활용하여 빈칸에 들어갈 알맞은 내용을 찾으면 된다.

Ⓐ : 개념 정립 → 기호 등장
Ⓑ : 무한대 → 정반대
　　　　　‖
　　(기호 등장 → 개념 정립)

🍲 종합: 같거나 비슷한 내용을 바탕으로 종합적인 내용을 완성하는 유형

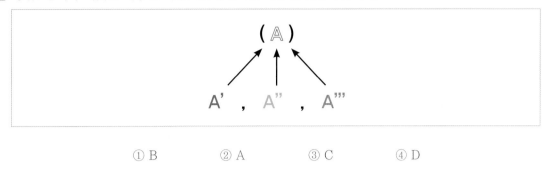

① B   ② A   ③ C   ④ D

🍲 예를 통해 설명하는 유형으로 서술된 내용을 모두 포함할 수 있는 표현을 찾으면 된다.

읽기 28번~31번 | 기출문제   ▶종합 유형

[28~31] 다음을 읽고 (   )에 들어갈 내용으로 가장 알맞은 것을 고르십시오. (각 2점)

29.
　　"지구가 아파요!"라는 문구가 새겨진 티셔츠나 잘려 나간 나무가 그려진 가방 등을 구매하는 사람들이 증가하고 있다. 사람들은 ❹그 상품이 (　　　　　) 때문에 구매를 한다. 그들은 구매한 물건을 일상에서 사용함으로써 ❹'사회 문제에 대한 입장을 표현한다. 그리고 주변 사람들이 그 상품을 보고 ❹"거기에 담긴 메시지에 대해 관심을 갖도록 한다.

① 세련되게 디자인되었기
② 천연 소재로 만들어졌기
③ 본인의 체형을 보완해 주기
④ 자신의 가치관을 드러낼 수 있기

TOPIK II 〈60회 읽기 29번〉

정답은 ④번
❹그 상품이 (자신의 가치관을 드러낼 수 있기) 때문

↑ 상품을 사용함으로써
상품을 보고

❹'사회 문제에 대한 입장을 표현한다.
❹"주변 사람들이 거기에 담긴 메시지에 대한 관심을 갖도록 한다.

31.

　　최근 일부 대기업을 중심으로 '기업 쪼개기'가 이루어지고 있다. 이는 Ⓐ(　　　　　) 의도에서 비롯된 것이다. 그동안 대기업들은 큰 몸집 탓에 복잡한 결재 절차를 거쳐야 했다. 그런데 최근 시장 환경이 급변하면서 Ⓐ'의사 결정 속도가 곧 기업의 경쟁력인 시대가 되었다. 이에 기업들은 Ⓐ"계열사를 독립적인 회사로 분리하고 Ⓐ'''각 회사에 최종 결정 권한을 넘김으로써 시장 변화에 신속히 대처하고 있다.

① 회사의 이미지를 바꾸려는
② 시장의 흐름을 변화시키려는
③ 기업 간에 정보를 공유하려는
④ 의사 결정 단계를 단순화하려는

중고급 〈52회 읽기 31번〉

정답은 ④번

(빈칸) 뒤의 '의도'를 찾아야 한다. 사실 '쪼개다'의 의미를 알고 있으면 쉽게 답을 찾을 수 있지만 그렇지 못할 경우에는 전체적인 내용을 종합하여 답을 찾아야 한다.

Ⓐ(어떤) 의도

↑
의사 결정 속도를 빠르게

Ⓐ'의사 결정 속도가 기업의 경쟁력
Ⓐ"계열사를 독립적인 회사로 분리
Ⓐ'''각 회사에 최종 결정 권한을 넘김

예상문제

[1~2] 다음을 읽고 (   )에 들어갈 내용으로 가장 알맞은 것을 고르십시오.

1.

> 백화점 커피숍의 의자는 대부분 딱딱한 나무로 되어 있다. 이것은 백화점에서 매출을 올리기 위한 전략 중 하나이다. 백화점 커피숍은 드나드는 사람이 많은 곳이기 때문에 손님이 거기서 오래 머무르면 곤란하다. 백화점 입장에서는 고객이 커피숍에서 (   ) 백화점에서 물건을 사게 하는 것이 더 중요하기 때문에 의자를 딱딱하게 만드는 것이다.

① 오래 앉아 있는 것보다

② 불편함을 느끼는 것보다

③ 사람들과 만나는 것보다

④ 사야 할 물건을 고민하는 것보다

2.

> 바닷물은 태양빛이 표면에 닿으면 태양의 빛을 흡수한다. 태양빛에는 빨간색, 주황색, 노란색, 초록색, 파란색, 남색, 보라색 등이 있다. 이 중에서 파란색만 (   ). 이것이 바닷물이 파랗게 보이는 원인이다. 또한 하늘이 흐려지게 되면 바닷물은 회색으로 보이게 되는데 이것은 바닷물에 회색이 흡수되지 않고 물속을 통해서 다시 되돌아 나오기 때문이다.

① 흡수되지 않고 반사가 된다

② 흡수와 동시에 색이 변한다

③ 바닷물을 통과하는 성질이 있다

④ 바닷물과 잘 어울리기 때문이다

예상문제

[1~2] 다음을 읽고 (   )에 들어갈 내용으로 가장 알맞은 것을 고르십시오.

1.

> 사람들은 냉장고에 보관된 음식은 안전할 것이라고 생각한다. 그러나 냉장고를 너무 과신하면 식중독에 걸릴 위험성이 있다. 냉장고는 음식을 저온에서 보관하고 약간의 신선도를 유지시켜 줄 뿐이다. 음식이 상하는 기간을 늦춰 줄 뿐이지 부패를 방지하는 것은 아니다. 따라서 냉장고에 음식을 넣을 때는 (   ) 해야 한다.

① 넣기 전에 청소를 하도록

② 조금씩 나누어 보관하도록

③ 너무 오래 보관하지 않도록

④ 온도를 가장 낮춰서 보관하도록

2.

> 날씨가 따뜻해지는 봄이 되면 점심 식사 후에 졸음 때문에 일의 능률이 떨어진다고 말하는 사람이 많다. 이럴 때는 30분을 넘기지 않을 정도로만 낮잠을 자는 것도 괜찮다. 잠깐의 낮잠이 (   ) 도와주기 때문이다. 따라서 점심 식사 후 억지로 졸음을 참는 것보다 짧게 낮잠을 자는 것이 효과적이다.

① 밤에 잠을 푹 잘 수 있도록

② 오후에 충분히 쉴 수 있도록

③ 밤늦게까지 일을 할 수 있도록

④ 오후에 능률적으로 일할 수 있도록

실전모의고사

TOPIK Ⅱ (4급)

듣기, 쓰기, 읽기

[21~22] 다음을 듣고 물음에 답하십시오. (각 2점)

21. 남자의 중심 생각으로 맞는 것을 고르십시오.

　① 작가 사인회를 해야 한다.

　② 작품의 인기가 계속될 것이다.

　③ 독자 반응을 좀 더 기다려 봐야 한다.

　④ 새로운 작품 출판에 모두 집중해야 한다.

22. 들은 내용으로 맞는 것을 고르십시오.

　① 이 소설책은 많이 팔리고 있다.

　② 작가는 이번에 책을 처음 냈다.

　③ 소설책 판매량이 줄어들고 있다.

　④ 이번에 새로운 소설책을 출간하였다.

[23~24] 다음을 듣고 물음에 답하십시오. (각 2점)

23. 남자는 무엇을 하고 있는지 고르십시오.

　① 제품의 사용 방법을 물어보고 있다.

　② 제품이 고장 나서 수리를 요청하고 있다.

　③ 제품의 구입 방법에 대해 문의하고 있다.

　④ 제품이 고장 난 원인에 대해 알아보고 있다.

24. 들은 내용으로 맞는 것을 고르십시오.

　① 남자는 제품을 고치려고 서비스 센터에 갔다.

　② 남자가 구입한 밥솥은 올해 새로 나온 제품이다.

　③ 이 회사는 작년 11월부터 전기밥솥 판매를 중단했다.

　④ 이 회사는 문제가 있는 밥솥을 무상으로 수리해 준다.

[25~26] 다음을 듣고 물음에 답하십시오. (각 2점) 36

25. 여자의 중심 생각으로 맞는 것을 고르십시오.

① 비싸도 신선한 과일과 채소를 구입해야 한다.

② 못난이 농산물 판매로 환경을 보호할 수 있다.

③ 모양 때문에 버려지는 농산물을 재활용해야 한다.

④ 소비자들은 흠집이 없는 과일이나 채소를 찾기 마련이다.

26. 들은 내용으로 맞는 것을 고르십시오.

① 이 농산물은 악취가 심한 편이다.

② 이 농산물은 맛과 영양이 뛰어나다.

③ 이 농산물의 판매량이 증가하고 있다.

④ 이 농산물은 정상 상품의 반값에 판매를 한다.

[27~28] 다음을 듣고 물음에 답하십시오. (각 2점) 37

27. 여자가 남자에게 말하는 의도를 고르십시오.

① 에어컨 실외기 설치 방법을 묻기 위해

② 실외기를 옥상으로 옮기는 비용을 알아보기 위해

③ 에어컨 실외기를 길가에 설치한 이유를 설명하기 위해

④ 길가에 설치된 에어컨 실외기의 문제점을 지적하기 위해

28. 들은 내용으로 맞는 것을 고르십시오.

① 에어컨 실외기에서 물이 떨어져서 다니기 불편하다.

② 에어컨 실외기를 멀리 설치해도 비용이 더 들지 않는다.

③ 길가에 설치된 실외기 바람이 사람들에게 불쾌감을 준다.

④ 에어컨과 실외기는 가까운 곳에 있을수록 효율이 떨어진다.

29. 남자는 누구인지 맞는 것을 고르십시오.

    ① 공연장 무대를 고치는 사람

    ② 공연장 좌석을 안내하는 사람

    ③ 공연장에서 안전을 관리하는 사람

    ④ 공연장에서 모니터에 자막을 넣는 사람

30. 들은 내용으로 맞는 것을 고르십시오.

    ① 남자 대신에 일할 사람은 준비되어 있다.

    ② 계속되는 작업 때문에 어깨가 아픈 경우가 많다.

    ③ 최근 모든 공연에 자막을 입력하는 것이 유행이다.

    ④ 대사를 자막으로 입력할 때 배우의 입 모양을 본다.

[21~22] 다음을 읽고 물음에 답하십시오. (각 2점)

만 3세 미만의 아이들은 단순히 무엇인가를 알고 싶어 하는 호기심 때문에 잘못을 저지르곤 한다. 아직 무엇이 좋고 무엇이 나쁜지 몰라서 그런 것일 뿐이다. 그래서 이 시기에는 부모가 아이에게 큰 소리로 꾸짖기보다는 적당히 (   ) 것이 필요하다. 아이의 버릇을 고쳐 주겠다는 생각으로 잘못을 저지를 때마다 혼을 낸다면 좋지 않은 영향을 미칠 수 있기 때문이다. 소리를 지르거나 혼내는 경우 소심하고 자신감 없는 아이를 만들 수 있다.

21. (   )에 들어갈 알맞은 것을 고르십시오.

① 혀를 차는   ② 발을 빼는   ③ 머리를 숙이는   ④ 눈을 감아 주는

22. 이 글의 중심 생각을 고르십시오.

① 아이의 버릇을 고치기 위해 교육에 힘써야 한다.
② 아이의 습관은 부모의 가정교육에 따라 달라진다.
③ 3세 미만 아이의 잘못을 고치려면 아이를 혼내야 한다.
④ 3세 미만 아이에게 꾸중을 하면 소심한 아이가 될 수 있다.

[23~24] 다음을 읽고 물음에 답하십시오. (각 2점)

우리 아이가 다섯 살 때의 일이다. 남편이 기자라서 집에 영화표가 많이 들어왔다. 그 중 '슈퍼맨' 영화표가 눈에 띄어 아이와 함께 영화를 보러 갔다. 영화를 보고 와서 아이는 자기가 슈퍼맨이 되기라도 한 듯이 빨간색 보자기를 등 뒤에 두르고 온 집안과 동네를 헤집고 다녔다. 처음에는 '며칠 저러다가 말겠지'라고 생각을 했다. 그러던 어느 날 마당에서 빨래를 널고 있는데 2층 아이 방 창문에 아이가 빨간 보자기를 두르고 서 있었다. 그러더니 아이는 "엄마, 나 날 수 있어. 자, 간다."하고 2층에서 뛰어내리는 것이 아닌가. 순간 나는 아무 말도 할 수 없었고 몸도 움직일 수가 없었다. 천만다행으로 아이가 빨랫줄에 걸려 마당에 사뿐히 서게 되었다. 아이는 자기가 얼마나 위험했는지 알지 못하고 날았다며 기뻐하고 있었다. 나는 아이에게 달려가 아무 말 없이 엉덩이를 때릴 뿐 아무 말도 할 수가 없었다.

23. 밑줄 친 부분에 나타난 나의 심정으로 알맞은 것을 고르십시오.

① 당황스럽다   ② 고통스럽다   ③ 새삼스럽다   ④ 의심스럽다

24. 이 글의 내용과 같은 것을 고르십시오.

① 나의 직업은 기자이다.   ② 아이는 슈퍼맨 놀이를 즐겼다.

③ 나는 남편과 함께 영화를 보러 갔다.   ④ 아이는 엄마가 빨래하는 것을 도와줬다.

[25~27] 다음 신문 기사의 제목을 가장 잘 설명한 것을 고르십시오. (각 2점)

25.

연일 미세먼지 기승, 전통 시장 상인 울상

① 미세먼지가 계속 심해져서 전통 시장의 장사가 잘 안 된다.

② 미세먼지가 본격적으로 시작되자 전통 시장이 문을 닫고 있다.

③ 미세먼지가 점점 심해지면서 전통 시장 상인들이 화가 나 있다.

④ 미세먼지가 날마다 이어지면서 전통 시장에 손님이 몰려들고 있다.

26.

스마트폰이 가져온 '우리 뇌의 기억상실증'

① 스마트폰 사용 증가로 인해 기억력이 떨어지고 있다.

② 스마트폰이 사람의 기억력을 보완해 주는 기능을 하고 있다.

③ 스마트폰의 전자파로 인해 기억상실증 환자들이 생기고 있다.

④ 스마트폰 사용 시간이 늘어나면서 불면증을 겪는 사람들이 증가했다.

27.

강원도 산불 확산, 이재민 1,200여 명 발생

① 강원도에서 산불이 나서 1,200명이 죽거나 다쳤다.

② 강원도에 산불이 번져서 1,200명이 피해를 입었다.

③ 강원도 산불 피해자 1,200명이 정부의 도움을 받고 있다.

④ 강원도의 산불 피해를 복구하기 위한 자원봉사자가 1,200명이나 된다.

[28~31] 다음을 읽고 (   )에 들어갈 내용으로 가장 알맞은 것을 고르십시오. (각 2점)

28.

　　길을 걷다 보면 수도관이나 하수관을 점검하거나 청소하기 위한 동그란 뚜껑을 볼 수 있다. 이것이 바로 맨홀 뚜껑인데 왜 모두 동그란 모양일까? 그것은 맨홀 뚜껑이 구멍 속으로 빠지지 않게 하기 위해서이다. 원은 어느 방향에서 길이를 재어도 (　　　　　) 때문에 구멍 속으로 절대 빠지지 않는다. 그런데 맨홀 뚜껑을 삼각형이나 사각형 모양으로 만든다면 가로, 세로의 길이와 대각선의 길이가 차이가 생겨 뚜껑이 빠질 수 있다.

① 길이 차이가 발생하기　　　　　　② 길이가 각각 달라지기

③ 지름의 길이가 동일하기　　　　　④ 지름의 길이를 알 수 없기

29.

　　사람과 황소가 싸우는 투우 경기를 보면 투우사가 빨간색 천을 흔든다. 빨간색 천을 본 황소는 투우사를 적으로 생각하고 흥분하여 공격한다. 사람들은 황소가 빨간색 때문에 흥분을 한다고 생각한다. 그런데 사실 황소는 색맹이라 색을 구별하지 못한다. 투우사가 다른 색의 천을 흔들어도 황소는 빨간색 천을 봤을 때와 똑같은 반응을 보인다. 이는 황소가 투우사를 (　　　　　) 것일 뿐 빨간색에 반응하는 것이 아닌 것을 알 수 있다.

① 적으로 생각해서 공격하는　　　　② 빨간색이라고 판단하지 않는

③ 경계 대상이라고 느끼지 않는　　　④ 다른 색으로 인식해서 달려드는

30.

　　사람들은 일반적으로 의자가 편안하게 앉기 위한 도구로 만들어졌다고 생각한다. 그러나 의자는 권력층이 자신들의 (　　　　　) 만든 것이다. 왕의 의자는 동물의 다리 모양으로 다리를 만들었다. 심지어 거기에 금을 바르고 보석 등으로 장식을 하여 권위를 보여 주었다. 귀족들이 사용한 의자는 왕의 의자보다 장식이 간소하고 높이도 낮았으며, 귀족의 계급에 따라 다리 모양도 달랐다. 반면 당시 서민들은 의자 없이 바닥에서 앉아서 생활을 하였다.

① 계급과 신분을 구분하고자　　　　② 재력과 품위를 과시하고자

③ 개성과 아름다움을 나타내고자　　④ 실용성과 기술력을 보여 주고자

31.

    새로움과 복고를 합친 신조어로 복고를 새롭게 즐긴다는 '뉴트로'가 유행이다. 실제로 과거에 유행했던 디자인이 수십 년 뒤에 다시 유행하는 복고는 흔한 일이다. 그래서 최근 추억을 떠올리게 하는 제품이 인기이다. 70~80년대 인기 있던 소주, 80년대 추억의 고전 게임, 90년대 먹을거리 등이 그 예이다. 그만큼 인간이 (   ) 것이다. 이런 점을 이용해 기업에서는 추억 속 제품에 현대적 해석으로 재해석한 제품을 시장에 내놓고 있다.

① 시간을 아낀다는   ② 시대를 따른다는
③ 과거를 그리워한다는   ④ 예전 물건을 모은다는

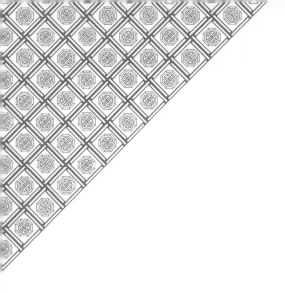

5급

▶ 배점 40점 / 합계 212점

유형별

듣기 [31~32]번
〈토론〉

듣기 [33~34]번
〈강연〉

듣기 [37~38]번
〈교양 프로그램〉

듣기 [35~36]번
〈현장 연설〉

듣기 [39~40]번
〈대담〉

읽기 [32~34]번
〈설명문〉

읽기 [35~38]번
〈정보-중심 생각〉

읽기 [39~41]번
〈정보-순서 배열〉

1

공식적 대화

1 토론

▶ 듣기 [31~32]번 유형은 토론을 듣고 화자의 중심 생각과 태도나 심정을 고르는 문항이다. 중심 생각을 파악하는 능력과 화자의 태도 및 심정을 파악하는 능력을 측정하는 문항으로 **5급 수준의 내용**이 출제된다. 토론은 어떤 문제에 대하여 여러 사람이 각자의 의견을 말하며 논의하는 것이다. 따라서 논의 과정에서 화자의 태도는 찬성과 반대, 혹은 기타 의견으로 찬성과 반대의 절충안, 새로운 대안 등을 말하는 것으로 나눌 수 있다.

🎒 어휘와 표현(p.40)을 미리 공부하자!

듣기 31번~32번 | 황금 레시피

🍲 듣기 [31~32]번 유형은 문제를 풀기 전에 반드시 남자인지 여자인지 확인해야 한다. 주로 (남-여-남-여 혹은 여-남-여-남)의 형태로 나오는데 가끔 대화가 줄 때도 있다. 토론의 주제는 최신 사회 문제, 경제, 정책 문제 등이 출제 가능성이 높다. [32]번 문항의 태도는 찬성과 반대의 토론이기 때문에 반대의 입장을 정답으로 출제하는 경향이 강하다. [31]번 중심 생각의 경우는 앞에서 공부한 것처럼 Ranking 10 방법을 통해 찾으면 된다.

듣기 31번~32번 | Ranking

◉ 중심 생각

꼭 외워야 할 표현 4/9

Ranking 10			
01	−는 게 좋다. −는 게 낫다. −는 게 괜찮다.	02	−아/어야 ∼ −아/어야 하다.
03	그래서 _____	04	가장 중요한 건 _____ −는 게 중요하다. −는 게 필요하다. −(으)ㄹ 필요가 있다.

05	-아/어 보세요. - 는 게 어때요? -(으)ㅂ시다. -자.	**06**	-고 싶다. -(으)면 좋겠다. -(으)면 좋을 텐데.
07	제 생각에는 -(ㄴ/는)다고 생각하다. - 는 거라고 생각하다. -(ㄴ/는)다고 보다. - 는 게 아니겠어?	**08**	-아/어서 좋다/괜찮다. -아/어서 나쁘다/힘들다/어렵다. -아/어서 나쁠 건 없다.
09	특히 ∼ 무엇보다도 ∼ - 는 데 도움이 된다.	**10**	두 문장 이상 반복 이처럼 ∼ 이렇듯 ∼

찬성 표현	반대 표현	기타 표현
찬성하다 = 동의하다 = 동조하다	반대하다 = 반박하다	주장하다(주장을 펼치다)
공감하다	비판하다 = 지적하다	제시하다 = 내놓다 ≒ 제안하다
지지하다(지지를 보내다)	대응하다	모색하다 = 찾다
수용하다 = 받아들이다	염려하다	합리화하다
인정하다	실망하다	전달하다
옹호하다	부정적이다	평가하다
대변하다	회의적이다	분석하다
기대하다	책임을 묻다	요구하다 = 촉구하다 = 요청하다
긍정적이다 = 호의적이다		예측하다 = 전망하다
낙관적이다		확인하다 = 검토하다
		질문하다
		설명하다

[31~32] 다음을 듣고 물음에 답하십시오. (각 2점)

여자: 이번 사건은 배가 고파서 식료품을 훔치다가 잡힌 경우입니다. 이 경우를 일반 범죄들과 동일하게 볼 수는 없죠.

남자: 안타까운 일이기는 하지만 생계형 범죄도 분명히 범죄입니다. 피해자도 존재하고요. 다른 범죄와 처벌을 달리할 필요가 없습니다.

여자: 처벌을 엄격하게 하는 것보다는 경제적 어려움을 해소하고 열심히 살 수 있도록 기회를 주는 것이 더 필요하지 않을까요?

남자: 처벌이 약해지면 분명 이를 악용하는 사람들이 나타날 것이고 그러면 비슷한 범죄가 계속 일어나게 될 것입니다.

31. 남자의 생각으로 알맞은 것을 고르십시오.

① 생계형 범죄 예방을 위한 대책이 효과가 없다.
② 생계형 범죄로 인한 피해를 보상해 주어야 한다.
③ 생계형 범죄에 대한 사회적 인식 개선이 필요하다.
④ 생계형 범죄도 다른 범죄와 동일하게 처벌해야 한다.

중심 생각 Ranking 유형 (4) '-는 게 필요하다'에 해당한다.
남자는 "생계형 범죄를 다른 범죄와 처벌을 달리할 필요가 없다."고 말하고 있다. 따라서 이와 같은 내용을 선택지에서 고르면 정답은 ④번이 된다.

32. 남자의 태도로 알맞은 것을 고르십시오.

① 상대방 의견에 반대하고 있다.
② 제도의 문제점을 지적하고 있다.
③ 문제 해결 방안에 공감하고 있다.
④ 상대가 제시한 근거를 의심하고 있다.

TOPIK II 〈60회 듣기 31~32번〉

남자는 여자의 의견에 대하여 부분적으로 인정하지만 생계형 범죄도 범죄이고, 처벌이 약해지면 생길 수 있는 문제점을 지적하면서 여자의 주장을 반대하고 있다. 따라서 이와 같은 내용을 선택지에서 고르면 정답은 ①번이 된다.

예상문제

[1~2] 다음을 듣고 물음에 답하십시오. (각 2점)

1. 남자의 생각으로 맞는 것을 고르십시오.

① 케이블카 설치는 자연 경관을 해친다.

② 케이블카 설치는 여러 장점을 가지고 있다.

③ 케이블카 설치는 등산객의 안전에 도움이 된다.

④ 케이블카 설치는 경제적 효과를 기대하기 어렵다.

2. 남자의 태도로 맞는 것을 고르십시오.

① 상대방의 의견에 절충안을 모색하고 있다.

② 상대방의 의견을 긍정적으로 수용하고 있다.

③ 사례를 바탕으로 자신의 주장을 펼치고 있다.

④ 논리적 근거를 들어 상대방을 설득하고 있다.

[3~4] 다음을 듣고 물음에 답하십시오. (각 2점)

3. 남자의 생각으로 맞는 것을 고르십시오.

① 김치 축제가 본래 목적을 충실하게 지키고 있다.

② 김치는 세계적으로 맛과 우수성을 인정받고 있다.

③ 다양한 김치를 소개할 수 있도록 김치의 종류를 늘려야 한다.

④ 김치 축제에 외국인이 많이 참가할 수 있는 방안을 찾아야 한다.

4. 남자의 태도로 맞는 것을 고르십시오.

① 상대방의 행동을 비판하고 있다.

② 상대방의 말을 하나하나 반박하고 있다.

③ 상대방에게 조심스럽게 동조를 구하고 있다.

④ 상대방의 의견을 존중하면서 타협점을 찾고 있다.

강연

▶ 듣기 [33~34]번 유형은 강연이나 발표를 듣고 그 주제와 내용과 같은 것을 고르는 문항이다. 주제가 되는 내용을 파악하는 능력과 세부 내용을 이해하는 능력을 측정하는 문항으로 **5급 수준의 내용**이 출제된다. 듣기 [33~34]번 유형은 특정한 주제를 가지고 강연이나 발표를 하는 내용이다. 남자나 여자가 단독으로 길게 말하는 첫 번째 문제 유형으로 이전 유형들과 달리 집중을 유지해야 한다.

강연이나 발표의 주제는 익숙하지 않은 전문적인 내용이 출제된다. 따라서 선택지를 먼저 확인한 후 집중을 해서 듣고 풀어야 한다.

듣기 33번~34번 | 황금 레시피

1. 대화를 듣기 전에 빨리 [33]번의 선택지를 확인해야 한다. 왜냐하면 선택지를 통해 어떠한 주제가 나올지 예측을 할 수 있기 때문이다.

2. 주제를 찾는 문제지만 중심 생각을 찾는 방법으로 찾기가 어려운 내용이다. 따라서 어떠한 주제를 가지고 어떠한 내용을 반복하는지에 대해 집중을 해서 들어야 한다.

3. 아는 단어를 중심으로 메모를 하면서 들어야 한다.

듣기 33번~34번 | 기출문제   ▶강연

[33~34] 다음을 듣고 물음에 답하십시오. (각 2점)

여자: 우주 식품은 어떻게 만들까요? 우주 식품은 장기 보관을 위해 식품 내 ⒜미생물은 완전히 없애고, ⒝얼린 후 건조시켜 만듭니다. 그리고 무중력 공간인 우주선에서는 음식의 국물이나 가루가 떠다니다 기계에 고장을 일으킬 수 있어 이런 종류는 되도록 피합니다. 우주에서 오래 활동하면 뼈와 근육이 약해지니까 칼슘과 칼륨이 들어 있는 식품을 꼭 포함하고요. 우주에서는 미각과 후각을 통해서 맛을 잘 느끼지 못하기 때문에 ⒞음식을 더 자극적으로 만듭니다.

33. 무엇에 대한 내용인지 맞는 것을 고르십시오.

① 우주 식품의 개발 배경
② 우주 식품을 먹는 방법
③ 우주 식품 제조 시 고려 사항
④ 우주 식품 운반 시 주의 사항

34. 들은 내용으로 맞는 것을 고르십시오.

① 우주 식품은 자극적이지 않게 만든다.
② 우주 식품에는 특정 미생물이 들어 있다.
③ 우주 식품은 대부분 액체 형태로 만들어진다.
④ 우주 식품에는 뼈와 근육에 좋은 성분이 포함된다.

TOPIK II 〈60회 듣기 33~34번〉

해설

내용을 듣기 전 선택지를 확인하면 '우주 식품'과 관련된 것이 주제이다. 그리고 내용에서는 우주 식품을 만드는 방법과 우주 식품 제조 시 주의해야 할 점, 고려해야 할 점에 대한 이야기가 이어지고 있다. 따라서 정답은 ③번이다.

① 우주 식품은 (자극적으로) 만든다. not C
② 우주 식품에는 미생물이 (들어 있지 않다.) not A
③ 우주 식품은 대부분 (얼린 후 건조시킨) 형태로 만들어진다. not B
❹ 정답

예상문제

듣기 33번~34번 | 예상문제 ▶강연

[1~2] 다음을 듣고 물음에 답하십시오. (각 2점)

1. 무엇에 대한 내용인지 맞는 것을 고르십시오.

① 웃음의 기원

② 웃음과 대인 관계

③ 거짓 웃음의 기능

④ 미소와 웃음의 차이

2. 들은 내용으로 맞는 것을 고르십시오.

① 얼굴 표정이 풀리면 자연스럽게 긴장도 해소된다.

② 인류의 조상은 두려운 상대를 만나면 미소를 지었다.

③ 웃음은 자신이 느낀 위험이 거짓임을 나타낸 것이다.

④ 인간은 두려운 대상과 친해지려고 웃는 행동을 한다.

[3~4] 다음을 듣고 물음에 답하십시오. (각 2점)

3. 무엇에 대한 내용인지 맞는 것을 고르십시오.

① 지명의 변천 과정

② 과거의 교통과 통신 수단

③ 지명에서 생겨난 어휘의 의미

④ 교통 발달 과정과 지명의 유래

4. 들은 내용으로 맞는 것을 고르십시오.

① 과거에는 말을 이용하여 소식을 전달하였다.

② 옛날 지명을 유지하고 있는 곳은 거의 없다.

③ 역참과 역참 사이의 거리는 약 4킬로미터였다.

④ 어휘는 시간이 지나도 의미가 잘 변하지 않는다.

3 현장 연설

▶ 듣기 [35~36]번 유형은 대화의 상황과 세부 내용을 파악하는 문항이다. 대화 상황을 파악하는 능력과 세부 내용의 이해를 측정하는 문항으로 **5급 수준의 내용**이 출제된다. 이 유형은 현장 연설로 주로 특정 행사장, 회사 기념식, 시상식 등이 출제 가능성이 높다. 앞에서 공부한 듣기 [33~34]번처럼 남자나 여자가 단독으로 길게 말하는 유형으로 집중을 유지해야 한다.

듣기 35번~36번 | 황금 레시피

① 대화를 듣기 전에 빨리 [35]번의 선택지를 확인해야 한다. 왜냐하면 선택지를 통해 어느 장소에서 어떤 이야기를 할지 예측을 할 수 있기 때문이다.

② 첫 번째 문장에서 어느 장소인지를 들어야 한다.

③ 아는 단어를 중심으로 메모를 하면서 들어야 한다.

듣기 35번~36번 | 기출문제   ▶현장 연설

[35~36] 다음을 듣고 물음에 답하십시오. (각 2점)

남자: 저희 회사의 카메라를 사랑해 주시는 고객 여러분께 감사드립니다. 최근 발생한 카메라 오작동 문제에 대해 말씀드리고자 합니다. 먼저 사용에 불편을 드려 진심으로 죄송합니다. ❹문제가 발생한 제품들을 수거하여 면밀히 점검하였습니다. 점검 결과 카메라 내 특정 부품에서 하자가 발견되었습니다. ❸이는 모두 작년에 생산된 것인데 ❹생산 과정에서 문제가 있었던 것으로 확인되었습니다. 작년에 출고된 제품은 원하시는 경우 언제든 새 제품으로 무상 교환해 드리겠습니다. 다시금 고객 여러분께 사죄의 말씀을 드립니다.

35. 남자는 무엇을 하고 있는지 고르십시오.

① 제품의 완성 시기를 발표하고 있다.

② 최근에 출시된 제품을 홍보하고 있다.

③ 제품 결함에 대해 사과의 말을 전하고 있다.

④ 신제품 출시 지연에 대해 양해를 구하고 있다.

36. 들은 내용으로 맞는 것을 고르십시오.

① 소비자 과실로 제품에 문제가 발생하였다.

② 현재 제품에 대한 기능 점검이 진행 중이다.

③ 이 회사는 처음으로 카메라를 출시할 예정이다.

④ 지난해에 나온 제품은 무료로 교환해 줄 것이다.

TOPIK II 〈60회 듣기 35~36번〉

정답은 ③번

내용을 듣기 전 선택지를 확인하면 '제품'에 대한 것이 주제이다.

남자는 카메라 회사 관계자로 "카메라의 오작동 문제, 죄송하다, 하자가 발견되었다, 문제가 있었던 것으로 확인되었다, 무상 교환해 드리겠다, 사죄의 말씀을 드린다" 등 카메라의 문제점에 대하여 사과의 말을 하는 것을 알 수 있다.

① (생산 과정에서) 제품에 문제가 발생하였다. not C

② 현재 제품에 대한 기능 점검이 (끝났다.) not A

③ 이 회사는 (작년에) 카메라를 (출시하였다.) not B

❹ 정답

예상문제

[1~2] 다음을 듣고 물음에 답하십시오. (각 2점)

1. 남자는 무엇을 하고 있는지 고르십시오.

   ① 결혼의 필요성을 강조하고 있다.

   ② 결혼 생활에 대해 조언하고 있다.

   ③ 결혼과 인연의 관계를 주장하고 있다.

   ④ 결혼 준비의 어려움을 설명하고 있다.

2. 들은 내용으로 맞는 것을 고르십시오.

   ① 남자는 신랑과 신부의 선생님이다.

   ② 신랑과 신부는 전공 분야가 다르다.

   ③ 신랑과 신부는 직장에서 처음 만났다.

   ④ 남자는 두 사람의 행복을 기원하고 있다.

[3~4] 다음을 듣고 물음에 답하십시오. (각 2점)

3. 남자는 무엇을 하고 있는지 고르십시오.

   ① 기업의 성장 과정을 보고하고 있다.

   ② 상을 수상한 소감을 발표하고 있다.

   ③ 기업의 성과에 대해 평가하고 있다.

   ④ 최우수 기업상의 평가 기준을 설명하고 있다.

4. 들은 내용으로 맞는 것을 고르십시오.

   ① 이 기업은 10년 전에 처음 세워졌다.

   ② 이 기업은 직원들의 이직률이 높았다.

   ③ 이 기업은 예전에 이 상을 받은 적이 있다.

   ④ 이 기업의 직원들은 서로를 믿으며 일했다.

4 │ 교양 프로그램

▶ 듣기 [37~38]번 유형은 중심 생각과 세부 내용을 파악하는 문항이다. 중심 내용의 이해 능력과 세부 내용의 이해를 측정하는 문항으로 **5급 수준의 내용**이 출제된다. 대화의 내용은 문항에서 규정하고 있는 교양 프로그램이다. 교양 프로그램은 학문이나 예술뿐만 아니라 문화, 건강, 여가, 교육 등 다양한 소재를 다룬다. 이런 주제를 가지고 전문가와 대담 형식으로 대화가 진행된다.

듣기 37번~38번 │ 황금 레시피

[37]번은 중심 생각을 찾는 방법을 이용하면 된다. 대담 형식인데 이때 중요한 것은 질문하는 사람이 무엇을 물어보는지에 집중을 해야 한다. 바로 그 질문이 중심 생각의 근거이기 때문이다. 그리고 문제를 풀기 전에 반드시 남자인지 여자인지 확인해야 한다.

듣기 37번~38번 │ Ranking

중심 생각

꼭 외워야 할 표현 5/9

Ranking 10

01	–는 게 좋다. –는 게 낫다. –는 게 괜찮다.	**02**	–아/어야 ~ –아/어야 하다.
03	그래서 _____	**04**	가장 중요한 건 _____ –는 게 중요하다. –는 게 필요하다. –(으)ㄹ 필요가 있다.
05	–아/어 보세요. –는 게 어때요? –(으)ㅂ시다. –자.	**06**	–고 싶다. –(으)면 좋겠다. –(으)면 좋을 텐데.
07	제 생각에는 –(ㄴ/는)다고 생각하다. –는 거라고 생각하다. –(ㄴ/는)다고 보다. –는 게 아니겠어?	**08**	–아/어서 좋다/괜찮다. –아/어서 나쁘다/힘들다/어렵다. –아/어서 나쁠 건 없다.

09	특히 ~ 무엇보다도 ~ −는 데 도움이 된다.	10	두 문장 이상 반복 이처럼 ~ 이렇듯 ~

듣기 37번~38번 | 기출문제 ▶교양 프로그램

해설

[37~38] 다음은 교양 프로그램입니다. 잘 듣고 물음에 답하십시오. (각 2점)

남자: 목재가 건축 재료로 다시 주목받게 된 이유가 무엇인가요?

여자: 새롭게 개발된 목재 가공 기술 덕분인데요. 이 기술을 사용해 단단하게 압축된 특수 목재를 만듭니다. ❹이 목재는 휘거나 틀어지지 않고, 강도도 전보다 훨씬 세졌습니다. 또 철근, 콘크리트보다 가볍고 유연해서 지진에도 강하고요. ❺공사 기간 단축 효과도 있는데요. ❻최근 18층짜리 목조 기숙사 건물이 70일만에 지어져 화제가 됐었죠. 이런 점들로 인해 세계적으로 목조 건물에 대한 관심이 높아지고 있는 겁니다.

37. 여자의 중심 생각으로 알맞은 것을 고르십시오.

① 특수 목재는 건축 재료로서 이점이 많다.
② 목조 건물의 높이를 제한할 필요가 있다.
③ 목조 건물을 짓는 것은 신중히 생각해야 한다.
④ 특수 목재 가공 기술의 장단점을 파악해야 한다.

정답은 ①번
중심 생각 Ranking 유형 (10) '두 문장 반복'에 해당한다.
남자는 "목재가 건축 재료로 다시 주목받게 된 이유가 무엇인가?"에 대하여 질문하였고, 여자는 "특수 목재가 가지고 있는 장점"에 대하여 여러 가지를 대답하였다.

38. 들은 내용과 일치하는 것을 고르십시오.

① 18층짜리 목조 건물이 현재 건설 중이다.
② 특수 목재에는 휘어짐과 뒤틀림이 존재한다.
③ 특수 목재로 건물을 지으면 공사 기간이 늘어난다.
④ 특수 목재로 지은 건물은 지진의 영향을 덜 받는다.

TOPIK II 〈60회 듣기 37~38번〉

① 18층짜리 목조 건물이 (최근 건설되었다.) not C
② 특수 목재에는 휘어짐과 뒤틀림이 (없다). not A
③ 특수 목재로 건물을 지으면 공사 기간이 (줄어든다.) not B
❹ 정답

예상문제

[1~2] 다음은 교양 프로그램입니다. 잘 듣고 물음에 답하십시오. (각 2점)

1. 남자의 중심 생각으로 맞는 것을 고르십시오.

① 다른 사람들에게 보이는 첫인상은 매우 중요하다.

② 상대방을 제대로 판단하려면 선입견을 없애야 한다.

③ 사람을 평가할 때는 장단점을 모두 고려해야 한다.

④ 성실함을 판단할 때는 주위의 평가를 참고해야 한다.

2. 들은 내용과 일치하는 것을 고르십시오.

① 사람들은 상대방과 입장을 바꾸어 생각한다.

② 사람들은 첫인상에 크게 신경을 쓰지 않는다.

③ 사람들은 자신이 내린 판단과 같은 것만 믿는다.

④ 사람들은 자신의 느낌과 인상을 꾸준히 의심한다.

[3~4] 다음은 교양 프로그램입니다. 잘 듣고 물음에 답하십시오. (각 2점)

3. 남자의 중심 생각으로 맞는 것을 고르십시오.

① 말을 더듬는 아이에게 지속적인 관심을 가져야 한다.

② 아이가 말을 더듬을 때는 기다려 주는 자세가 필요하다.

③ 말을 더듬는 아이에게는 적절하게 주의를 주어야 한다.

④ 아이들이 말을 더듬는 현상은 매우 자연스러운 현상이다.

4. 들은 내용과 같은 것을 고르십시오.

① 아이들은 표현 능력은 좋지만 아는 어휘가 부족하다.

② 유년기의 말 더듬기 현상은 대부분 자연스럽게 해결된다.

③ 아이가 말을 더듬는 것을 인식시켜 주는 것이 필요하다.

④ 아이가 말을 더듬을 때 잠시 말을 못하게 하면 효과적이다.

5 대담

▶ **듣기 [39~40]번 유형**은 대화의 논리적 흐름과 세부 내용을 파악하는 문항이다. 논리적 흐름을 통해 추론 능력과 세부 내용의 이해 능력을 측정하는 문항으로 **5급 수준의 내용**이 출제된다. 이 유형은 전문가와의 대담으로 정책, 신기술, 환경 등의 주제가 출제된다.

듣기 39번~40번 | 황금 레시피

[39]번은 담화 앞의 내용을 찾는 것이다. 보통 첫 번째 화자가 대화 앞의 내용을 요약을 하고 두 번째 화자가 설명을 보충하게 된다. 바로 이 내용을 선택지에서 골라야 한다.

질문 앞의 내용 요약

(첫 번째 문장) 보충 설명 대답

[39~40] 다음은 대담입니다. 잘 듣고 물음에 답하십시오. (각 2점)

여자: 왜 작사가와 작곡가들이 야구단에 소송을 제기한 건가요? 그동
앞의
내용 안 야구단에서 곡에 대한 사용료를 지불해 온 것으로 알고 있는
요약 데요.

남자: 사용료를 지불하긴 했지만 ❹원작자 허락 없이 가사를 바꾸고 곡
보충 을 편집한 것에 대해서도 금액을 지불하라는 것이죠. ❺야구단에
설명 서 원곡을 그대로 사용했다면 이런 문제는 없었을 겁니다. 하지만
저작권법에 따르면 저작물의 내용이나 형식을 바꿀 경우 미리 원
작자의 허락을 받아야 하고 이에 대한 비용도 지불하는 것이 맞
습니다. 현재 이 문제로 ❻당분간 야구장에서 응원가를 틀지 않기
로 한 상황입니다.

39. 이 담화 앞의 내용으로 알맞은 것을 고르십시오.

① 원작자들이 야구단을 상대로 소송을 걸었다.
② 응원가에 대한 관중들의 선호도를 조사했다.
③ 야구단에서 작곡가들에게 응원자 제작을 요청했다.
④ 원작자들이 더 이상 곡을 바꾸지 않기로 결정했다.

정답은 ①번
여자는 "사용료를 지불해 온 것으로
알고 있는데 왜 작사가와 작곡가들이
야구단에 소송을 제기한 건가요?"라
고 질문하고 있다. 따라서 이와 같은
내용을 선택지에서 고르면 된다.

40. 들은 내용과 일치하는 것을 고르십시오.

① 원곡의 가사만 바꾸면 법적으로 문제가 없다.
② 야구단은 원곡을 바꿔서 응원가로 사용해 왔다.
③ 앞으로 경기장에서 응원가가 더 많이 나올 것이다.
④ 야구단에서 원작자의 허락을 받은 후에 곡을 수정했다.

TOPIK II 〈60회 듣기 39~40번〉

① 원곡의 (가사를 그대로 사용하면
법적으로 문제가 없다.) not B
❷ 정답
③ 앞으로 경기장에서 (응원가를 틀
지 않기로 했다.) not C
④ 야구단에서 원작자의 허락을 (받
지 않고) 곡을 수정했다. not A

예상문제

듣기 39번~40번 | 예상문제　　▶대담

[1~2] 다음은 대담입니다. 잘 듣고 물음에 답하십시오. (각 2점)

1. 이 담화 앞의 내용으로 알맞은 것을 고르십시오.

① 수질 오염의 원인은 생활하수이다.

② 해양 오염의 수준이 매우 심각하다.

③ 해양 생물의 서식지가 줄어들고 있다.

④ 환경 보호를 위해 모든 나라가 노력하고 있다.

2. 들은 내용과 일치하는 것을 고르십시오.

① 육지 생태계의 파괴는 해양 생태계의 파괴로 이어진다.

② 태평양 한가운데는 생활 쓰레기를 처리하는 섬이 있다.

③ 쓰레기 섬의 오염 물질은 아직까지 심각한 수준은 아니다.

④ 인류의 미래를 위해 바다 속 오염 물질을 제거해야 한다.

[3~4] 다음은 대담입니다. 잘 듣고 물음에 답하십시오. (각 2점)

3. 이 대화 앞의 내용으로 알맞은 것을 고르십시오.

① 버려지는 전자 제품에는 금속이 포함되어 있다.

② 버려지는 전자 제품의 재활용 비율이 매우 낮다.

③ 버려지는 전자 제품 때문에 환경오염이 심해지고 있다.

④ 버려지는 전자 제품을 폐기하는 비용이 너무 많이 든다.

4. 들은 내용과 일치하는 것을 고르십시오.

① 금속 재활용은 비용이 너무 많이 든다.

② 전자 제품을 재활용하는 방법을 연구 중이다.

③ 땅속에 묻혀 있는 금속의 양이 점점 줄어들고 있다.

④ 전자 제품의 금속을 재활용하는 것이 더 효과적이다.

Chapter 2 정보 전달

1 설명문

▶ 읽기 [32~34]번 유형은 내용과 같은 것을 고르는 문항이다. 세부 내용의 이해 여부를 측정하는 문항으로 **5급 수준의 내용**이 출제된다. 앞에서 공부한 읽기 [11~12]번 유형과 황금 레시피는 같지만 어휘와 문법 수준이 5급으로 어려워진 문항이다. 이 문항은 앞에서 공부한 내용과 마찬가지로 최신 화제, 정책 등이 주를 이루어 출제되는데 주제보다는 황금 레시피 방법을 적용하는 것이 효과적이다.

읽기 32번~34번 | 황금 레시피

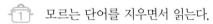

1. 모르는 단어를 지우면서 읽는다.
2. 그 다음 알고 있는 단어를 중심으로 내용을 추측한 후 선택지와 비교하여 답을 고른다.

읽기 32번~34번 | 기출문제   ▶설명문

해설

[32~34] 다음을 읽고 내용이 같은 것을 고르십시오. (각 2점)

32.
　　하루살이는 하루밖에 못 살 정도로 수명이 짧다고 해서 붙은 이름이다. 그러나 ❹하루살이 애벌레는 성충이 되기까지 약 1년을 물속에 살고 ❶성충이 되어서는 1~2주 정도 산다. 하루살이 애벌레는 물속에 가라앉은 나뭇잎 등을 먹고 살지만 ⓒ성충이 되면 입이 퇴화한다. 이런 까닭에 성충은 애벌레 때 몸속에 저장해 둔 영양분을 소모할 뿐 따로 먹이를 섭취하지 못한다.

① 하루살이의 수명은 하루를 넘지 않는다.
② 하루살이는 성충이 되는 데에 1~2주 정도 걸린다.
③ 하루살이 성충은 애벌레 때 저장한 영양분으로 산다.
④ 하루살이의 입은 성충이 되면서 기능이 더욱 발달한다.

TOPIK II ⟨60회 읽기 32번⟩

① 하루살이의 수명은 (1~2주 정도이다), not B
② 하루살이는 성충이 되는 데에 (1년) 정도 걸린다. not A
❸ 정답
④ 하루살이의 입은 성충이 되면서 기능이 (퇴화한다), not C

218 · 5급 목표

33.

눈물은 약 98%가 물로 이루어져 있다. 나머지 성분은 눈물을 흘리는 상황에 따라 달라진다. 먼지 같은 외부의 물리적 자극 때문에 흘리는 **Ⓐ**눈물에는 세균에 저항할 수 있는 단백질이 포함되어 있다. **Ⓑ**슬플 때 흘리는 눈물에는 항균 물질뿐만 아니라 스트레스로 인해 체내에 쌓인 물질도 들어 있다. 그래서 슬플 때 울고 나면 신체에 해로운 물질이 몸 밖으로 나가 기분이 나아진 것 같은 느낌을 받는다.

① 눈물 속에 있는 단백질은 기분을 좋게 만든다.
② 슬퍼서 흘리는 눈물에는 항균 물질이 빠져 있다.
③ 슬플 때 흘리는 눈물 속에는 몸에 나쁜 물질이 포함되어 있다.
④ 물리적 자극으로 흘리는 눈물이 슬플 때의 눈물보다 성분이 더 다양하다.

TOPIK II 〈60회 읽기 33번〉

① 눈물 속에 있는 단백질은 (세균에 저항한다). not A
② 슬퍼서 흘리는 눈물에는 항균 물질이 (들어 있다). not B
❸ 정답
④ 물리적 자극으로 흘리는 눈물이 슬플 때의 눈물보다 성분이 (다양하지 않다). not B

34.

Ⓐ19세기 중반까지는 태양의 위치를 기준으로 시간을 정해서 지역마다 시간이 달랐다. 이는 철도 이용이 활발해지면서 문제가 되었다. 철도 회사는 본사가 있는 지역의 시간을 기준으로 열차를 운행했다. 그래서 승객은 다른 지역에서 온 열차를 탈 때마다 **Ⓑ**자기 지역의 시간과 열차 시간이 달라 불편을 겪었다. 이를 해결하고자 캐나다의 한 철도 기사가 지구의 경도를 기준으로 하는 표준시를 제안하였고 이것이 현재의 표준시가 되었다.

① 표준시 도입의 필요성은 철도 분야에서 제기되었다.
② 예전에는 철도 회사가 지역의 기준 시간을 결정했다.
③ 캐나다에서는 19세기 이전부터 표준시를 사용해 왔다.
④ 철도 승객들은 표준시의 적용으로 불편을 겪게 되었다.

TOPIK II 〈60회 읽기 34번〉

❶ 정답
② 예전에는 (태양의 위치를 기준으로) 시간을 결정했다. not A
③ 캐나다에서는 19세기 (중반 이후부터) 표준시를 사용해 왔다. not A
④ 철도 승객들은 (자기 지역 시간과 열차 시간이 달라) 불편을 겪게 되었다. not B

[1~3] 다음을 읽고 내용이 같은 것을 고르십시오. (각 2점)

1.

변비는 대장 안에 대변이 오래 머물러 제때 배출하지 못하는 증상을 말한다. 이러한 변비는 편식을 하거나 평소 물을 적게 마시는 사람, 불규칙적으로 식사를 하는 사람들이 많이 걸린다. 또 밥과 야채를 너무 적게 먹는 사람들도 걸리기 쉽다. 그 외에 평소 운동량이 적거나 과도한 스트레스를 받는 사람들에게 많이 생긴다. 또 한 가지는 허리를 굽히고 앉거나 비스듬히 앉는 것이 원인이 되기도 한다.

① 변비는 식사량이 많은 사람이 잘 걸린다.

② 스트레스를 풀려면 물을 자주 마시는 것이 좋다.

③ 불규칙적인 식사 습관은 소화 기능을 약화시킨다.

④ 변비는 앉는 자세가 안 좋은 사람이 걸리기도 한다.

2.

경찰청은 지난 9월 28일부터 자동차 전 좌석 안전띠 착용 의무화를 실시한다고 밝혔다. 그동안 운전석과 조수석에만 실시하던 안전띠 착용을 뒷좌석까지 확대 적용하기로 한 것이다. 이를 어기면 운전자에게 3만 원의 벌금이 부과된다. 이때 동승자가 13세 미만 어린이인 경우 벌금이 6만 원으로 늘어난다. 그러나 6세 미만 영유아의 경우 유아용 시트가 없을 경우 적용되는 벌금을 당분간 부과하지 않기로 했다. 유아용 시트 보급률이 높지 않기 때문에 당분간 계도와 홍보에 주력하겠다고 밝혔다.

① 어린이의 경우 안전띠를 매지 않아도 된다.

② 자동차 전 좌석 안전띠 착용을 실시할 예정이다.

③ 안전띠를 착용하지 않으면 운전자는 벌금을 내야 한다.

④ 유아용 시트 보급률을 높이기 위한 방안을 검토하고 있다.

3.

　　풍산개는 함경북도 풍산 지방의 고유한 품종으로 호랑이 사냥에 이용되었던 전형적인 한국형 수렵견이다. 풍산개라는 이름은 지방의 이름에서 따 온 것이다. 강인하고 영리한 풍산개는 추위와 질병에 강한 것이 특징이다. 성질은 온순하나 일단 적수와 맞서 싸울 때는 당해 낼 만한 짐승이 거의 없을 정도로 몹시 사납다. 8.15 광복 후 북한의 천연기념물로 적극적인 보호 정책 아래 품종이 잘 유지되고 있는 것으로 알려져 있다.

① 풍산개의 이름은 지명에서 유래하였다.

② 풍산개는 한국의 대표적인 애완견이다.

③ 풍산개는 한국의 천연기념물로 지정되었다.

④ 풍산개는 성질이 사나워 주인도 다루기 힘들다.

2 정보(중심 생각)

▶ 읽기 [35~38]번 유형은 중심 생각을 파악하는 문항이다. 중심 내용의 이해 능력을 측정하는 문항으로 **5급 수준의 내용**이 출제된다. 문제에서는 '주제'로 가장 알맞은 것을 묻고 있지만 앞에서 공부한 중심 생각을 찾는 방법으로 풀면 된다.

읽기 35번~38번 | 황금 레시피

1️⃣ 모르는 단어를 지우면서 읽는다.

2️⃣ 그 다음 알고 있는 단어를 중심으로 내용을 추측한 후 선택지와 비교하여 답을 고른다.

읽기 35번~38번 | Ranking

🏵 중심 생각

꼭 외워야 할 표현 6/9

Ranking 10

01	-는 게 좋다. -는 게 낫다. -는 게 괜찮다.	**02**	-아/어야 ~ -아/어야 하다.
03	그래서 _____	**04**	가장 중요한 건 _____ -는 게 중요하다. -는 게 필요하다. -(으)ㄹ 필요가 있다.
05	-아/어 보세요. -는 게 어때요? -(으)ㅂ시다. -자.	**06**	-고 싶다. -(으)면 좋겠다. -(으)면 좋을 텐데.
07	제 생각에는 -(ㄴ/는)다고 생각하다. -는 거라고 생각하다. -(ㄴ/는)다고 보다. -는 게 아니겠어?	**08**	-아/어서 좋다/괜찮다. -아/어서 나쁘다/힘들다/어렵다. -아/어서 나쁠 건 없다.

| 09 | 특히 ~
 무엇보다도 ~
 −는 데 도움이 된다. | 10 | 두 문장 이상 반복
 이처럼 ~
 이렇듯 ~ |

해설

[35~38] 다음 글의 주제로 가장 알맞은 것을 고르십시오. (각 2점)

35.

초소형 카메라는 의료용 및 산업용으로 만들어져 각 현장에서 유용하게 사용되고 있다. 그러나 원래의 목적에 맞지 않게 타인의 신체를 몰래 촬영하는 용도로 악용되는 사례가 늘고 있다. 이러한 악용을 원천적으로 방지하기 위해서 신상 정보를 등록해야만 카메라의 판매 및 유통이 가능하도록 법적 규제를 강화할 필요가 있다.

① 의료용 및 산업용 초소형 카메라의 사용처를 확대해야 한다.
② 초소형 카메라가 더 유용하게 사용될 수 있도록 개발해야 한다.
③ 초소형 카메라가 악용되는 것을 막기 위한 대책이 마련되어야 한다.
④ 원활한 판매 및 유통을 위해 초소형 카메라의 등록 과정을 간소화해야 한다.

TOPIK II 〈60회 읽기 35번〉

중심 생각 Ranking 유형 (4) '−(으)ㄹ 필요가 있다'에 해당한다.
'초소형 카메라의 악용을 방지하기 위해서 법적 규제를 강화할 필요가 있다.'와 같은 의미를 선택지에서 고르면 정답은 ③번이 된다.

36.

정보의 양이 폭발적으로 증가하면서 핵심만 집어낸 요약형 정보를 찾는 사람들이 늘고 있다. 필요한 지식을 쉽고 빠르게 얻을 수 있기 때문이다. 그러나 짧게 정돈된 지식만을 취하다 보면 사물을 오랫동안 관찰하고 분석하는 능력이 떨어지거나 정보를 비판적으로 처리할 수 있는 능력이 무뎌질 수 있다.

① 요약형 정보는 가장 효율적인 정보 습득 방식이다.
② 요약형 정보는 사람들의 사고력 저하를 초래할 수 있다.
③ 사람들이 습득해야 할 지식의 양이 크게 증가하고 있다.
④ 짧게 정돈된 지식 덕분에 정보 처리 시간을 줄일 수 있다.

TOPIK II 〈60회 읽기 36번〉

중심 생각 Ranking 유형 (10) '두 문장 반복'에 해당한다.
요약형 정보를 찾는 사람들이 늘고 있는데 관찰, 분석, 정보 처리 능력 등이 나빠질 수 있다고 반복하고 있다. 이와 같은 의미를 선택지에서 고르면 정답은 ②번이 된다.

37.

유명 드라마가 소설책으로 출간되는 일이 많아졌다. 소설이 인기를 끌면 그 후에 영상물로 제작되던 것과는 반대되는 현상이 생긴 것이다. 이러한 현상의 영향 탓인지 처음부터 영상물을 염두에 두고 글을 쓰는 소설가들이 늘고 있다. 그러나 이와 같이 영상물 중심으로 창작과 출판이 이루어진다면 순수 문학이 가진 고유한 특성들이 하나둘씩 사라질지도 모른다.

① 작가들의 창작열을 높이기 위한 보상 체계 마련이 시급하다.
② 출판물의 판매를 늘리기 위해 영상물을 활용한 홍보가 필요하다.
③ 영상물이 책으로 많이 출간되어야 출판 시장이 활성화될 수 있다.
④ 영상물이 갖는 영향력이 커지면 순수 문학이 위기를 맞을 수 있다.

TOPIK II 〈60회 읽기 37번〉

중심 생각 Ranking 유형 (7) '-(ㄴ/는)다고 생각하다'에 해당한다.
'-(으)ㄹ지도 모른다.'는 불확실한 추측을 나타낼 때 사용하는 문법인데 그 속에는 '그렇다고 생각한다.'가 포함되어 있다. 따라서 '영상물 중심으로 창작과 출판이 이루어진다면 순수 문학이 가진 고유한 특성들이 하나둘씩 사라질지도 모른다고 생각한다.'와 같은 의미를 선택지에서 고르면 정답은 ④번이 된다.

38.

분자 요리는 과학을 응용해 기존 식재료가 갖는 물리적인 제약에서 벗어나 새로운 형태와 식감의 음식을 만드는 요리법이다. 노란 망고 주스와 하얀 우유로 계란 모양의 요리를 만드는 것이 한 예이다. 분자 요리는 식재료 고유의 맛과 향은 유지한 채 기존에는 볼 수 없었던 요리를 선보일 수 있다는 점에서 새로운 요리 문화를 이끌 것으로 기대하고 있다. 독특한 음식에 대한 설렘과 즐거움을 제공한다는 점도 이러한 기대감을 키운다.

① 분자 요리가 과학의 연구 영역을 더 넓히고 있다.
② 독특한 음식에 대한 소비자들의 요구가 늘고 있다.
③ 식재료가 갖는 제약 탓에 요리법 개발이 정체되고 있다.
④ 새로운 요리 문화를 이끌 요리법으로 분자 요리가 주목받고 있다.

TOPIK II 〈60회 읽기 38번〉

중심 생각 Ranking 유형 (10) '두 문장 반복'에 해당한다.
'분자 요리'가 '새로운 요리 문화를 이끌 것으로 기대하고 있다.', '독특한 음식에 대한 설렘과 즐거움을 제공한다는 점도 이러한 기대감을 키운다.'로 반복하여 표현하고 있다. 이와 같은 의미를 선택지에서 고르면 정답은 ④번이 된다.

예상문제

[1~4] 다음 글의 주제로 가장 알맞은 것을 고르십시오. (각 2점)

1.

통계 그래프는 정보를 종합한 후 그 변화를 시각적으로 나타내어 현상을 쉽게 파악하도록 돕는다. 그러나 그래프를 어떻게 그리느냐에 따라 그래프에서 보이는 정보의 인상은 상당히 다르다. 똑같은 퍼센트의 증가이지만 그래프의 모양이나 크기에 따라서 조금 증가한 것으로도 많이 증가한 것으로도 생각될 수 있다. 따라서 우리는 그래프를 볼 때 선이나 그림 등으로 표현되는 의미를 객관적으로 파악하는 눈이 필요하다.

① 그래프는 정보를 시각적으로 표현하는 방법이다.
② 그래프는 그리는 방법에 따라 다른 인상을 받을 수 있다.
③ 통계는 여러 현상을 종합적으로 파악하기 위한 방법 중 하나이다.
④ 통계를 제대로 이해하기 위해서는 객관적인 자세가 필요하다.

2.

계획을 세울 때는 장기 계획과 함께 단기 계획도 세워야 한다. 장기 계획만 세우면 목표 달성까지 시간이 오래 걸리기 때문에 도중에 포기하기 쉽다. 따라서 원하는 목표를 달성하기 위해서는 장기 계획과 함께 짧은 기간 동안 이룰 수 있는 구체적인 계획도 세우는 것이 좋다. 단기 계획을 이루어 가면서 얻는 즐거움을 통해 더 큰 목표로 계속 나아갈 수 있기 때문이다.

① 단기 계획은 이른 시간에 성취감을 느낄 수 있다.
② 장기 계획은 목표 달성까지 시간이 오래 걸린다.
③ 계획을 세울 때에는 가급적 큰 목표를 가지는 것이 좋다.
④ 장기 계획과 단기 계획을 동시에 세우는 것이 목표 달성에 효과적이다.

3.

　사랑을 고백할 때는 긍정적인 대답을 듣고 싶다면 상대방의 왼쪽 귀에 대고 하는 것이 좋다. 감정을 표현하는 말은 오른쪽 뇌가 담당하는데 왼쪽 귀가 오른쪽 뇌와 연결되어 있기 때문이다. 그래서 사랑 고백뿐만 아니라 감사, 칭찬 등의 감정을 표현할 때는 왼쪽 귀에 대고 하는 것이 효과적이다. 반면에 지시나 정보 전달과 같은 이성적인 말은 오른쪽 귀에 대고 말하는 것이 효과적이다. 이성은 왼쪽 뇌가 담당하기 때문이다. 이처럼 하려고 하는 말이 무엇이냐에 따라 말을 하는 방향을 고려해야 한다.

① 이성적인 판단은 왼쪽 뇌와 관련이 있다.

② 업무를 지시할 때는 이성적으로 말해야 한다.

③ 귀와 뇌는 방향에 따라 감성과 이성을 관장한다.

④ 감정을 표현하는 말은 왼쪽 귀에 해야 효과가 높다.

4.

　위급한 상황에서 도움을 요청할 때 여러 사람을 보면서 막연하게 도와 달라고 하면 안 된다. 그러면 다들 '내가 아닌 다른 사람이 도와주겠지.' 하고 직접 나서지 않기 때문이다. 이러한 현상을 '책임 분산의 법칙'이라고 하는데 목격자가 많을수록 책임감이 분산되어 개인이 느끼는 책임감이 적어져 행동하지 않게 되는 것을 말한다. 그래서 도움을 요청할 때는 "거기 파란색 티셔츠 입으신 분, 119에 전화해 주세요."와 같이 하는 것이 효과적이다.

① 사고가 나면 먼저 119에 신고부터 해야 한다.

② 도움이 필요한 사람을 보면 적극적으로 도와야 한다.

③ 도움을 요청할 때에는 도와줄 사람을 정확히 가리켜야 한다.

④ 여러 사람이 힘을 모으면 위급한 상황을 빨리 대처할 수 있다.

3 정보(순서 배열)

▶ 읽기 [39~41]번 유형은 순서를 파악하는 문항이다. 문맥의 이해 능력을 측정하는 문항으로 **5급 수준의 내용**이 출제된다. 앞에서 공부한 읽기 [13~15]번 유형과 유사하다. 접속사, 지시어, 포함을 나타내는 조사 등이 있는 문장을 활용하여 알맞은 순서에 문장을 넣으면 된다. 다양한 주제의 글이 나오는데 다른 유형에 비해 역사에 관한 문제가 자주 출제되고 있고, 이 중에서 한 문제는 반드시 책, 공연 등에 대한 비평이 나온다.

읽기 39번~41번 | 황금 레시피

① 〈보기〉에 나오는 단어가 처음 나오는 문장을 찾는다.

② 〈보기〉에 나오는 표현 중 중복되는 내용의 문장을 찾는다.

③ ①과 ② 문장이 사이에 있는 (빈칸)이 〈보기〉가 들어갈 문장이다. 그런데 그 사이의 (빈칸)이 2개일 경우에는 접속사(그리고, 그러나 등), 지시어(이, 그, 저), 포함을 나타내는 조사(N-도) 등이 있는 문장을 활용한다.

읽기 39번~41번 | 기출문제   ▶순서 배열

[39~41] 다음 글에서 〈보기〉의 문장이 들어가기에 가장 알맞은 곳을 고르십시오. (각 2점)

39.
　　도시의 거리는 온통 상점으로 가득 차 있다. (㉠) 하지만 상점은 거리에 활력을 불어넣고 걷고 싶은 거리를 만드는 데 중요한 역할을 한다. (㉡) 상점은 단순히 물건을 파는 공간이 아니라 보행자들에게 볼거리와 잔재미를 끊임없이 제공하는 거대한 미술관이 되어 준다. (㉢) 또 밤거리를 밝히는 가로등이며 보안등이자 거리의 청결함과 쾌적함을 지켜주는 파수꾼이 되기도 한다. (㉣)

> **보기**
> 　　상업적 공간으로 채워진 거리를 보며 눈살을 찌푸리는 이들도 많다.

① ㉠　　　　② ㉡　　　　③ ㉢　　　　④ ㉣

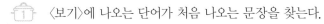

TOPIK II 〈60회 읽기 39번〉

해설

정답은 ①번
① 〈보기〉에 나오는 '상업적 공간으로 채워지다'라는 정보가 들어 있는 문장을 찾아야 한다.
② (㉠) 앞에 '온통 상점으로 가득 차 있다'를 찾을 수 있다. 그리고 〈보기〉의 문장 이후에는 상점의 긍정적 기능에 대한 내용만 이어진다.
③ ①, ② 문장 사이의 빈칸이 〈보기〉가 들어갈 문장이다.

40.

　　『박철수의 거주 박물지』는 건축학자가 서울을 중심으로 한 거주 문화사를 소개한 책이다. (㉠) 아파트가 어떻게 중산층의 표준 욕망이 됐는가, 장독이 왜 아파트에서 사라졌는가와 같은 물음들을 도면과 신문 기사를 곁들여 풀어내는 식이다. (㉡) 그 과정에서 이웃과 정을 나누는 일 없이 각박하게 살아온 지난 수십 년의 세태를 지적하는 것도 놓치지 않고 있다. (㉢) 이웃과 정답게 살아가는 모습을 그려내고자 하는 미래의 건축학도에게 추천하고 싶다. (㉣)

> **보기**
>
> 　　무엇보다 독자들이 더 흥미롭게 읽을 수 있도록 문답의 형식으로 구성된 것이 돋보인다.

① ㉠　　　　② ㉡　　　　③ ㉢　　　　④ ㉣

정답은 ①번
① 〈보기〉에 나오는 '문답의 형식으로 구성된 것이 돋보인다.'는 정보가 들어 있는 문장을 찾아야 한다.
② (㉠) 뒤에 '물음들을 도면과 신문 기사를 곁들여 풀어내는 식이다'를 찾을 수 있다.
③ ①과 ② 문장 사이의 빈칸이 〈보기〉가 들어갈 문장이다.

41.

　　최초의 동전은 값비싼 금과 은으로 제작되었다. (㉠) 이 동전의 가치가 매우 높았던 까닭에 주화를 조금씩 깎아 내서 이득을 보려는 사람들이 많았다. (㉡) 자연히 시장에서는 성한 금화나 은화를 찾아볼 수 없었고 주화를 발행하는 국가도 손실이 컸다. (㉢) 그래서 그 대안으로 주화들의 테두리에 톱니 모양을 새겨 훼손 여부를 잘 드러나도록 하였다. (㉣) 톱니 모양이 훼손된 주화는 육안으로 쉽게 구별할 수 있었고 그러한 돈은 사람들이 받지 않았기 때문이다.

> **보기**
>
> 　　그 효과는 기대 이상으로 빠르게 나타났다.

① ㉠　　　　② ㉡　　　　③ ㉢　　　　④ ㉣

정답은 ④번
① 지시어를 포함하는 문장을 찾는다.
② '그 대안으로' 지시어 문장과 '그 효과'가 연결이 된다.
③ 〈보기〉의 지시어 '그 효과'는 주화를 훼손하지 못하도록 테두리에 톱니 모양을 새긴 이후의 효과이다.

예상문제

읽기 39번~41번 | 예상문제 ▶순서 배열

[1~3] 다음 글에서 〈보기〉의 문장이 들어가기에 가장 알맞은 곳을 고르십시오. (각 2점)

1.

언어는 인간의 전유물이다. 이는 인간의 기본 조건 중 하나가 언어임을 의미하는 것이다. (㉠) 아직까지 사람 이외의 다른 동물들이 언어를 가졌다는 증거는 나타나지 않았다. (㉡) 그런데 꿀벌은 자기의 벌집 앞에서 날갯짓으로 다른 벌한테 먹이가 있는 곳을 알려 준다고 한다. (㉢) 의사 전달에 사용되는 수단이 극히 제한되어 있고, 그것이 표현하는 의미도 매우 단순하다. (㉣)

> **보기**
>
> 그러나 동물의 이러한 의사 전달 방법은 사람의 말에 비교한다면 매우 불완전하다.

① ㉠   ② ㉡   ③ ㉢   ④ ㉣

2.

한국어의 가장 큰 특징은 문장 구조가 서술어 중심이라는 것이다. (㉠) 이는 문장의 의미가 문장의 끝에 오는 서술어에 의해 상당 부분 좌우되기 때문이다. (㉡) 가령 '민수는 수미를 정말 _____'라는 문장에서 빈칸에 '사랑한다'가 오느냐 '미워한다'가 오느냐에 따라 문장의 의미가 달라지는 것이다. (㉢) 그래서 상대방의 이야기에 정확하게 대답을 하려면 이야기를 끝까지 들어보고 해야 하는 것이다. (㉣)

> **보기**
>
> 이런 한국어의 특징으로 인해 '한국말은 끝까지 들어봐야 안다'는 옛말까지 있을 정도이다.

① ㉠   ② ㉡   ③ ㉢   ④ ㉣

3.

　　사회신경과학의 창시자 존 카치오포 박사의 『인간은 왜 외로움을 느끼는가』는 최신 과학으로 밝혀 낸 외로움의 모든 것을 담고 있다. (㉠) 저자는 인간의 뇌와 사회 문화적 과정이 어떻게 연관되는지 30여 년 동안 연구해 왔다. (㉡) 이 책은 어려운 용어 사용을 최대한 자제하여 일반인도 쉽게 읽을 수 있도록 했다. (㉢) 저자는 이 책에서 외로움을 느낀다는 건 사회생활에 문제가 있음을 알리는 것이니 주위를 둘러보라고 조언하고 있다. (㉣)

보기

　　그 연구의 결과로 현대인의 만성병이라는 외로움을 사회과학적인 측면에서 책으로 정리한 것이다.

① ㉠　　　　　　② ㉡　　　　　　③ ㉢　　　　　　④ ㉣

실전모의고사

TOPIK Ⅱ (5급)

듣기, 쓰기, 읽기

[31~32] 다음을 듣고 물음에 답하십시오. (각 2점)

31. 남자의 생각으로 맞는 것을 고르십시오.

① 상비약은 미리 준비해 두어야 한다.

② 편의점에 의약품 전문가가 필요하다.

③ 약국에서는 24시간 약을 팔아야 한다.

④ 편의점의 약 판매를 계속 허용해야 한다.

32. 남자의 태도로 맞는 것을 고르십시오.

① 상대방의 의견에 반대하고 있다.

② 법의 효율성을 재평가하고 있다.

③ 제도의 문제점을 지적하고 있다.

④ 문제 해결 방안에 공감하고 있다.

[33~34] 다음을 듣고 물음에 답하십시오. (각 2점)

33. 무엇에 대한 내용인지 맞는 것을 고르십시오.

① 관중 효과의 특징

② 관중 수와 공연의 상관관계

③ 관중 효과를 활용하는 방법

④ 관중 수에 따른 부담감의 정도

34. 들은 내용으로 맞는 것을 고르십시오.

① 사람은 많은 사람 앞에 나서는 것을 좋아한다.

② 사람은 긴장이 되면 능력 이상의 모습을 보여 준다.

③ 사람은 보는 사람이 많다고 느끼면 더 잘하려고 노력한다.

④ 사람은 인정받고 싶어 하지만 뜻대로 되지 않는 경우가 많다.

35. 남자는 무엇을 하고 있는지 고르십시오.

① 동물 보호의 성과에 대해 평가하고 있다.

② 야생동물 불법 거래 과정을 보고하고 있다.

③ 동물 보호를 위해 노력해 나갈 것을 강조하고 있다.

④ 인간과 동물이 공존해야 할 필요성을 주장하고 있다.

36. 들은 내용으로 맞는 것을 고르십시오.

① 시민들의 신고로 멸종동물 밀거래를 단속했다.

② 세계 동물의 날은 1931년 이탈리아에서 시작되었다.

③ 인터넷을 통한 멸종 동물 불법 거래는 줄어들고 있다.

④ 온라인 매체를 통한 불법 거래 신고 체계가 확립되었다.

[37~38] 다음은 교양 프로그램입니다. 잘 듣고 물음에 답하십시오. (각 2점)

37. 남자의 중심 생각으로 맞는 것을 고르십시오.

① 새집증후군을 느끼면 즉시 병원 치료를 받아야 한다.

② 새집증후군 증상을 예방하려면 면역력을 높여야 한다.

③ 새집증후군 예방을 위해서는 친환경 건축 자재를 사용해야 한다.

④ 새집증후군을 해결하려면 이사한 이후에도 꾸준히 환기를 해야 한다.

38. 들은 내용으로 맞는 것을 고르십시오.

① 새집증후군 문제는 점차 해결되어 가고 있다.

② 새집증후군은 어린이보다 어른이 더 위험하다.

③ 새집증후군은 사람에 따라 증상이 다르게 나타난다.

④ 새 집을 지을 때 사용한 건축자재는 인체에 무해하다.

39. 이 담화 앞의 내용으로 알맞은 것을 고르십시오.

① 여성은 나이가 들수록 결혼하기가 쉽지 않다.

② 요즘 남성은 교육비 등의 경제적 이유로 출산을 꺼린다.

③ 정부의 출산 장려 정책이 큰 성과를 거두지 못하고 있다.

④ 출산율 저하로 아이들이 개인적인 성향으로 성장하고 있다.

40. 들은 내용과 일치하는 것을 고르십시오.

① 취업률을 높이기 위해 직장의 정년을 줄이고 있다.

② 여성과 노인의 노동력은 생산 활동 인구에서 제외된다.

③ 여성의 사회 활동을 위해 국가가 보조금을 지급할 것이다.

④ 출산율 저하로 생산 가능 인구가 줄어들어 노동력이 부족해진다.

[32~34] 다음을 읽고 내용이 같은 것을 고르십시오. (각 2점)

32.

사람들은 흔히 산에서 곰을 만나면 죽은 척을 하면 안전하다고 알고 있다. 하지만 죽은 척을 하고 있으면 곰이 다가와서 죽었는지 확인을 하기 때문에 오히려 더 위험하다는 실험 결과가 있다. 그리고 곰은 나무를 잘 타기 때문에 나무 위로 올라가는 것도 좋은 방법이 아니다. 또 큰 소리로 위협을 하거나 등을 돌려서 도망가서는 안 된다. 따라서 곰을 만났을 때 안전하게 피하기 위해서는 조용하게 등을 보이지 않은 채로 뒤로 천천히 물러서야 한다.

① 곰은 자신을 위협하지 않으면 사람을 공격하지 않는다.

② 산에서 곰을 만났을 때 죽은 척하면 위험을 피할 수 있다.

③ 곰을 만났을 때 공격을 받지 않으려면 등을 보이면 안 된다.

④ 곰은 나무에 잘 오르지 못하기 때문에 나무 위로 피하면 된다.

33.

둥근 모양의 경기장에서 펼쳐지는 육상 경기는 경기를 할 때 시계 반대 방향으로 돈다. 그런데 처음부터 그랬던 것은 아니다. 제1회 아테네 올림픽에서는 시계 방향과 같은 오른쪽으로 돌았다. 그러나 올림픽이 끝난 후 많은 선수들이 불편을 호소해 지금처럼 왼쪽으로 도는 규칙을 정하였다. 이는 오른손잡이가 많았기 때문이다. 오른손잡이는 오른쪽 근육이 더 발달하기 때문에 왼쪽으로 도는 것이 더 편안하게 느껴진다.

① 육상 경기 중 시계 방향으로 도는 종목이 있다.

② 육상 경기는 처음부터 시계 반대 방향으로 돌았다.

③ 왼손잡이 선수들은 육상 경기에 참가할 수 없다.

④ 대부분의 선수가 오른손잡이라서 왼쪽으로 도는 규정이 생겼다.

34.

　　시간은 물리적인 시간과 심리적인 시간으로 나눌 수 있다. 물리적인 시간은 시계 바늘이 가리키는 잴 수 있는 시간이라면 심리적인 시간은 사람들이 주관적으로 체험하고 파악하는 시간이다. 예를 들면 게임에 열중하는 1시간과 지루한 연설을 듣는 1시간은 크게 다르다. 이것은 우리가 무엇에 열중하고 있을 때의 시간이 짧게 느껴지기 때문이다. 다시 말해 물리적인 시간은 인생을 양적으로 얼마나 사느냐를 뜻하는 것이고 심리적인 시간은 인생을 질적으로 얼마나 만족스럽게 사느냐를 의미한다.

① 심리적인 시간은 잴 수 있는 시간을 말한다.

② 심리적인 시간은 질적으로 어떻게 사느냐를 뜻한다.

③ 인생의 길고 짧음을 나타내는 시간이 심리적인 시간이다.

④ 물리적인 시간은 만족스러운 삶을 살고 있는가를 나타내는 시간이다.

[35~38] 다음 글의 주제로 가장 알맞은 것을 고르십시오. (각 2점)

35.

　　대화란 마주 대하여 이야기를 주고받는 행동이다. 두 사람 이상이 말을 주고받는 행위가 있어야 대화가 성립한다. 대화를 할 때 중요한 것은 자신의 생각을 말로 잘 나타내는 것이다. 그러나 무엇보다도 중요한 것은 다른 사람이 하는 말을 잘 듣는 것이다. 자신이 하고 싶은 말이 있더라도 잠시 기다리면서 다른 사람의 말을 경청하는 것은 훌륭한 대화를 위해 반드시 필요한 자세이다.

① 대화는 두 사람 이상이 함께 이야기를 주고받는 것이다.

② 훌륭한 대화에서는 말하는 것보다 듣는 것이 더 중요하다.

③ 대화를 할 때 자신의 말을 적당히 끊을 줄 알아야 한다.

④ 대화를 할 때 자신의 의견을 효율적으로 표현하는 것이 중요하다.

36.

　　저축 목표를 세울 때는 장기적인 목표와 함께 단기적인 목표도 세워야 한다. 장기적인 목표만 세우면 목표 달성까지 시간이 오래 걸려서 도중에 포기하기 쉽다. 또 사람들은 저축을 통해 목표를 이루어 가는 과정에서 저축의 즐거움을 알게 된다. 따라서 원하는 목표를 달성하기 위해서 장기적인 목표와 함께 짧은 기간 동안 이룰 수 있는 구체적인 목표도 세우는 것이 좋다. 다시 말해 '부자가 되기 위해서'와 같은 목표보다는 '3년 후 자동차를 사기 위해서'나 '5년 후 유럽 여행을 가기 위해서'와 같은 목표가 더 효과적이다.

① 저축할 때 아끼는 습관이 가장 중요하다.

② 저축의 목표를 구체적으로 세우는 게 좋다.

③ 저축하는 사람의 목표는 상황에 따라 다르다.

④ 저축을 통해 목표 달성의 즐거움을 느끼게 된다.

37.

　　인간의 유형을 '상어형'과 '돌고래형'으로 분류하는 견해가 있다. 미래학자들은 미래형 인재로 돌고래형을 꼽는다. 상어형은 혼자만의 생활을 즐기고 공격적인 성향이 강하다. 개인적인 역량은 뛰어나지만 독선적이며 권위적이어서 조직에 해를 끼치기도 한다. 반면에 돌고래형은 함께 어울리는 생활을 좋아하고 친화력이 좋다. 개인 능력도 뛰어나고 무엇보다 조직적이어서 협동심이 강하고 분위기도 밝게 만든다. 빠르게 변화하는 현대 사회에서 높은 성과를 내기 위해서는 전문성과 친화력을 함께 갖춘 돌고래형 인간이 더욱 선호될 것으로 보인다.

① 돌고래형 인간은 조직적이고 협동심이 강하다.

② 미래 사회에는 돌고래형 인간이 인재로 선호될 것이다.

③ 상어형 인간은 독선적이고 권위적인 것이 단점이다.

④ 개인적인 역량을 높이기 위해서는 상어형 인간이 적합하다.

38.

　　사람들은 몸 안의 수분 보충을 위해 물을 자주 마시는 것이 좋다고 생각한다. 그러나 훈련이나 운동 등 지구력이 필요한 활동을 할 때 너무 많은 수분을 섭취하면 뇌장애로 인해 사망할 수도 있다는 연구 결과가 있다. 이 질환은 군인이나 여성 운동 선수들이 가장 취약한 것으로 알려졌다. 실제로 여성 마라톤 선수가 경기 중 다량의 스포츠 음료를 마신 뒤 사망한 사건이 있기도 했다. 결국 물은 자주 마시는 게 중요한 게 아니라 적절한 상황에 적당한 양의 섭취가 이루어져야 하는 것이다.

① 수분 섭취는 횟수보다 양이 중요하다.

② 물은 상황에 따라 알맞게 섭취해야 한다.

③ 많은 양의 수분 섭취로 사망에 이를 수도 있다.

④ 훈련이나 운동을 할 때 수분을 섭취하는 것은 안 좋다.

39.

　　사람들은 누군가에게 칭찬을 해 주면 그 말을 들은 상대방은 용기를 내서 더욱 일을 잘할 것이라고 생각한다. (㉠) 그러나 이러한 칭찬이 상대방에게 항상 좋은 영향을 주는 것은 아니다. (㉡) 칭찬을 듣고 용기를 얻는 사람도 있지만 부담감을 느끼는 사람도 있기 때문이다. (㉢) 무조건 칭찬할 것이 아니라 칭찬할 대상의 성격에 따라 칭찬의 방법과 횟수를 다르게 하는 것이 효과적이다. (㉣)

> **보기**
> 　　따라서 칭찬을 할 때 사람의 유형을 고려하지 않고 무조건 칭찬을 많이 하는 것은 좋지 않다.

① ㉠　　　　　　② ㉡　　　　　　③ ㉢　　　　　　④ ㉣

40.

　　손을 움직이는 것은 두뇌와 관련되어 있다. (㉠) 왼쪽 뇌는 오른손을, 오른쪽 뇌는 왼손과 연계되어 있다. (㉡) 대부분의 사람들은 오른손을 많이 사용하고 있어 왼쪽 뇌는 잘 발달한다. (㉢) 그런데 오른쪽 뇌는 새로운 것을 만들어 내는 창의력을 관장한다. (㉣) 그러므로 창의력을 기르려면 왼손을 많이 움직이는 것이 좋다.

> **보기**
> 　　그에 비해서 오른쪽 뇌는 왼쪽에 비해 덜 발달한다.

① ㉠　　　　　　② ㉡　　　　　　③ ㉢　　　　　　④ ㉣

41.

　　만화가 권태성의 단편 만화집 '추억 연필'이 화제를 끌고 있다. (㉠) 이 책은 한 사람이 나고, 자라고, 어른이 되면서 여러 다양한 사람들과 만나서 인연을 맺는 과정을 그렸다. (㉡) 가족과 친구, 작가가 사랑하는 많은 것들에 대한 가슴 따뜻한 이야기가 연필 선으로 그려졌다. (㉢) 작가는 주인공인 자신의 옛 기억을 바탕으로 추억을 느낄 수 있도록 연필로만 그림을 완성한 것이라고 한다. (㉣)

> **보기**
> 　　하지만 가만히 보고 있노라면 만화 속 주인공이 마치 독자 자기인 듯한 착각에 빠지게 만드는 매력이 있다.

① ㉠　　　　　　② ㉡　　　　　　③ ㉢　　　　　　④ ㉣

6급

▶ 배점 38점 / 합계 250점 + 쓰기 50점

읽기 [42~43]번
〈등장인물의 심정, 내용 일치〉

읽기 [44~45]번
〈설명문/논설문〉

읽기 [46~47]번
〈정보-순서 배열〉

읽기 [48~50]번
종합 (논설문)

유형별 주제 : '동물, 미래학, 사회 현상, 역사, 예술, 인간심리, 자연 현상, 전통문화, 정치경제, 환경' 중에서 중복되지 않게 나옴

듣기 [41~42]번
〈강연-중심 내용〉

듣기 [47~48]번
〈대담〉

듣기 [43~44]번
〈다큐멘터리〉

듣기 [45~46]번
〈강연-세부 내용〉

듣기 [49~50]번
〈강연-화자의 태도〉

쓰기 [54]번
〈주제별 분류〉

1 소설

1 등장인물의 심정, 내용 일치

▶ 읽기 [42~43]번 유형은 소설을 읽고 등장인물의 심정이나 태도가 내용과 같은 것을 고르는 문항이다. 등장인물의 태도를 파악하는 능력과 세부 내용을 이해하는 능력을 측정하는 문항으로 **6급 수준의 내용**이 출제된다. 작품은 한국에서 유명한 소설 중에서 선정되는데 1930년대 후반부터 현재까지의 작품으로 출제 경향 예측이 어렵다. 따라서 앞의 개인적인 글과 마찬가지로 등장인물의 심정이나 태도의 경우 앞뒤 내용을 통해 어떤 심정인지를 유추해야 하고 그에 맞는 감정 어휘를 골라야 한다.

 어휘와 표현(p.41)을 미리 공부하자!

읽기 42번~43번 | 황금 레시피

[42]번은 감정 어휘를 익혀 두는 것이 중요하다. 또한 이 감정 어휘는 4급 수준 문항인 읽기 [23]번 개인적인 글과 중복되는 것이 많기 때문에 반드시 외워야 한다.

읽기 42번~43번 | 기출문제 ▶등장인물의 심정, 내용 일치

[42~43] 다음을 읽고 물음에 답하십시오. (각 2점)

　　예쁘고 멋쟁이인 박영은 선생님을 새 담임 선생님으로 맞이한 것은 우리 모두에게 가슴 떨리는 일이었다. 먼젓번 담임 선생님의 ⓑ말은 죽어라고 안 듣던 말썽꾸러기들이 박 선생님 앞에서는 고개도 못 들고 수줍어했다. 우리 반은 당장 전교에서 제일 말 잘 듣고 ⓐ가장 깨끗한 반이 되었다. 나도 박 선생님에게 잘 보이고 싶은 마음이 태산 같았지만 늘 그렇듯이 머리가 따라주지를 않았다. 아마 이번 시험에서도 모든 과목이 50점을 넘지 못했을 것이다. 아이들이 모두 떠난 교실에서 나는 몸을 비비 꼬며 창밖에서 놀고 있는 아이들에게 시선을 주고 있었다. (중략) 선생님이 마침내 입을 연 것은 20분이나 시간이 지나서였다. (중략)
　　"동구를 가만히 보면, 아는데 말을 못 하는 적도 많은 것 같아. 그러

다 보니 자신감도 없어지고."

　나의 간지럽고 아픈 부분을 이렇게나 간결하게 짚어 준 사람이 내 인생에 또 있으랴. 공부 못하는 죄를 추궁당하는 것이 아니라 ⓒ공부 못하는 서러움을 이해받는 것은 생애 처음 있는 일이었다. 안 그래도 물러 터진 내 마음은 완전히 물에 만 휴지처럼 흐물흐물해져서, 예쁘고 멋진 데다 현명하기까지 한 박 선생님 앞에서 때 아닌 눈물까지 한 방울 선을 보일 뻔했다.

42. 밑줄 친 부분에 나타난 '나'의 심정으로 알맞은 것을 고르십시오.

① 난처하다　　　　② 감격스럽다
③ 담담하다　　　　④ 의심스럽다

43. 위 글의 내용과 같은 것을 고르십시오.

① 나는 담임 선생님께 인정을 받고 싶다.
② 반 아이들은 요즘 교실 청소를 잘 하지 않는다.
③ 반 아이들은 예전 담임 선생님 말을 잘 들었다.
④ 담임 선생님은 내가 공부를 못해서 화를 내셨다.

TOPIK II 〈52회 읽기 42~43번〉

정답은 ②번
밑줄 친 부분의 앞 내용을 보면
내 인생에 또 있으랴.
'-(으)랴'는 '-겠어요?'와 같이 반어적 의문문을 나타내는 종결어미 문법이다. '자신의 인생을 판단해 준 사람이 내 인생에 또 있겠어?'의 의미이다. 그리고 이어서 나오는 '공부 못하는 서러움을 이해받는 것은 생애 처음 있는 일이었다.'를 통해 등장인물의 감정을 추측해 보아야 한다.
○ 그렇다면 등장인물의 심정은 '감격스럽다'가 가장 자연스럽다.

❶ 정답
② 반 아이들은 요즘 교실 청소를 잘 한다. (가장 깨끗한 반이 되었다.) not A
③ 반 아이들은 예전 담임 선생님 말을 잘 안 들었다. (말을 죽어라고 안 듣던) not B
④ 담임 선생님은 내가 공부를 못해도 이해해 주셨다. not C

예상문제

[1~2] 다음을 읽고 물음에 답하십시오. (각 2점)

　　"도와드릴까요."

　　아주 듣기 좋은 저음이었다. 키가 훌쩍 큰 남자였다. 남자는 웃고 있었지만 비웃는 웃음은 아니었다. 그는 엉거주춤 허리를 굽혀 나하고 같은 눈높이가 되면서 빨간 단추를 살짝 만지고 나서 카메라를 내 눈에다 대주었다.

　　"이제 보이지요?"

　　그러나 나는 뭐가 보이나를 확인하기 전에 그를 다시 한번 쳐다보았다. 선량하고 친절한 인상이 마음에 들었다. 바위 뒤에 숨어 있던 늑대가 사방을 휘둘러보면서 걸어 나왔다. 나는 카메라로 늑대를 쫓다 말고 키 큰 남자를 돌아다보면서 물었다. (중략)

　　"그럼 여태껏 건성으로 들고 있었단 말이에요?"

　　나는 그에게 따지듯 물었다. 그러나 곧 그의 위로하는 듯한 웃음을 따라 웃고 말았다. 그는 나하고 카메라를 번갈아 들여다보면서 이것저것 설명을 하려고 했다. 나는 듣는 척하다가 한숨을 쉬면서 어깨를 한번 으쓱했다가 축 늘어뜨려 보였다.

1. **밑줄 친 부분에 나타난 나의 태도로 알맞은 것을 고르십시오.**

① 속이 상하다　　　② 자신이 없다　　　③ 마음이 차분하다　　④ 가슴이 먹먹하다

2. **이 글의 내용과 같은 것을 고르십시오.**

① 나는 카메라를 통해 늑대를 봤다.

② 나는 카메라의 사용법을 잘 알고 있다.

③ 나는 남자에게 카메라에 대해 설명했다.

④ 나는 남자의 인상을 좋게 보지 않았다.

[3~4] 다음을 읽고 물음에 답하십시오. (각 2점)

    어느 날 내가 울타리를 엮고 있을 때 평소 서로 말을 않고 지내던 점순이가 살며시 와서 괜히 말을 건다. "너희 집에는 이거 없지?" 하며 구운 감자 세 알을 내놓는 것이다. 나는 "안 먹는다." 하며 고개도 안 돌리고 감자를 도로 밀어버린다. 점순이는 나를 독하게 쏘아보고 눈에는 눈물까지 글썽거리더니 이를 악물고 가버린다. 그 후로 점순이는 기를 쓰고 나를 괴롭힌다. 나의 집 암탉을 때려 알집을 터뜨려 놓았을 뿐만 아니라 나를 "바보"라고 놀리다 못해 내 아버지까지 흉을 보기도 한다. 툭하면 사나운 자기네 집 수탉과 나의 작은 수탉을 싸움 붙여 놓는다. 나는 싸움에 이기게 하기 위하여 닭에게 고추장까지 먹여 보았으나, 점순이네 수탉에 쪼여 반죽음 당하기는 먹이지 않았을 때와 마찬가지이다.

3. 밑줄 친 부분에 나타난 점순이의 심정으로 알맞은 것을 고르십시오.

    ① 슬프다   ② 답답하다   ③ 당황스럽다   ④ 원망스럽다

4. 이 글의 내용과 같은 것을 고르십시오.

    ① 나와 점순이는 사이가 좋은 편이다.

    ② 나는 점순이와 아버지의 흉을 봤다.

    ③ 나는 점순이가 준 감자를 안 먹었다.

    ④ 나는 점순이네 수탉에게 고추장을 먹였다.

1 설명문/논설문

▶ 읽기 [44~45]번 유형은 설명문을 읽고 중심 생각과 빈칸에 알맞은 내용을 고르는 문항이다. 주제를 찾고 문장 안에서 필요한 표현을 찾는 능력을 측정하는 문항으로 **6급 수준의 내용**이 출제된다. 읽기 [44~45]번, 읽기 [46~47]번, 읽기 [48~50]번과 듣기 [41~42]번, 듣기 [43~44]번, 듣기 [45~46]번, 듣기 [47~48]번, 듣기 [49~50]번 총 8개 유형의 지문의 내용 주제는 중복되지 않는 범위 내에서 다음과 같다.

어휘와 표현(p.43)을 미리 공부하자!

출제 가능성	지문 내용
동물	• 동물의 습성 등
미래학	• 미래 사회를 예측
사회 현상	• 현재 사회에서 일어나고 있는 현상
역사	• 과거 인류의 사건 등
예술	• 한국, 동양, 서양의 예술 작품, 흐름 등
인간심리	• 인간의 심리 작용과 의식 상태
자연 현상	• 생태계 현상 등
전통문화	• 한국 고유의 문화 등
정치경제	• 정책 관련
환경	• 환경오염과 환경 보호 등

읽기 44번~45번 | 황금 레시피

[44]번은 주제로 중심 생각을 찾는 방법(Ranking 10)과 동일하다.

● 중심 생각

Ranking 10

01	−는 게 좋다. −는 게 낫다. −는 게 괜찮다.	02	−아/어야 ~ −아/어야 하다.
03	그래서 _____	04	가장 중요한 건 _____ −는 게 중요하다. −는 게 필요하다. −(으)ㄹ 필요가 있다.
05	−아/어 보세요. −는 게 어때요? −(으)ㅂ시다. −자.	06	−고 싶다. −(으)면 좋겠다. −(으)면 좋을 텐데.
07	제 생각에는 −(ㄴ/는)다고 생각하다. −는 거라고 생각하다. −(ㄴ/는)다고 보다. −는 게 아니겠어?	08	−아/어서 좋다/괜찮다. −아/어서 나쁘다/힘들다/어렵다. −아/어서 나쁠 건 없다.
09	특히 ~ 무엇보다도 ~ −는 데 도움이 된다.	10	두 문장 이상 반복 이처럼 ~ 이렇듯 ~

[45]번은 (빈칸)에 알맞은 내용을 찾는 방법으로 둘 중에 하나를 선택해서 찾아야 한다.

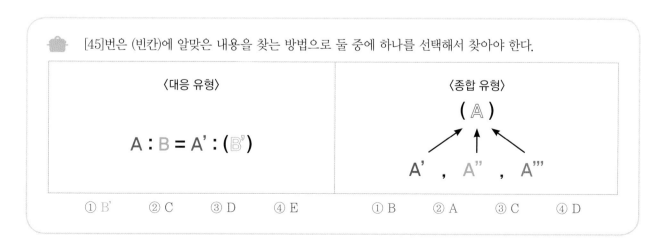

[44~45] 다음을 읽고 물음에 답하십시오. (각 2점)

원고 마감이 임박하거나 시험공부 시간이 부족하면 사람은 본능적으로 놀라운 집중력을 발휘한다. 그래서 ❹시간 부족 상태가 되어야만 ❺일을 효율적으로 할 수 있다고 믿는 사람들이 많다. 그러나 ❺'효율성만 믿고 ❹'( ) 것은 어리석은 일이다. 시간에 쫓기면 사람들은 한 가지에만 집중할 뿐 그 외에 다른 것에는 주의를 기울이지 못하게 되기 때문이다. 이런 상황은 실제로 상당히 위험할 수 있다. 단적인 예로 소방관들은 구조 현장으로 이동하는 과정에서 안전벨트를 매지 않아 사고를 당하는 경우가 매우 많다. 일 초가 급한 상황에서 인명 구조에만 집중한 나머지 차 문을 닫거나 안전벨트를 채우는 기본적인 일을 잊어서 생긴 결과이다. 이처럼 시간적 여유가 부족해지면 집중했던 일은 성공적으로 처리할 수 있겠지만 나머지 많은 것들은 놓칠 수 있다.

44. 위 글의 주제로 알맞은 것을 고르십시오.

① 인간의 집중력은 시간적인 제약이 많을수록 높아진다.
② 인간에게 시간 부족은 효율적인 일 처리의 원동력이 된다.
③ 단시간 내에 일을 처리해도 성공적으로 일을 마칠 수 있다.
④ 시간 부족은 인간의 시야를 좁혀 부정적인 영향을 미칠 수 있다.

정답은 ④번
중심 생각 Ranking 유형 (10) '두 문장 반복'에 해당한다.
'이처럼'은 앞의 내용을 다시 한 번 정리하고 반복할 때 사용한다. 따라서 '시간적 여유가 부족해지면 나머지 많은 것을 놓칠 수 있다.'와 같은 의미를 선택지에서 고르면 된다.

45. ( )에 들어갈 내용으로 알맞은 것을 고르십시오.

① 성급히 일을 처리하는
② 무턱대고 일을 미루는
③ 관심사를 무한히 늘리는
④ 전적으로 하나에만 매달리는

TOPIK II 〈60회 읽기 44~45번〉

정답은 ②번
대응 유형으로 비슷한 표현을 활용하여 빈칸에 들어갈 알맞은 내용을 찾으면 된다.
❹시간 부족 상태가 되어야만
❺일을 효율적으로 할 수 있다고 믿는다.

❺'효율성만 믿고
❹'(시간 부족 상태를 만드는) 것은 어리석은 일이다.

따라서 '시간 부족 상태를 만드는'과 같은 의미를 선택지에서 고르면 된다.

예상문제

[1~2] 다음을 읽고 물음에 답하십시오. (각 2점)

    정부가 5년 전 발표한 옥외 가격 표시제는 일정 면적 이상의 업소는 매장 외부에 가격을 표시하도록 한 제도이다. 소비자들의 합리적인 소비와 업소 간 건전한 가격 경쟁 유도를 위해 도입하였다. 하지만 여전히 (   ) 있어 소비자들의 알 권리가 제대로 보호받지 못하고 있다는 지적이다. 특히 일반음식점, 미용실 등에서 지켜지지 않는 것으로 나타났다. 이는 지방 자치 단체의 소극적인 단속과 해당 업소의 무관심 등이 원인으로 지적되고 있다. 그래서 이들 업소를 대상으로 일제 점검을 벌이고 있지만 아직 경고 수준에 그치는 상황이다. 더욱이 A4용지 크기에 일부 가격만 적어 놓으면 될 뿐이어서 쉽게 보이는 곳에 붙였는지 굵고 진한 글씨로 표기했는지 등의 세부 규정도 마련되어야 한다는 지적이다. 이와 관련하여 지자체에서는 명확한 규정이 없어 아직까지 업주에게 강요할 수 없는 형편이라며 가격표 설치 지원과 단속 강화 등 제도 정착을 위한 다각적인 방안을 모색하고 있다고 말했다.

1. 이 글의 주제로 알맞은 것을 고르십시오.

    ① 업소 간의 건전한 가격 경쟁이 필요하다.

    ② 옥외 가격 표시제가 제대로 이루어져야 한다.

    ③ 소비자들의 신고 정신이 제도 정착을 앞당길 수 있다.

    ④ 옥외 가격 표시제를 지키지 않는 업주를 처벌해야 한다.

2. (   )에 들어갈 내용으로 알맞은 것을 고르십시오.

    ① 제 구실을 하지 못하고

    ② 법적인 효력을 발휘하고

    ③ 관계 당국이 철저히 관리하고

    ④ 소비자들이 관심을 보이지 않고

[3~4] 다음을 읽고 물음에 답하십시오. (각 2점)

    은혜시가 학교 급식의 위생 관리를 위하여 매년 두 차례에 걸쳐 '학교 급식 점검단'을 운영하겠다고 발표했다. 학교 급식의 위생 관리와 안전 점검을 강화하기 위해 공무원 1명과 학부모 1명이 2인 1조를 이루어 운영하는 방식이다. 점검 사항은 학교 급식법 규정에 따라 83개 항목을 점검할 예정이다. 이를 시행하기에 앞서 은혜시 교육청은 학부모 점검단의 역할과 자세, 학교 급식 위생·안전 점검 요령에 대한 전문 교육을 진행했다. 앞으로 두 차례의 점검을 마치게 되면 연 2회 평가회를 열어 점검단 운영 결과와 우수 학교도 소개할 예정이다. 그리고 점검단의 (   ) 좀 더 나은 학교 급식을 위해 교육부와 함께 정책 토론을 진행하는 자리도 마련할 예정이다.

3. 이 글의 주제로 알맞은 것을 고르십시오.

   ① 학교 급식법은 모두 83개의 항목으로 구성되어 있다.

   ② 은혜시는 급식 점검단에 참여하는 학부모들에게 관련 교육을 진행한다.

   ③ 은혜시는 학교 급식의 위생 관리를 학부모가 참여하는 형태로 진행한다.

   ④ 학부모들은 점검이 끝날 때마다 평가회를 열어 결과와 우수 사례를 발표한다.

4. (   )에 들어갈 내용으로 알맞은 것을 고르십시오.

   ① 평가 결과를 일단 뒤로 미루고

   ② 인원 구성을 공무원 중심으로 바꾸고

   ③ 역할이 급식 위생 점검에만 그치지 않고

   ④ 운영 방식을 우수 학교에서 담당하도록 하고

▶ **읽기 [46~47]번 유형**은 논설문이나 설명문을 읽고 순서와 세부 내용을 파악하는 문항이다.
문맥의 이해 능력과 세부 내용의 이해 여부를 측정하는 문항으로 **6급 수준의 내용**이 출제된다.
읽기 [46]번 문제풀이 순서는 앞에서 공부한 읽기 [39~41]번과 같은 방법으로 풀면 된다.

읽기 46번~47번 | 기출문제   ▶순서 배열

[46~47] 다음을 읽고 물음에 답하십시오. (각 2점)

해설

Ⓐ우주는 지구와 환경이 상이해 지구에서 쓰는 방법으로는 쓰레기를 수거하기가 어렵다. 처음에는 Ⓑ작살과 같이 물리적인 힘을 이용해서 쓰레기를 찍을 수 있는 도구가 거론되었다. (㉠) 이 때문에 테이프나 빨판같이 접착력이 있는 도구를 사용하자는 제안도 나왔다. (㉡) 점성이 강한 테이프의 경우는 우주에서의 극심한 온도 변화를 견디지 못했으며 빨판은 진공 상태에서는 소용이 없었다. (㉢) 그런데 최근 한 연구진이 Ⓒ도마뱀이 벽에 쉽게 달라붙어 떨어지지 않는 것에서 영감을 받아 접착력이 있는 도구를 개발하는 데 성공했다. (㉣) 도마뱀의 발바닥에 있는 수백만 개의 미세한 털들이 표면에 접촉할 때 생기는 힘을 응용한 것이다.

46. 위 글에서 〈보기〉의 글이 들어가기에 가장 알맞은 곳을 고르십시오.

> 보기
>
> 그러나 이 방법은 자칫하면 우주 쓰레기를 엉뚱한 곳으로 밀어낼 위험이 있었다.

① ㉠   ② ㉡   ③ ㉢   ④ ㉣

정답은 ①번
지시어 '이 방법'은 우주 쓰레기를 엉뚱한 곳으로 밀어낼 위험이 있는 방법이다.
우주 쓰레기를 수거하는 방법은 다음과 같은 3가지이다.
(1) 작살과 같은 물리적인 힘
(2) 테이프나 빨판같이 접착력이 있는 도구
(3) 도마뱀의 특징을 활용한 방법

이 중 밀어낼 가능성이 있는 방법은 (1)번이다.

47. 위 글의 내용과 같은 것을 고르십시오.
① 테이프는 우주의 온도 변화 때문에 점성을 잃었다.
② 작살은 접착력을 이용한 도구의 좋은 대안이 되었다.
③ 우주에서 쓰레기를 처리하는 방법은 지구와 유사하다.
④ 접착력을 이용한 쓰레기 수거 방법은 결국 성공하지 못했다.

TOPIK II 〈60회 읽기 46~47번〉

❶ 정답
② 작살은 (물리적인 힘을 이용한 도구로 거론되었다). not B
③ 우주에서 쓰레기를 처리하는 방법은 지구와 (상이하다). not A
④ 접착력을 이용한 쓰레기 수거 방법은 결국 (성공했다). not C

[1~2] 다음을 읽고 물음에 답하십시오. (각 2점)

　일반적으로 사막은 강우량보다 증발량이 많은 지역을 의미한다. (㉠) 그런데 원래 사막이 아닌 곳이 사막으로 변하는 사막화 현상이 지구 곳곳에서 나타나고 있다. (㉡) 사막화는 오랫동안의 가뭄으로 인한 자연적인 사막화와 인간의 과도한 개발로 숲이 사라져서 생기는 인위적인 사막화로 나눌 수 있다. (㉢) 지구는 점차 산소가 부족해져 야생동물은 멸종 위기에 이르고 물 부족현상으로 작물 재배가 불가능해져 극심한 식량난에 빠지게 된다. (㉣) 또한 이산화탄소의 양이 많아져 지구온난화의 원인이 된다.

1. 다음 문장이 들어가기에 가장 알맞은 곳을 고르십시오.

> **보기**
> 　이러한 사막화로 인해 숲이 사라지게 되면 인류는 심각한 위기를 맞게 된다.

① ㉠　　　　　　② ㉡　　　　　　③ ㉢　　　　　　④ ㉣

2. 이 글의 내용과 같은 것을 고르십시오.

① 오랜 가뭄으로 야생동물이 멸종 위기에 있다.
② 인간의 과도한 개발로 사막화가 사라지고 있다.
③ 지구온난화의 원인은 이산화탄소의 증가 때문이다.
④ 자연적인 사막화보다 인위적인 사막화가 더 심각하다.

[3~4] 다음을 읽고 물음에 답하십시오. (각 2점)

정전기는 날씨가 건조해지면 자주 나타나는데 주로 옷을 벗을 때, 머리를 빗거나 모자를 벗을 때에 찌지직 하면서 전기가 일어나는 것을 경험할 수가 있다. (㉠) 심지어 어떤 사람은 정전기 때문에 컴퓨터가 고장이 난 적도 있다고 한다. (㉡) 따라서 컴퓨터 같은 기기를 분해하거나 조립할 때도 조심을 해야 한다. (㉢) 기름과 가스를 운반하는 유조차는 잘못하면 반짝하는 정전기의 불꽃으로 불이 날 수 있으므로 매우 조심해야 한다. (㉣) 식품을 포장하는 데 쓰는 얇은 비닐은 정전기를 띠고 있어서 물건에 잘 달라붙는다. 이러한 성질을 이용해 식품을 깨끗하게 보관할 수 있는 것이다.

3. 다음 문장이 들어가기에 가장 알맞은 곳을 고르십시오.

보기
그러나 정전기가 우리에게 도움을 줄 때도 있다.

① ㉠   ② ㉡   ③ ㉢   ④ ㉣

4. 이 글의 내용과 같은 것을 고르십시오.

① 정전기는 습도가 높은 날 자주 발생한다.
② 정전기를 이용하면 컴퓨터 수리가 가능하다.
③ 식품을 포장할 때 정전기 때문에 상할 수 있으므로 조심해야 한다.
④ 유조차는 정전기 때문에 화재가 날 수 있으므로 항상 유의하는 것이 좋다.

3 종합(논설문)

▶ **읽기 [48~50]번** 유형은 논설문이나 설명문을 읽고 글의 목적, 빈칸에 알맞은 내용, 필자의 태도나 심정
을 파악하는 문항이다. 글의 목적뿐만 아니라 이유나 근거를 파악하는 능력과 상황이나 맥락을 활용하는 능
력, 태도나 심정을 파악하는 능력을 측정하는 문항으로 **6급 수준의 내용**이 출제된다. 주제는 읽기 [44~45]
번(p.244)에 설명한 것과 같다.

읽기 48번~50번 | 황금 레시피

🧳 [48]번은 마지막 문장에 필자가 글의 주제에 대하여 긍정적인지 부정적인지를 확인하며 필자의 말하는
방식이나 태도를 알 수 있다.

🧳 [49]번은 빈칸에 알맞은 내용을 찾는 방법으로 둘 중에 하나를 선택해서 찾아야 한다.

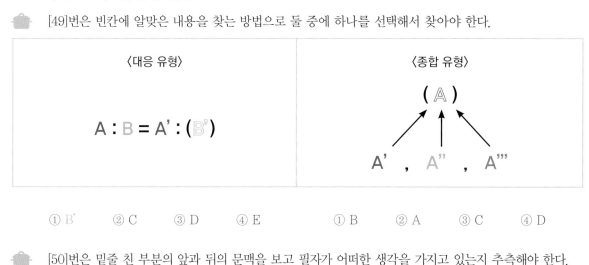

〈대응 유형〉	〈종합 유형〉
$A : B = A' : (B')$	(Ⓐ) ↑ ↑ ↑ A' , A'' , A'''

　① B'　　② C　　③ D　　④ E　　　① B　　② A　　③ C　　④ D

🧳 [50]번은 밑줄 친 부분의 앞과 뒤의 문맥을 보고 필자가 어떠한 생각을 가지고 있는지 추측해야 한다.

[48~50] 다음을 읽고 물음에 답하십시오. (각 2점)

　4차 산업은 그 분야가 다양하지만 연구 개발이 핵심 원동력이라는 점에서 공통점을 갖고 있다. 이러한 점을 고려하여 정부는 신성장 산업에 대한 세제 지원을 확대하기로 했다. 미래형 자동차, 바이오 산업 등 신성장 기술에 해당하는 연구를 할 경우 세금을 대폭 낮춰 준다는 점에서 고무적인 일이다. 하지만 ❹현재의 지원 조건이라면 ❸몇몇 대기업에만 유리한 지원이 될 수 있다. 해당 기술을 전담으로 담당하는 연구 부서를 두어야 하고 원천 기술이 국내에 있는 경우에만 지원이 가능하기 때문이다. ❹'혜택이 큰 만큼 ❸'(　　　　) 정부의 입장을 이해하지 못하는 것은 아니다. 그러나 이번 정책의 목적이 단지 연구 개발 지원에 있는 것이 아니라 연구 개발을 유도하고 독려하고자 하는 것이라면 해당 조건을 완화하거나 단계적으로 적용할 필요가 있다.

48. 위 글을 쓴 목적으로 알맞은 것을 고르십시오.

① 투자 정책이 야기할 혼란을 경고하려고
② 세제 지원 조건의 문제점을 지적하려고
③ 연구 개발에 적절한 분야를 소개하려고
④ 신성장 산업 연구의 중요성을 강조하려고

49. (　　　)에 들어갈 내용으로 알맞은 것을 고르십시오.

① 일정한 제약을 두려는
② 연구 기관을 늘리려는
③ 투자 대상을 확대하려는
④ 지원을 단계적으로 하려는

50. 밑줄 친 부분에 나타난 필자의 태도로 알맞은 것을 고르십시오.

① 기술 발전이 산업 구조 변화에 미칠 영향을 인정하고 있다.
② 세제 지원의 변화가 투자 감소로 이어질 것을 우려하고 있다.
③ 세금 정책이 연구 개발에 미치는 부정적 영향을 비판하고 있다.
④ 신성장 기술에 대한 세제 지원 정책을 긍정적으로 평가하고 있다.

TOPIK II 〈60회 읽기 48~50번〉

정답은 ②번
글을 쓴 목적은 중심 생각(주제)를 먼저 찾아야 한다. 이 글은 중심 생각 유형 (4) '-(으)ㄹ 필요가 있다'에 해당한다. 중심 생각은 "이번 정책이 연구 개발을 유도하고 독려하고자 하는 것이라면 해당 조건을 완화하거나 단계적으로 적용할 필요가 있다."이다.

정답은 ①번
대응 유형으로 비슷한 표현을 활용하여 빈칸에 들어갈 알맞은 내용을 찾으면 된다.
❹현재의 지원 조건이라면
❸몇몇 대기업에만 유리한 지원이 될 수 있다.
❹'혜택이 큰 만큼
❸'(몇몇 대기업에만 지원하려는) 정부의 입장을 이해하지 못하는 것은 아니다.

'몇몇 대기업에만 지원하려는'의 의미를 다시 바꾸면 '대기업이 아닌 기업의 경우 지원을 받기 어려운'의 의미가 된다.

정답은 ④번
밑줄 친 부분의 '고무적인 일이다.'는 '힘을 낼 수 있도록 격려하다'의 의미로 긍정적인 평가를 할 때 사용한다. 따라서 '신성장 기술에 대해 세금을 대폭 낮춰 준다는 점에 대해 긍정적으로 평가하고 있다.'의 의미이다.

예상문제

[1~3] 다음을 읽고 물음에 답하십시오. (각 2점)

　　얼마 전 한 민간단체가 발표한 2014년판 '남녀격차 보고'에서 한국은 조사 대상 142개국 중 117위를 기록하였다. 남녀평등 순위에서는 지난해 111위에서 6계단 더 하락한 것으로 나타났다. 이번 한국 남녀평등 순위는 같은 아시아 국가 중 필리핀(9위), 중국(87위)보다 한참 낮은 순위이며, 남녀격차는 제도적 정비에도 오히려 더욱 심화되고 있는 것으로 조사됐다. 이런 사회적 분위기와 제도에 문제를 삼고 여성의 평등을 위해 노력해야 한다는 움직임이 최근에 일고 있다. 하지만 여성 운동에서는 모든 인간이 존중되는 평등을 지향해야지 성 평등만을 지향해서는 안 된다. 오늘날 벌어지고 있는 차별은 성 차별에만 국한되지 않는다. 인종, 민족, 종교, 지위 등을 이유로 지구촌 곳곳에서 인간으로서의 기본 권리가 침해 받고 있다. <u>인권이 보호되지 않고서 성 평등이 무슨 의미가 있겠는가?</u> 여성 운동은 인권 운동과 (　　　　　) 바람직한 사회를 만들어 나가는 데 노력을 기울여야 할 것이다. 여성 운동은 사회적 변화를 이루고자 하는 새로운 차원의 시민 운동이기 때문이다.

1. **필자가 이 글을 쓴 목적을 고르십시오.**

　① 여성의 성 평등 운동을 지지하기 위해

　② 올바른 여성 운동의 방향을 제시하기 위해

　③ 한국의 남녀 불평등 문제의 심각성을 설명하기 위해

　④ 여성 평등을 위한 정부 차원의 대책 마련을 요구하기 위해

2. **(　　　)에 들어갈 내용으로 알맞은 것을 고르십시오.**

　① 보조를 맞추면서

　② 확실하게 구분하고

　③ 제도적 정비를 이루어서

　④ 여성의 평등을 주장하며

3. **밑줄 친 부분에 나타난 필자의 태도로 알맞은 것을 고르십시오.**

　① 여성의 평등이 보장되어야 한다는 주장을 지지하고 있다.

　② 성 평등이 제도적인 보호를 받지 못하는 상황을 비판하고 있다.

　③ 여성 운동의 근본적인 의미가 왜곡되고 있는 상황을 염려하고 있다.

　④ 인권 보호가 먼저 이루어져야 성 평등도 주장할 수 있음을 지적하고 있다.

[4~6] 다음을 읽고 물음에 답하십시오. (각 2점)

　'국민참여재판'은 국민이 형사 재판에 직접 참여하는 제도이다. 재판에서 피고인의 유죄 여부와 형량에 대해 재판부와 함께 판단을 내리는 일을 한다. 이때 재판에 참여하는 사람을 배심원이라고 하는데 만 20세 이상의 대한민국 국민으로 해당 지방법원 관할 구역에 거주하는 주민 중에 무작위로 선정된다. 배심원은 재판에 참여하여 검사와 변호인의 주장을 듣고 증거 조사 과정을 지켜보게 된다. 그리고 재판 중에 증인이나 피고인을 신문할 때 궁금한 점을 질문할 수 있다. 그리고 재판 과정의 마지막에는 배심원들이 따로 모여 이야기하고 의견을 모으게 된다. 하지만 배심원들의 의견이 재판 결과로 이어지지 않는다. 한국의 국민참여재판에서는 배심원들의 의견이 (　　　　　). 그래서 판사의 판결이 배심원들의 결론과 다를 수 있다. 사실 한국의 국민참여재판 제도는 재판의 공정성과 절차적 투명성에 대한 불신 때문에 도입된 측면이 강하다. 그런데 배심원의 의견이 결국 판사의 수용 여부를 거쳐야 하는 현행 시스템은 국민재판 무용론에 빌미를 제공할 소지가 크다고 할 수 있다.

4. 필자가 이 글을 쓴 목적을 고르십시오.

① 국민참여재판의 필요성을 촉구하려고

② 국민참여재판의 배심원 자격을 소개하려고

③ 국민참여재판의 방식과 문제점을 설명하려고

④ 국민참여재판의 공정성과 투명성을 홍보하려고

5. (　　)에 들어갈 내용으로 알맞은 것을 고르십시오.

① 채택될 가능성이 아주 높다

② 형량을 결정하는 기준이 된다

③ 재판의 공정성을 높이고 있다

④ 고려되기는 하지만 효력은 없다

6. 밑줄 친 부분에 나타난 필자의 태도로 알맞은 것을 고르십시오.

① 제도의 효용성에 대해 강조하고 있다.

② 배심원의 자질에 대해 평가하고 있다.

③ 제도의 불완전성에 대해 우려하고 있다.

④ 배심원 선정 기준에 대해 비판하고 있다.

3 공식적 대화

1 강연(중심 내용)

▶ 듣기 [41~42]번 유형은 강연을 듣고 중심 내용과 세부 내용을 파악하는 문항이다. 중심 내용의 이해 능력과 세부 내용의 이해 여부를 측정하는 문항으로 **6급 수준의 내용**이 출제된다. 주제는 읽기 [44~45]번 (p.244)에 설명한 것과 같다.

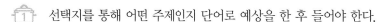

듣기 41번~42번 | 황금 레시피

1️⃣ 선택지를 통해 어떤 주제인지 단어로 예상을 한 후 들어야 한다.

2️⃣ 문제가 모르는 주제일 가능성이 많기 때문에 듣기의 앞부분은 그 주제에 대한 설명을 한다.

3️⃣ 따라서 강연의 중심 내용은 듣기의 뒷부분에 나온다.

〈앞부분〉
주제에 대한 설명
〈뒷부분〉
강연의 중심 내용

[41]번은 중심 생각을 찾는 방법과 동일하다.

중심 생각

Ranking 10

01	−는 게 좋다. −는 게 낫다. −는 게 괜찮다.	**02**	−아/어야 ~ −아/어야 하다.
03	그래서 _____	**04**	가장 중요한 건 _____ −는 게 중요하다. −는 게 필요하다. −(으)ㄹ 필요가 있다.
05	−아/어 보세요. −는 게 어때요? −(으)ㅂ시다. −자.	**06**	−고 싶다. −(으)면 좋겠다. −(으)면 좋을 텐데.
07	제 생각에는 −(ㄴ/는)다고 생각하다. −는 거라고 생각하다. −(ㄴ/는)다고 보다. −는 게 아니겠어?	**08**	−아/어서 좋다/괜찮다. −아/어서 나쁘다/힘들다/어렵다. −아/어서 나쁠 건 없다.
09	특히 ~ 무엇보다도 ~ −는 데 도움이 된다.	**10**	두 문장 이상 반복 이처럼 ~ 이렇듯 ~

[41~42] 다음은 강연입니다. 잘 듣고 물음에 답하십시오. (각 2점)

여자: ❹조선 시대 왕의 밥상인 수라상에는 각 지방의 제철 특산품이
올랐습니다. 그래서 왕은 수라상에 올라오는 식재료를 보고 각
〈앞부분〉 지방의 상황을 두루 짐작할 수 있었지요. 그런데 나라에 ❶가뭄
주제 이나 홍수 피해가 있으면 왕은 백성을 아끼는 마음에서 반찬 수
설명 를 줄이기도 했습니다. 수라상은 신하들의 분쟁을 잠재우기 위한
수단으로도 활용되었는데요. ❸신하들 간의 분쟁이 심해질 경우
〈뒷부분〉 왕은 반찬 수를 줄이겠다고 선언합니다. 그러면 신하들은 왕의 건
강연 강을 염려해서 잠시나마 분쟁을 멈추었지요. 왕이 수라상을 정치
중심 에 적절히 이용했던 겁니다.
내용

41. 이 강연의 중심 내용으로 맞는 것을 고르십시오.

① 수라상은 왕의 국정 운영에 활용되었다.
② 수라상의 음식 수는 왕의 권력을 나타냈다.
③ 수라상은 조선 시대 음식 문화를 보여 준다.
④ 수라상의 의미는 시대마다 다르게 해석된다.

중심 생각 Ranking 유형 (3) '그래서'와 유형 (10) '두 문장 반복'에 해당한다.
"왕은 수라상의 식재료를 보고 각 지방의 상황을 짐작하였다."
"왕은 수라상의 반찬 수를 줄여서 신하들의 분쟁을 잠재우기 위한 수단으로 활용하였다."
"왕은 수라상을 정치에 적절히 이용했다."
왕이 수라상을 정치에 어떻게 이용했는지에 대해 반복하여 설명하고 있다. 이와 같은 내용을 선택지에서 고르면 정답은 ①번이 된다.

42. 들은 내용과 일치하는 것을 고르십시오.

① 왕은 수라상의 반찬을 통해 지방 상황을 살폈다.
② 자연재해가 발생해도 수라상은 동일하게 구성됐다.
③ 왕의 건강이 나빠지면 신하들은 반찬 수를 줄였다.
④ 조선 시대 수라상에는 제철 특산품을 올리기 힘들었다.

TOPIK II 〈60회 듣기 41~42번〉

❶ 정답
② 자연재해가 (발생하면 수라상의 반찬 수를 줄였다.) not B
③ (신하들 간의 분쟁이 심해지면 왕은) 반찬 수를 줄였다. not C
④ 조선 시대 수라상에는 제철 특산품을 (올렸다.) not A

예상문제

[1~2] 다음은 강연입니다. 잘 듣고 물음에 답하십시오. (각 2점)

1. 이 강연의 중심 내용으로 맞는 것을 고르십시오.

① 실수를 하지 않기 위해 평소에 노력해야 한다.

② 작은 실수를 통해 자신의 단점을 깨달을 수 있다.

③ 사람은 살다가 보면 누구나 실수를 하기 마련이다.

④ 사소한 실수를 바로 잡아야 큰 실패를 막을 수 있다.

2. 들은 내용과 일치하는 것을 고르십시오.

① 범죄의 경중에 따라 유동적으로 처벌했다.

② 범죄율을 줄이기 위해 도시의 낙서부터 지웠다.

③ 사소한 범죄를 처벌했지만 범죄율은 변함없었다.

④ 범죄율을 낮추려고 큰 범죄를 엄격하게 단속했다.

[3~4] 다음은 강연입니다. 잘 듣고 물음에 답하십시오. (각 2점)

3. 이 강연의 중심 내용으로 맞는 것을 고르십시오.

① 국가는 국민에게 억울한 일이 생기지 않도록 노력해야 한다.

② 억울한 일에 대해서 항의할 수 있는 장치가 마련되어야 한다.

③ 신문고는 본래 취지와 다르게 운영되었기 때문에 실패했다.

④ 신문고는 임금이 백성의 이야기를 직접 들으려고 했던 훌륭한 제도였다.

4. 들은 내용과 일치하는 것을 고르십시오.

① 신문고는 함부로 치면 큰 벌을 받았다.

② 신문고는 지방마다 설치했던 북을 말한다.

③ 신문고는 원래 관리들을 위해 만든 것이다.

④ 신문고는 전국의 모든 사람들이 이용하였다.

2 강연(세부 내용)

▶ 듣기 [45~46]번 유형은 강연을 듣고 세부 내용과 화자의 태도나 심정을 파악하는 문항이다. 세부 내용의 이해와 화자의 말하는 방식이나 태도 파악 능력을 측정하는 문항으로 **6급 수준의 내용**이 출제된다. 주제는 읽기 [44~45]번(p.244)에 설명한 것과 같다.

듣기 45번~46번 | 황금 레시피

1️⃣ 선택지를 통해 어떤 주제인지 단어로 예상을 한 후 들어야 한다.

2️⃣ 그리고 주제에 대하여 화자가 긍정적인 태도를 가지고 있는지 부정적인 태도를 가지고 있는지 확인해야 한다.

3️⃣ 마지막 부분에 화자가 어떻게 마무리하고 있는지를 확인하면 화자의 말하는 방식이나 태도를 알 수 있다.

주제에 대해 긍정적인지 부정적인지 확인해야 한다.

〈마지막 문장〉

화자의 말하는 방식이나 태도를 알 수 있다.

[46]번은 202쪽 듣기 [31~32]번 유형인 토론에서 나온 화자의 태도와 거의 비슷하다. 말하는 방식과 태도와 관련하여 기타 표현으로 추가하면 다음과 같다.

나열하다 묘사하다 우려하다 = 경계하다 = 의심하다 대처하다	증명하다 당부하다 판단하다 = 진단하다 유보하다	비교하다 강조하다 회고하다

[45~46] 다음은 강연입니다. 잘 듣고 물음에 답하십시오. (각 2점)

여자: 오늘은 채소가 아닌 보석 '호박'에 대해 얘기해 보죠. ❹호박은 나무에서 흘러나온 수액이 굳어져서 생긴 것인데요. ❺일반적인 보석처럼 광물로 만들어진 게 아니라서 바닷물에 뜰 정도로 가볍습니다. 또 ❻다른 보석들은 보통 흠집이나 불순물이 없어야 가치를 인정받지만 호박은 다릅니다. 워낙 투명하기 때문에 내부의 불순물이 그대로 보이는데, 불순물이 잘 보일수록 가치가 높습니다. 그래서 수천만 년 전에 생태계를 보여 주는 고대 곤충이나 식물의 잎 등이 들어가 있으면 다이아몬드만큼이나 비싼 가격에 팔리기도 합니다.

45. 들은 내용과 일치하는 것을 고르십시오.

① 호박은 광물로 만들어져 물에 뜰 수 없다.
② 호박은 다른 보석들처럼 흠집이 없는 게 좋다.
③ 호박 내부의 불순물이 잘 보이면 가격이 비싸진다.
④ 호박은 다이아몬드와 비슷한 물질로 구성되어 있다.

① 호박은 광물로 (만들어진 게 아니라서) 물에 뜰 수 (있다.) not B
② 호박은 (다른 보석들과 다르게) 흠집이 (있는) 게 좋다. not C
❸ 정답
④ 호박은 (나무에서 흘러나온 수액으로) 구성되어 있다. not A

46. 여자가 말하는 방식으로 가장 알맞은 것을 고르십시오.

① 호박의 가공 과정을 살피고 있다.
② 호박의 개념을 다시 정의하고 있다.
③ 호박의 유형을 파악해 비교하고 있다.
④ 호박의 특징과 가치를 설명하고 있다.

TOPIK II 〈60회 듣기 45~46번〉

여자는 호박의 구성 물질, 다른 보석들과의 차이점과 가치 등에 대하여 설명하고 있다. 정답은 ④번이다.

예상문제

[1~2] 다음은 강연입니다. 잘 듣고 물음에 답하십시오. (각 2점)

1. 들은 내용과 일치하는 것을 고르십시오.

① 디지털 치매는 나이와 상관없이 나타날 수 있다.

② 메모는 컴퓨터에 입력하는 것이 기억하기에 좋다.

③ 뇌를 자극하려면 디지털 기기를 많이 사용할수록 좋다.

④ 저장된 전화번호를 이용하면 디지털 치매를 막을 수 있다.

2. 여자의 태도로 가장 알맞은 것을 고르십시오.

① 디지털 치매를 막는 방법을 소개하고 있다.

② 디지털 치매 연구의 필요성을 주장하고 있다.

③ 디지털 치매로 인한 불편함을 나열하고 있다.

④ 디지털 치매를 일으키는 원인을 설명하고 있다.

[3~4] 다음은 강연입니다. 잘 듣고 물음에 답하십시오. (각 2점)

3. 들은 내용과 일치하는 것을 고르십시오.

① 배설물 화석은 발견하기가 쉽지 않다.

② 배설물 화석은 육식공룡의 배설물만 분석된다.

③ 배설물 화석의 연구가 활발하게 진행되고 있다.

④ 배설물 화석은 과거 생물에 대한 정보를 제공한다.

4. 여자가 말하는 방식으로 가장 알맞은 것을 고르십시오.

① 시대를 구분해 사건을 나열하고 있다.

② 경험을 근거로 현상을 설명하고 있다.

③ 사례를 들어 가치에 대해 강조하고 있다.

④ 증거를 바탕으로 과거를 재구성하고 있다.

3 강연(화자의 태도)

▶ 듣기 [49~50]번 유형은 강연을 듣고 세부 내용과 화자의 태도나 심정을 파악하는 문항이다. 세부 내용의 이해와 화자의 말하는 방식이나 태도 파악 능력을 측정하는 문항으로 **6급 수준의 내용**이 출제된다. 주제는 읽기 [44~45]번(p.244)에 설명한 것과 같다.

듣기 49번~50번 | 황금 레시피

① 선택지를 통해 어떤 주제인지 단어로 예상을 한 후 들어야 한다.

② 그리고 주제에 대하여 화자가 긍정적인 태도를 가지고 있는지 부정적인 태도를 가지고 있는지 확인해야 한다.

③ 마지막 부분에 화자가 어떻게 마무리하고 있는지를 확인하면 화자의 말하는 방식이나 태도를 알 수 있다.

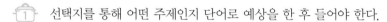

주제에 대해 긍정적인지 부정적인지 확인해야 한다.

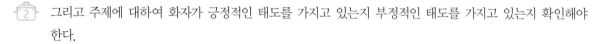

〈마지막 문장〉
화자의 말하는 방식이나 태도를 알 수 있다.

[50]번은 듣기 [31~32]번 유형인 토론(p.202)과 듣기 [45~46]번 유형인 강연(p.260)에서 나온 화자의 말하는 방식이나 태도와 같다.

[49~50] 다음은 강연입니다. 잘 듣고 물음에 답하십시오. (각 2점)

여자: 우리 몸에 장기를 다른 사람에게 이식하는 ❹장기 이식 기술의 가
장 큰 어려움은 바로 거부 반응이었습니다. 이식한 부위에 서로
다른 면역 체계 때문에 사망에 이르기도 했는데요. ❺1970년대에
이 면역력 문제를 해결하는 의료 기술이 개발되면서, 이식 성공
률이 획기적으로 높아졌고 ⓒ지금은 심장이나 뼈, 피부까지도 이
식이 가능하게 됐지요. 그런데 이러한 의료기술의 발전에도 불구
하고 여전히 필요한 만큼의 장기 기증은 이루어지지 않고 있습니
다. 이를 해결하기 위해 현재 인공 장기를 이식하는 연구가 한창이
라고 하니 장기 이식의 새로운 가능성이 열릴 것으로 기대됩니다.

49. 들은 내용과 일치하는 것을 고르십시오.

① 현재 인공 장기 이식 연구가 진행 중에 있다.
② 면역력 해결을 위한 기술이 곧 개발될 것이다.
③ 과거에는 장기 이식의 거부 반응이 많지 않았다.
④ 장기 이식 중 뼈를 이식하는 것은 아직 불가능하다.

❶ 정답
② 면역력 해결을 위한 기술이 (이미
   개발되었다.) not B
③ 과거에는 장기 이식의 거부 반응
   이 (많았다.) not A
④ 장기 이식 중 뼈를 이식하는 것은
   (가능하다.) not C

50. 여자의 태도로 가장 알맞은 것을 고르십시오.

① 장기 기증에 동참하기를 촉구하고 있다.
② 장기 이식 기술의 미래를 낙관하고 있다.
③ 장기 기증으로 생길 문제를 예측하고 있다.
④ 장기 이식 기술의 실패 원인을 진단하고 있다.

TOPIK II 〈60회 듣기 49~50번〉

마지막 문장에서 여자는 "장기 이식
의 새로운 가능성이 열릴 것으로 기
대됩니다."라고 말하여 긍정적인 태도
를 가지고 있다. 이와 같은 내용을 선
택지에서 고르면 정답은 ②번이 된다.

예상문제

[1~2] 다음은 강연입니다. 잘 듣고 물음에 답하십시오. (각 2점)

1. **들은 내용과 일치하는 것으로 고르십시오.**

   ① 비대칭이 선호된 이유는 자연 중심적인 사고 때문이다.

   ② 한옥과 같은 건축 기법은 외국에서도 찾을 수 있다.

   ③ 평지에 지어진 집은 대체로 대칭의 구조를 가지고 있다.

   ④ 한옥은 구조가 단순하고 재료가 비슷하여 집 구조가 대칭이다.

2. **여자의 태도로 가장 알맞은 것을 고르십시오.**

   ① 전통 건축물 보존의 중요성을 강조하고 있다.

   ② 자연친화적인 건축미를 예를 통해 설명하고 있다.

   ③ 한옥의 건축 공법을 재현을 통해 분석하고 있다.

   ④ 전통 건축 방식이 현대에 계승되기를 희망하고 있다.

[3~4] 다음은 강연입니다. 잘 듣고 물음에 답하십시오. (각 2점)

3. **들은 내용과 일치하는 것을 고르십시오.**

   ① 나와 남을 모두 생각하는 것이 이기주의이다.

   ② 도덕적인 사람들이 많아야 집단이기주의를 막을 수 있다.

   ③ 정의로운 사회를 만들기 위해 이기주의는 버려야 한다.

   ④ 쓰레기장 건설 반대 시위는 이기주의와 별로 관계가 없다.

4. **여자의 태도로 가장 알맞은 것을 고르십시오.**

   ① 이기주의의 사례를 설명하며 비판하고 있다.

   ② 이기주의의 부작용을 분석하며 반성하고 있다.

   ③ 이기주의를 지적하며 그 대비책을 제안하고 있다.

   ④ 집단이기주의를 막을 수 있는 정책 마련을 촉구하고 있다.

4 | 대담

▶ 듣기 **[47~48]번 유형**은 대담을 듣고 세부 내용과 화자의 태도나 심정을 파악하는 문항이다. 세부 내용의 이해와 화자의 말하는 방식이나 태도 파악 능력을 측정하는 문항으로 **6급 수준의 내용**이 출제된다. 주제는 읽기 [44~45]번(p.244)에 설명한 것과 같지만 **'대담'이라는 특성상 '정책'과 관련된 내용의 출제 가능성이 높다.**

듣기 47번~48번 | 황금 레시피

① 선택지를 통해 어떤 주제인지 단어로 예상을 한 후 들어야 한다.

② 질문자의 질문 내용이 무엇인지 확인해야 한다.

③ 그 질문에 대하여 화자가 긍정적인 태도를 가지고 있는지 부정적인 태도를 가지고 있는지 확인해야 한다.

④ 마지막 부분에 화자가 어떻게 마무리하고 있는지를 확인하면 화자의 말하는 방식이나 태도를 알 수 있다.

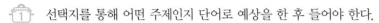

질문자의 질문 내용이 무엇인지 확인해야 한다.

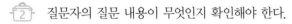

〈마지막 문장〉

화자의 말하는 방식이나 태도를 알 수 있다.

[48]번은 듣기 [31~32]번 유형인 토론(p.202)과 듣기 [45~46]번 유형인 강연(p.260)에서 나온 화자의 말하는 방식이나 태도와 같다.

[47~48] 다음은 대담입니다. 잘 듣고 물음에 답하십시오. (각 2점)

여자: 인구 문제 해결을 위해 적정 인구부터 논의해야 한다는 것이군요.

남자: 네. ❶적정 인구란 사회의 규모와 경제적인 면에서 가장 바람직한 인구 수준을 말하는데요. 적정 인구 규모가 정해져야 그에 따른 인구 대책을 세울 수 있게 됩니다. 적정 인구는 일반적으로 사람들이 소비하는 자원의 요구량 또는 자원 생산에 필요한 땅 면적을 고려해 계산하는데요. 어떤 삶의 질과 방식으로 사느냐에 따라 요구되는 자원이 다르기 때문에 ❸나라마다 적정 인구의 판정 기준에 차이가 있습니다. 따라서 ❹적정 인구를 계산할 때는 국민들의 삶의 질도 함께 고려해야 합니다.

47. 들은 내용과 일치하는 것을 고르십시오.

① 적정 인구 판정에 삶의 질을 반영하기 어렵다.
② 적정 인구를 정한 후에 인구 대책 마련이 가능하다.
③ 적정 인구 계산에 사회적 규모는 고려되지 않는다.
④ 적정 인구 기준은 모든 나라에 동일하게 적용된다.

① 적정 인구 판정에 삶의 질을 (고려해야 한다.) not C
❷ 정답
③ 적정 인구 계산에 사회적 규모는 (고려된다.) not A
④ 적정 인구 기준은 (나라마다 차이가 나게) 적용된다. not B

48. 남자의 태도로 가장 알맞은 것을 고르십시오.

① 적정 인구의 계산 방식을 비판하고 있다.
② 적정 인구 판정의 어려움을 토로하고 있다.
③ 적정 인구 논의의 영향에 대해 우려하고 있다.
④ 적정 인구 논의의 적절한 방향을 제시하고 있다.

TOPIK II 〈60회 듣기 47~48번〉

여자는 인구 문제 해결을 위해 적정 인구부터 논의해야 한다는 내용을 정리하였다. 이에 대해 남자는 적정 인구에 대해 설명을 하고 있다. 마지막 문장에서 "적정 인구를 계산할 때는 국민들의 삶의 질도 함께 고려해야 한다."라고 중심 생각을 말하고 있다. 삶의 질을 고려한 적정 인구의 계산법에 대해 제시하고 있다. 이와 같은 내용을 선택지에서 고르면 정답은 ④번이 된다.

예상문제

듣기 47번~48번 | 예상문제   ▶대담

[1~2] 다음은 대담입니다. 잘 듣고 물음에 답하십시오. (각 2점) 60

1. 들은 내용과 일치하는 것을 고르십시오.

① 정부는 국민들의 요청으로 청와대 국민청원을 도입하였다.

② 청와대 국민청원에 대한 국민들의 관심이 점점 줄어들고 있다.

③ 인권과 남녀평등에 관한 의견이 국민청원에 가장 많이 접수된다.

④ 청와대 국민청원은 10만 명 이상의 동의가 있을 경우 답변을 들을 수 있다.

2. 남자의 태도로 가장 알맞은 것을 고르십시오.

① 국민청원 제도의 도입을 반기고 있다.

② 국민청원 제도에 대해 자부심을 갖고 있다.

③ 국민청원 제도의 운영 문제를 우려하고 있다.

④ 국민청원 제도의 실효성에 대해 의심하고 있다.

[3~4] 다음은 대담입니다. 잘 듣고 물음에 답하십시오. (각 2점) 61

3. 들은 내용과 일치하는 것을 고르십시오.

① 대학의 구조 조정은 자율적으로 진행되고 있다.

② 대학의 수가 증가하여 입학 정원이 미달되고 있다.

③ 교육부의 정책에 따라 문을 닫는 대학이 증가하였다.

④ 출산율 저하로 인해 대학에 진학할 학생 수가 감소했다.

4. 남자의 태도로 가장 알맞은 것을 고르십시오.

① 정부의 정책에 대해 긍정적이다.

② 정부 정책의 문제점을 지적하고 있다.

③ 대학의 구조 조정에 대해 회의적이다.

④ 대학구조조정의 필요성을 강조하고 있다.

4 정보 전달

1 다큐멘터리

▶ 듣기 [43~44]번 유형은 다큐멘터리를 듣고 중심 내용과 세부 내용을 파악하는 문항이다. 중심 내용의 이해 능력과 세부 내용의 이해 여부를 측정하는 문항으로 **6급 수준의 내용**이 출제된다. 주제는 읽기 [44~45]번(p.244)에 설명한 것과 같지만 **'다큐멘터리'라는 특성상 '동물'과 관련된 내용의 출제 가능성이 높다.**

> **TIP** 동물과 관련된 내용: 〈네이버〉 – 〈애니팩트: The 신기한 동물 사전〉을 통해 미리 공부해 두는 것도 준비 방법 중 하나이다. 또 문항의 특징 중 하나는 '–(스)ㅂ니다.'를 활용하기보다 '–(ㄴ/는)다.'를 많이 활용한다. 따라서 '–(ㄴ/는)다.' 형태로 끝나는 듣기 연습을 해 두어야 한다.

듣기 43번~44번 | 황금 레시피

> [43]번은 중심 생각을 찾는 방법과 동일하다.
>
> [44]번은 다음과 같이 '설명'이나 '이유'를 질문한다.
>
> – 〈대상〉에 대한 설명으로 맞는 것을 고르십시오.
>
> – 〈대상〉이 〈무엇〉을 하는 이유로 맞는 것을 고르십시오.
>
> 하지만 방법은 같은 내용을 고르는 문제와 동일하다.

◉ 중심 생각

꼭 외워야 할 표현 9/9

Ranking 10

01	-는 게 좋다. -는 게 낫다. -는 게 괜찮다.	**02**	-아/어야 ~ -아/어야 하다.
03	그래서 _____	**04**	가장 중요한 건 _____ -는 게 중요하다. -는 게 필요하다. -(으)ㄹ 필요가 있다.
05	-아/어 보세요. -는 게 어때요? -(으)ㅂ시다. -자.	**06**	-고 싶다. -(으)면 좋겠다. -(으)면 좋을 텐데.
07	제 생각에는 -(ㄴ/는)다고 생각하다. -는 거라고 생각하다. -(ㄴ/는)다고 보다. -는 게 아니겠어?	**08**	-아/어서 좋다/괜찮다. -아/어서 나쁘다/힘들다/어렵다. -아/어서 나쁠 건 없다.
09	특히 ~ 무엇보다도 ~ -는 데 도움이 된다.	**10**	두 문장 이상 반복 이처럼 ~ 이렇듯 ~

[43~44] 다음은 다큐멘터리입니다. 잘 듣고 물음에 답하십시오. (각 2점)

남자: 암컷 오랑우탄이 새끼를 안고 나뭇잎을 뜯고 있다. 사포닌 성분이 가득 들어 있는 이 나뭇잎은 지역 주민들에게 강력한 진통제로 쓰인다. 일반적으로 동물들은 사포닌의 쓴맛을 꺼리는데 오랑우탄은 왜 이 나뭇잎을 뜯고 있을까? 최근 이 지역에서는 오랑우탄들이 나뭇잎을 씹어서 만든 즙을 팔에 바르는 모습이 자주 목격되었다. 주로 암컷 오랑우탄이 이런 행동을 하는데 새끼를 안고 다니느라 생긴 통증을 줄이려는 것으로 보인다. 몸이 좋지 않을 때 인간처럼 약초를 먹는 오랑우탄을 발견된 적이 있으나, 나뭇잎을 즙을 내어 바르는 모습이 목격된 것은 이번이 처음이다.

43. 이 이야기의 중심 내용으로 맞는 것을 고르십시오.

① 새끼 양육 방식이 오랑우탄의 식습관에 영향을 미쳤다.
② 나뭇잎 즙으로 통증을 치료하는 오랑우탄이 발견되었다.
③ 사포닌이 든 나뭇잎의 맛을 즐기는 오랑우탄이 늘고 있다.
④ 오랑우탄은 나뭇잎을 구하기 위해 서식지를 옮기기 시작했다.

중심 생각 Ranking 유형 (10) '두 문장 반복'에 해당한다.
다큐멘터리의 내용 중 핵심은 "오랑우탄은 왜 이 나뭇잎을 뜯고 있을까?"이다. 이에 대한 답으로 "나뭇잎으로 즙을 내어 바르는 모습과 이유"에 대해 설명하고 있다. 이와 같은 내용을 선택지에서 고르면 정답은 ②번이 된다.

44. 이 나뭇잎을 일반 동물들이 꺼리는 이유로 맞는 것을 고르십시오.

① 뜯기 힘들어서
② 건강에 좋지 않아서
③ 사포닌의 맛을 싫어해서
④ 새끼에게 먹이기 어려워서

TOPIK II 〈60회 듣기 43~44번〉

이 나뭇잎을 일반 동물들이 꺼리는 이유를 '사포닌의 쓴맛을 꺼리기 때문'이라고 설명하고 있다. 정답은 ③번이 된다.

[1~2] 다음은 다큐멘터리입니다. 잘 듣고 물음에 답하십시오. (각 2점) 62

1. 이 이야기의 중심 내용으로 맞는 것을 고르십시오.

① 박쥐는 동굴에서 거꾸로 매달려 생활한다.

② 박쥐는 공간 인식을 위해 초음파를 활용한다.

③ 박쥐는 다른 동물에 비해 서식지가 독특하다.

④ 박쥐는 어두운 곳에서 살아서 시력이 퇴화됐다.

2. 박쥐의 귀가 유난히 큰 이유로 맞는 것을 고르십시오.

① 주변의 소음을 잘 파악하기 위해

② 목적지까지의 거리를 가늠하기 위해

③ 좀 더 오랫동안 거꾸로 매달리기 위해

④ 되돌아오는 음파의 메아리를 잘 감지하기 위해

[3~4] 다음은 다큐멘터리입니다. 잘 듣고 물음에 답하십시오. (각 2점) 63

3. 이 이야기의 중심 내용으로 맞는 것을 고르십시오.

① 사람들은 스트레스를 풀기 위해 탈춤을 추기 시작했다.

② 안동 하회 마을은 한국의 대표적인 탈춤으로 유명하다.

③ 탈춤은 마을 축제에 양반들을 위해 공연되던 예술이다.

④ 탈춤은 신분 갈등에서 생기는 문제를 해결하기 위해 생겨났다.

4. 탈을 쓰고 춤을 추는 이유로 맞는 것을 고르십시오.

① 점잖은 양반 역할을 해야 하기 때문에

② 남성 공연자가 여성 역할을 했기 때문에

③ 분장하는 방법이 발달하지 못했기 때문에

④ 얼굴을 드러내고 비판하는 일은 어렵기 때문에

5 | 작문

1 주제별 분류

▶ 쓰기 [54]번에 출제 가능성이 있는 〈주제〉를 랭킹별로 분류하면 다음과 같다.

대분류	중분류	소분류
01 삶의 자세	대인관계	바람직한 인간관계
		문화상대주의
		조언을 받아들일 때의 자세(다른 사람의 평가 등)
	바람직한 대화법	바람직한 의사소통의 방법(대화법, 토론에 필요한 자세 등)
		올바른 사과의 방법
		선의의 거짓말
02 현대 사회의 특징	사회 문제	올바른 인터넷 사용 태도(인터넷 댓글 등)
		실업 문제
		동물 실험
	사회 변화	반려 동물
		4차 산업 혁명
03 능력	자기계발	자기 계발의 중요성(외국어 능력, 창의적 사고 능력 등)
		독서의 역할과 방법
		진로 선택을 위한 자기계발(직업 선택 조건 등)
	사회적 요구	현대 사회에서 필요한 인재상
		진정한 리더십
04 인간 심리	동기	동기가 인간 심리에 미치는 영향
	내적 동기	칭찬의 긍정적인 면과 부정적인 면
	외적 동기	경쟁의 긍정정인 면과 부정적인 면
		실패를 통해 배울 수 있는 면(도전 등)

05	정보의 양면성	광고	광고의 양면성
		영화	영화의 양면성
		통계	통계 자료의 양면성(자료 해석 차이 등)
		매체	신문의 양면성(인터넷 정보 등)
06	교육	공교육	역사 교육의 필요성(예술 교육, 체육 교육 등)
		사교육	조기 교육의 장단점(사교육 등)
		대학 교육	바람직한 대학 교육(교양 과목 등)
07	환경	환경오염	환경오염을 줄이기 위한 방법
		절약	절약의 실천(에너지 절약, 소비 절약 등)
		개발과 보존	자연 보존과 자연 개발
08	봉사	개인	현대 사회에서 봉사의 가치
		기업	기업의 사회 활동
09	삶의 만족도	행복	행복한 삶의 조건(경제적 여유, 성공의 조건 등)

쓰기 54번 | 기출문제

54. 다음을 주제로 하여 자신의 생각을 600~700자로 글을 쓰시오. 단, 문제를 그대로 옮겨 쓰지 마시오. (30점)

요즘은 아이가 학교에 들어가기 전 어릴 때부터 악기나 외국어 등 여러 가지를 교육하는 경우가 많다. 이러한 조기 교육은 좋은 점도 있지만 문제점도 있다. 아래의 내용을 중심으로 '조기 교육의 장점과 문제점'에 대해 자신의 의견을 쓰라.

- 조기 교육의 장점은 무엇인가?
- 조기 교육의 문제점은 무엇인가?
- 조기 교육에 찬성하는가, 반대하는가? 근거를 들어 자신의 의견을 쓰라.

TOPIK II 〈60회 쓰기 54번〉

1. 서론

(1) 조기 교육의 의미

조기 교육이란 학교에 들어가지 않은 아이들에게 음악이나 외국어 등 다양한 교육을 실시하는 것을 말한다.

(2) 조기 교육의 현황

실제로 많은 아이들이 어릴 때부터 영어나 컴퓨터 등의 조기 교육을 받는 것을 주위에서 흔히 볼 수 있다. 이처럼 어릴 때부터 조기 교육을 받게 되면 장점도 있지만 문제점도 생길 수 있다.

2. 본론

(1) 조기 교육의 장점

- 아이의 재능을 일찍 발견하고 재능을 키울 수 있다.
- 아이의 학업 경쟁력을 높일 수 있다.
- 조기 교육을 통해 다양한 경험을 할 수 있다.

(2) 조기 교육의 문제점

- 부모의 지나친 관심과 강요에 의해 이루어질 수 있다.
- 경쟁으로 인한 스트레스 때문에 학업에 흥미를 잃거나 성장에 방해될 수 있다.
- 아이의 정서 발달에 해로울 수 있다.

3. 결론

찬성
- 조기 교육을 통해 아이의 세계관을 넓힐 수 있다.
- 부모의 강요가 아니라 아이가 흥미를 가지고 적극적으로 교육을 받는다면 조기 교육이 가지고 있는 장점을 충분히 살릴 수 있다.

반대
- 조기 교육은 부모의 결정에 따라 이루어지기 때문에 진정한 교육이 아니라고 생각한다.
- 아이가 자신이 하고 싶지 않은 것을 교육 받는다면 조기 교육이 가지고 있는 문제점으로 인해 얻는 것보다 잃는 것이 더 많을 수 있다.

　조기 교육이란 학교에 들어가지 않은 아이들에게 음악이나 외국어 등 다양한 교육을 실시하는 것을 말한다. 실제로 많은 아이들이 어릴 때부터 영어나 컴퓨터 등의 조기 교육을 받는 것을 주위에서 흔히 볼 수 있다. 이처럼 어릴 때부터 조기 교육을 받게 되면 장점도 있지만 문제점도 생길 수 있다.

　먼저 조기 교육의 장점은 아이의 재능을 일찍 발견하고 그 재능을 키울 수 있다는 점이다. 예를 들어 예술 분야에서 유명한 사람 중에는 어릴 때부터 조기 교육을 받은 경우가 꽤 많다. 또 다른 조기 교육의 장점은 아이의 학업 경쟁력을 높일 수 있다는 점과 조기 교육을 통해 다양한 경험을 할 수 있다는 점이다. 반면 조기 교육은 부모의 지나친 관심과 강요에 의해 이루어질 수 있다는 문제점이 있다. 경쟁으로 인한 스트레스 때문에 아이가 학업에 흥미를 잃을 수도 있고 아이의 정서 발달에 해로울 수 있다.

조기 교육은 장점과 문제점을 동시에 가지고 있지만 장점을 통해 아이의 재능을 계발할 수 있다면 조기 교육을 실시하는 것이 적절하다고 생각한다. 조기 교육을 통해 위의 장점뿐만 아니라 아이의 세계관을 넓힐 수 있기 때문이다. 그리고 문제점으로 지적된 부모의 강요가 아니라 아이가 흥미를 가지고 적극적으로 교육을 받는다면 조기 교육이 가지고 있는 장점을 충분히 살릴 수 있을 것이다. 이러한 이유로 조기 교육을 실시하는 것에 찬성한다.

결론 (찬성)

　조기 교육은 장점이 많지만 위의 문제점을 고려하였을 때 조기 교육을 실시하는 것이 적절하지 않다고 생각한다. 조기 교육은 부모의 결정에 따라 이루어지기 때문에 진정한 교육이 아니라고 생각하기 때문이다. 그리고 아이가 자신이 하고 싶지 않은 것을 교육 받는다면 조기 교육이 가지고 있는 문제점으로 인해 얻는 것보다 잃는 것이 더 많을 수도 있다. 이러한 이유로 조기 교육을 실시하는 것을 반대한다.

결론 (반대)

실전모의고사

TOPIK Ⅱ (6급)

듣기, 쓰기, 읽기

[41~42] 다음은 강연입니다. 잘 듣고 물음에 답하십시오. (각 2점) 64

41. 이 강연의 중심 내용으로 맞는 것을 고르십시오.

① 나라나 민족마다 결혼 풍습의 공통점이 있다.

② 결혼 풍습은 시대에 따라 변화하게 되어 있다.

③ 전통 결혼식의 풍습을 유지해야 할 필요가 있다.

④ 결혼과 관련된 어휘에는 한국인의 풍습이 담겨 있다.

42. 들은 내용과 일치하는 것을 고르십시오.

① 시부모는 신랑과 신부의 아이가 크면 독립하게 하였다.

② 장가를 들면 첫 아이를 낳을 때까지 신부의 집에서 살았다.

③ '시집가기'로 결혼 풍습이 바뀐 후 남성 중심 체제가 되었다.

④ '장가들다'는 여자가 결혼한 후 시부모의 집에서 산다는 의미이다.

[43~44] 다음은 다큐멘터리입니다. 잘 듣고 물음에 답하십시오. (각 2점) 65

43. 이 이야기의 중심 내용으로 맞는 것을 고르십시오.

① 앵무새는 본능적으로 주변 소리를 잘 따라한다.

② 앵무새는 아이 수준의 인간 지능을 가지고 있다.

③ 앵무새는 어릴 때부터 훈련을 시켜야 소리를 잘 흉내 낸다.

④ 앵무새는 발음하기에 적합한 신체 구조 때문에 소리를 잘 모방한다.

44. 앵무새가 다른 새들과 다르게 소리를 흉내 낼 수 있는 이유로 맞는 것을 고르십시오.

① 지능이 높기 때문에

② 귀가 발달했기 때문에

③ 입을 위아래로 움직일 수 있기 때문에

④ 사람의 소리를 자주 들을 수 있기 때문에

45. 들은 내용과 일치하는 것을 고르십시오.

① 2000년대에는 전문성과 경험을 갖춘 사람을 요구했다.

② 1990년대에는 성실하고 책임감이 강한 사람을 선호했다.

③ 1970년대에는 도전적이고 창의적인 사람이 주목을 받았다.

④ 1960년대에는 적극적이고 진취적인 사람이 인기가 많았다.

46. 여자가 말하는 방식으로 가장 알맞은 것을 고르십시오.

① 내용을 시대별로 분류하여 제시하고 있다.

② 익숙한 비유를 통해 현상을 설명하고 있다.

③ 조사 결과를 바탕으로 원인을 분석하고 있다.

④ 예시와 근거를 통해 자신의 견해를 증명하고 있다.

[47~48] 다음은 대담입니다. 잘 듣고 물음에 답하십시오. (각 2점)

47. 들은 내용과 일치하는 것을 고르십시오.

① 수소 전기차는 배터리의 수명이 짧다.

② 수소 전기차는 주행거리가 짧은 편이다.

③ 수소 전기차는 주행을 하면 물을 배출한다.

④ 수소 전기차는 충전 시간이 50분이 걸린다.

48. 남자의 태도로 가장 알맞은 것을 고르십시오.

① 수소 전기차 계발의 어려움을 토로하고 있다.

② 수소 자동차 성능의 문제점을 지적하고 있다.

③ 수소 전기차의 보급 현황을 냉정하게 평가하고 있다.

④ 수소 전기차 보급을 위해 해결할 과제를 제시하고 있다.

49. 들은 내용과 일치하는 것을 고르십시오.

① 동전은 처음에는 줄무늬가 있었다.

② 금화를 사용하면서 금의 가치가 높아졌다.

③ 동전의 아름다움을 위해 줄무늬를 넣었다.

④ 시각 장애인을 위해 동전에 줄무늬를 넣는다.

50. 여자가 말하는 방식으로 가장 알맞은 것을 고르십시오.

① 사례를 들어 변화 양상을 설명하고 있다.

② 내용을 유형별로 분류하여 제시하고 있다.

③ 역사적 사건을 논리적으로 분석하고 있다.

④ 조사 결과를 바탕으로 원인을 증명하고 있다.

[42~43] 다음을 읽고 물음에 답하십시오. *(각 2점)*

옛날 학마을에서는 해마다 봄이 되면 한 쌍의 학이 찾아오곤 했었다. 언제부터 학이 이 마을을 찾아오기 시작했는지는 아무도 모른다. 어쨌든 올해 여든인 이장 영감이 아직 나기 전부터라고 했다. 또 그의 아버지가 나기도 더 전부터라고 했다.

씨 뿌리기 바로 전에 학은 꼭 찾아오곤 했었다. 그리고는 정해 두고 마을 한가운데 서 있는 노송 위에 집을 틀었다. 마을 사람들은 이 노송을 학나무라고 불렀다.

이장이 마흔네 살이 되던 해였다.

씨 뿌릴 준비를 다 해 놓고 마을 사람들은 학을 기다렸다. 그런데 웬일인지 계절이 다 늦도록 학은 돌아오지 않았다. 그들은 하는 수 없이, 학 없이 씨를 뿌렸다. 가뭄이 들었다. 모든 곡식은 바삭바삭 말라 버렸다. 마을 사람들은 그저 헛되이 학나무만 쳐다보았다. 학나무에는 지난해에 틀었던 학의 둥지만이 빈 채 달려 있었다.

42. 밑줄 친 부분에 나타난 마을 사람들의 태도로 알맞은 것을 고르십시오.

① 의심하다　　　　② 안도하다　　　　③ 후회하다　　　　④ 절망하다

43. 위 글의 내용과 같은 것을 고르십시오.

① 학이 찾아오지 않은 해에 가뭄이 들었다.

② 학이 마을을 찾아오기 시작한 지 얼마 되지 않았다.

③ 마을 사람들은 학이 마을에 오는 것을 싫어 한다.

④ 마을 사람들은 학나무에 달려 있던 둥지를 치워 버렸다.

난독증은 지능, 시각, 청각에 문제가 없는데도 글자를 읽고 이해하는 데에 어려움을 겪는 증상이다. 말하는 데는 문제가 없는데 (   ) 아이들이 약 5%에 이른다. 그런데 이 증상은 단순한 학습 능력 부진이나 집중력 부족이라고 잘못 판단하기 쉬워 치료 시기를 놓치는 경우가 많다. 게다가 난독증 아동은 잦은 실수와 낮은 학업 성취 때문에 자신감이 부족해질 수 있고 인간관계도 서툴러질 수 있다. 학습 능력이 부진한 아이에게서 특별한 원인을 찾을 수 없다면 난독증을 의심해 봐야 한다. 난독증 때문에 어려움을 겪는다는 것을 부모가 빨리 인식하고 대처해야 하기 때문이다. 따라서 난독증은 학교 교육을 받기 전에 전문적으로 치료를 받는 것이 좋다. 왜냐하면 문자 학습 시기부터 단계적으로 치료를 받아야 효과가 있기 때문이다.

44. 위 글의 주제로 알맞은 것을 고르십시오.

① 난독증을 극복하려면 집중력을 높이는 훈련을 해야 한다.
② 난독증은 조기 발견과 적절한 치료를 통해 극복해야 한다.
③ 난독증의 특성을 이해하고 적절한 해결법을 찾아야 한다.
④ 치료 효과를 높이기 위해서는 난독증을 조기에 검사해야 한다.

45. (   )에 들어갈 내용으로 알맞은 것을 고르십시오.

① 실수를 자주 반복하는
② 치료를 제때 받지 못하는
③ 집중력이 현저히 떨어지는
④ 글을 제대로 인지하지 못하는

백화점의 마케팅 전략 중 널리 알려진 것은 1층 화장실, 창문, 시계가 없다는 것이다. 이 세 가지가 없는 이유는 매우 단순하다. 고객을 조금이라도 매장에 더 머물게 하여 매출을 올리기 위해서이다. (㉠) 이러한 전략 외에 더 중요한 것이 있는데 그것은 바로 백화점에서 틀어 주는 음악이다. (㉡) 백화점에서는 매출을 올리기 위해 시간대에 따라 다른 음악을 틀어 준다. 평상시에는 고객들을 좀 더 매장에 머물게 하기 위하여 잔잔한 음악을 틀어 준다. (㉢) 하지만 세일 기간에는 빠른 음악을 틀어 줘서 고객들의 쇼핑 속도를 끌어 올리려고 한다. (㉣) 이외에도 손님이 적은 오전 시간에는 조용한 음악을, 손님이 많은 오후 시간에는 경쾌한 음악을 틀어 줌으로써 고객들이 상품을 더 많이 구입하게 한다.

46. 다음 문장이 들어가기에 가장 알맞은 곳을 고르십시오.

> **보기**
> 이는 평상시 고객들은 물건을 바로 구매하기보다 물건을 구경하는 것에 집중하는 반면 세일 기간에는 직접 구매에 나서는 성향에 강하기 때문이다.

① ㉠   ② ㉡   ③ ㉢   ④ ㉣

47. 위 글의 내용과 같은 것을 고르십시오.

① 할인 판매 기간에는 잔잔한 음악을 틀어 준다.
② 백화점 안에 사람이 많을 때 조용한 음악을 들려준다.
③ 빠른 음악을 들으면 사람들은 물건을 더 많이 사게 된다.
④ 평소 오전에는 빠른 음악을, 오후에는 느린 음악을 틀어 준다.

　　장애인에 대한 사회적 편견, 장애인을 위한 시설 확충 등이 과거보다 많이 좋아졌다고 하나 앞으로도 지속적인 관심이 필요한 영역이다. 장애인들과 우리 모두가 함께 살아갈 수 있도록 해야 할 가장 중요한 일은 사회 시설을 바꾸고 제도를 개혁하는 일이다. 그렇게 하는 데에는 비용도 많이 들고 여러 가지 노력도 기울여야만 한다. 그럼에도 불구하고 이 일은 반드시 해야만 한다. <u>그 이유 중의 하나는 우리 모두가 장애인이 될 수도 있다는 것이다.</u> 2018년 말 현재 우리나라에 등록된 장애인의 숫자는 약 259만 명으로 전체 인구의 5%에 달하고 이 중 90% 이상이 사고로 인한 후천성 장애인이라는 사실이 이를 증명해 준다. 그러나 사회 시설과 제도 개혁을 해야 하는 더 중요한 이유는 그렇게 하는 것이 장애인뿐만 아니라 비장애인에게도 도움이 되기 때문이다. 장애인을 위한 사회 시설과 제도 개혁은 (　　　　　) 건전한 사회를 만든다. 이것은 결국 우리 모두의 삶을 질적으로 향상시키는 것이 된다.

48. 위 글을 쓴 목적으로 알맞은 것을 고르십시오.

　① 장애인에 대한 사회적 편견을 바꾸기 위해

　② 장애인이 되지 않기 위한 노력을 설명하기 위해

　③ 장애인을 위한 사회 시설의 문제점을 꼬집기 위해

　④ 장애인과 함께 하는 사회가 건전한 사회임을 주장하기 위해

49. (　　　)에 들어갈 내용으로 알맞은 것을 고르십시오.

　① 비장애인이 장애인을 돕는

　② 후천적 장애인이 발생하지 않는

　③ 장애인과 비장애인이 더불어 사는

　④ 장애인이 행복하게 살아갈 수 있는

50. 밑줄 친 부분에 나타난 필자의 태도로 알맞은 것을 고르십시오.

　① 장애인들의 현실적 어려움을 동정하고 있다.

　② 장애인이 될 가능성이 높음을 염려하고 있다.

　③ 장애인에 대한 정부의 미온적인 대책을 비판하고 있다.

　④ 장애인의 처지가 남의 일이 아니라는 것을 지적하고 있다.

54. 다음을 주제로 하여 자신의 생각을 600~700자로 글을 쓰시오. 단, 문제를 그대로 옮겨 쓰지 마시오.
(50점)

> 어떤 문제에 대해 여러 사람이 각각 의견을 말하면서 논의하는 것을 토론이라고 한다. 토론을 통해
> 합리적이고 효과적인 결론을 얻기 위해서는 토론을 할 때 자세가 매우 중요하다. 아래의 내용을 중
> 심으로 '토론에 필요한 자세'에 대한 자신의 생각을 쓰라.

- 토론은 왜 필요한가?
- 토론을 잘하려면 어떤 준비를 해야 하는가?
- 토론을 할 때에는 어떤 자세로 하는 것이 좋은가?

* 원고지 쓰기의 예

우	리		몸	에	서		주	름	이		가	장		많	은		곳	은
바	로		입	술	이	다	.	입	술	에		주	름	이		많	은	

3급에서 6급까지 단계별 딱! 맞춤 시험 대비서

TOPIK II

토픽 II

합격 레시피

한 국 어 능 력 시 험

TOPIK II 토픽II

3급에서 6급까지 단계별 딱! 맞춤 시험 대비서

합격 레시피

🍲 어휘와 표현

🍲 정답과 해설

한글파크

어휘와 표현

▶ **3**급 ⋯ 04

▶ **4**급 ⋯ 20

▶ **5**급 ⋯ 40

▶ **6**급 ⋯ 41

듣기 4번~8번 | 어휘와 표현   ▶회사

	어휘와 표현		어휘와 표현
직위	신입 사원, 대리, 과장, 부장, 팀장, 실장, 사장		홍보 책자
	상사와 부하 직원		프로젝트
	동료와 동료		설문 조사, 설문지
관계	고객과 직원		고객 만족도
	외부인(거래처)과 직원	보고서	준비하다
	출근하다 ⇔ 퇴근하다		작성하다 = 쓰다
	일하다 = 근무하다		수정하다 = 고치다
	야근하다		제출하다 = 내다
	일을 시작하다 ⇔ 일을 끝내다		확인하다 = 검토하다
	일이 끝나다		정리하다
	업무를 전달하다	자료, 서류	출력하다
업무	명령하다, 지시하다	복사기	종이가 걸리다 ⇔ 종이를 빼다
	부탁하다		보내다
	처리하다	이메일	확인하다
	통역하다		신제품
	지급하다	제품	홍보하다
	해외 파견 근무자		행사 일정
	참석하다, 참석 여부		행사장을 꾸미다
회의	회의하다	행사	자리를 배치하다
	발표하다		차질(이) 없이 진행하다
	안내문		홍보회
보고서	기획안		발표회

행사	보고회		그 외	야식, 먹을 거 사오기
공사	공사 현장		전화한 사람	(사람) 자리에 계십니까?
	기술자			(사람) 자리에 안 계신가요?
	기계가 멈추다			(사람) 좀 부탁합니다.
	일을 중단시키다			메모 좀 전해 주시겠습니까?
	공지문			메모 좀 남겨 주시겠습니까?
	계약서		전화를 받은 사람	회의 중입니다.
	거래처			메모를 남겨 드릴까요?
	물품		방문한 사람	실례합니다.
	수량			(사람) 좀 뵈러 왔는데요.
	목록		안내하는 사람	어떻게 오셨어요?
그 외	본사, 외국 지사 = 해외지사		상사가 부하 직원에게	–(으)세요.
	휴가			–도록 하세요.
	회식			–아/어 주세요.
	야유회		부하직원이 상사에게	–도록 하겠습니다.
	출장			–(으)ㄹ게요.
	월급		자주 나오는 단어와 문법	먼저 = 우선 = 일단
	승진			–는 대로 = –(으)면 바로

듣기 4번~8번 | 어휘와 표현 　▶학교

	어휘와 표현			**어휘와 표현**
수업	지각하다 = 수업에 늦다		장소	기숙사 – 방이 남아 있다
	결석하다 = 수업에 빠지다			도서관 – 대출(을) 받다 = 대출하다
	정문 ⟷ 후문			학기
	강의실, 빈 강의실		그 외	전공
장소	학과 사무실			선배 ⟷ 후배
	체육관 – 체육 대회, 운동 기구			시험

그 외	방학	공고
	학교 홍보 모델	

듣기 4번~8번 | 어휘와 표현 ▶집

어휘와 표현

	가구 – 책장	치우다
	거실	세탁기로 빨다
집	정원	빨래하다
	화분	요리하다 – 씻다, 썰다, 삶다
	청소하다	

듣기 4번~8번 | 어휘와 표현 ▶식당

어휘와 표현

	어휘와 표현		**어휘와 표현**
	테이블		계산하다
	자리를 잡다	식당	배달하다
	자리가 있다 ⇔ 없다		출발하다 ⇔ 도착하다
	자리를 옮기다 = 자리를 바꾸다		뭘 드시겠습니까?
식당	자리가 생기다	종업원	(음식) 나왔습니다.
	창가 쪽 ⇔ 안쪽		맛있게 드세요.
	예약하다	손님	(무엇) 좀 주세요.
	주문하다		

듣기 4번~8번 | 어휘와 표현 ▶병원

어휘와 표현

	안과, 내과, 외과	접수하다
병원	예약하다, 예약을 바꾸다	진찰하다, 치료를 받다, 진료하다

병원	한참 기다리다	혈액 검사, 피검사를 받다
	키와 몸무게를 재다	

듣기 4번~8번 | 어휘와 표현 ▶세탁소

어휘와 표현

세탁소	옷 – 셔츠, 바지, 치마, 양복	소매가 짧다
	벌 – 한 벌, 두 벌 …	딱 맞다
	얼룩이 묻다, 뭐가 묻다 ⇔ 지우다, 빼다	수선비
	세탁하다 = 빨다	수선하다 = 고치다
	바지 길이를 줄이다	수선(을) 맡기다

듣기 9번~12번 | 어휘와 표현 ▶백화점

어휘와 표현

백화점	문화센터	택배를 신청하다
	수업료 = 수강료	고객 센터
	수업이 열리다	회원 카드, 고객 카드, 회원증
	사이즈 – 큰 거, 작은 거	포인트
	주문서	적립하다
	구입하다	유모차
	계산하다 = 지불하다 = 결제하다	대여하다
	수선하다, 수선을 맡기다	

듣기 15번 | 어휘와 표현 ▶뉴스: 사건사고

	어휘와 표현	**설명**
사건사고 표현	부상자 ㄴ 부상(을) 당하다 ㄴ 부상을 입다	다친 사람

사건사고 표현	사망자	죽은 사람
	사상자	죽거나 다친 사람
	생명에 지장이 없다	죽을 정도는 아니다.
	인명 피해	죽거나 다친 사람의 정도
	재산 피해 ∟ 손실액	경제적 피해
	피해를 입다	피해를 당하다
	사고를 당하다	
	대피하다	안전한 장소로 잠시 피하다
	통제하다 ∟ 출입을 금지하다	제한하거나 금지하다
	구조하다	사람을 구해 주다
	복구하다 ∟ 복구가 진행되다 ∟ 복구 작업	피해 이전의 상태로 회복하다
	당부하다	강하게 부탁하다
	불편을 겪다	
	혼란이 있다	
	주의가 요구되다	조심하시기 바라다

천재지변	천재지변	태풍, 홍수, 지진 등으로 인한 피해
	집중호우	어느 한 지역에 집중적으로 내리는 비
	폭우	갑자기 강하게 쏟아지는 비
	산사태	산의 바위나 흙이 갑자기 무너져 내리는 현상
	홍수	물난리
	침수	물에 잠긴 현상
	(어디)가 무너지다	내려앉다
	지붕이 내려앉다	

천재지변	흙이 쏟아져 내리다	
	집이 물에 잠기다	침수되다
	전기가 끊기다	정전되다
	비가 그치다	비가 멈추다

교통사고	(차)에 부딪히다	
	(차)와 (차)가 충돌하다	
	(차)와 (차)가 추돌하다	
	(차)를 들이받다	부딪치다
	(차)가 넘어지다	
	도로가 미끄럽다	
	안개가 짙다 └ 짙은 안개	안개가 심하게 끼다
	도로가 막히다 └ 도로가 정체되다 └ 정체를 보이다	도로가 막히다
	정체가 풀리다	⇔ 정체되다
	차량 통행을 막다	통제하다
	트럭	화물차
	승용차	
	운전자	

정전 사고	정전 사고	전기가 끊기다
	전력을 공급하다	
	엘리베이터에 갇히다	

산악 사고	등반하다	산에 오르다
	미끄러지다	
	안전 장비	

산악 사고	등산로	
화재 사고	화재가 발생하다	불이 나다
	건물을 태우다	불에 타다
	강풍이 불다	바람이 강하다
	화재 진압 ⌐, 화재 진압에 어려움을 겪다	불을 끄다
	진화되다	불이 꺼지다
	소방 시설	
	소방차가 출동하다	
식중독 사고	식중독 사고	상한 음식을 먹고 생기는 증상
	보건 당국	건강관리 기구
	위생 관리 ⌐, 위생 상태 점검	건강을 유지하기 위한 관리
물놀이 사고	물에 빠지다	
공연장 사고	사람들이 몰리다	많은 사람이 한곳으로 모이다.
	시설물이 파손되다	시설물이 망가지다.
기차 사고	기차가 멈춰 서다	
	장치에 이상이 있다	
	한파	겨울철에 갑자기 기온이 내려가는 현상
낚시 사고	파도에 밀리다	
	배가 전복되다 / 가라앉다	
	방파제에서 미끄러지다	
지하철 사고	운행 지연	

지하철 사고	출근길	
	시민들	
	지옥철	
	발을 동동 구르다	
	승강장	
	안전장치	

비행기 사고	잇단, 잇따른	계속된
	결항	
	발 묶이다	

	어휘와 표현	설명
기상청	기상청	일기 예보를 하는 기구

	비구름	
	비가 오다 = 내리다	⇔ 비가 그치다 = 멈추다
	폭우 ㄴ, 폭우가 쏟아지다	갑자기 강하게 내리는 비
	장마 ㄴ, 장맛비	여름철에 며칠 동안 계속해서 비가 내리는 현상
비	마른장마	장마 기간 동안 비가 별로 오지는 않는 현상
	가뭄 ㄴ, 가뭄이 심하다	오랫동안 비가 내리지 않는 현상
	단비	꼭 필요한 때 알맞게 내리는 비
	농작물 피해	
	농산물 가격 폭등	농산물 가격이 크게 오르다.
	전국적으로	

비	확대되다	모양이나 규모가 크게 되다
	북부, 중부, 남부	
	비가 오락가락하다	계속해서 왔다 갔다 하는 모양
	빗방울 뚝뚝	떨어지는 소리나 모양
	(언제)까지 이어지다	(언제)까지 계속되다

눈	폭설	갑자기 많이 내리는 눈
	눈이 쌓이다	
	마비되다	기능을 잃어버리다

기온	기온이 오르다	⇔ 기온이 떨어지다
	영상	0℃ 이상
	영하	0℃ 이하
	최고 기온	하루 중 가장 높은 기온
	최저 기온	하루 중 가장 낮은 기온
	평년 기온 회복	보통 다른 해 정도의 기온으로

변화 설명	예년	보통 다른 해
	점점	= 점차 = 차차 = 차츰 = 조금씩
	맑아지다	
	쌀쌀해지다	
	추위가 한풀 꺾이다	온도가 많이 올라가 덜 추워지다
	화창하다	맑다
	포근하다	따뜻하다

계절	꽃샘추위	이른 봄, 봄꽃이 필 때 추위
	봄기운	봄의 느낌
	개화	꽃이 핌

계절	성큼 다가오다	
	태풍	
	한여름	무더위 = 찜통더위
	한겨울	강추위
	단풍	
	때 이르다	시기가 빠르다.

읽기 9번 | 어휘와 표현   ▶안내문

어휘와 표현	설명	어휘와 표현	설명
(행사)를 열다 (행사)를 개최하다 (행사)가 열리다	(행사)를 시작하다 (행사)가 시작되다	기간, 일시	(언제)부터 (언제)까지
1회에 한하다	1번만 허용된다	기념품	기념 선물
○○ 내용		사은품	감사 선물
○○ 방법		분량	양
개별	따로	(단위명사) 내외	(단위명사) 정도
거주하다	일정한 곳에 살다	당일	일이 있는 그날
공모하다	공개 모집하다	대상	관계있는 사람이나 무엇
모집하다	뽑다	대여하다	빌려 주다
공지하다	모두에게 알려 주다	마감하다	일이 끝나다
공휴일	다 함께 쉬는 날	문의하다	물어보다
주말		문의 사항 = 기타 문의	궁금한 점
주중, 평일		개인, 일반	⇔ 단체
휴무일	일하지 않고 쉬는 날	보관하다	맡기다 ⇔ 찾다
관람하다	보다, 구경하다	불편 사항	불편한 점
구매하다 = 구입하다	사다	선착순	먼저 오거나 신청한 순서
판매하다	팔다	소형, 중형, 대형	크기
금액	가격, 값	수기	자기 체험을 쓴 글
참가비, 체험비, 수강료 이용료, 관람료, 입장료		시식하다	미리 먹어 보다
기본요금, 추가 요금		신청하다 ㄴ 접수하다	참가하고 싶다는 뜻을 밝히다 ⇔ 신청을 받다

무료	⇔ 유료	실시하다	실제로 하다
안내문	안내하는 글	포함하다	⇔ 제외하다
예약하다	미리 약속하다	주의 사항	조심해야 할 점
원고	(무엇)을 위해 쓴 글	준비물	
이상	5개 이상↑ (5개 포함)	증정하다	감사의 표시로 주다
이하	5개 이하↓ (5개 포함)	참가하다 = 참여하다	(행사)에 들어가다
초과	5개 초과↑ (5개 미포함)	체험하다	직접 경험하다
미만	5개 미만↓ (5개 미포함)	통지하다	알려 주다
인원	사람 수	할인하다	깎아 주다
입장하다	안으로 들어가다	현장	진행 장소

자녀		시간 어휘	1일	하루
작성하다	글을 쓰다		2일	이틀
장소	어디에서?		3일	사흘
전시하다	한곳에서 보게 하다		4일	나흘
제출하다	글이나 과제를 내다		5일	닷새
전원	모두		…	
점검하다	자세히 검사하다	시간 어휘	10일	열흘
지원하다 ①	신청하다		…	
지원하다 ② └, 지원 방법, 지원 사업	도움을 주다		15일	보름
정기 N	정해진 날짜에 하는 N			

기능	핵심	어휘	출제 가능성	기능	핵심	어휘	출제 가능성
상반	반대	반면(에)	★★★★★	당위	당연	물론	★★
	반대	그러나 = 하지만 = 그렇지만	★		당연	당연히	
포함	추가	게다가 = 더욱이	★★		필수	반드시	
	추가	또한	★★★	시인	예상	역시 ①	
비교	동일	이처럼 = 즉	★★		예상	과연 ①	
	특별	특히	★★★★	선택	택일	또는	
가정	상상	만약	★★		후자 선택	차라리	
	상상	그러면		추측	추측	아마	
	반대	비록			추측	어쩌면 = 혹시	
	반대	그래도			추측	혹시	
	지적	바로	★		불신	과연 ②	
설명	결과	결국		부정	부정	결코	
	결과	드디어 = 마침내		유일	유일	다만	★
	의외	오히려	★★	시간	우연	마침	
	실제	사실		행동	부정	차마	
원인	원인	따라서 = 그래서 = 그러므로	★	나열	나열	그리고	
	불운	하필			나열	또	

어휘와 표현

비교	N-보다 = N-에 비해서
	가장 = 제일
	훨씬
	더
	최고 ⇔ 최저
	비율이 같다
	차이가 있다/없다

변화	⬆ 늘다	⬇ 줄다	
	늘어나다	줄어들다	
	많다	적다	
	많아지다	적어지다	
	높다	낮다	
	높아지다	낮아지다	
	증가하다	감소하다	
	오르다	내리다	
	올라가다	내려가다, 떨어지다	
	상승하다	하락하다	

기능	어휘와 표현
조사 기관	(조사 기관)이 (주제)에 대해 조사했다 / 조사한 결과 ~
	(조사 기관)의 (주제)에 대한 조사 결과에 따르면
	(조사 기관)에서 (대상)에게 (주제)에 대해 물었다.
	질문 ⇔ 응답 = 대답

1위	2위, 3위 ……
(무엇)이 (몇)%로 가장 많았다. (무엇)이 (몇)%로 1위를 차지했다. (무엇)이 (몇)%로 가장 높게 나타났다. (무엇)이라는 응답이 가장 많았다. (무엇)이라고 (몇)%가 답했다. (무엇)을 1위로 꼽았다.	그 다음으로 (무엇)과 (무엇)이 뒤를 이었다. 그 다음으로 (무엇), (무엇) 순이었다. 그 다음으로 (무엇), (무엇) 순으로 나타났다. 그 다음으로 (무엇)이 (몇)%, (무엇)이 (몇)%로 나타났다.

순위 표현

변화 표현

꾸준히
= 계속(해서) 증가/감소하다.
= 지속적으로

크게 = 급격히

증가 감소

크게 = 급격히 증가/감소하다.

꾸준히 **증가하다가** (시기)에 다시 감소하다.
(시기)에 **최고였다가** 감소하다.

(시기)부터 꾸준히 **증가하다가**
잠시 감소하더니 다시 늘어나다.

10%	20%	30%		40%	50%	60%

수량 표현

10%에 불과하다

30%를 넘지 못하다 / 30%를 넘지 않다

30% 가까이 되다

30%에 달하다 = 이르다

30%를 넘다 = 넘어서다 = 앞서다 = 앞지르다

50%(반 = 절반)을 넘다, 절반 이상이다.

배 이상, (수) 배 : ×2, ×3, ×4 ……
N-률 / N-율 : 비율로 나타내는 정도

쓰기 53번 | 어휘와 표현

순위 그래프 쓰기

(조사 기관)에서 (대상)을 대상으로 (주제)에 대하여 조사를 하였다. 그 결과 (비교 대상1)은 (무엇)이 (몇)%로 가장 많았다. 그 다음으로 (무엇)과 (무엇)이 뒤를 이었다. 반면 (비교 대상2)는 (무엇)이 (몇)%로 가장 높게 나타났다. 그 다음으로 (무엇), (무엇) 순이었다.

원인	이러한 원인으로는 (무엇)과 (무엇)을 들 수 있다.
이유	이유에 대해 (무엇), (무엇)이라고 응답하였다.
전망	앞으로 V-(으)ㄹ 것으로 전망된다/기대된다/예상된다.
요약	조사 결과를 통해서 V-(ㄴ/는)다는 것을 알 수 있다.
	결과를 통해서 V-(으)ㄴ 것으로 나타났다. / V-는 것으로 나타났다.(= 드러났다.)
	이러한 결과는 V-(으)ㄴ 것으로 보인다. / V-는 것으로 보인다.
	(비교 대상)은 (무엇)이 중요하다고 생각했다.

변화 그래프 쓰기

(조사 기관)에서 (대상)을 대상으로 (주제)에 대하여 조사를 하였다. (시기)에 (무엇)이 (몇)이었는데

┌ 꾸준히 (증가/감소)하다
├ (시기에) 크게 (증가/감소)하다
└ 꾸준히 (증가/감소)하다가 잠시 (증가/감소)하더니 다시 늘어나다

그래서 (시기)에 (무엇)이 (몇)이 되었다.

원인	이러한 원인으로는 (무엇)과 (무엇)을 들 수 있다.
이유	이유에 대해 (무엇), (무엇)이라고 응답하였다.
전망	앞으로 V-(으)ㄹ 것으로 전망된다/기대된다/예상된다.
요약	조사 결과를 통해서 V-(ㄴ/는)다는 것을 알 수 있다.
	결과를 통해서 V-(으)ㄴ 것으로 나타났다. / V-는 것으로 나타났다.(= 드러났다.)
	이러한 결과는 V-(으)ㄴ 것으로 보인다. / V-는 것으로 보인다.
	(비교 대상)은 (무엇)이 중요하다고 생각했다.

	관용 표현	설명
01	가닥을 잡다	문제 해결 방법을 찾아내다.
02	실마리를 찾다/잡다	문제 해결 방법을 찾아내다.
03	갈피를 못 잡다	문제 해결 방법을 찾지 못하다.
04	가슴에 새기다	잊지 않으려고 반드시 기억하다.
05	가슴을 쓸어내리다	안심하다.
06	가슴을 울리다	감동을 받다.
07	가슴을 치다	후회하면서 아쉬워하다.
08	가슴이 뜨끔하다	잘못한 일에 대해 놀라거나 걱정하다.
09	가슴이 벅차다	감동적이다.
10	가슴이 찢어지다	고통스럽다.
11	각광을 받다	많은 사람들로부터 관심을 받다.
12	강 건너 불 보듯 하다	자기와 관계없는 일이라고 해서 무관심한 태도를 보이다.
13	뒷짐 지다	어떤 일에 자신은 전혀 상관없는 것처럼 구경만 한다.
14	게 눈 감추듯이	음식을 매우 빨리 먹는 모습
15	고개가 수그러지다	존경하는 마음이 생기다.
16	고개를 갸웃거리다/갸웃하다	고개를 좌우로 조금씩 기울이는 모습 / 의문을 가지다.
17	고개를 끄덕이다	고개를 위아래로 움직이는 모습 / 동의하다. 좋다.
18	고개를 숙이다	① 잘못이나 패배를 인정하다. ② 부끄럽다.
19	고개를 흔들다	고개를 좌우로 흔드는 모습 / ① 부정하다. ② 거절하다.
20	머리를 흔들다	거부하다.
21	고배를 마시다/들다	실패하다.
22	골머리를 썩이다	해결 방법을 몰라서 머리가 아플 정도로 고민하다.
23	골치(가) 아프다	해결 방법을 몰라서 머리가 아플 정도로 고민하다.
24	골탕을 먹다	한꺼번에 손해를 보거나 크게 실패하다.

	관용 표현	설명
25	귀가 솔깃하다	그럴듯해 보여 관심이 생기다.
26	귀가 아프다	너무 여러 번 들어서 듣기가 싫다.
27	귀가 얇다	남의 말을 쉽게 받아들인다.
28	귀를 기울이다	남의 말을 적극적으로 듣다. 경청하다.
29	귀를 열다	들을 준비를 하다.
30	귀를 의심하다	믿기 어려운 이야기를 들어 잘못 들었다고 생각하다.
31	귀에 못이 박히다	같은 말을 여러 번 듣다.
32	귓등으로 듣다	들은 척 만 척하다.
33	기가 막히다	너무 뜻밖의 일에 황당하다.
34	기가 차다	너무 황당해서 말이 나오지 않는다.
35	기대를 걸다	기대하다.
36	기승을 부리다	심하다.
37	기치를 내걸다	목적을 위하여 주장하다.
38	긴 말이 필요 없다 긴말할 것 없다	길게 여러 말로 설명할 필요가 없다.
39	(꼬리에) 꼬리를 물다	계속 이어지다.
40	꼬리를 밟히다	자신의 위치나 잘못을 남이 알게 되다.
41	난다 긴다 하다.	능력이 남보다 뛰어나다.
42	날개 돋친 듯이 (팔리다)	상품이 빠르게 팔리다.
43	낯이 뜨겁다	부끄러워서 얼굴이 빨개지다.
44	너 나 할 것 없이	모두
45	넋이 빠지다	아무 생각이 없거나 정신을 잃다.
46	눈 깜짝할 사이에	순식간에, 매우 짧은 순간에
47	눈 밖에 나다	믿음을 잃고 미움을 받게 되다.
48	눈길을 주다	주의나 관심을 주다.
49	눈길을 끌다	관심을 받다.
50	눈독을 들이다	욕심을 가지고 주의 깊게 잘 살펴보다.
51	눈살을 찌푸리다	마음에 안 들어서 인상을 쓰다.
52	눈에 넣어도 아프지 않다.	매우 귀엽다.

	관용 표현	설명
53	눈에 불을 켜다	매우 욕심을 내거나 관심을 기울이다.
54	눈을 감다 눈을 감아 주다	잘못을 용서해 주다.
55	눈을 붙이다	잠을 자다.
56	눈을 피하다	남이 보는 것을 피하다.
57	눈이 낮다	보는 수준이 낮다.
58	눈이 멀다	어떤 일에 마음을 빼앗겨 판단력을 잃다.
59	눈이 빠지다	매우 오랫동안 기다리다.
60	눈치가 빠르다	남의 마음을 빨리 알다.
61	눈치를 보다	남의 마음과 태도를 살펴보다.
62	눈코 뜰 사이도 없다	정신없이 바쁘다.
63	다리를 놓다	중간에서 두 대상을 연결해 주다.
64	담을 쌓다	다른 것에 대한 관심을 끊다.
65	더할 나위 없다	아주 좋거나 완전하여 그 이상 더 말할 것이 없다.
66	된서리를 맞다	큰 어려움을 당하다
67	등을 돌리다	뜻을 같이하던 사람이나 단체와 관계를 끊고 돌아서다.
68	등을 떠밀다	일을 억지로 시키다.
69	마음(을) 잡다	새롭게 결심하다.
70	말꼬리를 잡다	남의 말 중에서 약점을 잡다.
71	말꼬리를 흐리다	말끝을 불분명하게 말하다. 자신감 없이 말하다.
72	말만 앞세우다	말만 먼저 하고 실천은 하지 않는다.
73	맥을 놓다	긴장이 풀려서 멍하게 되다.
74	맥이 빠지다	기운이나 힘이 다 없어지다.
75	머리를 내밀다	어떤 자리에 나타나다.
76	머리를 맞대다	함께 의논하다.
77	머리를 숙이다	존경하는 마음으로 뜻을 보이다.
78	머리를 식히다	흥분되거나 긴장된 마음을 가라앉히다.
79	머리를 쓰다	아이디어를 찾다.

	관용 표현	설명
80	머리를 쥐어짜다	매우 노력하면서 생각하다.
81	목을 축이다	물을 마시다
82	몸 둘 바를 몰라 하다	어떻게 행동해야 할지 모르다.
83	못을 박다	어떤 일에 대하여 태도를 분명하게 하다.
84	물불을 가리지 않다	위험이나 곤란을 고려하지 않고 생각 없이 행동하다.
85	물 샐 틈 없이	조금도 빈틈이 없이, 철저하게
86	미역국을 먹다	시험에서 떨어지다.
87	바가지를 긁다	아내가 남편에게 불평하거나 잔소리를 하다.
88	바가지를 씌우다	원래의 가격보다 비싸게 팔다.
89	바람을 일으키다	사회적으로 많은 영향을 미치다.
90	발 벗고 나서다	적극적으로 행동하다.
91	몸을 사리다	적극적으로 나서지 않고 피하다.
92	발걸음을 맞추다	행동이나 마음을 같은 방향으로 일치시키다.
93	발을 맞추다	행동이나 마음을 같은 방향으로 일치시키다.
94	발길을 돌리다	외면하다.
95	발등에 불이 떨어지다	당장 해결해야 할 일이 생기다.
96	발등을 찍히다	남에게 배신을 당하다.
97	발목을 잡다	① 방해하다. ② 남의 약점을 잡다.
98	발뺌을 하다	자기가 관계된 일에 책임을 지지 않고 변명을 하다.
99	발을 빼다	어떤 일에서 관계를 완전히 끊다.
100	발이 넓다	아는 사람이 많아서 활동하는 범위가 넓다.
101	변덕이 죽 끓듯 하다	말이나 행동이 너무 이랬다저랬다 하다.
102	불 보듯 훤하다/뻔하다	보지 않아도 예상할 수 있다.
103	불난 집에 부채질하기	남의 어려움을 점점 더 커지도록 만들다.
104	비행기를 태우다	지나치게 칭찬하다.
105	속을 태우다	너무 걱정이 되다.
106	속이 타다	너무 걱정을 하다.

	관용 표현	설명
107	손때가 묻다	물건을 오래 사용해서 정이 들다.
108	손사래를 치다	거절하거나 부정하면서 손을 펴서 마구 휘젓다.
109	손발이 맞다	마음이나 행동이 서로 잘 맞다.
110	손에 땀을 쥐다	아슬아슬해서 긴장되다.
111	손에 익다	하는 일이 익숙해지다.
112	손에 잡히다	마음이 평안해서 일이 잘 된다.
113	손에 쥐다	목표를 이루어 가지다.
114	손을 놓다	하던 일을 그만두거나 잠시 멈추다.
115	손을 덜다	도움을 받아 일이 쉬워지다.
116	손을 떼다	하던 일을 그만두다.
117	손을 벌리다	도움을 요청하다.
118	손을 씻다	나쁜 일을 해 오다가 더 이상 하지 않다.
119	손이 모자라다	일하는 사람이 부족하다
120	손이 발이 되도록 (빌다)	용서를 구하다.
121	손이 빠르다	일을 하는 속도가 빠르다.
122	손이 서투르다	일에 익숙하지 않다.
123	손이 작다	돈 쓰는 일이 작다.
124	숨이 트이다	답답하던 문제가 해결되다.
125	시도 때도 없이	시간과 상관없이 자주
126	시치미를 떼다	모르는 척하다.
127	쌍벽을 이루다	실력이 비슷하다.
128	씻은 듯이 (낫다)	아주 깨끗하게 병이 낫다.
129	알다가도 모르다	어떤 일에 대해 이해가 가지 않는다.
130	앞뒤를 가리지 않다	생각이나 계획 없이 무조건 행동하다.
131	앞뒤를 재다	이익과 손해를 계산해 보다.
132	어깨가 무겁다	책임감이 커서 부담스럽다.
133	어깨를 짓누르다	책임감이 커서 부담스럽다.
134	어깨에 짊어지다	책임감이 커서 부담스럽다.

	관용 표현	설명
135	어깨가 처지다/움츠러들다	실망하여 기운이 없다.
136	어깨를 으쓱거리다	자랑스러운 기분이 되다.
137	얼굴을 붉히다	부끄럽다.
138	얼굴이 두껍다	부끄러움을 모르다.
139	엉덩이가 무겁다	한번 자리에 앉으면 좀처럼 일어나지 않는다.
140	여러 말 할 것 없다	여러 가지 설명이 필요 없다.
141	열을 올리다	열중하다.
142	으름장을 놓다	말과 행동으로 위협하다.
143	이를 갈다	매우 화가 나서 복수를 하기로 결심하다.
144	입 밖에 내다	어떤 생각이나 사실을 직접 말하다.
145	입에 달고 다니다	① 어떤 이야기를 습관처럼 자주 사용하다. ② 먹을 것을 지나치게 자주 먹는다.
146	입에 대다	먹다, 마시다, 피우다
147	(입에) 침이 마르게 (칭찬하다)	반복해서 칭찬하다.
148	입에 풀칠하다	굶지 않고 겨우 먹고 살아가다.
149	입을 막다	시끄러운 소리나 자기에게 불리한 말을 못하게 하다.
150	입을 맞추다	서로의 말이 일치하도록 하다.
151	입을 모으다	여러 사람이 같은 의견을 말하다.
152	입이 귀에 걸리다 입이 귀밑까지 찢어지다	매우 기쁘거나 즐거운 입이 크게 벌어지다.
153	입이 무겁다	비밀을 잘 지키다.
154	입이 벌어지다	매우 놀라다.
155	입이 짧다	음식을 가리거나 적게 먹다.
156	자리를 잡다	일정한 공간을 차지하다.
157	줄행랑을 놓다	눈치를 채고 피하여 달아나다.
158	쥐 죽은 듯이	매우 조용한 상태
159	지갑을 열다	돈을 쓰다.
160	진땀을 흘리다/빼다	어려운 일을 당해서 몹시 노력하다.
161	진을 빼다	힘을 다 써 없애서 움직이기도 힘들다.

	관용 표현	설명
162	찬물을 끼얹다	잘되어 가고 있는 일에 대하여 분위기를 나쁘게 만들다.
163	첫 단추를 잘못 끼우다	시작을 잘못하다.
164	첫발을 떼다	어떤 일을 시작하다.
165	코앞에 닥치다	곧 다가올 미래
166	코웃음을 치다	남을 무시하고 비웃다.
167	콧대가 높다	잘난 척하다.
168	콧등이 시큰하다	감격하거나 슬퍼서 눈물이 나오려고 하다.
169	턱걸이를 하다	어떤 기준을 겨우 통과하다
170	파리만 날리다	장사가 잘 안 되어 한가하다.
171	판에 박은 듯하다	① 한결같이 꼭 같다. ② 아주 꼭 닮다.
172	팔소매를 걷다/걷어붙이다	① 적극적으로 일할 자세를 갖추다. ② 싸울 준비를 하다.
173	팔짱을 끼고 보다	눈앞의 일을 해결하려고 하지 않고 보고만 있다.
174	펄펄 날다	뛰어난 실력을 보이다.
175	풀이 죽다	자신감이 없어 보이다.
176	하늘을 찌르다	기세가 매우 대단하다.
177	한 배를 타다	운명을 같이하다.
178	한눈에 보이다	전체적으로 파악하다.
179	한눈을 팔다	해야 할 일에 신경을 쓰지 않고 정신을 다른 곳에 돌리다.
180	한술 더 뜨다	Over-Action
181	햇빛을 보다	세상에 널리 알려져 좋은 평가를 받다.
182	허리띠를 졸라매다	절약하다.
183	혀를 내두르다	매우 놀라거나 황당하여 말을 못하다.
184	혀를 차다	마음에 들지 않아서 그 뜻을 나타내다.
185	환심을 사다	마음에 들도록 여러 방법으로 노력하다.
186	활개를 치다	만족스러워서 활기 있게 행동하다.
187	힘을 모으다	협동하다.

연번	속담	설명
01	가는 날이 장날	어떤 일을 하려고 하는데 예상 밖의 일로 목적을 못 이루다.
02	가는 말이 고와야 오는 말이 곱다.	자기가 남에게 말이나 행동을 좋게 해야 남도 자기에게 좋게 한다.
03	가물(가뭄)에 콩 나듯 하다.	어떤 일이나 물건이 가끔 하나씩 있을 때
04	가시 방석에 앉은 듯	아주 불편한 자리에 앉은 것 같을 때
05	가재는 게 편	상황이 서로 비슷한 사람끼리 잘 어울리고 사정을 봐 주며 감싸 주기 쉽다.
06	가지 많은 나무에 바람 잘 날 없다.	자식을 많이 둔 부모에게는 걱정이 끊일 날이 없다.
07	갈수록 태산	갈수록 더 어려운 상황에 처하게 된다.
08	같은 값이면 다홍치마	값이 같거나 같은 노력을 한다면 품질이 좋은 것을 선택한다.
09	개구리 올챙이 적 생각 못한다.	형편이 나아진 사람이 과거의 어려울 때를 생각하지 않고 잘난 척한다.
10	개발에 편자	옷차림이나 물건이 어울리지 않는다.
11	겉 다르고 속 다르다.	① 사람의 인격이 바르지 못하다. ② 겉으로 좋은 척한다.
12	계란으로 바위 치기	도저히 이길 수 없는 경우
13	고래 싸움에 새우등 터진다.	강한 자들끼리 싸우는 통에 아무 상관없는 약한 자가 중간에 끼어 피해를 입는다.
14	고생 끝에 낙이 온다.	당장 힘들어도 열심히 노력하면 나중에 좋은 결과가 있다.
15	공든 탑이 무너지랴	노력과 정성을 다하면 그 결과가 반드시 있을 것이다.
16	곶감 빼먹듯 하다.	열심히 모아 둔 재산을 조금씩 써 버릴 때
17	구슬이 서 말이라도 꿰어야 보배	아무리 훌륭하고 좋은 것이라도 정리해서 쓸모 있게 만들어 놓아야 가치가 있다.
18	굴러 온 호박	뜻밖에 좋은 물건을 얻거나 행운을 만났을 때

19	굿이나 보고 떡이나 먹다.	남의 일에 쓸데없는 간섭을 하지 말고 상황을 보다가 이익을 얻는 게 낫다.
20	그림의 떡	마음에 들어도 가질 수 없을 때
21	그물에 든 고기	이미 잡혀 움직이지 못하고 죽을 상황에 처했을 때
22	긁어 부스럼 만들기	아무렇지도 않은 일을 크게 만들 때
23	금강산도 식후경	배가 고프면 아무리 좋은 것을 봐도 즐겁지 않다.
24	길고 짧은 건 대 봐야 안다.	잘하고 못하는 것은 실제로 해 봐야 알 수 있다.
25	꿈보다 해몽이 좋다.	좋지 않은 일을 좋게 돌려 생각하여 좋게 풀이할 때
26	꿩 대신 닭	적당한 것이 없을 때 그와 비슷한 것으로 대신할 때
27	꿩 먹고 알 먹기	한 가지 일을 해서 두 가지 이상의 이익을 보게 될 때
28	남의 떡이 더 커 보인다.	남의 물건이 더 좋아 보이고 남의 일이 더 쉬워 보인다.
29	낫 놓고 기역 자도 모른다	아주 무식함을 비유할 때
30	놓친 고기가 더 크다.	현재 가지고 있는 것보다 먼저 것이 더 좋았다고 생각될 때
31	누워서 떡 먹기	일이 매우 쉽다.
32	누워서 침 뱉기	남을 해치려고 하다가 오히려 자기가 피해를 입게 된다.
33	누이 좋고 매부 좋다.	어떤 일에 있어 서로 다 이롭고 좋을 때
34	다 된 밥에 재 뿌리기	거의 다 된 일을 망쳐버리는 행동을 할 때
35	다람쥐 쳇바퀴 돌듯	앞으로 나아가거나 발전하지 못하고 제자리걸음만 할 때
36	달리는 말에 채찍질하기	힘이 한창 좋을 때 더 힘을 가한다.
37	닭 쫓던 개 지붕 쳐다보기	열심히 하던 일이 실패하거나 남보다 뒤떨어져서 어떻게 할 방법이 없을 때
38	도랑 치고 가재 잡는다.	① 일의 순서가 바뀌었기 때문에 노력한 보람이 나타나지 않음을 의미 ② 한 가지 일로 두 가지 이익을 봄을 의미
39	도토리 키 재기	비슷비슷해서 비교할 필요가 없을 때
40	돌다리도 두들겨 보고 건너라.	잘 아는 일이라도 세심하게 주의해야 한다.
41	되로 주고 말로 받는다.	조금 주고 그 대가로 몇 배를 더 많이 받을 때
42	등잔 밑이 어둡다.	가까이 있는 사람이 도리어 대상에 대해 잘 알기 어렵다.

43	땅 짚고 헤엄치기	① 일이 매우 쉽다. ② 의심할 필요 없이 확실하다.
44	떡 본 김에 제사 지낸다.	우연히 운 좋은 기회에 하려던 일을 해 버린다.
45	뛰는 놈 위에 나는 놈 있다.	① 아무리 재주가 뛰어나도 그보다 더 뛰어난 사람이 있다. ② 잘난 척을 경계해야 한다.
46	마른하늘에 날벼락	뜻하지 않은 상황에서 뜻밖에 입는 재난
47	말 속에 뼈가 있다.	평범한 말 속에 단단한 속뜻이 들어 있다.
48	말 한마디로 천 냥 빚 갚는다.	말만 잘하면 어렵거나 불가능한 일도 해결할 수 있다.
49	모로 가도 서울만 가면 된다.	수단이나 방법을 가리지 않고 목적을 이루면 된다.
50	모르는 게 약	아무 것도 모르면 차라리 마음이 편하여 좋다.
51	무소식이 희소식	소식이 없는 것이 기쁜 소식이나 다름없다.
52	물에 빠지면 지푸라기라도 잡는다.	위급한 때를 당하면 무엇이나 닥치는 대로 잡고 늘어지게 된다.
53	미운 놈 떡 하나 더 주기	미운 놈은 미워한다는 것이 알려지면 뒤에 화를 입을 수 있어서 마지못해 떡 하나를 더 준다는 의미
54	믿는 도끼에 발등 찍힌다.	잘 될 거라 생각한 일이나 믿고 있던 사람이 배신하여 오히려 피해를 입게 되었을 때
55	밑 빠진 독에 물 붓기	노력을 해도 보람이나 결과가 없는 상태
56	바늘 가는 데 실 간다	사람의 긴밀한 관계를 나타낼 때
57	바람 앞에 등불	매우 위태로운 상황에 놓여 있을 때
58	발 없는 말이 천리 간다.	말을 조심해야 한다.
59	배보다 배꼽이 더 크다.	기본이 되는 것보다 중요하지 않은 것이 더 많거나 크다.
60	백지장도 맞들면 낫다.	쉬운 일이라도 협력하면 훨씬 쉽다.
61	병 주고 약 준다.	남을 해치고 나서 약을 주며 그를 구원하는 체한다는 뜻으로, 교활하고 음흉한 자의 행동을 표현
62	보기 좋은 떡이 먹기에도 좋다.	① 내용이 좋으면 겉모양도 좋다. ② 겉모양을 꾸미는 것도 중요하다.
63	부모만 한 자식 없다	자식이 부모에게 아무리 잘해도 부모가 자식 생각하는 것만은 못하다.
64	비 온 뒤에 땅이 굳어진다.	시련을 겪은 뒤에 더 강해진다.

65	뿌린 대로 거둔다.	노력한 만큼 결과가 나타난다.
66	사공이 많으면 배가 산으로 간다.	주관하는 사람이 없이 여러 사람이 자기주장만 내세우면 일이 제대로 되기 어렵다.
67	사촌이 땅을 사면 배가 아프다.	남이 잘되는 것을 기뻐해 주지 않고 오히려 질투할 때
68	산 넘어 산	갈수록 더욱 어려운 상황이 있을 때
69	산 입에 거미줄 치랴.	아무리 살기 어려워도 사람은 죽지 않고 먹고 살아갈 수 있다.
70	새 발의 피	아주 하찮은 일이나 적은 분량
71	서당 개 삼 년이면 풍월을 읊는다.	어떤 분야에 대해서 지식과 경험이 전혀 없는 사람이라도 그 분야에 오래 있으면 지식과 경험을 갖게 된다.
72	서울에서 김 서방 찾기	주소도 이름도 모르고 막연하게 사람을 찾을 때
73	선 무당이 사람 잡는다.	능력이 없어서 제구실도 못하면서 함부로 하다가 큰일을 저지르게 된다.
74	세 살 적 버릇 여든까지 간다.	어릴 때 몸에 밴 버릇은 늙어 죽을 때까지 고치기 힘들다.
75	세월이 약	아무리 가슴 아픈 일도 시간이 흐르면 자연스럽게 잊게 된다.
76	소 뒷걸음질 치다 쥐 잡기	우연히 공을 세웠을 때
77	소 잃고 외양간 고치기	일이 이미 잘못된 후에는 후회해도 소용이 없다.
78	소문난 잔치에 먹을 것 없다.	소문이나 기대에 비해 실속이 없다.
79	속 빈 강정	겉만 그럴 듯하고 실속이 없다.
80	손톱 밑의 가시	늘 마음에 걸리는 일
81	쇠귀에 경 읽기	아무리 가르쳐도 알아듣지 못하거나 효과가 없을 때
82	쇠뿔도 단김에 빼라.	어떤 일이든지 하려고 생각했으면 망설이지 말고 곧바로 행동으로 옮겨야 한다.
83	수박 겉 핥기	내용은 모르고 겉만 건드리는 경우
84	순풍에 돛을 단 배	일이 뜻하는 대로 순조롭게 진행될 때
85	시간은 금	시간의 소중함
86	시간이 약	아무리 가슴 아픈 일도 시간이 흐르면 자연히 잊게 된다.
87	시작이 반	시작의 어려움과 시작을 하면 일을 끝마칠 가능성이 높다.
88	식은 죽 먹기	일이 매우 쉽다.

89	싼 게 비지떡	값이 싼 물건은 품질도 나쁘기 쉽다.
90	아는 것이 병	정확하지 못하거나 분명하지 않은 지식은 오히려 걱정거리가 될 수 있다.
91	아는 길도 물어가라.	잘 아는 일이라도 세심하게 주의해야 한다.
92	아니 땐 굴뚝에 연기 날까	원인이 없으면 결과가 있을 수 없다.
93	앓던 이가 빠진 것 같다.	괴로운 일에서 벗어나 시원해졌을 때
94	언 발에 오줌 누기	일시적으로 효과는 있을지도 모르지만 그것이 오래가지 못할 뿐만 아니라 결국 상황이 더 나빠지게 된다.
95	열 번 찍어 안 넘어가는 나무 없다.	아무리 뜻이 굳은 사람이나 어려운 일이라도 여러 번 시도하면 결국 뜻한 대로 이루어진다.
96	오르지 못할 나무는 쳐다보지도 마라.	자기 능력 밖의 불가능한 일은 처음부터 욕심을 내지 않는 것이 좋다.
97	옥에 티	아주 훌륭하거나 좋은 것에 있는 사소한 결점
98	우물 안 개구리	식견이 좁은 사람
99	울며 겨자 먹기	싫은 일을 억지로 할 때
100	웃는 얼굴에 침 못 뱉는다.	좋게 대하는 사람에게 나쁘게 대할 수 없다.
101	원님 덕에 나팔 분다.	남의 덕으로 자신에게 맞지 않는 행동을 하거나 그런 대접을 받고 자랑스러워할 때
102	원숭이도 나무에서 떨어진다.	아무리 능숙하게 잘하는 사람도 실수를 할 때
103	윗물이 맑아야 아랫물이 맑다.	윗사람이 잘하면 아랫사람도 따라서 잘하게 된다.
104	의사가 제 병 못 고친다.	자기가 자신에 관한 일은 해결하기 어려운 일이라서 다른 사람의 도움을 받아야만 이루기 쉽다.
105	입에 쓴 약이 병에는 좋다.	자기에 대한 충고나 비판은 당장은 듣기 싫지만 그것을 받아들이면 자기에게 이롭다.
106	입이 열 개라도 할 말이 없다	잘못이 분명히 드러나서 변명의 여지가 없다.
107	작은 고추가 더 맵다	작은 사람이 큰 사람보다 재주가 뛰어나다.
108	장님 코끼리 만지는 격	① 일부분만 알면서도 전체를 아는 것처럼 여기는 어리석음 ② 능력이 없는 사람이 자기 분에 넘치는 큰일을 이야기할 때
109	제 눈에 안경	좋지 않은 물건이라도 자기 마음에 들면 좋게 보인다.

110	종로에 가서 뺨 맞고 한강에 가서 화풀이한다.	① 화가 난 곳에서는 아무 말 못하고 뒤에 가서 불평한다. ② 화가 난 것을 다른 데로 옮긴다.
111	지성이면 감천	무슨 일이든 정성을 다하면 아주 어려운 일도 잘 풀려서 좋은 결과를 얻게 된다는 의미
112	천 리 길도 한 걸음부터	시작의 중요성
113	친구 따라 강남 간다.	자기는 하고 싶지 않지만 남에게 이끌려서 하게 될 때
114	콩 심은 데 콩 나고 팥 심은 데 팥 난다.	모든 일은 원인에 따라 거기에 맞는 결과가 나타난다.
115	티끌 모아 태산	아무리 작은 것도 모이고 모이면 큰 결과가 있다.
116	하나는 알고 둘은 모른다.	어떤 일의 한 쪽만 보고 다른 쪽을 보지 못한다.
117	하나를 보면 열을 안다.	일부만 보면 전체를 미루어 안다.
118	하늘은 스스로 돕는 자를 돕는다.	어떤 일을 이루기 위해서는 자신의 노력이 중요하다.
119	하늘의 별 따기	일이 매우 어렵다.
120	한 우물만 파다. 우물을 파도 한 우물을 파라	한 가지 일에 몰두하여 끝까지 하다.
121	호랑이도 제 말 하면 온다.	① 남의 험담을 하면 안 된다는 의미 ② 다른 사람에 대한 이야기를 하고 있을 때 우연히 그 사람이 나타날 때

읽기 25번~27번 | 어휘와 표현

신문 기사 제목을 이해하기 위한 필수 어휘와 표현 ①

어휘와 표현		설명	어휘와 표현		설명
인기	열풍	뜨거운 바람(인기)	변화	신기록	기존보다 새로운 기록
	열기	열기가 뜨겁다		역대 최고	역사상 최고 ⇔ 최저
	인기몰이	인기를 끄는 일		상승 곡선	증가 ⇔ 하강 곡선
	인기 폭발	인기가 많다		오름세	증가 ⇔ 내림세
	각광	사회적 관심이나 흥미		안정세	일정하게 유지됨
	유명세	유명해지다		돌파	넘어서다
	흥행	영화 흥행		추월하다	앞지르다
	폭주	주문 폭주		전진	앞으로 나아감
	전성시대	최고 인기		과잉	지나치게 많음
	성수기	관광지 숙소 인기		가파르다	산이나 길이 몹시 경사지다
	사로잡다	마음이 한곳에 몰리게 하다		들썩(이다)	올랐다가 내렸다가 하다
	시선을 끌다	관심을 끌다		인상	가격이 오르다 ⇔ 인하(가격이 내리다)
사람	인파	수많은 사람		급등 = 폭등	갑자기 오르다
	북새통	많은 사람이 시끄럽게 모여 있는 상황	경제	물가	물건값
	성업	장사가 잘 됨		유가	기름값
	몰리다	여러 사람이 한꺼번에 모이다		수요자	= 소비자
	몰려들다	여러 사람이 한꺼번에 들어오다		공급자	= 생산자
	넘치다	사람이 넘치다(= 아주 많다)		출하량	= 생산량
	북적(대다)	많아지다, 붐비다		후불제	⇔ 선불제
	한산(하다)	⇔ 북적대다		웃다/웃음	잘 돼서 만족해하다

경제	울상	잘 안 돼서 곤란해하다		탈바꿈	새롭게 바꿈
부동산	분양	아파트를 팖		기미	예상할 수 있는 분위기
	매매	사고팖		비명	무서워서 지르는 소리
	전세	전셋집, 전세금, 전세가		충동	순간적인 욕구
	연일	며칠 동안 계속		수비	⇔ 공격
	안녕	이제 그만		전략	전쟁에서 이기기 위한 방법
	기습	갑작스러운 일		압도적	더 뛰어난 힘으로 꼼짝 못 하게 함
	환영	긍정적 반응		승리	⇔ 패배
	부처	회사:부서=정보:부처		대표팀	
	천차만별	다양함		감독	
	지킴이	보호해 주는 사람	기타	성과	결과
	만점	효과가 좋음		물음표	의문, 의심, 불신
기타	○○ 전쟁	경쟁		극장가	극장이 주로 모여 있는 거리
	해결사	해결해 주는 사람		예매율	예매한 비율
	이색 행사	특별한 행사		노화	늙어감
	만발	다양함		수수께끼	비밀을 쉽게 알 수 없는 것
	이상 무	이상 없음		회수율	다시 돌아오는 비율
	비상	긴급한 상태		존폐	존속과 폐지
	정상화	정상적인 상태가 됨		회담	모여서 토의함
	금물	하면 안 되는 일		성사	일이 이루어짐

신문 기사 제목을 이해하기 위한 필수 어휘와 표현 ②

동사/형용사	설명	동사/형용사	설명
단속(하다)	법을 지키도록 통제하다.	구조(하다)	어려운 상황의 사람을 구하다.
강화(하다)	수준이나 정도를 더 높이다.	달성(하다)	목적을 이루다.
결항(하다)	배나 비행기가 운행을 못하다.	대우(하다)	예의를 갖추어 대하다.
조난당하다	산이나 바다에서 재난을 만나다.	확산(하다)	널리 퍼지다.

마비(되다)	정지되다.	유입(되다)	들어오게 되다.
몰두(하다)	어떤 일에 집중하다.	유치(하다)	행사를 따오다.
무산(되다)	취소되다.	절실(하다)	매우 시급하고 필요한 상태에 있다.
발굴(하다)	알려지지 않은 것을 찾아내다.	지연(되다)	시간이 늦추어지다.
방심(하다)	마음을 놓고 대비하지 않다.	취소(하다)	그만두다.
부심(하다)	문제를 해결하기 위해 노력하다.	퇴사(하다)	회사를 그만두다.
식별(하다)	분별하여 알아보다.	표류(하다)	목적을 잃고 돌아다니다.
여전(하다)	예전과 같다.	험난(하다)	고생스럽다.

신문 기사 제목을 이해하기 위한 필수 어휘와 표현 ③

부사어 등	설명	부사어 등	설명
글쎄	반대하거나 의심스러울 때	썰렁(하다)	서늘한 바람이 가볍게 불다. 반응이 안 좋다. 외면을 받다
껑충	많이 올랐을 때 소비, 신고, 시청률 등과 사용함	쏙쏙	쏙쏙 뽑아내다. 필요한 정보 등을 잘 찾아내다.
동동	발을 동동 구르다. 안타깝거나 불안할 때 제자리걸음으로 움직이는 모양	쑥쑥	쑥쑥 올라가다. 정도가 높아지거나 잘 자랄 때
두둑	넉넉하거나 충분할 때 지갑, 보너스처럼 돈과 관련됨	오락가락	계속해서 왔다 갔다 하는 모양 비나 눈이 내렸다 그쳤다 하는 모양
뚝	뚝 떨어지다. 아래로 떨어지는 모양	착착	착착 진행되다. 계획이나 일이 아주 잘되어 가는 모양
뚝뚝	큰 물체나 물방울 등이 아래로 떨어질 때	톡톡 ①	효과가 톡톡하다. 효과가 매우 좋다.
부글부글	불만스러울 때 속이 부글부글 끓어오르다.	톡톡 ②	톡톡 튀다. 다른 사람의 시선을 끌다.
성큼	성큼 다가오다. 갑자기 가까워진 모양	팽팽	찬반이 팽팽하다. 둘의 힘이 서로 비슷하다.
속속	속속 나오다. 계속 잇따라서 나오다.	홀로	자기 혼자서

활짝	문이 활짝 열리다. 취업 문 등 기회가 많아지다.	일제히	여럿이 한꺼번에
훨훨	훨훨 날다. 아주 잘 한다.		

신문 기사 제목을 이해하기 위한 필수 어휘와 표현 ④

비유 및 관용 표현	설명	비유 및 관용 표현	설명
(사람)의 입김	다른 것에 영향을 줌 의견이 적용됨	반응이 뜨겁다	인기가 많다.
거품(이) 빠지다	일시적이고 부정적인 것들이 없어지다.	발 벗고 나서다	적극적으로 나서다.
기지개	① 기지개를 켜다 = 스트레칭 ② 서서히 다시 활동	발걸음이 가볍다	마음이 가볍다.
꼬리를 물다	연쇄 반응	발이 묶이다	움직이거나 활동할 수 없다.
나이는 숫자에 불과	나이는 중요하지 않다.	별들의 전쟁	스타들의 경쟁
눈 깜짝할 새	= 순식간에 아주 짧은 시간 사이에	봄바람	긍정적인 기대
눈높이(를) 낮추다	기준을 낮추다.	봇물(이) 터지다 └ 수주: 주문을 받음	주문이 한꺼번에 들어오다.
다시 뜨다	다시 인기를 얻다.	불(이) 붙다	경쟁이 치열하다.
다시 태어나다	재활용하다.	빨간불 = 적신호	부정적인 예상
때 아니다	때가 알맞지 않다.	파란불 = 청신호	긍정적인 예상
때 이르다	때가 일찍 찾아오다.	뿔(이) 나다	화가 나다.
머리(를) 맞대다	함께 의논하다.	새바람	새로운 분위기
목소리가 높다	의견이나 요구가 많다.	손(을) 잡다	힘을 합쳐서 함께 일하다.
몸살(을) 앓다	부정적 상황이 일어나다.	쓴소리	조언, 충고
몸이/마음이 가뿐하다	몸이나 마음의 상태가 좋다.	얼어붙다	① 쌀쌀하다. ② 심각하다.
물 만나다	물 만난 고기 제때, 제자리를 찾다	한겨울	① 강추위 ② 심각하다.
박차를 가하다	어떤 일을 하려고 힘을 더하다.	의견이 엇갈리다	의견이 맞지 않다

의지(를) 불태우다	의지가 뜨겁다.	찬물	실망
이제 그만	중지	찬밥	중요하게 대접 받지 못하는 일
자연의 품으로	자연 속으로	첫 삽	공사 시작
젊은 옷	세대교체	초읽기	시간상 급한 상태
제자리걸음	진행되지 못하고 그대로 있음	코앞	곧 다가올 미래
줄(을) 잇다 ㄴ 줄줄이 ㄴ 속속 ㄴ 속출(하다)	이어지다, 잇달다, ㄴ 잇따라서 ㄴ 자꾸 잇따라서 ㄴ 잇따라 나오다	피부에 와 닿다	직접적이다.
즐거운 비명	좋아서 소리 지름	하늘의 별따기	아주 어려운 일
지옥철	출퇴근 시간의 복잡한 지하철	한숨	걱정
징검다리	양쪽의 관계를 연결해 주는 역할 (교류)	한풀 꺾이다	정도가 약해지다.

감정 표현	설명	감정 표현	설명
감격스럽다 ㄴ 감동을 받다 ㄴ 감동적이다	감동이 되다.	다행스럽다	뜻밖에 일이 잘되어 운이 좋은 것 같다.
걱정스럽다	걱정이 되다.	답답하다	막힌 느낌이 있다.
겁이 나다	무서워하는 마음이 생기다.	당황하다 ㄴ 당황스럽다	놀라거나 다급하여 어떻게 해야 할지 모르다.
고맙다 ☆	감사하다.	두렵다	무서워하는 마음에 불안하다.
고민스럽다	고민이 되다.	떨리다	추워하거나 두려워하다.
고생스럽다	어려운 점이 있다.	마음이 놓이다 ㄴ 안심이 되다	안심이 되다.
고통스럽다 ㄴ 괴롭다	몸이나 마음이 괴롭고 아픈 느낌이 있다.	마음이 돌아서다	가지고 있던 생각이 아주 달라지다.
곤란하다	상황이 매우 어렵다.	마음이 무겁다	마음이 유쾌하지 않고 우울하다.
괘씸하다 ㄴ 괘씸스럽다	예절 없는 행동에 미워하는 마음이 생기다.	마음이 상하다	화가 나서 마음에 들지 않다.
얄밉다	말이나 행동이 괘씸하다.	마음이 통하다	서로 생각이 같아 이해가 잘 되다.
궁금하다	알고 싶은 마음에 매우 답답하다.	막막하다	방향을 알 수 없게 불분명하다.
귀찮다	마음에 들지 않아 괴롭고 하기 싫다.	만족스럽다	만족해하는 느낌이 있다.
그립다 ㄴ 그리워하다	보고 싶은 마음이 크다.	흐뭇하다	매우 만족스럽다.
기쁘다	욕구가 충족되어 만족스럽다.	망설이다	이리저리 생각만하고 결정하지 못하다.
긴장이 되다	마음이 편하지 않은 상태가 되다.	무기력하다	기운과 힘이 없다.
까다롭다	조건이 복잡하고 엄격하다.	뭉클하다 ㄴ 뭉클해지다	가슴에 무언가 꽉 찬 느낌이 있다.
놀랍다	① 훌륭해서 놀란 느낌이 들다. ② 어이가 없어서 놀란 느낌이 들다.	미안하다 ㄴ 미안해하다	죄송하다.

죄송하다 ㄴ 죄송스럽다	미안한 마음이 들다.	서운하다	아쉽거나 섭섭한 느낌이 있다.
민망하다 ㄴ 민망스럽다	부끄럽다.	섭섭하다	서운하고 아쉽다.
부끄럽다	창피하다.	아쉽다	미련이 남아 서운하다.
창피하다	실수를 하거나 잘못해서 부끄럽다.	설레다 ㄴ 가슴이 떨리다	마음이 들떠서 두근거리다.
쑥스럽다	행동이 자연스럽지 못해서 부끄럽다.	속상하다 ㄴ 속이 상하다	화가 나거나 걱정이 돼서 마음이 불편하고 우울하다.
반갑다 ☆	사람을 만나서 마음이 즐겁다.	슬프다	억울한 일을 겪거나 불쌍한 일을 보고 마음이 아프고 괴롭다.
번거롭다	일의 순서가 복잡한 느낌이 있다.	실망하다 ㄴ 실망스럽다	원하는 일이 실패하여 마음이 아프다.
부담스럽다	책임을 져야 하는 느낌이 있다.	씁쓸하다	마음에 들지 않아 기분이 안 좋다.
부럽다	남의 좋은 일을 보고 자기도 그랬으면 하는 마음이 있다.	아프다 ㄴ 가슴이 아프다	다치거나 맞아서 고통을 느끼다.
질투를 하다 ㄴ 질투가 나다	남의 좋은 일을 보고 미워하는 마음이 생기다.	안쓰럽다	아랫사람이나 약자에 대해 불쌍한 마음을 가지다.
불만스럽다	마음에 들지 않다.	안타깝다	원하는 일이 실패했거나 불쌍해서 마음이 아프고 답답하다.
불안하다	걱정이 되어 마음이 편하지 않다.	어이가 없다	너무 뜻밖이라서 황당하다.
불쾌하다	마음에 들지 않아 기분이 안 좋다.	억울하다	잘못하지 않았는데 꾸중을 듣거나 벌을 받아서 답답한 마음이 생기다.
불편하다	사용하거나 이용하는 것, 마음 등이 편하지 않다.	외롭다	혼자 있어서 쓸쓸하다.
비참하다	설명할 수 없을 정도로 끔찍하다.	우울하다	걱정이 되거나 답답해서 활기가 없다.
뿌듯하다	기쁨이나 감격이 마음에 가득 차다.	원망하다 ㄴ 원망스럽다	만족스럽지 않아서 탓하거나 불평을 가지고 미워하고 싶은 마음이 있다.
사랑스럽다	사랑을 느낄 만큼 귀여운 데가 있다.	의아스럽다	의심스럽고 이상하다.
새삼스럽다	이미 알고 있는 사실에 대해 갑자기 새로운 느낌이 들다.	이상하다	정상이 아니다.
서럽다	억울하고 슬프다.	자랑스럽다	남에게 잘한 것을 보여줄 만한 것이 있다.

재미있다	즐겁고 유쾌한 느낌이 있다.	허전하다	주위에 아무것도 없어 서운한 느낌이 있다.
존경하다	다른 사람을 높이는 마음이 있다.	화가 나다	마음에 들지 않아 나쁜 기분이 들다.
짜릿하다	순간적으로 흥분되고 떨리는 것 같다.	후련하다 ㄴ 후련해지다	답답한 문제가 풀려 마음이 시원하다.
짜증이 나다 ㄴ 짜증을 내다 ㄴ 짜증스럽다	마음에 들지 않아서 화가 나는 마음이 생기다.	후회하다 ㄴ 후회스럽다	예전의 잘못을 되돌아보고 느끼다.
행복하다	생활에서 만족과 기쁨을 느끼다.	흥미롭다	관심과 재미가 있다.

5급 Chapter 1-1 공식적 대화

듣기 31번~32번 | 어휘와 표현

찬성 표현

찬성하다 = 동의하다 = 동조하다
공감하다
지지하다(지지를 보내다)
수용하다 = 받아들이다
인정하다
옹호하다
대변하다
기대하다
긍정적이다 = 호의적이다
낙관적이다

반대 표현

반대하다 = 반박하다
비판하다 = 지적하다
대응하다
염려하다
실망하다
부정적이다
회의적이다
책임을 묻다

기타 표현

주장하다(주장을 펼치다)
제시하다 = 내놓다 늑 제안하다
모색하다 = 찾다
합리화하다
전달하다
평가하다
분석하다
요구하다 = 촉구하다 = 요청하다
예측하다 = 전망하다
확인하다 = 검토하다
질문하다
설명하다

읽기 42번~43번 | 어휘와 표현

감정 표현	설명	감정 표현	설명
가슴이 먹먹하다	답답하다.	뿌듯하다	
간절하다	마음속으로 매우 원하다.	샘나다	질투하는 마음이 생기다.
감격스럽다		서글프다	외로워서 슬프다.
감탄하다	마음으로 느끼어 놀라다.	서먹하다	분위기가 어색하다.
격려하다	용기가 나도록 힘을 주다.	서운하다 ㄴ, 서운해하다	
괘씸하다		섭섭하다	
기대에 들뜨다	기대 때문에 마음이 조금 흥분되다.	성나다	매우 화가 나거나 기분이 좋지 않다.
난처하다	이럴 수도 저럴 수도 없어 행동하기 곤란하다.	실망하다	
뉘우치다	① 반성하다 ② 후회하다	싫증이 나다	싫다는 느낌이 생기다.
담담하다 ㄴ, 담담해지다	차분하고 평온하다.	쑥스럽다	–
당황하다		안도하다	안심하다.
마음이 홀가분하다	가볍고 편안하다.	안심하다	
못마땅하다 ㄴ, 못마땅해하다	불만스럽다.	안쓰럽다	
무안하다	수줍거나 창피해서 얼굴을 볼 수가 없다.	안타깝다	
뭉클해지다		억울하다	
미안하다 ㄴ, 미안해하다		원망하다	
민망하다		위로하다	괴로움이나 슬픔을 달래다.
불안하다 ㄴ, 불안해하다		의심하다 ㄴ, 의심스럽다	확실히 알 수 없어서 믿지 못하다.

절망하다	희망이 없다.	허탈하다 ㄴ 허탈해하다 ㄴ 허탈해지다	몸에 힘이 빠지고 정신이 멍하다.
조급하다	매우 급하다.	혼란스럽다	정신이 없다.
질투를 하다		화가 나다	
짜증내다		황당하다	말이나 행동이 어이가 없다.
초조하다 ㄴ 초조해하다	매우 걱정이 되어 마음이 떨리다.	후련하다 ㄴ 후련해지다	
태연하다	위험하거나 급한 상황에서 아무렇지 않은 듯하다.	흐뭇하다	
편안하다	편하고 걱정이 없다.	흡족하다	흐뭇하다.
한심하다	행동이나 태도가 마음에 들지 않다.	흥분하다	자극을 받아 마음의 움직임이 커지다.
허전하다		희열을 느끼다	기쁨이나 즐거움을 느끼다.

▶정치 현상과 관련된 어휘 10

어휘와 표현

복지 제도	국민의 복지 증진을 목표로 한 사회 보장 제도, 최저 임금 등의 복지 정책
보편적 복지	자격이나 조건을 가리지 않고 모든 국민을 복지 정책의 수혜자로 보는 복지
선택적 복지	필요한 사람들을 한정적으로 선별하여 혜택을 주는 복지
기본 소득	재산이나 근로 여부에 상관없이 모든 사회 구성원에게 무조건적으로 지급하는 소득, 기본 생활을 보장하는 수준으로 개별적이고 균등하게 지급
선거 제도	일정한 자격을 가진 사람들이 투표를 통해 대표자를 선출하는 제도
선거 기준 연령	선거에 참여하여 투표할 수 있는 기준 나이. 현재 한국의 경우 만 19세 이상이 기준 연령이지만 만 18세로 낮출 것에 대한 사회적 논의가 진행 중
전자 투표 방식	투표소에 설치된 전자 투표기 또는 디지털 기기를 활용해서 투표하는 방식
지방 자치	지방의 행정을 지방 주민이 선출한 기관을 통하여 처리하는 제도
필리버스터 (filibuster)	국회에서 합법적인 수단을 이용하여 의사 진행을 지연시키는 행위
패스트 트랙 (fast track)	국회에서 발의된 법안을 신속하게 처리하기 위한 제도

▶경제 현상과 관련된 어휘 10

어휘와 표현

취업난 (취업률, 실업률)	일자리를 구하는 사람은 많고 일자리는 적기 때문에 취업하기가 어려운 현상
비정규직	근로 조건 등에서 정규직과 달리 보장을 못 받는 직위나 직무 계약직, 임시직, 일용직 등이 이에 속한다.
시간제 일자리	시간제로 노동력을 제공하고 그 대가로 임금을 받는 일자리
경제 불황	경제 활동이 전반적으로 제자리에 머물러 좋지 않는 상황 ↔ 경제 호황
불황형 소비	경제가 어려워지면 소비 횟수를 줄이고 지출액을 줄여 구매 만족감을 유지하려는 성향의 소비 행위

합리적 소비	장기적인 경제 활동이 가능하면서 적절한 만족감을 주는 소비 행위
내수 활성화	국내에서의 소비 수요를 활성화
성장과 분배	경제 성장과 성장에 참여한 개개인이 이익을 사회적 법칙에 따라서 나누는 행위
공유 경제	재화를 여러 사람이 공유하여 사용하는 공유 소비를 기본으로 하여 자원 활용을 극대화하는 경제 활동 방식
사회적 기업	이익 창출을 목적으로 하되 사회적인 목적을 우선시하는 기업

읽기 44번~45번 | 어휘와 표현   ▶사회 현상과 관련된 어휘 10

어휘와 표현

자원봉사	봉사 활동에 대가 없이 자발적으로 참여하여 돕는 일
기부 문화	남을 돕기 위하여 돈이나 물건 등을 대가 없이 내놓아 형성된 문화
지역 이기주의	자기가 사는 지역의 이익이나 행복만 우선시하는 태도
저출산	양육비 때문에 아이 낳기를 꺼리면서 생긴 현상
고령화 사회	의료 기술의 발달로 인해 평균 수명이 길어지면서 한 사회의 65세 이상인 노인 인구 비율이 높아져 가는 사회
노인 복지	고령자의 복지를 위한 사회 보장 제도
다문화 사회	한 사회 안에 여러 민족이나 여러 국가의 문화가 공존하는 사회
가짜 뉴스	언론 보도의 형식으로 마치 사실인 것처럼 널리 퍼뜨리는 거짓 뉴스
악성 댓글	인터넷 게시판의 내용에 대해 악의적으로 쓰는 댓글
사생활 침해	개인적 일상생활에 침범하여 해를 끼치는 현상

읽기 44번~45번 | 어휘와 표현   ▶과학 기술과 관련된 어휘 10

어휘와 표현

제4차 산업혁명	인공 지능, 사물 인터넷, 빅데이터, 모바일 등 첨단 정보통신기술이 경제, 사회 전반에 융합되어 혁신적인 변화가 나타나는 차세대 산업혁명
인공 지능	인간의 지능이 가지는 학습, 추리, 적응, 논증 등의 기능을 갖춘 컴퓨터 시스템
자율 주행	운전자가 직접 운전하지 않고 차량 스스로 운전하게 하는 일
가상현실	현실이 아닌데도 실제처럼 보이게 하는 현실

생체 인식 기술	지문, 손바닥, 얼굴, 눈동자 등과 같은 신체의 특정 부위를 이용하여 개인을 식별하는 기술
태양광 발전소	태양 전지를 사용하여 태양의 빛을 직접 전기 에너지로 바꾸는 시설이 설치되어 있는 발전소
인공 비	구름과 반응하는 물질을 뿌려 인공적으로 내리게 하는 비. 기온을 조정하거나 농작물의 피해를 줄이기 위해 만든다.
바닷물 담수화	바닷물의 소금기를 인공적으로 줄여 인간이 사용할 수 있는 물로 만드는 일
생명 과학	생명에 관계되는 현상을 종합적으로 연구하는 과학
유전자 변형 기술	인간이 원하는 특성이 있는 유전자를 다른 생물체와 결합하는 기술

읽기 44번~45번 | 어휘와 표현   ▶환경과 관련된 어휘 10

어휘와 표현

환경오염	자원 개발과 인한 자연의 파괴와 화석 연료 사용으로 인한 대기 오염, 오폐수로 인한 수질 오염과 해양 오염, 플라스틱으로 인한 토양 오염 등 동식물이나 인간의 생활환경이 더럽혀지는 현상
환경 보호	자연 환경의 오염을 막아 위생적이고 쾌적한 생활을 유지하기 위하여 환경을 잘 가꾸고 깨끗이 보존하는 일
지구 온난화	지구의 평균 기온이 점점 높아지는 현상
미래 식량 부족	환경오염, 지구 온난화, 생태 환경의 변화 등으로 미래에는 식량이 부족할 것이고 전망하고 있다. 이에 대한 대비책으로 씨앗 연구, 씨앗 보관소 등을 운영하고 있다.
물 부족 현상	산업 발달, 인구 증가 등으로 물이 오염되면서 인간이 사용할 수 있는 물의 양이 부족해지는 현상
빛 공해	인공조명이 너무 밝거나 지나치게 많아서 야간에도 낮처럼 밝은 상태가 유지되는 현상. 동식물이나 인간에게 악영향을 끼침.
사막화 현상	원래 사막이 아닌 곳이 사막으로 변하는 현상
육류 소비와 환경	육류 소비가 증가하면서 과도한 가축 사육으로 인한 대기 오염, 토양 오염 등의 문제가 발생하고 있다.
친환경	자연환경을 오염하지 않고 자연 그대로의 환경과 잘 어울리는 일
음식물 쓰레기	음식을 만들거나 먹고 난 후 남게 되어 버리는 모든 것

어휘와 표현

좌뇌와 우뇌	좌뇌는 논리와 같은 이성적인 면을 담당하고 우뇌는 예술, 감정과 같은 감성적인 면을 담당한다.
깨진 유리창 이론	사소하지만 잘못된 행동이 생겼을 때 즉시 바로 잡지 않으면 더 큰 잘못으로 발전한다는 이론
플라시보 효과 (Placeso effect)	의사가 효과 없는 가짜 약 혹은 가짜 치료법을 환자에게 제안했는데, 환자의 긍정적인 믿음으로 인해 병세가 좋아지는 현상
피그말리온 효과 (Pygmalion effect)	긍정적인 기대나 관심이 사람에게 좋은 영향을 미치는 효과
죄수의 딜레마	서로 협력하면 둘에게 모두 이익이 되는 상황을 만들 수 있는데 그렇게 하지 않으면 둘에게 모두 불리해지는 상황
공유지의 비극	남을 희생시켜서라도 자기의 이익과 권리를 극대화하려고 할 경우, 결과적으로 자신을 포함한 공동체 전부가 손해를 보게 되는 현상
관중 효과	사람은 누구나 다른 사람에게 인정받으려는 마음이 있기 때문에 누군가가 보고 있다고 느끼면 자기도 모르는 사이에 더 잘하려고 노력하는 현상
선택적 기억	일상생활을 하다가 보면 잘 되는 일도 있고 안 되는 일도 있지만 대부분의 사람들은 안 되는 일을 더 또렷하게 기억하는 특징이 있다.
책임 분산	위급한 상황에서 목격자가 많을수록 책임감이 분산되어 개인이 느끼는 책임감이 적어져서 행동하지 않게 되는 현상
트라우마 (trauma)	정신에 지속적인 영향을 주는 격렬한 감정적 충격으로 여러 가지 정신 장애의 원인이 될 수 있다.

정답과 해설

▶ **3**급 ⋯ 50

▶ **4**급 ⋯ 80

▶ **5**급 ⋯ 92

▶ **6**급 ⋯ 104

읽기 1번~2번	▶연결어미			
1. ③	2. ①	3. ②	4. ③	5. ③
6. ④	7. ①	8. ①	9. ④	10. ④

읽기 1번~2번	▶종결어미			
1. ①	2. ②	3. ①	4. ②	5. ①
6. ②	7. ②	8. ①	9. ②	10. ①

읽기 3번~4번	▶유사 문법			
1. ③	2. ①	3. ③	4. ③	5. ②
6. ②	7. ④	8. ②	9. ②	10. ④

읽기 5번	▶제품 광고			
1. ②	2. ②	3. ①	4. ④	5. ③
6. ③	7. ③	8. ②	9. ②	10. ②

읽기 6번	▶업소 광고			
1. ①	2. ②	3. ②	4. ①	5. ③
6. ②	7. ③	8. ④	9. ③	10. ①

읽기 7번	▶공익 광고			
1. ①	2. ①	3. ①	4. ①	5. ①
6. ①	7. ④	8. ③	9. ②	10. ①

읽기 8번	▶광고의 상세 설명			
1. ②	2. ①	3. ①	4. ④	5. ①
6. ④	7. ④	8. ①	9. ④	10. ①

읽기 1번~2번	▶연결어미	p.018

1. ❸

◎ 축구를 하다. ➡ 친구와 부딪혀서 다쳤다.

'친구와 부딪혀서 넘어졌다.'는 의외의 내용이다. 이때 호응하는 문법은 〈행동: 전환〉을 나타내는 '-다가'를 찾아야 한다. '-다가'는 앞의 행동을 하는 중에 뒤의 행동으로 바뀔 때 사용한다.

2. ❶

◎ 저녁을 먹다. ➡ 집 앞 공원에서 산책을 한다.

'집 앞 공원에서 산책을 한다.'는 평소에 자주 하는 행동을 표현

했다. 이때 호응하는 문법은 〈순서〉를 나타내는 '-고 나서'를 찾아야 한다. '-고 나서'는 앞의 행동이 완료된 다음에 뒤의 행동을 이어서 할 때 사용한다.

3. ❷

◎ 전시회가 열리다. ➡ 사람들이 많이 올 것 같다.

'사람들이 많이 올 것 같다.'는 미래의 일을 추측했다. 이때 호응하는 문법은 〈설명: 도입〉을 나타내는 '-(으)ㄴ/는데'를 찾아야 한다. '-(으)ㄴ/는데'는 뒤의 내용을 설명하기 위해 앞의 상황을 도입할 때 사용한다.

4. ❸

◎ 딸에게 선물하다. ➡ 인형을 만들었다.

'인형을 만들었다.'는 어떤 사실을 표현했다. 이때 호응하는 문법은 〈목적〉을 나타내는 '-(으)려고'를 찾아야 한다. '-(으)려고'는 주어의 목적을 표현할 때 사용한다.

5. ❸

◎ 실수를 하지 않다. ➡ 미리 준비를 해야 한다.

'미리 준비를 해야 한다.'는 당연히 할 일을 표현했다. 이때 호응하는 문법은 〈가정: 의도〉를 나타내는 '-(으)려면'을 찾아야 한다. '-(으)려면'은 주어의 의도를 가정해서 표현할 때 사용한다.

6. ❹

◎ 급하게 나오다. ➡ 우산을 챙겨 나오는 걸 깜빡했다.

'우산을 챙겨 나오는 걸 깜빡했다.'는 부정적인 내용이다. 이때 호응하는 문법은 〈이유: 동시〉를 나타내는 '-느라고'를 찾아야 한다. '-느라고'는 앞의 이유와 뒤의 결과가 같은 시간대에 일어나고 뒤의 결과가 부정적일 때 사용한다.

7. ❶

◎ 최선을 다하다. ➡ 회사 생활을 잘 할 수 있다.

'회사 생활을 잘 할 수 있다.'는 미래에 대한 가능성을 표현했다. 이때 호응하는 문법은 〈조건: 필수〉를 나타내는 '-아/어야'를 찾아야 한다. '-아/어야'는 필수적인 조건을 표현할 때 사용한다.

8. ❶

◎ 전화번호를 잊어버리다. ➡ 휴대 전화에 얼른 저장했다.

'휴대 전화에 얼른 저장했다.'는 어떤 사실을 표현했다. 이때 호응하는 문법은 〈우려〉를 나타내는 '-(으)ㄹ까 봐(서)'를 찾아야 한다. '-(으)ㄹ까 봐(서)'는 앞으로 일어날 우려에 대해 표현할 때 사용한다.

9. ❹

◎ 몸이 아프다. ➡ 힘들면 고향 생각이 많이 난다.

'고향 생각이 많이 난다.'는 평소에 느끼는 사실을 표현했다. 이때 호응하는 문법은 '힘들면'이 나왔는데, 그 앞의 '아프다'와 연결하면 '아프고 힘들면'의 의미이다. 선택지에 '아프고'가 없기 때문에 가장 잘 어울리는 문법을 찾으면 〈선택: 택일〉의 '-거나'가 된다. '-거나'는 두 가지 상황 중 한 가지 상황을 선택하여 표현할 때 사용한다.

10. ❹

◐ 나는 학교를 졸업하다. ➡ 운전 면허증을 땄다.

　　'운전 면허증을 땄다.'는 어떤 사실을 표현했다. 이때 호응하는 문법은 〈순서: 즉시〉를 나타내는 '-자마자'를 찾아야 한다. '-자마자'는 앞의 행동이 끝난 후에 바로 뒤의 행동이 이어질 때 사용한다.

읽기 1번~2번	▶종결어미	p.019

1. ❶

◐ 중요한 서류인 것 같아서 ➡ 서랍에 넣다.

　　앞의 내용인 '중요한 서류인 것 같아서'는 〈이유〉를 나타낸다. 뒤의 내용은 '서랍에 넣었다.'가 된다. 하지만 선택지를 보면 모두 과거시제이다. 따라서 좀 더 구체적인 의미가 들어 있는 것을 찾아야 한다. 이때 호응하는 문법은 〈유지: 대비〉를 나타내는 '-아/어 놓다.'를 찾아야 한다. '-아/어 놓다.'는 어떤 행동이 끝난 후 그 상태를 그대로 지속하면서 미래를 대비할 때 사용한다. '중요한 서류인 것 같아서 (나중에 쉽게 찾아볼 수 있게) 서랍에 넣어 놓았다'는 의미를 나타낸다.

2. ❷

◐ 새해에 열심히 운동해서 ➡ 살을 빼다.

　　앞의 내용에 '새해'라는 단어가 나오기 때문에 뒤의 내용은 미래시제인 '살을 뺄 것이다.'가 된다. '살을 뺄 것이다.'는 〈계획〉을 나타내는 문법인데, 이와 비슷한 문법으로 '-기로 했다.'를 찾을 수 있다. '-기로 했다.'는 주어의 결심을 계획으로 표현할 때 사용한다.

3. ❶

◐ 시험 시작 40분 전까지 강의실에 ➡ 들어가다.

　　앞의 내용에 '시험 시작 40분 전까지'라는 표현이 나오기 때문에 뒤의 내용은 미래시제인 '들어갈 것이다.'가 된다. 하지만 선택지를 보면 모두 현재시제이다. 따라서 미래시제와 비슷한 기능을 하는 것을 찾아야 한다. 이때 호응하는 문법은 〈조건: 충족〉을 나타내는 '-(으)면 되다.'를 찾아야 한다. '-(으)면 되다.'는 어떤 일에 대한 조건을 충족시킬 때 사용한다.

4. ❷

◐ 엄마는 아이에게 밤 9시 이후에는 ➡ 게임을 못 하다.

　　앞의 내용에 '엄마는 아이에게'라는 표현이 나오기 때문에 뒤의 내용은 '사동 표현'이 나와야 한다. 선택지는 모두 과거시제이기 때문에 이 중에서 〈명령: 사동〉을 나타내는 '-게 하다.'를 찾아야 한다. '-게 하다.'는 주어가 어떤 대상에게 그 행동을 시킬 때 사용한다.

5. ❶

◐ 나는 부모님의 뒤를 이어 ➡ 식당을 맡다.

　　앞의 내용에 '부모님의 뒤를 이어'는 〈순서: 연관〉을 나타낸다. 앞의 행동이 일어난 다음에 일어난 일을 설명해야 한다. 선택지는 모두 과거시제이기 때문에 이 중에서 〈설명: 변화〉를 나타내는 '-게 되다.'를 찾아야 한다. '-게 되다.'는 앞의 상황을 설명하고 뒤에서 현재의 변화된 상황을 설명할 때 사용한다.

6. ❷

◐ 나는 어렸을 때 ➡ 피아노를 배우다.

　　앞의 내용에 '어렸을 때'라는 표현이 나오기 때문에 뒤의 내용은 과거시제인 '배웠다.'가 된다. 선택지 중 과거시제를 나타내는 것은 ②번이다. 〈경험: 시간〉을 나타내는 '-(으)ㄴ 적이 있다/없다.'는 주어가 경험한 일을 시간으로 표현할 때 사용한다.

7. ❷

◐ 조금 전에 은행에 갔다 왔는데 ➡ 문이 닫히다.

　　앞의 내용에 '갔다 왔는데'라는 표현이 나오기 때문에 뒤의 내용은 과거시제인 '문이 닫혔다.'가 된다. 선택지가 모두 과거시제이기 때문에 이 중에서 〈지속: 유지〉를 나타내는 '-아/어 있다.'를 찾아야 한다. '-아/어 있다.'는 어떤 행동이 끝난 후 그 상태가 그대로 지속될 때 사용하는데 피동사와 자주 쓰인다.

8. ❶

◐ 한국어를 배운 지 거의 2년이 ➡ 다 되다.

　　앞의 내용에 '한국어를 배운 지 거의 2년이'라는 표현이 나오기 때문에 뒤의 내용은 과거시제인 '다 됐다.'가 된다. 선택지에서 과거시제를 나타내는 문법은 〈진행: 완료〉를 나타내는 '-아/어 가다.'이다. '-아/어 가다'는 '거의 -아/어 가다.'의 형태로 쓰여서 어떤 행동이나 시간이 완료되기 직전일 때 사용한다.

9. ❶

◐ 고객들에게 안내장을 보냈으니까 ➡ 모든 준비를 마치다.

　　앞의 내용에 '안내장을 보냈으니까'라는 표현이 나오기 때문에 뒤의 내용은 과거시제인 '모든 준비를 다 마쳤다.'가 된다. 선택지 중 과거시제를 나타내는 것은 ①번이다. 〈판단: 유사 결과〉를 나타내는 '-(으)ㄴ/는 셈이다.'는 말하는 사람이 어떤 상황에 대해 다른 결과와 비슷하다고 판단할 때 사용한다.

10. ❶

◐ 그 의사는 20년간 환자들을 무료로 ➡ 치료하다.

　　앞의 내용에 '지난 20년간'이라는 표현이 나오기 때문에 뒤의 내용은 과거시제인 '치료했다.'가 된다. 선택지 중에서 과거시제를 나타내는 것은 ①번과 ②번이다. 이 중에서 〈진행: 완료〉를 나타내는 '-아/어 오다.'를 찾아야 한다. '-아/어 오다.'는 과거부터 현재까지 어떤 행동이 진행된 시간을 표현할 때 사용한다.

읽기 3번~4번	▶유사 문법	p.025

1. ❸

◐ '-(으)ㄹ 듯하다.'는 〈추측〉을 나타내는 문법이다. 하늘에 구름이 많이 낀 것을 보고 비가 올 것이라고 추측하는 내용이다. 따라서 선택지 중에서 〈추측〉을 나타내는 문법인 '-(으)ㄹ 모양이다.'를 찾아야 한다.

2. ❶

◐ '-(으)ㄹ 정도로'는 〈정도〉를 나타내는 문법이다. 1년 만에 고향에 갔는데 몰라볼 정도로, 알아보지 못할 정도로 변했다는 의미이다. 따라서 선택지 중에서 〈정도〉를 나타내는 문법인 '-게'를 찾아야 한다.

3. ❸

○ '-기 마련이다.'는 당연히 그러해야 하는 일, 〈당위〉를 나타내는 문법이다. 일을 처음 배울 때는 실수를 하는 것이 당연하다는 의미이다. 따라서 선택지 중에서 〈당위〉를 나타내는 문법인 '-(으)ㄴ/는 법이다.'를 찾아야 한다.

4. ❸

○ '-(으)ㄹ 수밖에 없다.'는 방법 중에서 최후의 방법이나 유일한 선택, 〈유일〉을 나타내는 문법이다. 버스가 끊겨서 택시를 타는 방법 이외에는 방법이 없다는 의미이다. 따라서 선택지 중에서 의미가 가장 비슷한 것은 〈당위〉를 나타내는 '-아/어야(만) 했다.'이다.

5. ❷

○ '-(으)ㄹ 뿐만 아니라'는 앞의 내용에 더하여 뒤의 내용이 추가되는 〈포함〉을 나타내는 문법이다. 집 근처에 있는 슈퍼마켓은 가깝고 물건도 다양하다는 의미이다. 따라서 선택지 중에서 〈포함: 추가〉를 나타내는 문법인 '-(으)ㄴ/는 데다가'를 찾아야 한다.

6. ❷

○ '-는 바람에'는 갑작스러운 일이나 예상하지 못한 일을 〈이유〉로 나타내는 문법이다. 강연을 듣는 도중에 사람들이 갑자기 떠들어서 강연에 집중할 수 없었다는 의미이다. 따라서 선택지 중에서 〈이유〉를 나타내는 문법을 찾으면 된다. 그런데 ②번과 ④번이 〈이유〉를 나타내는데 이 중에서 뒤의 의외의 결과까지 고려한다면 '-는 통에'를 찾아야 한다.

7. ❹

○ '-(으)ㄹ까 봐(서)'는 앞으로 일어난 일에 대한 〈우려〉를 나타내는 문법이다. 스케이트를 처음 탈 때 넘어질 것이 걱정이 되었는데 재미있었다는 의미이다. 따라서 선택지 중에서 의미가 가 비슷한 것은 〈추측〉을 나타내는 '-(으)ㄹ 것 같아서'이다.

8. ❷

○ '-자마자'는 앞의 행동이 끝난 후에 바로 뒤의 행동이 이어지는 〈순서: 즉시〉를 나타내는 문법이다. 프로젝트가 끝나고 나서 바로 여행을 갈 생각이라는 의미이다. 따라서 선택지 중에서 〈순서: 즉시〉를 나타내는 문법인 '-는 대로'를 찾아야 한다.

9. ❷

○ '-(으)ㄴ/는 셈이다.'는 말하는 사람이 어떤 상황에 대해 다른 결과와 비슷하다고 생각하는 〈판단〉을 나타내는 문법이다. 초대장을 보냈기 때문에 행사 준비를 마친 것이나 마찬가지라는 의미이다. 선택지 중에서 의미가 가장 비슷한 것은 〈비교〉를 나타내는 '-(으)ㄴ/는 거나 같다.'이다.

10. ❹

○ '-나 마나'는 말하는 사람이 두 가지 상황을 비교한 후 선택을 해도 같은 결과가 나올 것이라고 생각하는 〈선택: 동일 결과〉를 나타낸다. 물어봐도 물어보지 않아도 형은 싫다고 할 게 뻔하다는 의미이다. 선택지 중에서 의미가 가장 비슷한 것은 〈가정: 상반〉을 나타내는 '-아/어도'이다.

읽기 5번 ▶제품 광고 p.029

1. ❷

당신의 일정을 지켜 드립니다.
1분 1초라도 정확하게~

○ 핵심어: 일정, 지키다, 1분 1초

2. ❷

글씨가 흐릿하게 보이십니까?
먼 곳까지 선명하게~ 눈을 보호하세요.

○ 핵심어: 보이다, 선명하다, 눈, 보호하다

3. ❶

발이 편해야 모든 게 편합니다.
모두가 걷기 편한 세상으로~

○ 핵심어: 발, 편하다, 걷다

4. ❹

타고 싶은 멋진 디자인
편안한 느낌으로 달립니다.

○ 핵심어: 타다, 디자인, 편안하다, 달리다

5. ❸

찍는 순간 흔들리지 않습니다.
다시 보고 싶은 순간, 추억으로~

○ 핵심어: 찍다, 순간, 추억

6. ❸

바르세요, 아기 피부처럼 뽀송뽀송~
바르세요, 빛나는 피부를 만드세요.

○ 핵심어: 바르다, 피부

7. ❸

겨울철, 실내가 건조하세요?
공기를 촉촉하게 만들어 드립니다.

○ 핵심어: 겨울철, 건조하다, 공기, 촉촉하다

8. ❷

버튼 한 번에 접었다 폈다를 자유롭게
간편한 휴대로 소나기 걱정 뚝!

○ 핵심어: 접다, 펴다, 휴대, 소나기

9. ❸

머릿결을 부드럽고 향기롭게!
감는 순간 느낄 수 있습니다.

◉ 핵심어: 머릿결, 부드럽다, 향기롭다, 감다

10. ❹

전기 요금 걱정 뚝! 바람이 씽씽!
더위를 날려 버리고 시원한 여름 보내세요.

◉ 핵심어: 전기세, 바람, 더위, 시원하다, 여름

읽기 6번 ▶ 업소 광고   p.033

1. ❶

봄맞이 30% 세일~ 쇼핑 기회!
넓은 주차 공간, 친절한 안내와 서비스

◉ 핵심어: 세일, 쇼핑, 주차 공간

2. ❷

저렴하고 품질이 우수한 상품들!
학용품은 물론 사무용품 등 모두 준비되어 있습니다.

◉ 핵심어: 학용품, 사무용품

3. ❷

길이 막혀서 짜증나신다고요?
약속 시간까지 빠르고 안전하게 모십니다.

◉ 핵심어: 약속 시간, 빠르다, 안전하다

4. ❶

국내 최대 서적 보유~
원하는 자료 검색부터 복사까지 한 번에

◉ 핵심어: 서적, 자료 검색, 복사

5. ❸

국내외 현대 화가의 작품을 한눈에~
동서양의 그림을 한 곳에서 감상하십시오.

◉ 핵심어: 화가, 작품, 그림, 감상

6. ❷

알뜰하게 장도 보고 지역 경제도 살리고
넓은 주차 공간 완비, 배달 서비스 시작

◉ 핵심어: 장 보다, 지역 경제

7. ❸

유행에 민감한 당신을 초대합니다.
봄 신상품 대량 보유, 세일 시작~

◉ 핵심어: 유행, 신상품, 세일

8. ❹

전화 한 통만 하십시오.
문 앞에서 문 앞으로 빠르고 안전하게 배달해 드립니다.

◉ 핵심어: 전화, 문 앞, 안전하다, 배달

9. ❸

지하철역과 5분 거리로 교통 편리!
최신식 공사 방법으로 층간 소음이 없다!

◉ 핵심어: 교통, 편리, 최신식, 층간 소음

10. ❶

신랑, 신부 만족도 1위
인생 최고의 순간을 저희에게 맡겨 주십시오.

◉ 핵심어: 신랑, 신부, 인생

읽기 7번 ▶ 공익 광고   p.037

1. ❶

당신의 재능을 나눠 주세요.
작은 나눔이 받는 사람에게는 큰 선물이 됩니다.

◉ 핵심어: 재능, 나누다, 선물

2. ❶

오늘부터 자동차를 두고 가세요.
공기가 나빠지는 것은 자동차 배기가스 때문
공해 없는 교통수단 지하철이 답입니다.

◉ 핵심어: 공기, 나빠지다, 배기가스, 공해

3. ❶

한 번의 편리함이 주는 달콤함.
그 달콤함이 환경을 망치고 있습니다.

◉ 핵심어: 한 번, 편리하다, 환경, 망치다

4. ❸

먹는 게 반, 버리는 게 반
돈이라면 버리시겠습니까?

◉ 핵심어: 먹다, 버리다

5. ❶
> 중간 밸브는 잠그셨습니까?
> 정기 점검은 꾸준히 받고 계십니까?
> 가스, 보이지 않는다고 방심하면 안 됩니다.

➡ 핵심어: 중간 밸브, 정기 점검, 가스

6. ❷
> 규칙적인 식사와 충분한 운동
> 100세 장수로의 지름길입니다.

➡ 핵심어: 규칙적이다, 식사, 운동, 장수

7. ❹
> 안 쓰는 가전제품의 플러그는 빼 놓으셨나요?
> 우리의 작은 생활 습관이
> 에너지를 아끼는 지름길입니다.

➡ 핵심어: 가전제품, 플러그, 빼다, 에너지, 아끼다

8. ❸
> 나의 즐거움이 옆 사람에게는 소음이 됩니다!
> 벨소리는 진동으로, 통화는 작은 소리로 짧게!

➡ 핵심어: 옆, 사람, 소음, 벨소리, 진동, 통화, 작은 소리

9. ❷
> 조금 천천히 가시는 건 어떨까요?
> 먼저 양보를 하시는 건 어떨까요?
> 보행자를 먼저 생각하시는 건 어떨까요?

➡ 핵심어: 천천히, 양보, 보행자

10. ❶
> 전화가 무슨 죄가 있나요?
> 잘못 걸려온 전화에 짜증보다는 친절한 말 한 마디
> 가는 말이 고와야 오는 말도 곱습니다.

➡ 핵심어: 친절하다, 말 한 마디, 가는 말이 고와야 오는
> 말이 곱다

읽기 8번　▶광고의 상세 설명　p.041

1. ❷
> 상처가 난 부위에 붙여 주십시오.
> 붙이기 전 반드시 소독을 해 주십시오.
> 연고를 바르면 더욱 효과가 좋습니다.

➡ 핵심어: 붙이다, 소독하다, 연고를 바르면 효과가 좋다

2. ❶
> '차 사랑 연구회'에서 여러분을 기다립니다.
> 차를 좋아하시는 분이라면 누구나 환영합니다.

➡ 핵심어: 차를 좋아하시는 분, 누구나, 환영하다

3. ❶
> 〈어린이 바둑 대회〉
> 최고의 어린이 바둑 기사를 찾습니다.
> 초등학생이라면 누구나 참가 가능합니다.

➡ 핵심어: 대회, 바둑 기사를 찾다, 초등학생, 참가 가능

4. ❹
> 유리처럼 투명하고 유리보다 가볍습니다.
> 전자레인지에 음식을 데울 때 사용해도 안전합니다.

➡ 핵심어: 투명하다, 가볍다, 안전하다

5. ❶
> ★★★★★ 가격도 저렴하고 품질이 좋아요.
> 매우 만족 디자인도 예쁘고 튼튼해서 마음에 들어요.

➡ 핵심어: 만족, 가격, 저렴하다, 품질, 좋다, 디자인,
> 예쁘다, 마음에 들다

6. ❹
> • 바른 후 피부가 빨갛게 되거나 가려우면 즉시 사
>   용을 중지하십시오.
> • 흐르는 물로 빨리 씻은 후 의사와 상담하시기 바
>   랍니다.

➡ 핵심어: 바르다, 피부, 빨갛다, 가렵다, 의사, 상담

7. ❹
> • 개봉 후 가급적 빨리 드시기 바랍니다.
> • 내용물이 남은 경우 냉장실에 넣어 두세요.

➡ 핵심어: 개봉, 드시다, 남다, 냉장실, 넣다

8. ❶
> 운전면허 시험, 이제 '전진'과 함께라면 걱정 끝!
> ⊙ 신분증 지참 후 방문 접수
> ⊙ 접수 상담: 02) 123-4568

➡ 핵심어: 운전면허, 신분증, 방문, 접수, 상담

9. ❹
> • 구입하신 영수증을 가지고 직접 방문해 주
>   시기 바랍니다.
> • 구입 일로부터 14일 이내에 가능합니다.

◉ 핵심어: 구입하다, 영수증, 가지다, 방문하다, 14일 이내

10. ❶

이번 4월에 새로 나오는 신형 휴대 전화의
예약을 신청 받습니다.
신청 기간은 3월 31일까지입니다.
www.pineapple.co.kr

◉ 핵심어: 신형, 예약 신청, 신청 기간, 홈페이지 주소

3급 ▼ Chapter 2 상황과 그에 따른 반응

듣기 1번~2번	▶장소

1. ①   2. ③

듣기 1번~2번	▶상황

1. ①   2. ①

듣기 4번~8번	▶회사

1. ③   2. ②   3. ③

듣기 4번~8번	▶학교

1. ②   2. ④   3. ③

듣기 4번~8번	▶집

1. ②   2. ①   3. ②

듣기 4번~8번	▶식당

1. ③   2. ②   3. ④

듣기 4번~8번	▶병원

1. ③   2. ②   3. ④

듣기 4번~8번	▶세탁소

1. ③   2. ②   3. ④

듣기 4번~8번	▶기타 장소

1. ④   2. ③   3. ①   4. ③

듣기 4번~8번	▶일상생활

1. ①   2. ④   3. ①   4. ③   5. ④
6. ①   7. ①   8. ②   9. ②   10. ④   11. ①

듣기 9번~12번	

1. ②   2. ④   3. ③   4. ②   5. ②
6. ③   7. ②   8. ②   9. ①   10. ②

듣기 1번~2번	▶장소	🎧 01	p.047

1. ❶

여자: 저 침대는 가격이 어떻게 되지요?
남자: 네, 지금 세일 중이라서 적당할 것 같은
데요.
여자: 한번 누워 봐도 되지요?

◯ 가구점
   침대 고르는 여자
↘ 안내하는 남자
↘ 침대 옆 할인 판매 표지

2. ❸

여자: 와~ 시내가 한눈에 다 보이네요.
남자: 좋지요? 이렇게 맑은 공기를 마시면서
높은 곳에서 아래를 보면 기분이 정말
상쾌해요.
여자: 정말 그러네요.

◯ 산
↘ 산 아래를 보는
남자와 여자

듣기 1번~2번 ▶상황 02 p.048

1. ①

여자: 다리를 양쪽으로 쭉 벌리시고요. 팔은 앞으로 하시고 제가 등을 천천히 밀어 드릴 거예요.

남자: 아, 아, 아파요.

여자: 숨 쉬시고, 아파도 조금만 참으세요.

◉ 요가하기 (학원-요가)
→ 다리는 벌리고 팔은 앞으로 뻗은 자세
→ 요가 강사가 뒤에서 등을 밀어 준다

2. ①

남자: 네, 그대로 뒤로 누우시면 됩니다.

여자: 네, 그러지요.

남자: 손님, 어떻게 물 온도는 괜찮으시지요?

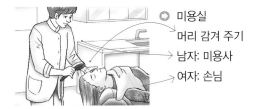

◉ 미용실
→ 머리 감겨 주기
→ 남자: 미용사
→ 여자: 손님

듣기 4번~8번 ▶회사 03 p.053

1. ③

여자: 무슨 일로 오셨습니까?

남자: 김 과장님을 좀 뵈러 왔는데요.

여자: <u>지금 자리에 안 계신데 곧 오실 거예요.</u>

◉ 남자는 회사에 방문해서 김 과장을 찾는 상황이다. 이때 여자는 김 과장의 현재 위치나 상황을 남자에게 설명하는 것이 자연스럽다.

2. ②

남자: 팀장님, 아직 회의 준비를 못 끝냈는데 조금만 기다려 주시겠습니까?

여자: 미리 준비를 하지, 이제 준비하느라고 그래요?

남자: <u>죄송합니다. 다음부터는 미리 준비하겠습니다.</u>

◉ 남자가 팀장에게 회의를 준비할 시간을 더 달라고 요청하고 있다. 이에 대해 여자는 미리 준비하지 못했다면서 질책을 하고 있는 상황이다. 이때 남자는 여자에게 사과를 하면서 다음부터 조심하겠다고 대답하는 것이 자연스럽다.

3. ③

여자: 민수 씨, 출장은 잘 다녀오셨어요?

남자: 네, 걱정해 주신 덕분에 잘 다녀왔습니다.

여자: <u>자, 여기 출장 간 사이에 온 우편물이에요.</u>

◉ 남자는 출장을 다녀온 후 여자와 안부를 주고받는 상황이다. 이때 여자는 출장을 다녀온 사이 일어난 일을 설명해 주는 것이 자연스럽다.

듣기 4번~8번 ▶학교 04 p.054

1. ②

남자: 보람아, 문제 다 풀었어?

여자: 아니. 아무리 생각해도 모르겠어.

남자: <u>선생님께 여쭤 보는 게 어때?</u>

◉ 남자는 여자가 어려운 문제를 풀고 있고 있는 것을 보고 있는 상황이다. 이때 남자는 여자에게 어려운 문제를 풀기 위한 방법을 제안하는 것이 자연스럽다.

2. ④

여자: 상조야, 어제 시험은 잘 봤어?

남자: 시험이 너무 어려워서 잘 못 봤어.

여자: <u>최선을 다했으면 좋은 결과가 있을 거야.</u>

◉ 남자는 시험을 잘 보지 못해서 걱정을 하고 있는 상황이다. 이때 여자는 남자에게 격려나 응원을 하는 것이 자연스럽다.

3. ③

남자: 졸업하고 나서 뭐 할 계획이에요?

여자: 아직 결정하지 못 했어요. 상조 씨는요?

남자: <u>저도 아무 계획도 못 세웠어요.</u>

◉ 남자와 여자가 서로 졸업한 후의 계획에 대해 물어보고 대답하고 있는 상황이다. 이때 남자는 자신의 계획을 말하는 것이 자연스럽다.

듣기 4번~8번 ▶집 🎧05   p.055

1. ❷

> 여자: 여보, 국이 다 끓었는데 맛이 어떤지 봐
> 주세요.
> 남자: 음, 조금 싱거운 것 같은데요.
> 여자: <u>그럼, 소금을 더 넣을까요?</u>

◉ 여자와 남자가 음식을 만든 후에 미리 맛을 보고 있는 상황이다. 남자가 맛이 싱겁다고 했기 때문에 여자는 소금을 넣으려고 하는 것이 자연스럽다.

2. ❶

> 남자: 음, 바깥에 바람이 꽤 많이 부는데 생각
> 보다 춥지는 않네요.
> 여자: 그래요? 그러면 코트는 필요 없겠지요?
> 남자: <u>네, 그냥 나가도 될 것 같아요.</u>

◉ 남자와 여자가 외출 전 날씨에 대한 정보를 주고받고 있다. 남자가 생각보다 춥지 않다고 하니까 여자는 코트가 필요 없겠냐고 질문을 하고 있는 상황이다. 이때 남자는 여자의 질문에 대해 동의하는 것이 자연스럽다.

3. ❷

> 남자: 여보, 우리 오늘 저녁에 외식할까요?
> 여자: 어? 당신 좋아하는 갈비찜 준비했는데요.
> 남자: <u>그럼 외식은 내일 하기로 해요.</u>

◉ 남자가 여자에게 외식을 하자고 제안을 하고 여자는 저녁 식사로 갈비찜을 준비했다고 대답하는 상황이다. 이때 남자는 외식을 다음에 하자고 말하는 것이 자연스럽다.

듣기 4번~8번 ▶식당 🎧06   p.056

1. ❸

> 여자: 맛있게 드셨습니까?
> 남자: 네, 계산은 어디서 하지요?
> 여자: <u>저쪽 계산대에서 하시면 됩니다.</u>

◉ 남자는 식당에서 식사 후 계산을 하려고 여자에게 계산대의 위치를 물어보는 상황이다. 이때 여자는 계산대의 위치를 안내하는 것이 자연스럽다.

2. ❷

> 여자: 음식이 너무 많이 남았네.
> 남자: 아까 시킬 때부터 너무 많이 시킨다 싶었어.
> 여자: <u>조금만 시킬 걸 그랬어.</u>

◉ 식당에서 여자가 음식이 너무 많이 남았다면서 아까워하고 있다. 이에 대해 남자는 주문할 때 너무 많이 시킨 것 같았다고 말하고 있는 상황이다. 이때 여자는 많이 주문한 것에 대해 후회하는 것이 자연스럽다.

3. ❹

> 여자: 저기요. 좀 추워서 그러는데 에어컨 좀
> 꺼 주시겠어요?
> 남자: 손님, 죄송하지만 다른 손님들께서는 덥다
> 고 하셔서 끄는 건 어려울 것 같습니다.
> 여자: <u>그럼, 다른 자리로 옮겨도 될까요?</u>

◉ 식당에서 여자 손님이 에어컨을 꺼 달라고 요청하고 있다. 이에 대해 남자 종업원이 다른 손님들 때문에 에어컨을 끄는 것은 어렵다고 대답하는 상황이다. 이때 여자는 자리를 에어컨에서 먼 곳으로 바꿔 달라고 요청하는 것이 자연스럽다.

듣기 4번~8번 ▶병원 🎧07   p.057

1. ❸

> 여자: 어디가 아파서 오셨어요?
> 남자: 네, 어젯밤부터 기침이 나고 목도 부어서
> 밥도 못 먹겠어요. 열도 나고요.
> 여자: <u>이 약을 드시고 푹 쉬세요.</u>

◉ 남자가 감기 때문에 약국에 가서 약사에게 증상을 설명하는 상황이다. 이때 여자 약사는 감기 증상에 대해 처방을 해 주는 것이 자연스럽다.

2. ❷

> 여자: 감기가 유행이라더니 병원에 사람이 많
> 네요.
> 남자: 그러네요. 지금 오는 사람들은 오래 기
> 다려야 되겠어요.
> 여자: <u>역시 예약하고 오길 잘했어요.</u>

◉ 여자와 남자가 병원에 진료를 받으러 갔다가 사람들이 많은 것을 보고 남자가 지금 오는 사람들은 오래 기다려야 되겠다고 이야기하고 있는 상황이다. 이때 여자는 예약을 하고 온 것이 다행이라고 말하는 것이 자연스럽다.

3. ④

남자: 여보세요. 한국 치과지요? 한상조라고
　　　하는데요. 제가 오늘 오후 예약인데 내
　　　일로 바꾸고 싶은데요.
여자: 네, 그러세요. 그런데 내일은 예약 일정
　　　이 모두 잡혀서 불가능한데요. 모레는
　　　어떠세요?
남자: 모레는 제가 시간이 없는데 어떻게 하죠?

◎ 남자는 치과에 전화를 걸어 내일로 예약 날짜를 바꾸고 싶어
　한다. 이에 대해 여자는 내일은 불가능하고 모레는 괜찮냐고
　물어보는 상황이다. 이때 남자는 모레 가능한지 불가능한지
　를 대답하는 것이 자연스럽다.

듣기 4번~8번 ▶세탁소 08　　　　　　　p.058

1. ③

여자: 바지 길이를 줄이려고 하는데 오늘까지
　　　줄여 주실 수 있어요?
남자: 죄송하지만 오늘은 수선해야 할 게 많아
　　　서 안 되겠는데요.
여자: 그럼 내일까지 해 주세요.

◎ 여자는 세탁소에서 오늘까지 바지 길이를 줄여 달라고 요청
　하고 있다. 이에 대해 남자는 오늘은 불가능하다고 대답하는
　상황이다. 이때 여자는 내일까지 해 달라고 요청하는 것이 자
　연스럽다.

2. ②

여자: 손님, 양복 한 벌, 바지 두 벌, 세탁 맡기
　　　시는 거 맞지요?
남자: 네. 참, 양복은 모레 입어야 하니까 내일
　　　까지 해 주실 수 있나요?
여자: 내일까지는 힘들 것 같은데요.

◎ 남자가 세탁소에 옷을 맡기면서 양복을 내일까지 세탁해 달
　라고 요청하고 있다. 이때 여자는 내일까지 가능한지 불가능
　한지를 대답하는 것이 자연스럽다.

3. ④

여자: 아저씨, 여기 셔츠에 얼룩이 좀 묻었는
　　　데 세탁하면 없어질까요?
남자: 글쎄요. 이거 어쩌면 안 없어질 수도 있
　　　겠어요.
여자: 새 옷이니까 꼭 얼룩을 빼 주셨으면 좋
　　　겠어요.

◎ 여자는 세탁소에서 옷에 묻은 얼룩을 없애 달라고 요청하고
　있다. 이에 대해 남자는 없애기가 어려울 수도 있다고 대답하
　는 상황이다. 이때 여자는 얼룩을 빼 달라고 다시 요청하는
　것이 자연스럽다.

듣기 4번~8번 ▶기타 장소 09　　　　　　　p.059

1. ④

여자: 에어컨 수리를 신청했는데, 연락이 없어
　　　서 전화했어요.
남자: 죄송합니다. 일이 갑자기 몰려서 늦어졌
　　　습니다.
여자: 그러면 미리 연락을 주셨어야지요.

◎ 여자가 AS센터에 에어컨 수리 신청을 한 후 연락이 없어서
　다시 전화를 하고 있다. 이에 대해 남자는 바빠서 늦어졌다고
　대답하는 상황이다. 이때 여자는 미리 연락을 했어야 한다고
　질책하는 것이 자연스럽다.

2. ③

남자: 여보세요? 한국 호텔이지요? 이번 주 금
　　　요일에 예약을 하려고 하는데요.
여자: 며칠 동안 계실 건가요?
남자: 3일 정도 있을 거예요.

◎ 남자는 호텔에 전화를 해서 방을 예약하려고 하고 있다. 이에
　대해 여자는 며칠 동안 있을지에 대해 물어보는 상황이다. 이때
　남자는 며칠 동안 있을 것이라고 대답하는 것이 자연스럽다.

3. ①

남자: 이번 주 토요일 오전 부산행 기차를 예
　　　약하려고 하는데요.
여자: 죄송하지만 오전에는 좌석이 없습니다.
남자: 그럼 몇 시 표가 있어요?

◎ 남자는 기차표를 예매하려고 하고 있다. 이에 대해 여자는 남
　자가 원하는 오전 시간의 좌석이 없다고 대답하는 상황이다.
　이때 남자는 다른 시간의 표가 있는지 물어보는 것이 자연스
　럽다.

4. ③

여자: 어! 커피숍에 자리가 하나도 없네요.
남자: 날씨도 좋은데 밖에서 마시는 게 어때요?
여자: 좋아요. 나가서 마셔요.

◎ 여자는 커피숍에 자리가 없다고 말하고 남자는 밖에서 마시자고 제안하는 상황이다. 이때 여자는 남자의 의견에 동의하거나 다른 제안을 하는 것이 자연스럽다.

듣기 4번~8번 ▶일상생활 10   p.060

1. ❶

여자: 어제 동생하고 영화 보러 갔는데 재미있더라.
남자: 그래? 나도 어제 너한테 영화 보러 가자고 전화하려고 했는데.
여자: 그럼 같이 갈 걸 그랬구나.

◎ 여자는 남자에게 어제 자기가 본 영화에 대해 이야기를 하고 있다. 이에 대해 남자는 자기도 어제 여자에게 영화를 보러 가자고 전화하려고 했다고 대답하는 상황이다. 이때 여자는 같이 보지 못한 것에 대해 아쉬움을 표현하는 것이 자연스럽다.

2. ❹

여자: 왜 이렇게 안색이 안 좋아 보여?
남자: 요즘 바빠서 며칠 밤을 새웠더니 피곤하네.
여자: 일찍 들어가서 쉬는 게 좋을 것 같아.

◎ 여자는 남자에게 얼굴이 안 좋아 보인다고 안부를 물어보고 있다. 이에 대해 남자는 요즘 바빠서 잠을 못 잤다고 대답하고 있는 상황이다. 이때 여자는 쉬는 것이 좋겠다고 대답하는 것이 자연스럽다.

3. ❶

여자: 정말 미안해요, 많이 늦었지요?
남자: 괜찮아요. 차가 많이 밀린 모양이에요.
여자: 아니요. 차를 잘못 타서 늦었어요.

◎ 여자는 남자에게 약속 시간에 늦어 미안하다고 사과하고 있다. 이에 대해 남자는 차가 밀린 모양이라면서 괜찮다고 대답하고 있다. 이때 여자는 자신이 늦은 이유에 대해 대답하는 것이 자연스럽다.

4. ❸

남자: 이번 토요일에 시간 좀 있어요?
여자: 네, 토요일 괜찮아요. 그런데 무슨 일인데요?
남자: 저희 가게 개업식을 하니까 오시라고요.

◎ 남자는 여자에게 토요일에 시간이 있냐고 물어보고 있다. 이

에 대해 여자는 시간이 있다면서 무슨 일인지를 물어보고 있는 상황이다. 이때 남자는 그 이유에 대해 대답하는 것이 자연스럽다.

5. ❹

여자: 저, 방 2개짜리 집을 구하고 싶은데, 괜찮은 집이 있을까요?
남자: 층은 상관없으세요?
여자: 일 층만 아니면 좋겠어요.

◎ 여자는 부동산에서 자신이 원하는 집에 대해 물어보고 있다. 이에 대해 남자는 몇 층을 원하는지 물어보는 상황이다. 이때 여자는 자신이 원하는 층수를 대답하는 것이 자연스럽다.

6. ❶

여자: 영어로 통역해 줄 아르바이트가 필요한데 괜찮은 사람이 있을까요?
남자: 한번 알아볼게요. 언제까지 말씀드려야 돼요?
여자: 빠르면 빠를수록 좋아요.

◎ 여자는 남자에게 통역 아르바이트를 구할 수 있냐고 요청하고 있다. 이에 대해 남자는 언제까지 대답하면 되냐고 물어보는 상황이다. 이때 여자는 언제까지 대답해 달라고 요청하는 것이 자연스럽다.

7. ❶

남자: 손님, 뭐 찾으시는 게 있으십니까?
여자: 네, 이 옷을 바꾸러 왔는데 다른 옷 중에는 마음에 드는 게 없어요.
남자: 그럼 환불해 드리겠습니다.

◎ 여자는 옷 가게에 옷을 바꾸러 왔다가 마음에 드는 옷이 없다고 말하는 상황이다. 이때 남자는 교환해 줄 수 없기 때문에 환불에 대해 대답하는 것이 자연스럽다.

8. ❷

남자: 이번 휴가 때 어디 안 가세요?
여자: 해마다 바다에 갔으니까 올해는 산에 가 볼까 해요. 민수 씨는요?
남자: 고향에 다녀올까 생각 중이에요.

◎ 남자와 여자가 서로 휴가 계획에 대해 물어보고 대답하고 있는 상황이다. 이때 남자는 자신의 계획을 말하는 것이 자연스럽다.

9. ❷

여자: 여보세요? 상조 씨, 저 지금 서울역 건물 입구에 도착했는데요. 지금 어디에 있어요?

남자: 제가 그쪽으로 갈게요. 저 지금 건물 안의 커피숍이니까 잠깐이면 돼요.

여자: 그럼 여기서 기다릴게요.

◉ 여자는 약속 장소에 도착해서 남자에게 위치를 물어보고 있다. 이에 대해 남자는 자신이 여자의 위치로 가겠다고 대답하는 상황이다. 이때 여자는 기다리겠다고 대답하는 것이 자연스럽다.

10. ❹

남자: 보람 씨, 뮤지컬 좋아한다고 했지요?

여자: 네, 좋아하기는 하지만 비싸서 자주 못 가요.

남자: 저한테 표가 생겼는데 같이 갈래요?

◉ 남자는 여자에게 뮤지컬을 좋아하는지 확인 질문을 하고 있다. 이에 대해 여자는 비싸서 자주 못 간다고 대답하는 상황이다. 이때 남자는 뮤지컬을 보러 가자고 제안하는 것이 자연스럽다.

11. ❶

여자: 오늘 오후 네 시쯤 지하철 분당선 가천대역에서 가방을 놓고 내렸어요.

남자: 가방이 어떻게 생겼습니까?

여자: 까만색이고 네모나요.

◉ 여자는 지하철 분실물 센터에 가방을 잃어버렸다고 신고를 하고 있다. 이에 대해 남자는 가방의 모양을 물어보는 상황이다. 이때 여자는 가방의 모양과 색을 설명하는 것이 자연스럽다.

듣기 9번~12번   11   p.066

1. ❷

남자: 김 대리, 내일 행사 준비는 다 되었어요?

여자: 네, 어제까지 확인한 결과로는 모든 준비가 다 끝났습니다. 아무 걱정 마십시오.

남자: 그래도 혹시 모르니까 영상 자료가 제대로 나오는지 컴퓨터는 한 번만 더 확인해 주세요.

여자: 네, 다시 한 번 꼼꼼히 확인해 보겠습니다.

◉ 유형 (1) 〈남자의 요구〉이다. 남자는 "컴퓨터는 한 번만 더 확인해

주세요."라고 요구했고 여자는 "네, 확인해 보겠습니다."라고 대답했다.

2. ❹

남자: 여보, 이쪽 벽에는 그림을 하나 걸면 좋을 것 같아요.

여자: 그래요. 그림은 여기에 걸고 저쪽에는 화분을 몇 개 갖다 놓으면 좋겠네요.

남자: 좋아요. 그럼 이쪽 벽에 그림 좀 걸어 줄래요? 나는 꽃집에 가서 화분을 몇 개 사 올게요.

여자: 네, 알았어요.

◉ 유형 (2) 〈남자의 요구〉이다. 남자는 자신은 화분을 몇 개 사 오겠다고 하면서 여자에게 "벽에 그림 좀 걸어 줄래요?"라고 요구했다. 이에 대해 여자는 "네, 알겠어요."라고 대답했다.

3. ❸

여자: 요즘 전공 때문에 고민이 많아요. 그래서 전공을 바꿀까 해요. 안 되면 고향에 돌아가려고요.

남자: 전공을 바꿀 수는 있지만 한 번 더 신중하게 생각해 보는 게 어때요? 교수님을 찾아가서 의논도 해 보고요.

여자: 그게 좋겠네요. 일단 교수님과 이야기를 해 봐야겠어요.

남자: 그래요. 중요한 문제니까 신중하게 결정하는 게 좋아요.

◉ 유형 (3) 〈남자의 요구〉이다. 남자는 여자의 고민에 대해 신중하게 생각해 보고 교수님과 의논하라고 제안하고 있다. 이에 대해 여자는 "그게 좋겠네요."라고 대답했다.

4. ❷

여자: 소포를 부치려고 왔는데요.

남자: 이렇게 물건만 가져오시면 안 되는데요. 직접 소포용 상자로 포장하셔야 합니다.

여자: 아, 그렇군요. 소포용 상자는 한 가지 종류만 있나요?

남자: 아니요, 크기 별로 가격이 다릅니다. 먼저 저쪽에 가서 상자를 산 후에 포장을 해서 오시면 됩니다.

◉ 유형 (4) 〈남자의 요구〉이다. 남자는 여자에게 소포를 보내는 방법에 대해 안내하고 있다. 상자를 산 후 포장을 하라고 요구하고 있다.

5. ❷

여자: 회의 시간이 벌써 20분이나 지났는데 왜 아무도 안 오지요? 혹시 시간이 바뀐 게 아닐까요?

남자: 그럴 리가 있겠어요? 어제 퇴근하면서 다시 한 번 확인했는데.

여자: 그럼 제가 사무실에 가서 다시 확인해 보고 올게요.

남자: 아무래도 그게 낫겠네요.

◎ 유형 (5) 〈여자의 계획, 제안〉이다. 여자는 "제가 사무실에 가서 다시 확인해 보고 올게요."라고 말하고 있다. 이에 대해 남자는 "그게 낫겠네요."라고 대답했다.

6. ❸

여자: 상조야, 우리 나가자.

남자: 추운데 어딜 가? 그냥 집에 있자.

여자: 또 집에 있어? 춥다고 집에만 있으면 건강에 안 좋아. 밖에서 기다릴 테니까 빨리 나와.

남자: 알았어. 옷 좀 갈아입을 테니까 좀 기다려.

◎ 유형 (5) 〈여자의 계획, 제안〉이다. 여자는 남자에게 밖에 나가자고 하면서 "밖에서 기다릴 테니까 빨리 나와."라고 말하고 있다. 이에 대해 남자는 "알았어."라고 대답했다.

7. ❷

남자: 추석이 며칠 남지 않았는데 이번 추석에는 고향에 갈 거예요?

여자: 네, 오랫동안 고향에 가지 못해서 올해는 꼭 가려고 해요.

남자: 고향에 갈 준비는 다 했어요?

여자: 아직요. 그래서 오늘 기차표를 예매하려고요.

◎ 유형 (6) 〈여자의 계획, 제안〉이다. 여자는 이번 추석에는 고향에 꼭 가려고 한다고 계획을 말하면서 오늘 기차표를 예매하려고 한다고 말하고 있다.

8. ❷

남자: 엄마, 저 도서관에 좀 갔다 올게요.

여자: 이 밤중에 어딜 간다는 거야?

남자: 월요일까지 내야 하는 보고서가 있어서 오늘 도서관에서 친구랑 같이 하기로 했거든요.

여자: 그래. 그럼 잠깐 기다려. 간식 좀 싸 줄 테니까 가지고 가서 이따가 먹어.

◎ 유형 (6) 〈여자의 계획, 제안〉이다. 여자는 밤에 도서관에 가려는

아들에게 "간식 좀 싸 줄 테니까 가지고 가서 이따가 먹어."라고 제안하고 있다.

9. ❶

남자: 고객님, 백화점 회원 카드 없으시면 하나 만들고 가세요.

여자: 회원 카드요? 어떤 혜택이 있나요?

남자: 혹시 운전하세요? 그러면 이 카드가 좋습니다. 주유하실 때마다 점수가 적립되는데요. 나중에 적립된 점수로 주유를 하실 수도 있고, 점수만큼 상품을 받으실 수도 있습니다.

여자: 그럼, 신청서 하나 주세요.

◎ 유형 (6) 〈여자의 계획, 제안〉이다. 백화점에서 남자가 여자에게 회원 카드를 만들라고 권유하고 있다. 이에 대해 여자는 설명을 들은 후 "신청서 하나 주세요."라고 대답했다.

10. ❷

남자: 보람 씨, 퇴근 안 해요?

여자: 지금 하려고요. 컴퓨터만 끄면 돼요. 같이 나가요.

남자: 그럼 승강기 앞에서 기다릴게요. 나올 때 불 끄고 나오세요.

여자: 네. 금방 나갈게요.

◎ 유형 (7) 〈여자의 계획, 제안〉이다.
여자가 이어서 할 행동을 순서대로 정리하면 다음과 같다.
(1) 컴퓨터를 끈다 ➡ (2) 불을 끈다 ➡ (3) 사무실에서 나간다

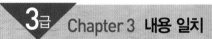

3급 Chapter 3 내용 일치

듣기 13번	▶지인과의 대화

1. ③ 2. ① 3. ②

듣기 14번	▶안내 방송

1. ③ 2. ② 3. ②

듣기 15번	▶뉴스

1. ③ 2. ① 3. ③ 4. ② 5. ①

듣기 16번	▶인터뷰

1. ① 2. ①

읽기 9번 ▶안내문

1. ④　　2. ②

읽기 11번~12번 ▶신문 기사

1. ④　　2. ④　　3. ②　　4. ③

읽기 19번~20번 ▶내용 일치, 접속사/부사

1. ①　　2. ④　　3. ④　　4. ③

듣기 13번 ▶지인과의 대화 12　　p.075

1.

여자: 어, 이상하다. 왜 이러지?
남자: 뭐가 잘못 됐어?
여자: ❹차가 고장이 났는지 시동이 안 걸리네. 도대체 어디가 고장 났는지 모르겠네.
남자: 어디 좀 볼까? 으음, 배터리가 다 된 것 같네. 보험사에 긴급 서비스를 받아야 될 것 같다.

○ ① 남자의 차가 고장이 났다.
　➡ (여자)의 차가 고장이 났다. not A
② 남자는 긴급 서비스에 전화했다.
　➡ 정보 없음
❸ 여자는 시동이 안 걸리는 이유를 모른다.
　➡ 정답
④ 여자의 차는 며칠 전에 서비스를 받았다.
　➡ 정보 없음

2.

여자: 요즘 내 가구 내 손으로 만들기가 유행이라면서요?
남자: ❹네, 사실 저도 요즘 배우고 있어요. 이것도 제가 만든 책상이에요.
여자: ❸와, 어떻게 이렇게 솜씨가 좋으세요? ❸저도 한번 배워 보고 싶어요.
남자: 솜씨가 좋기는요. 제 친구에 비하면 아무 것도 아니에요.

○ ❶ 남자의 친구는 솜씨가 더 좋다.
　➡ 정답
② 남자는 가구를 만들 줄 모른다.
　➡ 남자는 가구를 (만들 줄 안다). not A
③ 여자는 가구 만드는 것을 배운 적이 있다.
　➡ 여자는 가구 만드는 것을 배운 적이 (없다). not C

④ 여자는 남자가 만든 가구가 마음에 안 든다.
　➡ 여자는 남자가 만든 가구가 (마음에 든다). not B

3.

여자: 카메라 산다더니 뭘 살지 결정했어?
남자: ❹아직. 카메라 종류가 너무 많아서 고르기가 힘드네.
여자: 그렇지? ❸나도 얼마 전에 카메라를 샀는데 내 경험으로는 ❸제일 먼저 가격대를 정하는 게 낫더라고. 그 다음에 디자인이나 기능을 따져 보는 게 좋아.
남자: 그래. 그렇게 해야겠다.

○ ① 여자는 카메라의 크기를 따진다.
　➡ 여자는 카메라의 (가격, 디자인, 기능)을 따진다. not C
❷ 남자는 카메라를 사고 싶어 한다.
　➡ 정답
③ 남자는 사고 싶은 카메라를 정했다.
　➡ 남자는 사고 싶은 카메라를 (못) 정했다. not A
④ 여자는 카메라를 구입한 적이 없다.
　➡ 여자는 카메라를 구입한 적이 (있다). not B

듣기 14번 ▶안내 방송 13　　p.078

1.

여자: 관리사무소에서 안내 말씀드리겠습니다. 내일 밤 12시부터 모레 밤 12시까지 가스관을 바꾸는 공사가 진행될 예정입니다. 따라서 ❹가스 공급이 중단될 예정이오니 ❸각 세대에서는 미리 휴대용 가스레인지 등을 준비하시기 바랍니다. 주민 여러분께서는 다소 불편이 있으시더라도 양해해 주시기 바랍니다.

○ ① 공사 중에도 가스는 공급될 것이다.
　➡ 공사 중에 가스 공급이 (중단될) 것이다. not A
② 불편한 점은 관리사무소에 전화하면 된다.
　➡ 정보 없음
❸ 하루 동안 가스관 교체 공사를 할 예정이다.
　➡ 정답
④ 휴대용 가스레인지는 관리사무소에서 빌려준다.
　➡ 휴대용 가스레인지는 (각 세대에서 준비해야 한다). not B

2.

여자: 안내 말씀드리겠습니다. 방금 전 **Ⓐ**오후 2시쯤 1층 화장품 매장에서 화장품을 산 후 영수증과 함께 물건을 화장실에 두고 가신 손님을 찾습니다. 두고 가신 물건은 **Ⓑ**지하 2층 분실물센터에서 보관하고 있습니다. **Ⓒ**백화점 폐장 시간 전까지 오셔서 찾아가시기 바랍니다.

◐ ① 잃어버린 물건은 ~~화장품 매장에~~ 있었다.
　➡ 잃어버린 물건은 (화장실)에 있었다. not A
　❷ 오후 2시쯤 화장품을 구입한 사람을 찾고 있다.
　➡ 정답
　③ 분실물을 찾기 위해서는 ~~1층 매장에~~ 가면 된다.
　➡ 분실물을 찾기 위해서는 (지하 2층 분실물센터)에 가면 된다. not B
　④ 분실물센터는 백화점 폐장 시간 ~~이후에도~~ 이용할 수 있다.
　➡ 분실물센터는 백화점 폐장 시간 (전까지) 이용할 수 있다. not C

3.

여자: **Ⓐ**공원 관리사무소에서 안내 말씀 드리겠습니다. 세 살 정도의 남자 아이를 찾고 있습니다. 이름은 '한상조', **Ⓑ**청바지와 하얀색 옷을 입고 있으며 야구 모자를 쓰고 있습니다. 이 아이를 보신 분이나 보호하고 계신 분은 관리사무소로 연락해 주십시오. **Ⓒ**관리사무소는 공원 정문 왼쪽에 있으며 전화번호는 02-123-4567번입니다.

◐ ① 관리사무소는 공원 ~~가운데에~~ 위치해 있다.
　➡ 관리사무소는 공원 (정문 왼쪽)에 위치해 있다. not C
　❷ 세 살 정도의 남자 아이가 길을 잃어버렸다.
　➡ 정답
　③ 남자 아이는 청바지와 ~~빨간색~~ 옷을 입었다.
　➡ 남자 아이는 청바지와 (하얀색) 옷을 입었다. not B
　④ ~~야구장에서 야구를 보다가~~ 아이를 잃어버렸다.
　➡ (공원)에서 아이를 잃어버렸다. not A

듣기 15번　▶뉴스　14　p.081

1.

남자: 다음은 사건 사고 소식입니다. **Ⓐ**오늘 새벽 다섯 시쯤 은혜시 인근 도로에서 화물차가 버스를 추돌하는 사고가 발생했습니다. 이 사고로 **Ⓑ**버스 운전자와 버스 승객 네 명이 부상을 입고 은혜 병원으로 옮겨져 **Ⓒ**치료를 받고 있습니다. 경찰 조사 결과 화물차 운전자가 신호 대기 중이던 버스를 발견하지 못하고 사고를 낸 것으로 드러났습니다. 이 사고로 은혜시 근처는 출근 시간까지 심한 정체를 보였습니다.

◐ ① 부상자의 치료가 ~~모두 끝났다.~~
　➡ 부상자는 치료를 (받고 있다). not C
　② 이 사고로 모두 ~~네 명이~~ 다쳤다.
　➡ 이 사고로 모두 (다섯) 명이 다쳤다. not B
　❸ 화물차 운전자가 이 사고를 냈다.
　➡ 정답
　④ 이 사고는 ~~어제 저녁에~~ 일어났다.
　➡ 이 사고는 (오늘 새벽)에 일어났다. not A

2.

남자: 날씨를 전해 드리겠습니다. 내일은 일주일 내내 내리던 **Ⓐ**비가 그치고 오랜만에 화창한 주말이 되겠습니다. 낮 최고 기온은 20도로 따뜻할 것으로 보이지만 **Ⓑ**저녁에는 좀 쌀쌀할 것으로 예상됩니다. **Ⓒ**일교차가 큰 만큼 외출하실 때 긴 소매 옷을 준비하는 것이 좋겠습니다. 이상 날씨를 전해 드렸습니다.

◐ ❶ 내일은 날씨가 맑을 것이다.
　➡ 정답
　② 내일은 하루 종일 ~~따뜻할 것이다.~~
　➡ 내일은 하루 종일 (따뜻하지 않을 것이다). not B
　③ 주말 동안 비가 ~~계속 내릴 것이다.~~
　➡ 주말 동안 비가 (그칠 것이다). not A
　④ 낮과 저녁의 온도차가 ~~크지 않을 것이다.~~
　➡ 낮과 저녁의 온도차가 (클 것이다). not C

3.

남자: 다음은 안전 관리 소식입니다. 은혜시 소방서에서는 10월 1일부터 ④두 달 동안을 불조심 강조기간으로 정하고 시민을 대상으로 화재예방 홍보를 실시하기로 했습니다. 이 기간 동안 각종 소방 안전 교육, 겨울철 난방용품의 안전한 사용방법 교육 등을 실시하고, 사람들이 많이 모이는 장소를 중심으로 불조심 포스터를 붙이는 등 화재예방 활동을 지속적으로 추진할 방침입니다.

○ ① 불조심 강조 기간은 ~~한 달~~ 간이다.
→ 불조심 강조 기간은 (두 달) 간이다. not A
② ~~최근 화재 사고가 많이 발생하고 있다.~~
→ 정보 없음
❸ 시민들은 소방 안전 교육을 받을 수 있다.
→ 정답
④ ~~어느 기간 동안 난방용품을 싸게 팔 예정이다.~~
→ 정보 없음

4.

남자: ④남산공원은 차가 다니지 않는 길로 온 가족이 안전하게 산책을 할 수 있는 대표적인 장소인데요. 그래서 남산공원에서는 ⑧11월 한 달 동안 '남산 가을숲 여행'을 진행한다고 밝혔습니다. 이 프로그램은 자연 탐방코스를 등산하면서 남산의 문화와 역사, 그리고 생태에 대한 해설을 들으면서 가을의 아름다움을 느끼고 자연을 체험하는 프로그램입니다. 이번 기회에 ⑥가족과 시간을 가져보시는 게 어떨까요?

○ ① ~~자동차로 남산공원을 구경할 수 있다.~~
→ 자동차로 남산공원을 구경할 수 (없다). not A
❷ 설명을 들으면서 남산을 구경할 수 있다.
→ 정답
③ 이 프로그램은 ~~일 년 내내 진행되고 있다.~~
→ 이 프로그램은 (한 달 동안 진행한다). not B
④ 이 프로그램은 ~~어린이를~~ 위한 프로그램이다.
→ 이 프로그램은 (가족들) 위한 프로그램이다. not C

5.

남자: 다음은 관광 안내 소식입니다. ④은혜 시청에 위치한 김치 박물관은 ⑧외국인들에게 아주 인기가 많은 곳인데요. 이곳은 은혜시가 자랑하는 김치 박물관으로 꼭 한번 가 볼만한 곳입니다. 이곳에서는 여러 가지 종류의 김치를 맛볼 수 있고, 직접 만들어 볼 수도 있습니다. ⑥실습을 원하는 경우 일주일 전에 신청을 해야 됩니다.

○ ❶ 김치 만들기를 체험해 볼 수 있다.
→ 정답
② 이 박물관은 ~~시내 여러 곳에~~ 있다.
→ 이 박물관은 (은혜 시청에) 있다. not A
③ 이 박물관은 ~~학생들에게~~ 인기가 많다.
→ 이 박물관은 (외국인에게) 인기가 많다. not B
④ 체험을 원하는 사람은 ~~전날~~ 신청하면 된다.
→ 체험을 원하는 사람은 (일주일 전에) 신청하면 된다. not C

듣기 16번 ▶인터뷰   15 p.083

1.

여자: 선생님, 동물의 특징을 설명해 주는 동물해설사로 활동하고 계신데요, 특별한 계기가 있었나요?
남자: 네, 저는 30년간 중학교 생물 교사였습니다. 수업 중 동물의 여러 모습을 보여 줄 수 있는 현실적인 수업을 하고 싶었지만 그건 생각뿐이었지요. 요즘에야 시청각 자료가 풍부하니 괜찮지만 옛날에는 교과서에 실린 사진이 전부였거든요. ④퇴직 후 동물해설사라는 직업을 알게 됐습니다. 동물원을 찾은 시민에게 동물의 특징 등을 이해하기 쉽도록 재미있게 설명하는 일이었지요. ⑧그래서 제가 꿈꾸던 수업을 할 수 있겠다는 생각에 이 일을 시작했습니다.

○ ❶ 남자는 중학교에서 생물을 가르쳤다.
→ 정답
② ~~남자는 시청각 자료를 만드는 일을 했다.~~
→ 정보 없음
③ 남자는 ~~교사로 일하며~~ 해설사로 활동했다.
→ 남자는 (퇴직 후에) 해설사로 활동했다. not A
④ 남자는 ~~어렸을 때부터~~ 동물해설사가 되고 싶었다.
→ 남자는 (퇴직 후에) 동물해설사가 되고 싶었다. not B

2.

여자: 오늘은 음식을 입으로만 즐기는 게 아니라 눈으로도 즐길 수 있는 곳이 있다고 해서 한 식당에 나와 있습니다. 사장님, 이 식당의 인기 비결이 무엇인가요?
남자: 네, 비결은 요리를 만드는 과정을 공연의 한 장면처럼 보여 드리기 때문이라고 생각합니다. 저희 식당은 손님들이 주문을 하시면 ④10명의 요리사가 칼과 주방 도구를 이용해 멋진 솜씨로 요리하는 것을 보여 드립니다. 음식 맛도 즐기면서 눈으로도 즐길 수 있게 말이지요. 물론 음식의 맛은 기본이겠고요.

○ ❶ 이 식당은 음식 만드는 것을 보면서 먹는 곳이다.
　➡ 정답
② 이 식당은 음식을 파는 곳이 아니라 전시하는 곳이다.
　➡ 이 식당은 음식을 (파는 것은 물론이고 요리 과정을 볼
　　수 있는) 곳이다. not A
③ 이 식당은 한 명의 요리사가 열 명의 손님을 담당한다.
　➡ 정보 없음
④ 이 식당은 음식 이외에 칼과 주방 도구도 함께 판매한다.
　➡ 정보 없음

읽기 9번 ▶안내문　　　　　　　　p.086

1.

❹제18회 안동 국제 탈춤 축제

행사 개요: ❶국내외 탈춤을 볼 수 있는 축제
수상 경력: 대한민국 대표 축제, 글로벌 육성 축제
　　　　　등으로 ⓒ여러 차례 선정됨.
행사 장소: 안동 탈춤공원, 시내 일부
행사 목적: 한국 전통 문화의 세계화
행사 일시: 9월 28일부터 10월 7일까지

① 이 축제는 올해로 여덟 번째로 열린다.
　➡ 이 축제는 올해로 (열여덟 번째)로 열린다. not A
② 이 축제에서는 한국의 전통 탈춤만 볼 수 있다.
　➡ 이 축제에서는 (국내외 탈춤)만 볼 수 있다. not B
③ 이 축제는 대표 축제로 한 차례 선정된 적이 있다.
　➡ 이 축제는 대표 축제로 (여러 차례) 선정된 적이 있다.
　　not C
❹ 이 축제는 한국 전통 문화를 세계에 알리기 위해 열린다.
　➡ 정답

2.

스키 캠프 참가 안내

장　소: 은혜 스키장
대　상: ❹초·중·고교생, 대학생 개인 및 단체
기　간: 2018년 12월 1일 ~ 2017년 2월 말
참가비: 1박 2일 200,000원
　　　　　– 왕복 교통비, 숙박비, 1박 2식, 시설 이용료
　　　　　　포함.
준비물: ❶스키용품 및 스키복(대여 가능)
ⓒ**문의처:** 02–1234–5678

① 대학생들만 캠프에 참가할 수 있다.
　➡ (초·중·고교생, 대학생)만 캠프에 참가할 수 있다.
　　not A
❷ 참가비를 내면 교통비를 따로 내지 않아도 된다.
　➡ 정답

③ 궁금한 점이 있으면 인터넷으로 알아볼 수 있다.
　➡ 궁금한 점이 있으면 (전화)로 알아볼 수 있다. not C
④ 캠프에 참가하려면 스키복과 스키용품을 구입해야 한다.
　➡ 캠프에 참가하려면 스키복과 스키용품을 (대여)해야
　　한다. not B

읽기 11번~12번 ▶신문 기사　　　　　p.090

1.

　❹고등학교 1학년생이 간경화가 심해진 아버지
에게 자신의 간 일부를 이식해 준 사연이 화제가
되고 있다. ❶학생의 아버지는 오래전부터 간경화
를 앓다가 최근 위독해졌다. 간 이식 수술이 필요
했지만 ⓒ간을 이식해 줄 사람이 마땅히 없었다.
학생은 자신이 간을 기증하고 싶었지만 나이가 어
려서 불가능하였다. 그러던 중 생일이 지나 이식이
가능한 나이가 되자마자 간 이식을 한 것이다.

① 학생의 아버지는 최근 간경화가 생긴 것을 알았다.
　➡ 학생의 아버지는 (오래전부터 간경화를 앓았다). not B
② 학생의 아버지는 간을 기증할 사람을 금방 찾았다.
　➡ 학생의 아버지는 간을 (기증할 사람이 마땅히 없었다).
　　not C
③ 학생은 간경화가 심해져 아버지로부터 간을 기증 받
　　았다.
　➡ 학생은 (간경화가 심해진 아버지에게 간을 기증하였
　　다). not A
❹ 학생은 간 기증이 가능한 나이를 기다렸다가 이식 수
　　술을 했다.
　➡ 정답

2.

　2020년 김해 숲길 마라톤 대회가 오는 6월 17일
일요일 오전 8시에 김해운동장에서 개최된다. 이
번 마라톤 대회는 하프, 10km와 3km 세 부문으로
나뉘어 진행된다. ❹참가비는 각각 하프와 10km
는 삼만 원, 3km는 만 오천 원이다. ❶참가는 홈페
이지에서 신청하면 된다. ⓒ신청 마감은 6월 4일
월요일까지이고 선착순 2,500명까지 받는다.

① 참가는 현장에서 접수를 받는다.
　➡ 참가는 (홈페이지)에서 접수를 받는다. not B
② 참가비는 거리에 관계없이 같다.
　➡ 참가비는 (거리에 따라 다르다). not A
③ 참가 신청은 대회 전날까지 가능하다.
　➡ 참가 신청은 (6월 4일까지) 가능하다. not C
❹ 참가 인원은 신청자 수에 따라 제한이 있다.
　➡ 정답

3.

❹1인 가구가 증가하면서 혼자 식사를 하는 사람, 이른바 '혼밥'이 늘고 있다. 몇 년 전 해도 식당에서 혼자 밥을 먹는 모습은 낯설었다. 하지만 요즘 식당에 가 보면 1인 고객이 상당한 비중을 차지하고 있다. ❸이에 발맞추어 외식업계에서는 '1인 삼겹살', '1인 보쌈' 등 1인분 식단을 선보이고 있다. 부담 없는 가격에 1인 고객이나 소비자들은 높은 만족도를 보이고 있다.

① 식당에서 혼자 식사를 하는 사람은 자주 볼 수 없다.
➡ 식당에서 혼자 식사를 하는 사람은 자주 볼 수 (있다). not A

❷ 1인분 식단은 소비자들에게 좋은 반응을 얻고 있다.
➡ 정답

③ 혼자 식사를 하는 사람들이 증가한 것은 물가 때문이다.
➡ 혼자 식사를 하는 사람들이 증가한 것은 (1인 가구 증가) 때문이다. not A

④ 외식업계에서는 1인분 식단에 대해 부담스럽게 생각한다.
➡ 외식업계에서는 1인분 식단에 대해 (긍정적으로) 생각한다. not B

4.

집에서 텔레비전이나 세탁기를 버리려면 돈을 주고 스티커를 사서 물건에 붙여야 한다고 아는 사람이 많다. 그러나 ❹2012년부터 환경부에서 시행하고 있는 제도를 이용하면 가전제품을 무료로 버릴 수 있다는 사실을 아는 사람은 많지 않다. ❸환경부 홈페이지를 통해 신청을 하면 직원이 직접 집으로 방문해서 버릴 물건을 무료로 가져가 준다.

① 이 서비스는 앞으로 시행할 예정이다.
➡ 이 서비스는 앞으로 (시행하고 있다). not A

② 환경부에 직접 방문해서 신청해야 한다.
➡ (환경부 홈페이지를 통해) 신청해야 한다. not B

❸ 신청을 하면 버릴 가전제품을 가지러 온다.
➡ 정답

④ 환경부 홈페이지를 통해 스티커를 구입해야 한다.
➡ 정보 없음

읽기 19번~20번 ▶내용 일치, 접속사/부사 p.094

❹음악을 들으면서 공부를 한다고 해서 학습 능률이 떨어지는 것은 아니다. 사람에 따라 다를 수 있기 때문이다. 음악을 들으면서 공부를 하는 것이 그냥 공부하는 것보다 더 효과적인 경우가 있다. ❸음악을 듣다 보면 공부가 지루한 줄을 모르게 되고 음악에 맞춰 몸이나 다리를 흔들면 운동도 된다. (게다가) ❹졸음을 쫓는데도 아주 좋은 방법이 된다.

1.

○ (빈칸) 앞 문장에 '음악을 듣다 보면 운동도 된다.'는 내용이 있고 (빈칸) 뒤에 '졸음을 쫓는데도 아주 좋은 방법이 된다.'가 있다. 여기에서의 '-도'는 포함(추가)의 의미를 나타내기 때문에 ❶ 게다가 정답이다.

2.

① 음악을 너무 오래 들으면 지루해진다.
➡ 음악을 너무 오래 들으면 (지루한 줄 모른다). not B

② 음악에 신경을 쓰면 공부를 할 수 없다.
➡ 정보 없음

③ 음악에 맞춰 몸을 흔들면 능률이 떨어진다.
➡ 음악에 맞춰 몸을 흔들면 (운동도 된다). not A

❹ 음악을 들으면서 공부를 하면 효과적일 수 있다.
➡ 정답

---

❹야구 경기를 보면 껌을 씹고 있는 선수들의 모습을 자주 볼 수 있다. 야구 선수들이 껌을 씹는 이유는 경기에 대한 긴장감을 줄이기 위해서이다. 껌을 씹는 것 말고도 크게 소리를 지르거나 눈을 감고 조용히 노래를 따라 하는 것도 마찬가지의 행동이다. (그리고) ❸숨을 천천히 쉬는 것도 긴장을 푸는 좋은 방법 중의 하나이다.

3.

○ (빈칸) 앞 문장에 긴장을 줄이기 여러 방법의 내용이 있고 (빈칸) 뒤에 '숨을 천천히 쉬는 것도 방법 중의 하나이다.'가 있다. 여기에서의 '-도'는 나열의 의미를 나타내기 때문에 '❹ 그리고'가 정답이다.

4.

① 긴장을 줄이려면 계속 떠들어야 한다.
➡ 정보 없음

② 야구 경기 중에는 껌을 씹으면 안 된다.
➡ 야구 경기 중에는 (모습을 자주 볼 수 있다). not A

❸ 긴장을 풀기 위해서 껌을 씹는 경우가 있다.
➡ 정답

④ 야구 선수들은 경기력을 위해 숨을 빨리 쉰다.
　➡ 야구 선수들은 경기력을 위해 (숨을 천천히 쉰다). not B

3급 Chapter 4 중심 생각

듣기 17번~19번 ▶대화

1. ①　　2. ①　　3. ④　　4. ①　　5. ②
6. ④　　7. ②

듣기 20번 ▶인터뷰

1. ③　　2. ①

듣기 17번~19번 ▶대화 🎧 16　　　　p.100

1. ❶
남자: 지금 뭐 하고 있어요?
여자: 여름용 이불을 사려고 인터넷 쇼핑몰 검색 중이에요.
남자: 여름용 이불은 인터넷 쇼핑보다 직접 가서 고르는 게 나을 거예요. 직접 만져 보는 게 중요하거든요. 너무 부드러운 것보다는 약간 거친 것을 선택하는 게 좋아요. 이불이 너무 부드러우면 피부에 붙어서 덥게 느껴지거든요.

◎ 중심 생각 Ranking 유형 (1) '–는 게 좋다.'와 유형 (4) '–는 게 중요하다.'에 해당한다. "여름용 이불은 직접 가서 만져 본 후 고르는 것이 낫다."와 같은 내용을 선택지에서 고르면 된다.

2. ❶
여자: 2박 3일 제주도 단체 관광 상품이 있던데 우리 이거 한번 가 보자.
남자: 난 단체 관광은 별로인데. 예전에 한번 가 봤는데 아침 일찍 나가서 밤늦게 돌아오고 힘들더라고. 시간 맞춰 단체로 이동하는 것도 불편하고.
여자: 이 상품 정말 싸게 나왔는데. 진짜 안 갈 거야?
남자: 갈 거면 우리가 계획 짜서 자유 여행으로 가자. 우리가 가고 싶은 데도 자유롭게 가고, 단체로 안 움직이니까 시간도 자유롭고. 여행은 마음대로 할 수 있어야 제대로 여행을 하는 거지.

◎ 중심 생각 Ranking 유형 (2) '–아/어야'에 해당한다. "여행은 마음대로 할 수 있어야 제대로 여행을 하는 것이다."와 같은 내용을 선택지에서 고르면 된다.

3. ❹
여자: 어제 동생하고 마트에 갔는데 쉬는 날이더라고.
남자: 요즘 대형 마트는 둘째, 넷째 일요일에 휴무일이잖아. 전통 시장을 활성화하자는 의미로 말이야.
여자: 그렇게 한다고 해서 시장에 가는 사람이 늘어날까? 시장은 마트에 비해 불편한 점이 많으니까 안 가는 거지.
남자: 어떻게든 전통 시장을 살려 보겠다는 거지. 그래서 법으로 마트 휴무일을 정한 거잖아.

◎ 중심 생각 Ranking 유형 (3) '그래서'에 해당한다. "전통 시장을 살려 보겠다는 목적으로 마트 휴무일을 만든 것이다."와 같은 내용을 선택지에서 고르면 된다.

4. ❶
남자: 보람 씨, 왜 이렇게 피곤해 보여요.
여자: 요새 잠을 잘 못 자서 큰일이에요. 어떻게 하면 잘 잘 수 있을까요?
남자: 자기 전에 따뜻한 물로 목욕을 하면 도움이 된대요. 하지만 무엇보다도 중요한 건 마음을 편하게 가지는 거래요.

◎ 중심 생각 Ranking 유형 (9) '무엇보다도'에 해당한다. "무엇보다도 마음을 편하게 가져야 잠을 잘 잘 수 있다."와 같은 내용을 선택지에서 고르면 된다.

5. ❷
남자: 무슨 일 있어? 얼굴이 안 좋아 보이네.
여자: 아침에 같은 방 쓰는 친구하고 싸웠거든. 아직도 화가 나서 참을 수가 없어.
남자: 그렇게 계속 화만 내지 말고 천천히 네가 뭐 때문에 화가 났는지 생각해 봐. 그리고 그걸 간단하게 글로 써 봐. 그러다 보면 화가 좀 풀릴 거야.

◎ 중심 생각 Ranking 유형 (5) '아/어 보세요.'에 해당한다. "화가 났던 이유를 간단하게 글로 써 보면 화가 풀릴 것이다."와 같은 내용을 선택지에서 고르면 된다.

6. ④

여자: 이번에 새로 오신 우리 팀장님은 회의할 때가 최고인 것 같아요. 짧게 해서 좋고, 또 중요한 지시 사항만 말씀하시니까 좋지 않아요?

남자: 그렇긴 해요. 그런데 의견을 말할 수 있는 시간이 적은 게 좀 아쉬워요. 사람들의 생각을 함께 이야기할 수 있는 기회가 더 많아졌으면 좋겠어요. 그래야 좋은 아이디어도 나올 거 아니에요?

◐ 중심 생각 Ranking 유형 (6) '-(으)면 좋겠다.'와 유형 (2) '-아/어야'에 해당한다. "회의할 때 이야기할 기회가 많아져야 좋은 아이디어도 나온다."와 같은 내용을 선택지에서 고르면 된다.

7. ②

여자: 왜 차를 안 가지고 출근하셨어요?

남자: 차 없이 출퇴근한 지 좀 됐어요. 기름값도 비싸고 운동도 부족한 것 같아서요.

여자: 아, 그래요? 저희 아버지도 요즘 지하철을 타고 출퇴근하세요. 길 막힐 걱정 없고, 시간도 절약할 수 있어서 오히려 좋다고 하세요.

남자: 저도 지하철로 출퇴근하니까 책을 읽거나 신문을 볼 수 있어서 좋더라고요.

◐ 중심 생각 Ranking 유형 (8) '-아/어서 좋다.'에 해당한다. "지하철로 출퇴근을 하니까 책이나 신문을 볼 수 있어서 좋다."와 같은 내용을 선택지에서 고르면 된다.

| 듣기 20번 | ▶인터뷰 17 | p.103 |

1. ③

여자: 이 박사님, 이번에 '웃음의 효과'라는 책을 내셨는데요. 소개 좀 부탁드리겠습니다.

남자: 건강하기를 원한다면 웃으라는 겁니다. 실제로 제가 일하는 병원에서 환자들에게 하루 한 시간씩 재미있는 동영상을 보여 주었는데요. 대부분의 환자가 전보다 건강이 훨씬 좋아졌습니다. 그리고 한 번 크게 웃는 것은 5분 동안 운동을 하는 것과 같은 효과가 있습니다. 또 웃을 때는 크게 웃는 것이 더 좋고요. 그래서 웃음이 건강에 좋다는 것을 알리고 싶었습니다.

◐ 중심 생각 Ranking 유형 (3) '그래서'와 유형 (6) '-(으)면 좋겠다.'에 해당한다. "웃음은 건강에 좋다."와 같은 내용을 선택지에서 고르면 된다.

2. ①

여자: 사장님, 이 카페는 1970년대를 그대로 옮겨 온 것 같은 분위기인데요. 이렇게 추억이 담긴 물건들을 모아서 전시를 하시는 특별한 이유가 있으신가요?

남자: 보시다시피 이건 과거 초등학교에서 쓰던 작은 나무 책상이고요, 이건 그때 사용하던 교과서들입니다. 벽에 걸려 있는 것들은 70년대 학교와 그 주변의 모습을 찍어 놓은 사진들입니다. 그 시대의 추억을 느낄 수 있는 공간이지요. 그래서 저처럼 나이가 든 어른들에게는 어릴 때의 추억을, 그리고 요즘 젊은이들에게는 과거의 모습을 보여 주고 싶어서 이 카페를 운영하고 있습니다.

◐ 중심 생각 Ranking 유형 (3) '그래서'에 해당한다. "어른에게는 추억을, 젊은이에게는 과거의 모습을 보여 주고 싶다."와 같은 내용을 선택지에서 고르면 된다.

3급 Chapter 5 순서 배열

| 읽기 13번~15번 | ▶순서 배열 |

1. ② 2. ① 3. ③ 4. ② 5. ④ 6. ②

| 읽기 13번~15번 | ▶순서 배열 | p.107 |

1. ②

◐ 정보 Ranking (1) 〈개인적인 글〉로 (가)와 (라) 중 첫 번째 문장을 찾아야 한다. (가)의 '수첩을 주신 이유'가 (라)의 '해야 할 일을 자주 잊어버릴 때가 많았다.'가 되기 때문에 (라)가 첫 번째 문장이다. (가) 수첩을 주시면서 / (나) 메모를 하라고 하셨고 / (다) 그때부터 메모를 하기 시작했다. / 로 내용이 구성된다.

2. ①

◐ 정보 Ranking (2) 〈인간〉 관련 글로 (다)와 (라) 중 첫 번째 문장을 찾아야 한다. (다)의 문장이 '열이 날 수도 있다.'가 있기 때문에 첫 번째 문장이 아니다. 따라서 (라)가 첫 번째 문장이다. (라) 신생아는 체온을 조절하는 능력이 완전하지 못해서 / (나) 체온이 외부의 온도 변화에 영향을 잘 받는다. / (다) 더운 방에서 아기를 포대기에 싸 두면 열이 날 수도 있기 때문에 / (가) 실내 온도를 24도 정도로 유지해 주어야 한다. / 로 내용이 구성된다.

3. ③

◐ 정보 Ranking (4) 〈건강〉 관련 글로 (나)와 (다) 중 첫 번째 문장을 찾아야 한다. (나)는 '팔과 다리'를 예로 들어 설명했고 (다)는

'통증을 느끼는 부분'이라고 했다. (다)의 범위가 더 크기 때문에 (다)가 첫 번째 문장이다. (다) 통증을 느끼는 부분을 조심하게 되는데 / (나) 팔과 다리의 경우도 아프면 조심하게 된다. / (라) 하지만 통증을 느낀다고 해서 금방 약을 먹는 것은 좋지 않은데 / (가) 약을 먹으면 통증이 줄어들어서 무리할 수 있기 때문이다. / 로 내용이 구성된다.

4. ❷

◎ 정보 Ranking (3) 〈일화〉로 (다)와 (라) 중에서 첫 번째 문장을 찾아야 한다. 이야기의 구성상 (다)와 (라) 중 배경 설명이나 등장인물 소개에 해당하는 (다)가 첫 번째 문장이다. (다) 몸이 큰 것을 자랑하는 아빠 개구리가 있었는데 / (나) 어느 날 아들 개구리가 아빠보다 더 큰 동물을 봤다고 이야기를 했다. / (라) 아빠 개구리는 몸을 더 크게 만들려고 몸속에 공기를 불어 넣었는데 / (가) 계속해서 공기를 불어넣다가 배가 터져서 죽었다. / 로 내용이 구성된다.

5. ❹

◎ 정보 Ranking (5) 〈정보〉 관련 글로 (다)와 (라) 중에서 첫 번째 문장을 찾아야 한다. (다)의 '등산화 끈'과 (라) '안전한 등산을 위해 조심해야 할 점' 중 (라)의 범위가 더 크기 때문에 (라)가 첫 번째 문장이다. (다) 등산화가 발에 꼭 맞도록 끈을 묶어 주어야 하고 / (가) 등산화 끈을 잘 묶고 나서 일정한 속도로 걸어야 하며 / (나) 50분 정도 걷다가 5분 정도 쉬어야 한다. / 로 내용이 구성된다.

6. ❷

◎ 정보 Ranking (9) 〈동물〉 관련 글로 (가)와 (나) 중에서 첫 번째 문장을 찾아야 한다. (나)의 '독특한 방법으로 먹이를 잡는다'에 대해 (가) '물속에서 바위인 것처럼 움직이지 않고 기다린다'가 구체적 설명이기 때문에 (나)가 첫 번째 문장이다. (다) 동물들이 바위인 줄 알고 물가에서 물을 마시기 시작하면 / (라) 악어는 먹이를 물고 물속으로 들어간다. / 로 구성된다.

▼3급 Chapter 6 빈칸 채우기

읽기 16번~18번 ▶대응 유형

1. ② 2. ④

읽기 16번~18번 ▶종합 유형

1. ④ 2. ③

쓰기 51번 ▶공개적인 글

1. ㉠ 살/생활할 룸메이트를 찾습니다 / ㉡ 연락해 주십시오
2. ㉠ 모집하려고 합니다 / ㉡ 와/방문해 주십시오

쓰기 51번 ▶개인적인 글

1. ㉠ 집들이를 하려고 합니다 / ㉡ 시간이 있으십니까

2. ㉠ 응모하려고 합니다 / ㉡ 언제 알 수 있습니까

쓰기 52번 ▶설명문

1. ㉠ 옷을 입는 것이 좋다 / ㉡ 물기 때문이다
2. ㉠ 느낌을 받는다 / ㉡ 인상을 받는다
   ㉡ 파란색 넥타이를 고르는

읽기 16번~18번 ▶대응 유형 p.113

1. ❷

달은 예로부터 사람들의 관심 대상이었다. 예를 들어 동양 사람들은 달 속에 토끼가 살고 있다고 생각했고 서양 사람들은 여신이 살고 있다고 생각했다. ❹달 표면의 어두운 면을 위주로 보면 ❸토끼의 모습을 볼 수 있고 ❹'(달의 밝은 부분을 중심으로 바라보면) ❸'여신의 모습을 볼 수 있다. 다시 말해 동일한 달을 어떻게 보느냐에 따라 생각이 달라지는 것이다.

◎ 대응 유형으로 반의어를 활용하여 빈칸에 들어갈 알맞은 내용을 찾으면 된다.
❹달 표면의 어두운 면을 위주로 보면 ➡ 토끼의 모습을 볼 수 있다.❸
❹'(달 표면의 밝은 면을 위주로 보면) ➡ 여신의 모습을 볼 수 있다.❸'

2. ❹

직장인들은 직장에서 일하면서 ❹월급을 받기도 하지만 보람을 찾기도 한다. 이런 ❸보람을 느끼기 위해서는 직장이 자신의 적성에 잘 맞아야 한다. 업무가 자신의 적성에 잘 맞아야 직장 생활을 즐겁게 할 수 있는 것이다. 그렇기 때문에 직장을 선택할 때는 ❹'월급이나 근무 조건도 중요하지만 무엇보다도 ❸'(자신의 적성에 맞는지를) 먼저 고려해야 한다.

◎ 대응 유형으로 비슷한 표현을 활용하여 빈칸에 들어갈 알맞은 내용을 찾으면 된다.
❹월급을 받기도 한다 ➡ 보람을 찾기도 한다 ⬅ ❸자신의 적성에 잘 맞아야 한다
❹'월급이나 근무 조건도 중요하다 ➡ ❸'(자신의 적성에 잘 맞아야 한다)

1. ❹

흔히 우리의 성격은 태어날 때부터 선천적으로 결정된다고 생각하는 사람이 많다. 그러나 반드시 그런 것은 아니다. 대부분의 학자들은 성격이 ❹'선천적으로 타고나는 것과 ❹(자라나는 과정에서 겪는 경험이) 복합적으로 작용하여 형성되는 것이라고 말한다. 다시 말해 성격은 ❹"유전과 ❹"'환경의 영향으로 형성된다는 것이다.

◉ 종합 유형으로 '환경'을 표현한 내용을 찾아야 한다.

❹(자라난 환경에 영향을 받는 것)

❹'선천적이지 않은 것 ❹"후천적인 것 ❹"'환경적인 것

2. ❸

나무가 잘 자라게 하려면 ❹때에 맞춰 가지를 잘라주어야 한다. ❹'잘라 주지 않으면 영양분이 골고루 공급되지 않고 ❹"이상하게 자라기 때문이다. ❸사람도 이와 마찬가지다. 어렸을 때 잘못을 했을 경우 부모가 ❸'(자식을 야단치지 않는다면) 그 아이는 ❸"제멋대로 자라날 것이다. 또 어른이 되어서도 예의 없는 사람이 될 가능성이 높다.

◉ 종합 유형으로 '나무'와 '사람'이 경우가 같다는 의미이다.

---

1. ㉠ 살/생활할 룸메이트를 찾습니다
ⓒ 연락해 주십시오

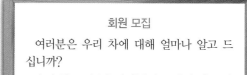

룸메이트 구함.

저는 은혜대학교에 다니는 여학생입니다. 제가 살고 있는 집은 방이 두 개라서 혼자 살기 좀 큰 편입니다. 그래서 함께 (살/생활할 룸메이트를 찾습니다). 학교에서 가깝고 시설도 좋습니다. 저와 같이 살 생각이 있으신 여학생은 (연락해 주십시오). 제 전화번호는 010-1234-5678입니다.

◉ (1) -(스)ㅂ니다.
(2) 글을 쓰는 사람: 나
(3) (㉠)의 동사: 룸메이트를 찾습니다
(4) (ⓒ)의 뒤 문장에 전화번호가 있다.
(5) 높임말 사용

2. ㉠ 모집하려고 합니다
ⓒ 와/방문해 주십시오

회원 모집

여러분은 우리 차에 대해 얼마나 알고 드십니까?

우리 차 모임 '차 사랑'에서는 함께 차도 마시고 우리 차에 대해 공부도 하실 분을 (모집하려고 합니다). 차를 좋아하는 분이라면 누구나 환영합니다.

평일 오전 9시부터 오후 5시 사이에 언제든지 저희 사무실로 (와/방문해 주십시오). 사무실은 동아리 회관 3층 303호입니다.

◉ (1) -(스)ㅂ니다.
(2) 글을 쓰는 사람: '차 사랑' 동아리
글을 읽는 사람: 나
(3) (㉠)의 동사: 모집합니다
(4) (ⓒ)의 앞 문장에 방문 시간이, 뒤 문장에 사무실 위치가 있다.
(5) 높임말 사용

1.
ⓐ 집들이를 하려고 합니다
ⓑ 시간이 있으십니까

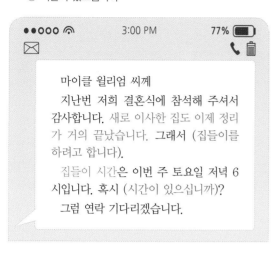

●●○○○ 📶   3:00 PM   77% 🔋

마이클 윌리엄 씨께
　지난번 저희 결혼식에 참석해 주셔서 감사합니다. 새로 이사한 집도 이제 정리가 거의 끝났습니다. 그래서 (집들이를 하려고 합니다).
　집들이 시간은 이번 주 토요일 저녁 6시입니다. 혹시 (시간이 있으십니까)?
　그럼 연락 기다리겠습니다.

➡ (1) -(스)ㅂ니다.
　(2) 글을 쓰는 사람: 나
　(3) 글을 읽는 사람: 윌리엄 씨 – 친한 사람
　(4) (ⓐ)의 앞 문장에 '이사한 집도 이제 정리가 거의 끝났다.'와 뒤 문장에 '집들이 시간'이 있다.
　(5) (ⓑ)의 앞 문장에 '집들이 시간'과 뒤 문장에 물음표(?)와 '연락을 기다리겠다.'가 있다.
　(6) 높임말 사용

2.
ⓐ 응모하려고 합니다
ⓑ 언제 알 수 있습니까

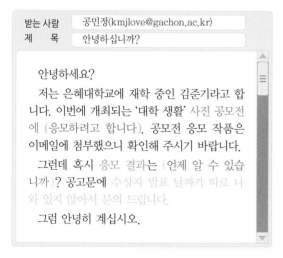

받는 사람	공민정(kmjlove@gachon.ac.kr)
제　목	안녕하십니까?

안녕하세요?
　저는 은혜대학교에 재학 중인 김준기라고 합니다. 이번에 개최되는 '대학 생활' 사진 공모전에 (응모하려고 합니다). 공모전 응모 작품은 이메일에 첨부했으니 확인해 주시기 바랍니다.
　그런데 혹시 응모 결과는 (언제 알 수 있습니까)? 공고문에 수상자 발표 날짜가 따로 나와 있지 않아서 문의 드립니다.
　그럼 안녕히 계십시오.

➡ (1) -(스)ㅂ니다.
　(2) 글을 쓰는 사람: 나
　(3) 글을 읽는 사람: 공모전 관계자
　(4) (ⓐ)의 앞에 '공모전에'가 있다.
　(5) (ⓑ)의 앞에 '응모 결과'와 뒤에 물음표(?)와 '수상자 발표 날짜가 따로 나와 있지 않다.'가 있다.
　(6) 높임말 사용

1.
ⓐ 옷을 입는 것이 좋다
ⓑ 물기 때문이다

　🅐여름에는 어떤 색 🅑옷을 입는 것이 좋을까? 🅐'여름에는 밝은색 🅑'(옷을 입는 것이 좋다). 왜냐하면 밝은색은 빛을 반사해서 햇빛이 피부에 직접 닿는 것을 막아 주는 반면에 어두운색은 빛을 흡수해서 체온이 올라가기 때문이다. 그리고 🅒밝은색 옷을 입으면 🅓모기에게 많이 물리지 않는다. 왜냐하면 모기는 어두운색을 좋아해서 🅒'어두운색 옷을 입은 사람을 🅓'많이 (물기 때문이다).

➡ (ⓐ)
　문법: -는 것이 좋다.
　대응: 🅐여름에는 어떤 색 🅑옷을 입는 것이 좋을까?
　　　🅐'여름에는 밝은색 🅑'(옷을 입는 것이 좋다).
　(ⓑ)
　문법: 왜냐하면 -기 때문이다.
　대응: 🅒밝은색 옷을 입으면 🅓모기에게 🅓많이 물리지 않는다.
　　　(반의) 모기는 🅒'어두운색 옷을 입은 사람을 🅓'많이 (물기 때문이다).

2.
ⓐ 느낌을 받는다 / 인상을 받는다
ⓑ 파란색 넥타이를 고르는

　색은 사람의 마음에 영향을 미친다. 🅐🅒파란색은 정직해 보인다는 🅑느낌을 받고, 🅐노란색은 꼼꼼해 보인다는 🅑인상을 받는다. 또 🅐빨간색은 적극적으로 보인다는 🅑(느낌을 받는다 / 인상을 받는다). 색의 이러한 특징을 실생활에 활용하면 효과를 볼 수 있다. 예를 들면 면접에서 무슨 색의 넥타이를 고르느냐에 따라 면접관에게 주는 느낌이 달라진다. 만약 면접관에게 🅓솔직하고 진실한 느낌을 주고 싶다면 🅒'(파란색 넥타이를 고르는) 것이 좋다.

➡ (ⓐ)　　　　🅐　　　　　　🅑
　대응: 파란색 – 정직해 보인다　– 느낌을 받는다
　　　노란색 – 꼼꼼해 보인다　– 인상을 받는다
　　　빨간색 – 적극적으로 보인다 – (느낌을 받는다/인상을 받는다)
　(ⓑ)
　문법: -는 것이 좋다
　대응: 🅒파란색은 🅐정직해 보인다는 느낌을 받는다
　　　🅓'솔직하고 진실한 느낌을 준다 ➡ 🅒'(파란색 넥타이를 고르는 것이 좋다).

읽기 10번 ▶비교

1. ④ 2. ④

듣기 3번 ▶순위, 변화

1. ② 2. ①

쓰기 53번 ▶순위, 변화, 기타

읽기 10번 ▶비교 p.128

1. ④

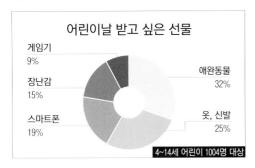

어린이날 받고 싶은 선물

게임기 9%
장난감 15%
스마트폰 19%
애완동물 32%
옷, 신발 25%

4~14세 어린이 1004명 대상

◉ 스마트폰(19%) VS 옷, 신발(25%)
선택지와 그래프의 정보가 일치한다.

2. ④

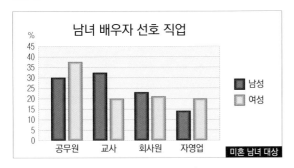

남녀 배우자 선호 직업

공무원 교사 회사원 자영업

■ 남성 □ 여성

미혼 남녀 대상

◉ 회사원: 남성 (약 26%) VS 여성 (약 24%)
배우자의 직업으로 회사원을 선호하는 것은 남성이 여성보다 더 높은 것을 확인할 수 있다.

듣기 3번 ▶순위, 변화 18 p.131

1. ②

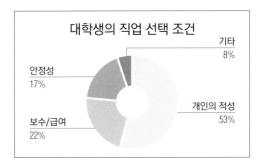

대학생의 직업 선택 조건

기타 8%
안정성 17%
개인의 적성 53%
보수/급여 22%

남자: 한 설문 조사에 따르면 요즘 대학생들은 과거에 비해 취업률이 낮아지면서 직업 선택의 조건도 많이 달라졌다고 합니다. 대학생들이 직업 선택 시 중요하게 생각하는 것은 '개인의 적성'이 가장 많았습니다. 그 다음으로는 보수, 안정성, 기타가 그 뒤를 이었습니다. 한편 최근 이직률이 높아졌는데 이는 취업률이 낮아지면서 첫 직장은 평생 직장이라는 인식이 변화된 것으로 보입니다.

◉ 순위 그래프로 직업 선택 조건이 '1위 개인의 적성, 그 다음 보수, 안정성, 기타'에 해당하는 그래프는 ②번이다.
변화의 경우 '최근 이직률이 높아졌고 취업률은 낮아졌다.'인데 최근의 변화 양상을 반영한 그래프는 없다.

2. ①

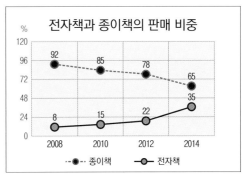

전자책과 종이책의 판매 비중

%
120
96 92
72 85 78
48 65
24 8 15 22 35

2008 2010 2012 2014

---◉--- 종이책 ─◉─ 전자책

남자: 얼마 전 발표된 '출판 시장 현황 조사'에 따르면 종이책의 매출은 감소하고 있는 반면 전자책의 매출은 증가하는 것으로 드러났습니다. 이 중 전자책을 구입하는 이유를 살펴보면 가지고 다니기 좋다는 응답이 가장 높은 순위를 차지하였고 종이책에 비해 싸다, 사는 방법이 편하다는 응답이 그 뒤를 이었습니다.

◉ 변화 그래프로 '종이책의 매출은 감소하고 있는 반면 전자책의 매출은 증가한다'에 해당하는 그래프는 ①번이다. 순위의 경우 '1위 가지고 다니기 좋다, 2위 종이책에 비해 싸다, 3위 사는 방법이 편하다'인데 일치하는 것이 없다.

쓰기 53번 ▶순위, 변화, 기타　　　　　p.136

1.

(교육부)에서 (4년제 대학생 21,780명)을 대상으로 (취업 희망 기업)에 대하여 조사를 하였다. 그 결과 (공무원과 교사)가 23.6%로 1위를 차지하였다. 그 다음으로 (공기업), (대기업), (중소기업)이 뒤를 이었다. 이 중에서 1위를 차지한 공무원과 교사를 선호하는 이유에 대해 직업의 안정성이라는 응답이 가장 많았다. 그 다음으로 일에 대한 보람, 사회적 존경이라고 응답하였다. 이러한 결과는 취업난과 더불어 실업률과 이직률 등이 높아지면서 다른 조건보다 안정적인 직업을 원하는 사람들이 많아진 것으로 보인다.

2.

(한국언론진흥재단)에서 (종이신문 정기 구독률)에 대하여 조사하였다. 1998년 종이신문 정기 구독률은 64.5%였는데 이후 꾸준히 감소하여 2014년에는 20.2%까지 떨어졌다. 종이신문의 구독률이 떨어진 원인으로는 스마트폰의 사용이 증가한 것과 인터넷 신문 기사의 경우 자신의 의견을 표현할 수 있다는 것을 들 수 있다. 이러한 영향으로 앞으로 2030년대에는 종이신문의 발행이 중단될 것으로 보이며 온라인 신문 시장이 더욱 확대될 것으로 전망된다.

3급 실전모의고사

　　　　　　　　　　　p.140

[듣기 1번~20번]

1. ③	2. ②	3. ①	4. ④	5. ④
6. ③	7. ①	8. ①	9. ③	10. ①
11. ①	12. ④	13. ②	14. ②	15. ②
16. ①	17. ③	18. ②	19. ③	20. ③

[쓰기 51번~53번]

51. ㉠ 참가를 하려고 합니다 / 참가하고 싶습니다
　　㉡ 찾을 수 있을까요
52. ㉠ 크게 벌리기 어려웠을 것이다
　　㉡ 무늬가/모양이 다르다

[읽기 1번~20번]

1. ①	2. ②	3. ③	4. ④	5. ②
6. ④	7. ③	8. ①	9. ②	10. ④
11. ②	12. ③	13. ④	14. ③	15. ①
16. ①	17. ①	18. ②	19. ①	20. ③

[듣기 1~3] 19

1. ❸

여자: 구두 크기가 발에 맞으세요?
남자: 약간 작은 것 같은데 이것보다 한 치수 큰 걸로 보여 주세요.
여자: 네, 잠시만요.

◎ 매장
→ 구두 신어 보는 남자
→ 옆에 서 있는 구두 매장 직원

2. ❷

남자: 자, 핸드폰 잘 보고 활짝 웃어.
여자: 알았어. 뒤의 배경 잘 나오게 핸드폰을 내려 봐.
남자: 응, 알았어.

◎ 공원
→ 핸드폰으로 사진 찍는 남자와 여자

3. ❶

남자: 최근 발표된 '중고생의 아침 식사 실태' 조사 결과에 따르면 아침을 안 먹는 학생이 남녀를 합쳐 30% 가까이 되는 것으로 드러났습니다. 아침을 먹는 학생들이라도 제대로 된 식사를 하는 경우가 적었습니다. 남학생의 경우 우유를 가장 많이 먹는 것으로 나타났고, 뒤를 이어 밥과 국, 빵이나 과자, 과일 순이었습니다. 반면 여학생의 경우 빵이나 과자가 1위를 차지했고 밥과 국, 우유, 과일이 그 뒤를 이었습니다.

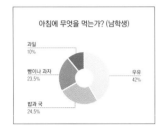

- 그래프
  남학생
  우유
  밥과 국
  빵이나 과자
  과일

[듣기 4~8] 🎧 20

4. ❹

남자: 오늘 점심은 어디에서 먹으면 좋을까요?
여자: 길 건너편에 냉면집이 새로 생겼던데 오늘 점심은 거기에서 먹을까요?
남자: 좋아요. 한번 가 보려고 했는데 잘 됐어요.

◉ 남자는 직장 동료로 보이고 점심 메뉴를 물어보는 상황이다. 이에 대해 여자는 새로 생긴 냉면집에서 냉면을 먹자고 제안하고 있다. 이때 남자는 자기도 가 보려고 했다면서 대답하는 것이 자연스럽다.

5. ❹

여자: 내일이 면접시험이지요? 좋은 결과 기대할게요.
남자: 주위에 떨어진 친구들이 꽤 있어서 걱정이에요.
여자: 꼭 붙을 테니까 걱정하지 마세요.

◉ 남자는 내일 보게 되는 면접시험에 대해 걱정을 하고 있다. 이때 여자는 남자에게 격려나 응원을 하는 것이 자연스럽다.

6. ❸

여자: 오늘 개봉한 영화라서 그런지 사람이 많네.
남자: 그러게. 예매 안 했으면 못 봤겠다.
여자: 표를 미리 예매하길 잘했네.

◉ 남자와 여자가 영화를 보러 왔는데 사람이 많은 상황이다. 이에 대해 남자는 예매를 안 했으면 못 봤겠다고 추측을 하고 있다. 이때 여자는 예매한 것이 다행이라고 대답하는 것이 자연스럽다.

7. ❶

여자: 늦게까지 일하니까 배가 좀 고프네요.
남자: 그렇죠? 저도 배가 고파서 매점에 가려고 하는데 필요한 거 있으면 사다 줄까요?
여자: 그러면 김밥하고 라면 좀 부탁할게요.

◉ 남자와 여자가 야근을 하고 있는 상황이다. 여자가 배가 고프다고 하니까 남자는 매점에 가서 먹을 것을 사다 준다고 제안하고 있다. 이때 여자는 부탁을 하는 것이 자연스럽다.

8. ❶

여자: 내일 설악산으로 단풍 구경을 가려는데 차가 막힐까 봐 걱정이야.
남자: 멀리 갈 필요 있어? 서울 근교에도 단풍을 구경할 만한 곳이 많잖아.
여자: 그럼 괜찮은 곳 좀 추천해 줘.

◉ 여자는 내일 단풍 구경을 가는데 차가 막힐까 봐 걱정을 하고 있다. 이에 대해 남자는 가까운 곳에도 단풍을 구경할 수 있는 곳이 있다고 말하고 있다. 이때 여자는 남자에게 단풍 구경 장소를 추천해 달라고 하는 것이 자연스럽다.

[듣기 9~12] 🎧 21

9. ❸

여자: 치마에 얼룩이 묻었는데 뺄 수 있을까요?
남자: 물론이죠. 뺄 수 있어요.
여자: 그럼 좀 부탁드려요.
남자: 네, 치마 이리 주시고 내일 찾으러 오세요.

◉ 유형 (4) 〈남자의 요구〉이다. 남자는 치마의 얼룩을 뺄 수 있다고 하면서 여자에게 치마를 달라고 요구하고 있다.

10. ❶

남자: 수연아, 오늘 날씨도 좋은데 공원에 자 전거 타러 나가자.

여자: 음, 근데 자전거 베란다에 있잖아. 꺼내 려면 귀찮은데.

남자: 그거야 내가 꺼내면 되지. 같이 나가자.

여자: 알았어. 그럼 난 옷 갈아입고 나올 테니 까 오빠가 자전거 좀 꺼내 줘.

◎ 유형 (6) 〈여자의 계획, 제안〉이다. 여자는 "난 옷을 갈아입고 나 올 테니까 오빠가 자전거 좀 꺼내 줘."라고 요구하고 있다.

11. ❶

남자: 김 대리, 다음 달 직원 야유회 준비는 잘 되고 있나요?

여자: 부서별로 참가 인원을 조사하고 있는데 요. 아직 정확히 몇 명인지 확인하지 못 했습니다.

남자: 인원 확인도 중요하지만 일단 장소를 빨 리 정해야 할 것 같아요. 지금 바로 장소 부터 알아보세요. 그리고 결정되는 대로 홈페이지에 안내문 올릴 수 있도록 준비 도 미리 해 두고요.

여자: 네, 그렇게 하겠습니다.

◎ 유형 (2) 〈남자의 요구〉이다. 남자는 여자에게 "야유회 장소부터 알아보세요."라고 요구했다. 이에 대해 여자는 "네. 그렇게 하겠습 니다."라고 대답했다.

12. ❹

여자: 어서 오십시오. 손님, 예약하셨습니까?

남자: 아니요, 예약은 하지 않았는데요. 두 명 은 약간 늦게 올 건데 자리가 있을까요?

여자: 그럼요. 아직 시간이 좀 이르니까 괜찮 습니다. 자리는 창가 쪽과 안쪽 중 어느 쪽이 좋으시겠습니까?

남자: 창가 쪽은 좀 추울 것 같으니까 안쪽으 로 앉을게요.

◎ 유형 (4) 〈남자의 요구〉이다. 남자는 자리를 결정하면서 안쪽 자 리에 앉겠다고 말하고 있다. 이에 대한 여자의 행동은 자리를 안 내해야 한다.

[듣기 13~16] 🎧 22

13.

여자: 매일 그렇게 ❹배달 도시락으로 점심을 먹 으면 지겨울 것 같은데.

남자: 아니요. 생각보다 좋은 점이 많아요. 점심 때마다 뭘 먹을지 고민하지 않아서 좋고, 또 매일 다른 메뉴로 배달을 해 주니까 얼마 나 좋은데요.

여자: 그렇군요. 맛이나 메뉴는 어때요?

남자: 화학조미료를 쓰지 않고 엄마가 요리해 준 것처럼 맛도 좋아요. 메뉴는 요일별로 다 양하게 있어서 미리 선택하면 돼요. ❸참, 여성들을 위한 다이어트 메뉴도 있더라고 요. 수연 씨도 한번 이용해 보세요.

◎ ① 여자는 점심마다 뭘 먹을지 고민이다.
   ➡ 정보 없음

❷ 도시락은 매일 다른 메뉴로 배달해 준다.
   ➡ 정답

③ 여자는 매일 먹는 배달 도시락이 지겹다.
   ➡ (남자는) 매일 먹는 배달 도시락이 (지겹지 않다). not A

④ 남자는 다이어트를 위해 배달 도시락을 먹는다.
   ➡ (남자는 배달 도시락을 먹는다). not B

14.

여자: 관리사무소에서 안내 말씀드리겠습니다. ❹아파트 단지 내 주차선 밖에 주차한 차량 때문에 교통이 혼잡하여 소통이 되지 않습 니다. 주민 여러분께서는 반드시 주차선 내 에 주차해 주시기 바랍니다. ❸다음 달부터 주차선 밖에 주차된 차량에는 경고장을 붙 일 예정이니 주의하여 주시기 바랍니다.

◎ ① 아파트 단지 내에 고장 난 차량이 있다.
   ➡ 아파트 단지 내에 (주차선 밖에 주차한) 차량이 있다. not A

❷ 앞으로 주차선 안에 차를 세워야 한다.
   ➡ 정답

③ 주차선 밖에 주차한 차는 벌금을 내야 한다.
   ➡ 주차선 밖에 주차된 차는 (경고장을 붙인다). not B

④ 이번 달부터 주차선 밖에 주차하면 경고장을 붙인다.
   ➡ (다음 달부터) 주차선 밖에 주차하면 경고장을 붙인다. not B

15.

남자: 날씨 소식입니다. ⓐ오늘 밤부터 전국적으로 많은 양의 비가 내리겠습니다. ⓑ이 비는 내일 저녁까지 계속 오겠습니다. 비가 그친 후부터 기온이 많이 떨어질 것으로 예상됩니다. ⓒ일시적으로 영하의 날씨를 보이는 곳이 있는데요. 외출하실 때에는 두꺼운 옷을 준비하시기 바랍니다.

◎ ① 비는 내일 오전에 그칠 것이다.
　➡ 비는 내일 (밤에) 그칠 것이다. not B
❷ 비가 그친 후에 날씨가 추워질 것이다.
　➡ 정답
③ 기온이 영하로 떨어지지 않을 것이다.
　➡ 기온이 영하로 (떨어지는 곳이 있다). not C
④ 내일 밤부터 전국적으로 비가 올 것이다.
　➡ (오늘 밤부터) 전국적으로 비가 올 것이다. not A

16.

여자: 최근 건물 옥상을 정원으로 바꾼 회사가 있다고 해서 나왔는데요. 사장님, 어떻게 이런 생각을 하게 되신 건가요?
남자: 직원들의 휴식 공간 때문이었습니다. ⓐ사실 도시에서는 휴식을 취할 수 있는 공원이 많지 않지요. 그래서 건물 옥상을 잘 꾸민다면 공원처럼 활용할 수 있을 거라는 생각이 들었습니다. ⓑ건물 옥상은 흔한 공간이지만 딱히 쓸모가 없어 활용도가 낮은 공간이잖아요. 그래서 옥상을 정원으로 바꾼 겁니다. 직원들이 분위기가 몰라보게 달라지고 휴식 공간이 생겼다고 좋아합니다.

◎ ❶ 이 회사는 옥상을 정원으로 바꾸었다.
　➡ 정답
② 건물 옥상은 보통 활용도가 높은 공간이다.
　➡ 건물 옥상은 보통 활용도가 (낮은) 공간이다. not B
③ 최근 도시 지역에 공원이 많이 생겨나고 있다.
　➡ 도시 지역에 공원이 (많지 않다). not A
④ 이 회사는 도시에 정원을 만드는 일을 한다.
　➡ 정보 없음

17. ❸

남자: 수연아, 도대체 하루에 양치질을 몇 번이나 하는 거야?
여자: 이는 자주 닦을수록 좋은 거 아니야? 자주 닦아야 치아가 건강해지지.
남자: 횟수도 중요하지만 좋은 칫솔을 사용해서 잘 닦는 게 더 중요해. 자주 닦기만 한다고 해서 치아가 건강해지지는 않아.

◎ 중심 생각 Ranking 유형 (4) '-는 게 중요하다'에 해당한다. "좋은 칫솔을 사용해서 잘 닦는 게 더 중요해."와 같은 내용을 선택지에서 고르면 된다.

18. ❷

여자: 선배님, 이거 제가 이번에 발표할 사업계획서인데요. 시간 되시면 한번 봐 주실 수 있으세요?
남자: 어디 볼까? 음, 목차의 제목이나 구성이 너무 복잡한 것 같은데.
여자: 최대한 간단하게 만든다고 만든 건데……
남자: 목차만 보고도 전체 내용을 예상할 수 있어야 사업 계획을 효과적으로 전달할 수 있어. 그러니까 목차를 간단하지만 명확하게 고치는 게 어떨까?

◎ 중심 생각 Ranking 유형 (5) '-는 게 어때요?'에 해당한다. "목차를 간단하지만 명확하게 고치는 게 어떨까?"와 같은 내용을 선택지에서 고르면 된다.

19. ❸

남자: 그렇게 열심히 노력하더니 드디어 취직했다면서요? 정말 축하해요.
여자: 감사합니다. 그런데 어떻게 해야 회사 생활을 잘 할 수 있을까요?
남자: 우선 자기가 맡은 일이 무엇인지 빨리 파악하는 게 중요해요. 그리고 상사나 동료들과의 인간관계도 중요하지요. 하지만 무엇보다도 중요한 건 뭐든지 최선을 다하는 자세니까 꼭 명심하세요.

◎ 중심 생각 Ranking 유형 (9) '무엇보다도'에 해당한다. "무엇보다도 중요한 건 뭐든지 최선을 다하는 자세니까 명심하세요."와 같은 내용을 선택지에서 고르면 된다.

20. ❸

여자: 사장님, 운영하시는 카페를 이웃 간 소통의 장소로 공유하신다고 들었습니다. 특별한 이유가 있으신가요?

남자: 네, 저희 카페에서는 동네 아이들에게 공부할 수 있는 공간을 마련해 주고 심야 시간에는 지역 주민들에게 주차장을 무료로 개방하고 있습니다. 이렇게 공간을 나누게 되면 이웃 사랑도 알게 되고, 동네 분위기도 좋아지니까요. 그러다 보니 요즘에는 저희 카페처럼 자기 사무실이나 가게까지도 공유하는 사람들이 늘고 있고요. 공간을 함께 사용하는 것으로 이웃 간에 정을 나눌 수 있어서 좋다고 생각합니다. 그래서 카페를 공유하기 시작한 것이고요.

◎ 중심 생각 Ranking 유형 (7) '(ㄴ/는)다고 생각하다'에 해당한다. "공간을 함께 사용하는 것으로 이웃 간에 정을 나눌 수 있어서 좋다고 생각합니다."와 같은 내용을 선택지에서 고르면 된다.

[쓰기 51]

51. ㉠ 참가를 하려고 합니다 / 참가하고 싶습니다
㉡ 찾을 수 있을까요

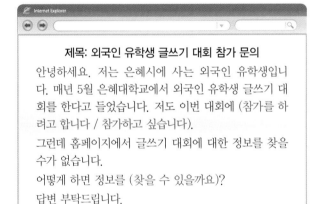

제목: 외국인 유학생 글쓰기 대회 참가 문의

안녕하세요. 저는 은혜시에 사는 외국인 유학생입니다. 매년 5월 은혜대학교에서 외국인 유학생 글쓰기 대회를 한다고 들었습니다. 저도 이번 대회에 (참가를 하려고 합니다 / 참가하고 싶습니다).
그런데 홈페이지에서 글쓰기 대회에 대한 정보를 찾을 수가 없습니다.
어떻게 하면 정보를 (찾을 수 있을까요)?
답변 부탁드립니다.

◎ 공개적인 글: 문의 사항
(1) -(ㅅ)ㅂ니다.
(2) 글을 쓰는 사람: 나
(3) 글을 읽는 사람: 글쓰기 대회 관계자
(4) (㉠)의 앞에 '이번 대회에'가 있고 제목에 '참가'라는 단어가 있다.
(5) (㉡)의 앞에 '정보를'이 있고 뒤에 물음표(?)가 있다. 또 앞 문장에 '정보를 찾을 수 없습니다.'가 있다.
(6) 높임말 사용

[쓰기 52]

52. ㉠ 크게 벌리기 어려웠을 것이다
㉡ 무늬가/모양이 다르다

우리 몸에서 주름이 가장 많은 곳은 바로 입술이다. ❹입술에 주름이 많은 이유는 입을 ❸크게 벌리기가 쉽기 때문이다. ❹'만약 입술에 주름이 없다면 노래를 부르거나 하품을 할 때 입을 ❸'(크게 벌리기 어려웠을 것이다). 그리고 입술 주름은 ❸사람마다 ❶(무늬가/모양이 다르다). 또 주름의 모양은 세월이 흘러도 변하지 않는다. 그래서 ❸'사람에 따라 ❶'무늬가 다른 지문처럼 사람을 구별하는 데에도 이용될 수 있다.

◎ (㉠)
문법: -았/었다면 -았/었을 것이다.
대응: ❹입술에 주름이 많은 이유는 입을 ❸크게 벌리기가 쉽기 때문이다.
❹'입술에 주름이 없었다면 노래를 부르거나 하품을 할 때 입을 ❸'(크게 벌리기가 어려웠을 것이다).
(㉡)
문법: -마다 다르다
대응: ❸사람마다 ❶(무늬가 다르다)
❸'사람에 따라 ❶'무늬가 다른 지문처럼 …

[쓰기 53]

53.

(	한	국	주	택	공	사	)	에	서		(	30	대		성	인		남
녀		2,	00	0	명	)	을		대	상	으	로		(	선	호	하	는
주	거		형	태	)	에		대	하	여		조	사	를		하	였	다.
그		결	과		(	아	파	트	)	가		53	%	로		1	위	를
차	지	하	였	다.		그		다	음	으	로		(	단	독		주	택)
과		(	빌	라	)	가		뒤	를		이	었	다.		이	중	에	서
1	위	를		차	지	한		아	파	트	를		선	호	하	는		이	유
에		대	해	서		경	비		및		보	안		시	설		때	문	이
라	는		응	답	이		가	장		많	았	다.		그		다	음	으	로
주	차		공	간	의		여	유,		편	의		시	설	이		가	깝	다
라	는		응	답	이		뒤	를		이	었	다.		조	사		결	과	를
통	해	서		아	파	트	가		가	지	고		있	는		장	점	이
다	른		주	거		형	태	보	다		사	람	들	에	게		더		선
호	를		받	는	다	는		것	을		알		수		있	다.			

[읽기 1~2]

1. ❶

◉ 아침에 눈이 오다. ➡ 지금은 그쳤다.
'지금은 그쳤다.'는 앞의 내용에서 변화된 내용이다. 이때 호응하는 문법은 〈행동: 의외〉를 나타내는 '–다가'를 찾아야 한다. '–다가'는 앞의 행동이 일어나는 중에 뒤의 행동으로 바뀔 때 사용한다.

2. ❷

◉ 잊어버리지 않으려고 ➡ 표시하다.
앞의 내용인 '잊어버리지 않으려고'는 〈목적〉을 나타낸다. 뒤의 내용은 '표시했다.'가 된다. 선택지를 보면 모두 과거시제이다. 따라서 좀 더 구체적인 의미가 들어 있는 것을 찾아야 한다. 이때 호응하는 문법은 〈유지: 대비〉를 나타내는 '–아/어 놓다.'이다. '–아/어 놓다.'는 어떤 행동이 끝난 후 그 상태를 그대로 지속하면서 미래를 대비할 때 사용한다. 잊어버리지 않으려고 (나중에 확인할 수 있게) 약속 날짜를 달력에 표시해 놓았다는 의미를 나타낸다.

[읽기 3~4]

3. ❸

◉ '–(으)ㄹ 모양이다.'는 〈추측〉을 나타내는 문법이다. 가게가 요즘 문을 안 여는 걸 보니까 장사를 그만둘 것이라고 추측하는 내용이다. 따라서 선택지 중에서 〈추측〉을 나타내는 문법인 '–(으)ㄹ 듯하다.'를 찾아야 한다.

4. ❹

◉ '–(으)ㄴ/는 탓에'는 부정적인 일을 〈이유〉로 나타내는 문법이다. 급하게 나와서 지갑을 집에 놓고 나왔다는 의미이다. 따라서 선택지 중에서 〈이유〉를 나타내는 문법인 '–는 바람에'를 찾아야 한다.

[읽기 5~8]

5. ❷

> 가장 맑고 깨끗한 물을 만나세요~
> 한 잔의 물이 여러분의 건강을 지켜 드립니다.

◉ 핵심어: 맑다, 깨끗하다, 물, 한 잔, 건강

6. ❹

> 나무의 느낌을 그대로 살린 친환경 자재
> 다양한 디자인, 소파·침대 등 합리적 가격

◉ 핵심어: 나무, 친환경, 소파, 침대

7. ❸

> 도움을 필요로 하는 이웃은 늘 주변에 있습니다.
> 따뜻한 손길이 모일수록 이웃 사랑은 커집니다.

◉ 핵심어: 도움, 이웃, 따뜻하나, 손길

8. ❶

> ◎ 입구에 동전이나 지폐를 넣으십시오.
> ◎ 원하는 상품을 선택 후 버튼을 눌러 주십시오.

◉ 핵심어: 입구, 동전, 넣다, 선택하다, 누르다, 원하다, 상품

[읽기 9~12]

9.

제28회 대관령 눈꽃축제 2019

일   시: ⓐ 2019년 1월 18일 ~ 1월 27일 (매일)
장   소: 평창 올림픽 메달 플라자
프로그램: 눈 조각 공원, 눈썰매, 승마, 마차 체험, 대관령 눈꽃 축제 공연
기 념 품 : 방문객들께 기념품과
ⓑ 강원도 여행 안내 책자 무료 증정
ⓒ 문의사항 : 033–335–3995

언제 X
어떻게 X
무엇을 O
기타 X

① 이 축제는 2주일 동안 열린다.
   ➡ 이 축제는 (10일) 동안 열린다. not A
❷ 방문객들은 말을 타 볼 수 있다.
   ➡ 정답
③ 문의는 홈페이지를 통해 할 수 있다.
   ➡ 문의는 (전화를) 통해 할 수 있다. not C
④ 방문객들은 안내 책자를 구입해야 한다.
   ➡ 방문객들은 안내 책자를 (무료로 받는다). not B

10. ❹

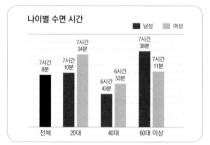

◉ 여성 20대 7시간 34분, 여성 40대 6시간 53분 정답은 '❹ 여성은 20대가 가장 많은 시간을, 40대가 가장 적은 시간을 잔다.'

11.

    스마트폰으로 버스 도착 정보를 안내해 주는 어플리케이션이 진화하고 있다. 이 어플리케이션은 ❹처음에는 시민들이 버스를 타려고 할 때 정류장 고유번호를 입력하면 ❹버스가 언제 도착하는지를 알려 주는 것이었다. 이후에는 ❸교통사고나 교통 상황 등에 관한 정보도 포함되었다. 최근에는 버스 안이 복잡한지 여유가 있는지도 알려주고 있다. 이 서비스로 시민들은 한층 편리하게 대중교통을 이용할 수 있게 되었다.

① 이 어플리케이션으로 교통이 원활하게 됐다.
  ➡ 정보 없음
❷ 버스에 사람이 많이 탔는지에 대해 알 수 있다.
  ➡ 정답
③ 이 어플리케이션은 버스 도착 시각만 확인할 수 있다.
  ➡ 이 어플리케이션은 (처음에는) 버스 도착 시간만 확인할 수 (있었다). not A
④ 교통사고에 관한 정보는 어플리케이션으로 확인하지 못한다.
  ➡ 교통사고에 대한 정보는 어플리케이션으로 (확인할 수 있다). not B

12.

    정부는 올해부터 적극적인 공무원 사회를 만들기 위해 ❹'소극행정 신고센터'를 신설했다. 소극행정이란 공무원이 해야 할 일을 하지 않거나 할 수 있는 일을 하지 않아서 ❸국민생활과 기업 활동에 불편을 주거나 손해를 입혔을 때 발생하게 되는 업무 행태를 말한다. 이렇게 공무원의 소극행정으로 인해 피해를 받은 국민이나 기업은 신고 요건이 충족되면 ❸'국민신문고'를 통해 신고하면 된다.

① 정부는 소극행정 신고센터를 만들 예정이다.
  ➡ 정부는 소극행정 신고센터를 (만들었다). not A
② 소극행정 신고센터는 기업은 이용하지 못한다.
  ➡ 소극행정 신고센터는 (기업도 이용할 수 있다). not B
❸ 공무원의 소극행정으로 손해를 입으면 신고할 수 있다.
  ➡ 정답
④ 소극행정으로 인한 피해는 경찰서를 통해 신고하면 된다.
  ➡ 소극행정으로 인한 피해는 (국민신문고를) 통해 신고하면 된다. not C

[읽기 13~15]

13. ❹

◉ 정보 Ranking (03) 〈일화〉로 (나)와 (다) 중 첫 번째 문장을 찾아야 한다. (나)의 문장에 '그 사냥꾼'이라는 지시어가 있기 때문에 첫 번째 문장이 아니다. 따라서 (다)가 첫 번째 문장이다. (다) 물에 빠진 개미를 비둘기가 구해 주었고 / (라) 그 후 사냥꾼이 비둘기를 향해 총을 쏘려는 것을 / (나) 개미가 그 사냥꾼의 발을 물어 비둘기를 구해 주었다. / (가) 이 이야기는 우리에게 남을 도와주면 좋은 일로 되돌아온다는 사실을 알려 준다. / 로 내용이 구성된다.

14. ❸

◉ 정보 Ranking (04) 〈건강〉 관련 글로 (다)와 (라) 중 첫 번째 문장을 찾아야 한다. (다)의 문장에 '만약 외출을 해야 한다면'이라는 가정이 있기 때문에 첫 번째 문장이 아니다. 따라서 (라)가 첫 번째 문장이다. (라) 미세먼지에는 오염물질 성분이 많이 들어 있기 때문에 / (가) 심할 때는 가능하면 외출을 하지 않는 것이 좋고 / (다) 만약 외출을 해야 한다면 마스크를 착용하라고 전문가들은 권유한다 / (나) 외출에서 돌아오면 깨끗이 씻고 물을 많이 마셔야 한다. / 로 내용이 구성된다.

15. ❶

◉ 정보 Ranking (07) 〈유래〉 관련 글로 (가)와 (다) 중 첫 번째 문장을 찾아야 한다. (다)의 문장에 '이날'이라는 지시어가 있기 때문에 첫 번째 문장이 아니다. 따라서 (가)가 첫 번째 문장이다. (가) 단오는 큰 명절이고 / (다) 이날 사람들은 씨름과 그네 타기를 했는데 / (나) 남자는 씨름, 여자는 그네 타기를 했다. / (라) 이 외에도 부채를 선물하는 풍습도 있었다. / 로 내용이 구성된다.

[읽기 16~18]

16. ❶

    얼굴 모양과 치아 모양은 밀접한 관계가 있다. 얼굴형이 긴 사람은 치아 모양도 길고 ❹얼굴형이 둥근 사람은 ❸치아 모양도 둥근 모양이다. 또한 얼굴이 네모난 사람은 치아도 네모 모양이다. 그래서 대체로 ❹'얼굴이 둥근 편인 한국인들은 서양 사람에 비해서 ❸'(치아가 짧고 둥근) 모양이다.

◉ 대응 유형으로 비슷한 표현을 활용하여 빈칸에 들어갈 알맞은 내용을 찾으면 된다.
  ❹얼굴형이 둥근 사람은 ➡ ❸치아 모양도 둥근 모양이다.
  ❹'얼굴이 둥근 편인 한국인들은 ➡ ❸'(치아가 짧고 둥근) 모양이다.

17. ❶

　　❹옷차림은 개인의 ❸ 가치관과 밀접한 관련이 있다. 일반적으로 품위를 중요하게 생각하고 보수적인 가치관을 지닌 사람들은 정장 차림을 즐겨 입는다. 그러나 개방적이고 활동적인 성격의 사람들은 편의성을 중시하여 개성이 돋보이는 옷차림을 한다. ❹'옷차림을 통해서 개인의 ❸'(사고 방식을 알 수) 있는 것이다.

◎ 대응 유형으로 비슷한 표현을 활용하여 빈칸에 들어갈 알맞은 내용을 찾으면 된다.
　❹옷차림은 개인의 ➡ ❸ 가치관과 밀접한 관련
　❹'옷차림을 통해서 개인의 ➡ ❸'(사고 방식을 알 수) 있는 것

18. ❷

　　사람의 미각은 다섯 가지 맛밖에 구별할 수 없다. 그러나 실제로는 시각과 후각의 도움을 받아야 정확한 맛을 알 수 있다. 특히 ❹후각의 도움을 받지 못한다면 ❹'맛을 정확하게 느낄 수 없다. 예를 들어 눈을 가리고 코를 막은 사람에게 콜라와 사이다를 마시게 한 후 맛을 구별하라고 하면 잘 못한다. 그것은 바로 ❸미각이 ❸'(후각 정보의 도움을 받아야) 제대로 발휘되기 때문이다.

◎ 대응 유형으로 반의어를 활용하여 빈칸에 들어갈 알맞은 내용을 찾으면 된다.
　❹후각의 도움을 받지 못한다면 ➡ ❹'맛을 정확하게 느낄 수 없다.
　❸미각이 ❸'(후각의 도움을 받아야) 제대로 발휘되기 때문이다.

[읽기 19~20]

　　❹은행나무는 가로수로 널리 활용되어 주변에서 흔히 볼 수 있다. 도시의 기후와 토양에 잘 맞고 오염 물질과 병충해에 강하기 때문에 활용된 것이다. (실제로) 환경오염이 아주 심했던 지역에서 가장 먼저 자라난 것도 바로 은행나무였다. 하지만 ❸은행나무는 암나무에서 열리는 열매 냄새가 고약하다는 단점이 있다. 그래서 각 지방자치단체에서는 ❻암나무 대신에 열매가 열리지 않는 수나무로 가로수를 단계적으로 교체하겠다고 발표를 하였다.

19. ❶

◎ (빈칸) 앞 문장에 '오염 물질에 강하다'는 내용이 있고 (빈칸) 뒤에 '환경오염이 아주 심했던 지역에서 가장 먼저 자라난 것도 바로 은행나무였다.'가 있다. 예를 들어 서술한 것이기 때문에 '❶ 실제로'가 정답이다.

20.

① 은행나무는 가로수로 ~~적합하지 않다.~~
　➡ 은행나무는 가로수로 (널리 활용된다). not A
② 은행나무의 열매는 냄새가 ~~없는 편이다.~~
　➡ 은행나무의 열매는 냄새가 (고약하다). not B
❸ 은행나무는 환경오염과 병충해에 강하다.
　➡ 정답
④ 은행나무를 ~~수나무에서 암나무로~~ 교체할 예정이다.
　➡ 은행나무를 (암나무에서 수나무로) 교체할 예정이다. not C

▲4급 Chapter 1　격식적 대화

듣기 21번~22번	▶중심 생각, 내용 일치

1. ③　　2. ③　　3. ④　　4. ③

듣기 25번~26번	▶중심 생각, 내용 일치

1. ④　　2. ③　　3. ②　　4. ③

듣기 29번~30번	▶직업, 내용 일치

1. ④　　2. ④　　3. ①　　4. ②

듣기 23번~24번	▶행동, 내용 일치

1. ①　　2. ④　　3. ④　　4. ③

듣기 27번~28번	▶의도, 내용 일치

1. ②　　2. ③　　3. ③　　4. ④

듣기 21번~22번	▶중심 생각, 내용 일치	p.157

[1~2]　🎧 24

남자: 사장님, 이번 우리 회사 신제품 말인데요. 지난달에 비해 판매량이 배 이상 올랐습니다. 이번 기회에 생산량을 더 늘리는 건 어떨까요?
여자: ❹한 달 사이에 판매량이 많아진 건 좋은 일이지만 갑자기 생산량을 늘리는 건 생각해 봐야 할 것 같은데요.
남자: 처음에는 이번 ❸신제품에 대해 회사 내에서도 불안한 시각들이 많았는데, 이만하면 성공한 것 아닐까요?
여자: 글쎄요. ❻지금 성공이냐 실패냐 판단하는 건 좀 빠른 것 같아요. ❹서너 달 정도 더 기다려 봅시다.

1. ❸

◉ 〈회의〉 상황으로 중심 생각 Ranking 유형 (2) '-아/어야'와 유형 (5) '-(으)ㅂ시다'에 해당한다. 여자의 중심 생각은 '생산량을 늘리는 것에 대해 생각해 봐야 한다.', 그리고 '성공과 실패를 판단하는 건 좀 빠른 것 같으니까 더 기다려 보자.'이다.

2.

① 신제품에 대해 회사 내에서 ~~화제가 됐다.~~
  ➡ 신제품에 대해 회사 내에서 (불안해했다). not B
② 신제품 판매량이 ~~서너 달 동안 꾸준히~~ 증가했다.
  ➡ 신제품 판매량이 (한 달 사이에) 증가했다. not A
❸ 남자는 신제품의 반응에 대해 성공적이라고 생각한다.
  ➡ 정답
④ ~~여자는 제품의 인기가 계속될 것으로 기대하고 있다.~~
  ➡ 정보 없음

[3~4] 25

여자: 어제 친구랑 싸웠는데 시간이 지나고 보니까 내가 잘못한 것 같아. ❹사과하고 싶은데 지금 친구가 화가 많이 나 있어서 어떻게 해야 할지 모르겠네.
남자: 그러면 조금 시간이 지난 후에 사과하는 것도 괜찮아. 그렇지만 너무 오래 지나면 더 힘들어질 수도 있어.
여자: 뭐라고 말을 해야 친구 기분이 풀릴까? ❸나는 말을 잘 못하는 편이거든.
남자: ❹말로 하기 힘들면 편지를 써 봐. 말로 사과하는 것보다는 한참 고민하면서 쓴 편지가 미안한 마음을 잘 전할 수 있을 거야.

3. ❹

◉ 〈의논〉을 하는 상황으로 중심 생각 Ranking 유형 (1) '-는 게 괜찮다'와 유형(5) '-는 게 좋다'에 해당한다. 남자의 중심 생각은 '사과를 조금 시간이 지난 후에 하는 것이 괜찮다.', 그리고 '말로 하기 힘들면 편지를 써 봐.'이다.

4.

① ~~여자는 글을 잘 쓰지 못한다.~~
  ➡ 여자는 (말을 잘 못하는 편이다). not B
② ~~여자는 친구 때문에 화가 났다.~~
  ➡ 여자는 (친구에게 사과하고 싶다). not A
❸ 여자는 친구에게 미안해하고 있다.
  ➡ 정답
④ 여자는 친구와 싸운 후에 ~~바로 사과했다.~~
  ➡ 여자는 친구와 싸운 후에 (아직 사과하지 못했다). not A

듣기 25번~26번 ▶중심 생각, 내용 일치   p.160

[1~2] 🎧 26

여자: 박사님, ❹이 병원은 다른 병원과 달리 천장을 아름답게 꾸며 놓았다고 들었습니다. 특별한 이유가 있을 것 같은데요.
남자: 저는 의사들이 환자를 치료할 때 환자의 심리적 안정에 더 많은 관심을 가져야 한다고 생각합니다. 병의 원인과 치료, 모두 환자의 마음과 관련이 있기 때문입니다. 그리고 한번 생각해 보시지요. 사실 환자들은 하루 종일 누워서 천장만 봅니다. 어느 날 '왜 천장을 아름답게 꾸밀 생각은 하지 않을까?'라는 생각이 들었습니다. 그래서 환자들의 심리적 안정을 위해 병원의 천장을 예쁘게 꾸미기 시작한 겁니다. 환자의 치료 과정에서 치료도 중요하지만 환자들이 기쁨과 평안함을 느끼는 것도 중요하기 때문입니다.

1. ❹

◉ 중심 생각 Ranking 유형 (7) '-(ㄴ/는)다고 생각하다'과 유형 (4) '-는 게 중요하다'에 해당한다.
여자는 병원 천장을 아름답게 꾸며 놓은 특별한 이유에 대하여 질문하고 있다. 이에 대한 남자의 중심 생각은 '환자의 심리적 안정에 더 많은 관심을 가져야 한다고 생각한다.', 그리고 '환자들이 기쁨과 평안함을 느끼는 것이 중요하다.'이다.

2.

① ~~이 병원은 의사와 간호사가 매우 친절한 편이다.~~
  ➡ 정보 없음
② 이 병원은 ~~환자들이 스스로~~ 병원 천장을 예쁘게 꾸몄다.
  ➡ 이 병원은 (병원에서) 병원 천장을 예쁘게 꾸몄다. not A
❸ 이 병원은 환자의 치료뿐만 아니라 마음에도 신경을 쓴다.
  ➡ 정답
④ ~~이 병원은 하루 종일 누워 있는 환자를 위해 좋은 침대를 사용한다.~~
  ➡ 정보 없음

여자: 이 유치원에서는 할머니 선생님이 '옛날이야기' 수업을 진행한다고 들었는데요. 원장님, 소개를 좀 해 주시겠습니까?

남자: 네, 우리 유치원에서는 ④매주 화요일, 특별한 선생님을 만날 수 있습니다. ⑧'옛날이야기'를 들려주시는 '아름다운 이야기 할머니'이신데요, 아이들에게 옛날이야기를 아주 재미나게 들려주셔서 인기가 아주 많습니다. 정부에서 실시한 '노인 일자리 프로그램'을 통해서 시작을 하게 되었는데요. 할머니들께서도 아이들을 가르치는 보람이 매우 크다고 하십니다. 이런 프로그램을 통해 다시 일하게 된 어르신들도 좋아하시고 유치원 아이들과 학부모들의 호응도 매우 좋습니다. 앞으로 우리 유치원뿐만 아니라 다른 유치원에도 이 프로그램이 확대되기를 바라고 있습니다.

3. ❷

◐ 중심 생각 Ranking 유형 (6) '-(으)면 좋겠다'에 해당한다. 여자는 옛날이야기 수업을 소개해 달라고 질문하고 있다. 이에 대한 남자의 중심 생각은 '다른 유치원에도 이 프로그램이 확대되기를 바라고 있다.'이다.

4.

① 학부모들어 일일 선생님으로 유치원에 나온다.
　➡ (할머니들이) 일일 선생님으로 유치원에 나온다. not B
② 옛날이야카를 들려주는 직업어 인기를 끌고 있다.
　➡ 정보 없음
❸ 노인 일자리 정책을 통해서 수업을 할 수 있게 되었다.
　➡ 정답
④ 이 유치원에서는 월요일마다 '옛날이야기' 수업을 한다.
　➡ 이 유치원에서는 (화요일마다) '옛날이야기' 수업을 한다.
　　not A

여자: 선생님, 이번 목공예 전시회에서 사람들의 반응이 굉장했다고 하던데요. 어떤 매력 때문일까요?

남자: 저는 전통 목공예가 한국적인 자연미를 갖추어야 한다고 생각해 왔습니다. 그래서 ④한국적 자연미를 작품 속에서 표현할 방법이 없을지 고민을 했지요. 제가 고집스럽게 나뭇결의 성질과 색상을 최대한 살리려고 노력하는 이유도 그 때문입니다. 아마 이런 점들이 전시회에 오신 분들의 좋은 반응으로 이어진 것 같습니다.

여자: 그렇다면 앞으로 목공예가 나아갈 방향에 대해 한 말씀 더 부탁드리겠습니다.

남자: 예로부터 우리 선조들은 목재가 지닌 자연미를 최대한 살린 훌륭한 목공예품을 남겼습니다. 하지만 이런 뛰어난 목공예 문화가 있었다 하더라도 ⑧그 기법을 현대에 계승하지 못한다면 아무 쓸모없는 것이 되고 맙니다. 따라서 우리 모두가 전통 목공예의 계승을 위해 노력해야 할 때라고 생각합니다.

1. ❹

◐ 여자가 첫 번째 질문에서 목공예 전시회에서 사람들의 반응과 목공예의 매력에 대해 질문하고, 두 번째 질문에서 목공예가 나아갈 방향에 대해 질문했다. 그리고 남자가 나뭇결의 성질과 색상을 살리려고 노력한다고 말하는 내용에서 남자의 직업이 '목공예 작가', 다시 말해 '❹ 목재로 예술품을 만드는 사람'이라는 것을 알 수 있다.

2.

① 남자는 자연미보타 기술성을 강조하고 있다.
　➡ 남자는 (자연미를) 강조하고 있다. not A
② 나뭇결은 작가의 기법에 따라 다양하게 연출된다.
　➡ 정보 없음
③ 선조들의 전통 기법이 현대적으로 잘 쟤승되었다.
　➡ 선조들의 전통 기법이 현대적으로 (계승되지 못하고 있다).
　　not B
❹ 남자가 만든 작품에 대한 사람들의 평가가 좋았다.
　➡ 정답

여자: Ⓐ전통적인 한옥을 지키기 위해 노력하시다가 한옥을 개량하여 발전시킨 미래형 한옥에 관심을 가지게 된 이유가 있으십니까?

남자: 한옥은 통풍이 잘 되고 습도가 조절된다는 장점을 가지고 있습니다. 반면에 나무로 지은 집이기 때문에 변형되기 쉽고 화재에 약하다는 단점이 있습니다. 그래서 이런 단점을 보완하려고 나무가 아닌 Ⓑ철강을 사용해 한옥을 짓는 기술을 개발하게 되었습니다. 이 기술은 전통문화를 발전적으로 이어 간다는 점에서 의미가 있다고 생각합니다. Ⓒ한옥의 장점을 살리고 단점을 보완했다는 점에서도 의미를 찾을 수 있고요.

3. ❶

◎ 여자가 미래형 한옥에 관심을 가지게 된 이유를 질문했다. 그리고 남자가 철강을 사용해 한옥을 짓는 기술을 개발하게 되었다는 내용에서 남자의 직업이 '미래형 한옥 건축가', 다시 말해 '❶ 한옥을 짓는 사람'이라는 것을 알 수 있다.

4.

① 미래형 한옥은 ~~나무만~~을 이용하여 짓는다.
　➡ 미래형 한옥은 (철강을) 이용하여 짓는다. not B
❷ 전통 한옥은 화재에 약하다는 단점이 있다.
　➡ 정답
③ 남자는 ~~처음부터~~ 미래형 한옥에 관심을 가졌다.
　➡ 남자는 (전통적인 한옥을 지키기 위해 노력하다가) 미래형 한옥에 관심을 가졌다. not A
④ 미래형 한옥은 단점을 보완했지만 ~~장점을 살리지 못했다~~.
　➡ 미래형 한옥은 (단점을 보완했고 장점도 살렸다). not C

| 듣기 23번~24번 | ▶행동, 내용 일치 | p.166 |

남자: 은혜시청이지요? 무료 법률 상담을 신청하고 싶은데 어떻게 하면 되나요?

여자: 네, Ⓐ시청 홈페이지나 국번 없이 전화 120번으로 원하시는 날짜를 예약하시면 됩니다.

남자: 네, 상담 시간은 어느 정도 됩니까? 그리고 시청 본관으로 찾아가면 되는 건가요?

여자: Ⓑ상담 시간은 30분 정도입니다. 그러니까 오시기 전에 질문하실 것을 꼼꼼하게 미리 준비해 오시는 것이 좋습니다. 그리고 Ⓒ오실 때 시청 본관이 아니라 오른쪽 별관으로 오셔야 합니다.

1. ❶

◎ 남자는 무료 법률 상담을 신청하고 싶어서 신청 방법과 시간, 위치에 대해 질문하고 있다.

2.

① 무료 법률 상담 시간은 ~~한 시간~~이다.
　➡ 무료 법률 상담 시간은 (30분 정도)이다. not B
② 예약을 할 때에는 ~~전화로만~~ 가능하다.
　➡ 예약을 할 때에는 (홈페이지나 전화로) 가능하다. not A
③ 무료 법률 상담소는 ~~시청 본관~~에 있다.
　➡ 무료 법률 상담소는 시청 (별관에) 있다. not C
❹ 질문을 미리 준비하면 상담을 받기에 편리하다.
　➡ 정답

여자: 김 대리, '무료 체험' 판매 전략은 어떤가요?

남자: 구매하기 전에 무료로 써 본 후 구입을 하는 것이라서 Ⓐ처음에는 반응이 좋았습니다. 소비자 만족도도 높아서 기대를 했습니다만, Ⓑ최근에는 판매량이 많이 줄어들었습니다.

여자: 원인이 뭐지요? 우리 가전제품에 문제가 있는 건 아닌가요?

남자: 제품의 품질 문제는 아닌 것 같습니다. 우리의 판매 전략을 다른 회사들이 따라 하면서 그 효과가 감소한 것으로 보입니다. 이번 기회에 Ⓒ무료 체험 기간을 다른 회사보다 길게 연장하는 것도 고려해 봐야 합니다.

3. ❹

◎ 남자는 여자에게 '무료 체험' 판매 전략의 반응과 판매량 등을 보고하고 있다.

4.

① 판매 전략 시행 이후 ~~판매량이 지속적으로 늘고 있다~~.
　➡ 판매 전략 시행 이후 (반응이 좋다가 줄어들고 있다). not B
② 무료 체험 기간을 지금보다 ~~줄이는~~ 것이 효율적이다.
　➡ 무료 체험 기간을 지금보다 (늘리는) 것이 효율적이다. not C
❸ 이 회사의 판매 전략을 다른 회사들이 따라 하고 있다.
　➡ 정답
④ 이 판매 전략에 대한 고객들의 반응이 ~~처음부터 좋지 않았다~~.
　➡ 이 판매 전략에 대한 고객들의 반응이 (처음에는 좋았다). not A

[1~2] 32

여자: 축제 기간이라 학교 안이 정말 복잡하네. 근데 이
     건 좀 심하지 않니? ❹축제 기간 동안 차량을 통
     제하는 건 이해하겠는데 사람들이 지나가기 불편
     할 정도로 장사를 하는 건 이해하기 힘들어.
남자: 그래도 축제를 즐기려면 이 정도 복잡함은 이해
     해야 되는 거 아냐? 그리고 행사 때만 이런 건데
     뭐. 또 장사하는 사람들은 수익 일부를 학교에
     돌려준대.
여자: 그 수익이라는 게 결국 학생들이 쓰는 돈이잖아.
     ❸이렇게 행사 때마다 학교 안에서 장사를 해도
     되는 건지 모르겠어. 너무 지저분해 보이고 지나다
     니는 데도 불편하고……. 축제를 이용해서 장사하
     는 사람들만 돈 버는 것 같아서 기분이 좀 그래.

1. ❷

◎ 말하는 의도는 중심 생각을 푸는 방법으로 답을 고르면 된다.
여자의 중심 생각은 Ranking 유형 (10) '두 문장 반복'에 해
당한다. 축제 기간 동안 학교 안에서 이루어지는 장사에 대해
불편한 점을 반복해서 말하고 있다. 따라서 여자가 남자에게
말하는 의도는 '학교안에서 장사하는 것'에 대해 불만을 나타
내는 것이다.

2.

① 남자는 축제 때 장사를 할 계획이다.
  ➡ 정보 없음
② 여자는 축제 때 차량을 통제하는 것을 반대한다.
  ➡ 여자는 축제 때 차량을 통제하는 것을 (이해한다). not A
❸ 장사하는 사람들이 너무 많아 학교가 매우 복잡하다.
  ➡ 정답
④ 축제 때 학교 안에서 장사를 하는 건 이번이 처음이다.
  ➡ 축제 때 학교 안에서 장사를 하는 건 (행사 때마다 한다).
    not B

[3~4] 33

여자: 선거일이 가까워 오니까 선거 운동을 하는 차량이
     많아진 것 같아. 이렇게 지하철역 앞에서 선거운
     동을 할 거면 지하철을 타고 다니면 되지 않나?
남자: 바쁘다 보니까 아무래도 차로 이동하는 게 편하
     겠지.
여자: 저기 봐. ❹지하철역 옆에 말이야. 주차 금지 장
     소에 저렇게 차를 세우고 선거운동하고 있잖아.
     기본적인 교통질서도 제대로 안 지키면서 어떻게
     국민의 생활을 편하게 해 주겠다는 건지.
남자: 네 말에 일리가 있네. 하지만 지하철역이 홍보 효
     과가 크니까 어쩔 수 없는 것 같아.
여자: 올바른 후보자라면 지하철역이 홍보 효과가 큰
     장소라고 생각하기보다는 교통이 복잡한 장소라
     는 것을 먼저 생각해야 하지 않을까?

3. ❸

◎ 말하는 의도는 중심 생각을 푸는 방법으로 답을 고르면 된다.
여자의 중심 생각은 Ranking 유형 (2) '-아/어야 하다'에 해
당한다. 여자는 선거 운동에 대해 교통질서도 지켜야 하고 복
잡한 장소에서 하면 안 된다고 말하고 있다. 따라서 여자가
남자에게 말하는 의도는 '후보자들이 법을 지키지 않는 것'에
대해 불만을 나타내는 것이다.

4.

① 선거를 할 때 교통 환경을 살펴야 한다.
  ➡ 정보 없음
② 후보자는 지하철역 주차장에 차를 세웠다.
  ➡ 후보자는 지하철역 (옆에) 차를 세웠다. not A
③ 대중교통을 이용하는 정치인을 뽑아야 한다.
  ➡ 정보 없음
❹ 지하철역에서 선거 운동하는 것이 효과가 좋다.
  ➡ 정답

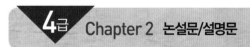

4급 Chapter 2 논설문/설명문

읽기 21번~22번   ▶중심 생각, 관용 표현/속담

1. ②   2. ②   3. ①   4. ③   5. ③
6. ③   7. ②   8. ②

[1~2]

인류 문명은 자연 개발과 자연 보호라는 모순 속에서 발달해 왔다. 그 중에서 인류가 소홀히 한 부분은 바로 물이다. 물의 소중함을 잊고 물을 오염시키고 만 것이다. 이에 따라 세계 각지에서 많은 사람들이 수질 오염과 물 부족으로 고통당하고 지역 간, 국가 간 물 분쟁이 끊임없이 일어나서 (골머리를 앓고) 있다. 이제 물 부족 문제는 한 국가의 문제만이 아니라 세계적인 문제가 되고 있다.

1. ❷

◎ '물 부족으로 고통당하고 물 분쟁이 끊임없이 일어나서 (어떻게 −고 있다). 이제 물 부족 문제는 …….' 으로 내용이 이어지고 있다. 이때 뒤에 나온 '문제'가 관용 표현을 찾는 핵심어이다. 이와 관련된 관용 표현은 '문제가 되고 있다, 고민이 되고 있다'의 의미를 나타내는 '골머리를 앓다'이다.

2. ❷

◎ 중심 생각 Ranking 유형 (10) '두 문장 반복'에 해당한다. 물 부족이 세계 각지, 지역 간, 국가 간의 문제가 되고 있다고 반복하고 있다.

[3~4]

축구 선수 11명이 운동장에서 경기를 해도 시야가 넓은 선수는 운동장 전체를 보기 때문에 어디가 비어 있고 어디로 공을 보내야 좋을지 잘 볼 수 있다. 이런 선수는 힘을 덜 들이고 효과적인 축구를 한다. 그러나 시야가 좁은 선수는 운동장의 한 부분만을 보기 때문에 항상 이미 수비진이 지키고 있는 곳을 뚫기 위해 (진땀을 빼다가) 실패만 거듭한다. 우리의 인생도 비슷하다. 따라서 넓게 볼 수 있을 때 삶을 성공적으로 살아갈 수 있다.

3. ❶

◎ '수비진이 지키고 있는 곳을 뚫기 위해 (어떻게 −다가) 실패만 거듭한다.'로 내용이 이어지고 있다. 이때 앞에 나오는 '뚫기 위해'가 관용 표현을 찾는 핵심 표현이다. 이와 관련된 관용 표현은 '노력을 하다가'의 의미를 나타내는 '진땀을 빼다.'이다.

4. ❸

◎ 중심 생각 Ranking 유형 (3) '그래서'에 해당한다. '넓게 볼 수 있을 때 삶을 성공적으로 살아갈 수 있다.'와 같은 의미를 선택지에서 고르면 된다.

[5~6]

실패를 해 보지 못한 사람은 실패를 계속하는 사람들을 전혀 이해하지 못한다. 이런 사람은 이 세상에 밝은 면만 있는 것이 아니라 어두운 면도 있다는 사실을 잘 모른다. 이렇게 한쪽 면만 보다가 보니 '(하나만 알고 둘은 모른다).'고 할 수 있다. 이러다 보면 생각과 마음이 좁을 수밖에 없다. 따라서 실패는 사람을 겸손하고 너그럽게 만드는 힘을 지니고 있다.

5. ❸

◎ '한쪽 면만 보게 되다가 보니 (어떻다)고 할 수 있다.'로 내용이 이어지고 있다. 이때 앞에 나오는 '한쪽 면만 보게 되다가 보니'가 속담을 찾는 핵심 표현이다. '다른 쪽 면은 보지 못하게 된다.'는 의미도 포함하게 되는데 이와 관련된 속담은 '하나만 알고 둘은 모른다.'이다.

6. ❸

◎ 중심 생각 Ranking 유형 (3) '그래서'에 해당한다. '실패는 사람을 겸손하고 너그럽게 만드는 힘을 지니고 있다.'와 같은 의미를 선택지에서 고르면 된다.

[7~8]

최근 명절이 다가오면서 명절 선물 과대 포장에 대한 불만이 늘고 있다. 백화점에서 판매하는 각종 선물세트의 포장 비용이 선물 자체 비용보다 더 비싸다는 것이다. 이렇게 (배보다 배꼽이 큰) 선물은 주는 사람도 받는 사람도 기분이 좋을 리가 없다. 화려한 포장보다는 내용물이 얼마나 좋으냐가 더 중요하기 때문이다. 판매자는 선물의 크기나 포장보다는 내용물의 질에 더욱 신경을 써야 할 것이다.

7. ❷

◎ (빈칸) 앞에 '선물세트의 포장 비용이 선물 자체 비용보다 더 비싸다'가 속담을 찾는 핵심 표현이다. '기본이 되는 것보다 중요하지 않은 것이 더 크다.'는 의미를 갖는 속담은 '배보다 배꼽이 더 크다.'이다.

8. ❷

◎ 중심 생각 Ranking 유형 (2) '−아/어야 하다'에 해당한다. '선물의 크기나 포장보다는 내용물의 질에 더욱 신경을 써야 할 것이다.'와 같은 의미를 선택지에서 고르면 된다.

읽기 25번~27번 ▶신문 기사 제목

1. ①   2. ④   3. ④   4. ①   5. ④
6. ④   7. ①   8. ④   9. ③

읽기 25번~27번 ▶신문 기사 제목   p.179

1. ❶ 〈최신 화제〉

수재민을 돕는 따뜻한 손길 이어져

◉ '수재민'은 장마나 홍수로 피해를 입은 사람이다. (부정적 상황)
수재민을 위해 '따뜻한 손길'로 돕는 사람들이 계속되고 있다는
의미이다. (긍정적 상황)

2. ❹ 〈경제 관련〉

가파르게 상승하던 집값, 주택 가격 안정 대책 발표 이후 주춤

◉ 집값이 올라가다가 주택 가격 안정 대책 발표 이후 어떻게 되었다
는 의미이다.
'주춤'의 의미를 추측해야 하는데 '떨어지다, 하강하다'라는 단어
를 사용하지 않았기 때문에 '상승하다, 올라가다'가 '잠시 멈추거
나 약화되었다'로 추측할 수 있다.

3. ❹ 〈정책 관련〉

경찰, 다음 달부터 신호 위반 차량
단속 강화하기로

◉ '신호 위반'은 '신호를 어기다, 신호를 지키지 않다'의 의미이다. '단
속 강화'는 '엄격하게 단속하다'의 의미이다.

4. ❶ 〈날씨 관련〉

평년보다 장마 기간 늘어, 단풍 일찍 올 듯

◉ 평년보다 장마 기간이 늘어나 단풍 시기가 일찍 올 것이라는 내
용이다.

5. ❹ 〈관람 정보〉

느낀 만큼 낸다, 후불제 연극 성공

◉ '후불제'는 사용하거나 먼저 해 본 다음에 돈을 내는 제도를 말한
다. 따라서 연극을 본 후 느낀 감동만큼 관람료를 내는 연극이 성
공하고 있다는 내용이다.

6. ❹ 〈스포츠〉

이태백, 내일 400m 계주 출전, 대회 첫 3관왕 노려

◉ '출전'은 '경기에 나가다'의 의미이다. 3관왕은 금메달을 3개 따는
것을 말하고, '노리다'는 '목적을 이루려고 준비하다'의 의미이다.

7. ❶ 〈건강 정보〉

무리한 가사 노동에 주부 건강 '빨간불'

◉ '무리한 가사 노동'은 '힘든 집안일'로 부정적인 느낌을 준다. '무리
한 가사 노동' 때문에 생긴 문제로 '빨간불'이 부정적인 느낌을 주
는 것을 추측할 수 있다.

8. ❹ 〈생활 정보〉

염색약 부작용 속출, 천연 재료 염색약 각광

◉ '각광'은 '관심을 받다'의 의미이다. 염색약의 부작용이 계속 생기
면서 천연 재료 염색약이 인기를 얻고 있다는 내용이다.

9. ❸ 〈사건사고〉

제주도 태풍과 폭우, 수백 명 관광객 발 묶여

◉ 제주도에서 태풍과 폭우로 인해 관광객들이 제주도를 떠나지 못
하고 있다는 내용이다.

읽기 23번~24번 ▶등장 인물의 심정, 내용 일치

1. ①   2. ④   3. ①   4. ④

읽기 23번~24번 ▶등장 인물의 심정, 내용 일치   p.184

[1~2]

　　동료 교사의 결혼식에 갔을 때 일이다. 다른 동료 교사가 아들을 데리고 결혼식에 참석했다. 아이는 다섯 살 남짓으로 호기심이 왕성하고 활발한 듯 보였다. 결혼식이 끝나고 같은 자리에서 식사를 하게 되었다. 그런데 아이가 갑자기 어떤 사람을 가리키면서 큰소리로 엄마에게 물었다. "우와, 엄마 저 아저씨 되게 뚱뚱하고 머리가 정말 커요. 이상해요." 근처에 있던 사람들은 모두 엄마가 어떻게 대답할지 궁금해 했다. 혹시 "너도 그렇게 많이 먹으면 저렇게 될 거야."라고 대답하지는 않을까? 그러나 ❹엄마는 "사람들 중에는 뚱뚱한 사람도 있고 날씬한 사람도 있는 거야. 이상한 게 아니야."라고 대답했다. 그 대답을 듣는 순간 나도 모르게 미소가 지어졌다. 그리고 이때까지 나와 다르다는 이유만으로 남을 제대로 평가하지 않고 무시한 적은 없었는지 되돌아보게 되었다.

1. ❶

◎ 밑줄 친 부분 '나도 모르게 미소가 지어졌다.'의 앞과 뒤의 내용을 보면
앞: 엄마는 "……"라고 대답했다.
뒤: 나와 다르다는 이유만으로 남을 …… 무시한 적은 없었는지 되돌아보게 되었다.
이때 등장인물의 심정은 어떨까? 엄마의 대답을 듣고 '미소가 지어졌다'는 것은 만족스러운 느낌을 받았다는 것이다. 따라서 '흐뭇하다'가 가장 자연스럽다.

2.

① 아이는 식사량이 많아서 살이 쪘다.
　➡ 정보 없음
② 아이의 엄마는 다른 사람보다 뚱뚱한 편이다.
　➡ 정보 없음
③ 아이의 엄마는 아이의 버릇없는 행동을 혼냈다.
　➡ 아이의 엄마는 아이의 버릇없는 (행동에 대해 설명을 했다).
　　not A
❹ 아이 엄마의 대답 덕분에 나 자신을 반성하게 되었다.
　➡ 정답

[3~4]

　　❹유치원에서 교사로 일한 지 5년이 넘었다. 우리 유치원은 건물 2층에 있어서 ❸수업이 끝나면 계단을 이용해 아이들을 내보냈다. 행여 계단에서 아이들이 다칠세라 수업이 끝날 때면 나는 물론이고 모든 동료 교사들이 신경을 쓰는 시간이다. 아이들을 좀 더 안전하고 질서 있게 보내고자 생각해 낸 것이 여자 아이들을 먼저 나가게 하는 것이었다. 평소처럼 유치원이 끝나고 나는 "공주님들, 가방 챙겼지요? ❸자, 그럼 공주님들 먼저 밖으로 나가세요."라고 말했다. 그런데 한 남자 아이가 입술을 삐쭉 내밀고 나를 쳐다보았다. 그러고는 손을 들고 "왜 맨날 맨날 공주님들만 먼저 나가요. 왕자님들도 순서를 바꿔 가면서 먼저 가게 해 주세요."라고 말하는 것이었다. 순간 나는 할 말을 잃고 말았다. 남자가 여자에게 양보하는 것이 당연하다는 나의 평소 생각을 되돌아보게 되었고 집에 빨리 가고 싶은 아이의 마음을 헤아리지 못한 것 같았기 때문이다.

3. ❶

◎ 밑줄 친 부분 '순간 나는 할 말을 잃고 말았다.'의 앞과 뒤의 내용을 보면
앞: 남자 아이는 집에 가는 순서를 바꿔 가면서 가게 해 달라고 요청하였다.
뒤: 평소 남자가 여자에게 양보하는 것이 당연하다고 생각했다.
평소 자기 생각과 다른 아이의 요청에 당황스러운 느낌을 받았을 것이다. 따라서 '당황스럽다'가 가장 자연스럽다.

4.

① 나는 초등학교에서 일한 지 오 년이 지났다.
　➡ 나는 (유치원에서) 일한 지 오 년이 지났다. not A
② 유치원이 끝나면 엘리베이터로 학생을 이동시킨다.
　➡ 유치원이 끝나면 (계단으로) 학생을 이동시킨다. not B
③ 유치원 선생님들은 남자 아이들을 먼저 집에 보낸다.
　➡ 유치원 선생님들은 (여자) 아이들을 먼저 집에 보낸다. not C
❹ 나는 남자가 여자에게 양보하는 것을 당연하다고 생각했다.
　➡ 정답

읽기 28번~31번 ▶대응 유형

1. ①   2. ①

읽기 28번~31번 ▶종합 유형

1. ③   2. ④

읽기 28번~31번 ▶대응 유형   p.191

1. ❶

　백화점 커피숍의 의자는 대부분 딱딱한 나무로 되어 있다. 이것은 백화점에서 매출을 올리기 위한 전략 중 하나이다. 백화점 커피숍은 드나드는 사람이 많은 곳이기 때문에 ❹손님이 거기서 ❺오래 머무르면 곤란하다. 백화점 입장에서는 ❹'고객이 커피숍에서 ❺'(오래 앉아 있는 것보다) 백화점에서 물건을 사게 하는 것이 더 중요하기 때문에 의자를 딱딱하게 만드는 것이다.

◎ 대응 유형으로 유의 표현을 활용하여 빈칸에 들어갈 알맞은 내용을 찾으면 된다.
　❹손님이 거기서 ❺오래 머무르면 곤란하다.
　❹'고객이 커피숍에서 ❺'(오래 머무르는 것보다) 백화점에서 물건을 사게 하는 것이 중요하다.

2. ❶

　바닷물은 태양빛이 표면에 닿으면 태양의 빛을 흡수한다. 태양빛에는 빨간색, 주황색, 노란색, 초록색, 파란색, 남색, 보라색 등이 있다. 이 중에서 파란색만 ❺(흡수되지 않고 반사가 된다). 이것이 ❹바닷물이 파랗게 보이는 원인이다. 또한 하늘이 흐려지게 되면 ❹'바닷물은 회색으로 보이게 되는데 이것은 ❺'바닷물에 회색이 흡수되지 않고 물속을 통해서 다시 되돌아나오기 때문이다.

◎ 대응 유형으로 유의 표현을 활용하여 빈칸에 들어갈 알맞은 내용을 찾으면 된다.
　❹바닷물이 파랗게 보이는 것은 파란색만 ❺(흡수되지 않고 다시 되돌아 나오기 때문이다).
　❹'바닷물이 회색으로 보이는 것은 ❺'회색이 흡수되지 않고 다시 되돌아 나오기 때문이다.

읽기 28번~31번 ▶종합 유형   p.192

1. ❸

　사람들은 냉장고에 보관된 음식은 안전할 것이라고 생각한다. 그러나 냉장고를 너무 과신하면 식중독에 걸릴 위험성이 있다. 냉장고는 음식을 ❹'저온에서 보관하고 ❹"약간의 신선도를 유지시켜 줄 뿐이다. 음식이 ❹'''상하는 기간을 늦춰 줄 뿐이지 부패를 방지하는 것은 아니다. 따라서 냉장고에 음식을 넣을 때는 ❹(너무 오래 보관하지 않도록) 해야 한다.

◎

　　　　❹(너무 오래 보관하지 않도록)

❹'   ❹"   ❹'''

저온에서 보관   약간의 신선도 유지   상하는 기간을 늦춤

2. ❹

　날씨가 따뜻해지는 봄이 되면 점심 식사 후에 졸음 때문에 일의 능률이 떨어진다고 말하는 사람이 많다. 이럴 때는 ❹'30분을 넘기지 않을 정도로만 낮잠을 자는 것도 괜찮다. ❹"잠깐의 낮잠이 ❹(오후에 능률적으로 일할 수 있도록) 도와주기 때문이다. 따라서 점심 식사 후 억지로 졸음을 참는 것보다 ❹'''짧게 낮잠을 자는 것이 효과적이다.

◎ 점심 식사 후 졸음 → 일의 능률이 떨어짐

　　　❹(일의 능률을 높여줌)

❹'   ❹"   ❹'''

30분을 넘기지 않는 낮잠   잠깐의 낮잠   짧게 낮잠을 자는 것

p.194

[듣기 21번~30번]

| 21. ③ | 22. ④ | 23. ② | 24. ④ | 25. ② | 26. ③ |
| 27. ④ | 28. ③ | 29. ④ | 30. ④ | | |

[읽기 21번~31번]

| 21. ④ | 22. ④ | 23. ① | 24. ② | 25. ① | 26. ① |
| 27. ② | 28. ③ | 29. ① | 30. ① | 31. ③ | |

[듣기 21~22] 34

여자: 부장님, 이번에 출간한 이태환 작가의 ④소설책이 예상보다 판매가 잘 안 되는데요. 작가 사인회를 열어 보는 게 어떨까요?

남자: 이태환 ⑧작가는 유명 작가이니 좀 기다려 보는 게 좋지 않을까요? 지난번 작품도 처음에는 판매량이 좋지 않다가 나중에 늘어났던 걸로 기억하는데요.

여자: 그것도 좋겠지만 독자들의 반응을 끌어올리기에 지금이 딱 좋을 것 같은데요.

남자: 무슨 이야기인 줄은 알겠는데요. 전국 서점에 출시된 지 얼마 안 됐으니까 독자의 반응을 좀 더 살펴본 후에 결정하도록 하죠.

21. ❸

◎ 〈회의〉를 하는 상황으로 중심 생각 Ranking 유형 (1) '-는 게 좋다'와 유형 (5) '-(으)ㅂ시다'에 해당한다. 남자의 중심 생각은 "좀 기다려 보는 게 좋지 않을까요?", 그리고 "독자의 반응을 좀 더 살펴본 후에 결정하도록 하죠."이다.

22.

① 이 소설책은 많이 팔리고 있다.
  ➡ 이 소설책은 많이 팔리고 (있지 않다). not A
② 작가는 이번에 책을 처음 냈다.
  ➡ 작가는 (유명 작가이다). not B
③ 소설책 판매량이 줄어들고 있다.
  ➡ 정보 없음
❹ 이번에 새로운 소설책을 출간하였다.
  ➡ 정답

[듣기 23~24] 35

남자: ④한국 전자죠? 제가 얼마 전에 전기밥솥을 샀는데 3개월도 안 돼서 고장이 났는데요. 언제쯤 수리를 받을 수 있을까요?

여자: 네, 고객님. 3개월 전에 구입하셨으면 지난해 11월에 출시된 제품인 것 같은데 제조일자를 확인 좀 해 주시겠습니까?

남자: 네, 맞아요. 11월이라고 되어 있어요. 그런데 제조일자는 왜 물어보시는 거지요?

여자: 먼저 사과의 말씀을 드리겠습니다. 말씀하신 ⑧그 제품은 작년 11월부터 판매된 전기밥솥인데요. 작은 문제점이 발견돼서 현재 무료로 수리해 드리고 있습니다. 죄송하지만 주소를 알려 주시면 오늘 중으로 서비스 기사를 보내 드리겠습니다.

23. ❷

◎ 남자는 전기밥솥이 고장 나서 수리를 받으려고 질문하고 있다.

24.

① 남자는 제품을 고치려고 서비스 센터에 갔다.
  ➡ 남자는 제품을 고치려고 서비스 센터에 (전화했다). not A
② 남자가 구입한 밥솥은 올해 새로 나온 제품이다.
  ➡ 남자가 구입한 밥솥은 (작년에) 새로 나온 제품이다. not B
③ 이 회사는 작년 11월부터 전기밥솥 판매를 중단했다.
  ➡ 정보 없음
❹ 이 회사는 문제가 있는 밥솥을 무상으로 수리해 준다.
  ➡ 정답

[듣기 25~26] 36

남자: '못난이 농산물'은 모양이 이상하거나 흠집이 나서 상품성이 떨어지는 농산물을 말하는데요. 최근 못난이 농산물의 판매량이 늘고 있다고 합니다. 어떻게 이런 상품을 팔게 되었나요?

여자: 사실 농산물을 고를 때 왠지 예쁜 것이 맛과 영양이 좋을 것 같거든요. 그래서 못생긴 농산물은 잘 팔리지가 않습니다. 많은 양의 농산물이 못생겼다는 이유로 버려지고 있지요. ④이것들이 버려지면 심한 악취를 풍기고 수질 오염 등 환경오염에 큰 영향을 미칩니다. 그래서 버리는 것보다 저렴하게 판매해서 깨끗한 환경을 만들어 보자는 취지로 시작하였습니다. 이런 ⑧못난이 농산물은 정상 상품보다 가격이 삼십 퍼센트 쌉니다. 환경도 보호하고, 물가로 고민하는 가정에 도움도 주고, 맛과 영양은 기본이니 매우 합리적이라고 할 수 있겠습니다.

25. ❷

◉ 중심 생각 Ranking 유형 (3) '그래서'에 해당한다.
남자는 못난이 농산물을 어떻게 팔게 되었는지에 대하여 질문하고 있다. 이에 대한 여자의 중심 생각은 "저렴하게 판매해서 깨끗한 환경을 만들어 보자는 취지로 시작했다."이다.

26.

① 이 농산물은 악취가 심한 편이다.
➡ 이 농산물은 (버려지면) 악취가 심한 편이다. not A
② 이 농산물은 맛과 영양이 ~~뛰어나다.~~
➡ 정보 없음
❸ 이 농산물의 판매량이 증가하고 있다.
➡ 정답
④ 이 농산물은 정상 상품의 ~~반값에~~ 판매를 한다.
➡ 이 농산물은 정상 제품의 (30~40% 정도의 가격에) 판매를 한다. not B

[듣기 27~28] 37

여자: 어우, ❹뜨거워. 뭐야? 에어컨 실외기를 이렇게 사람들이 많이 다니는 길가에 설치를 하면 어떡해. 옥상 같은 곳에 설치를 해야지.
남자: 그러게. 원래는 지상에서 2미터 이상 높이에 설치해야 하는데…….
여자: 이렇게 더운 날 뜨거운 실외기 바람 맞으면 기분 좋은 사람이 어디 있겠어? 주변 사람에 대한 배려라고는 찾아볼 수가 없네.
남자: 맞아. 하지만 ❸실외기를 멀리 설치하려면 비용도 많이 들고 효율도 떨어지니까 최대한 에어컨에 가깝게 놓는 거지 뭐.
여자: 그렇다고 주변 사람은 생각 안 하고 자기 이익만 생각하는 건 너무 이기적인 거 아니야?

27. ❹

◉ 여자의 중심 생각 Ranking 유형 (2) '-아/어야 하다'와 유형 (10) '두 문장 반복'에 해당한다. 에어컨 실외기를 길가에 설치한 것과 주변 사람을 생각하지 않는 이기적인 모습에 대한 문제점을 반복해서 말하고 있다.

28.

① 에어컨 실외기에서 ~~물이 떨어져서~~ 다니기 불편하다.
➡ 에어컨 실외기에서 (뜨거운 바람이 나와서) 다니기 불편하다. not A
② 에어컨 실외기를 멀리 설치해도 비용이 ~~더 들지 않는다.~~
➡ 에어컨 실외기를 멀리 설치하면 비용이 (더 든다). not B
❸ 길가에 설치된 실외기 바람이 사람들에게 불쾌감을 준다.
➡ 정답

④ 에어컨과 실외기는 ~~가까운 곳에~~ 있을수록 효율이 떨어진다.
➡ 에어컨 실외기는 (먼 곳에) 있을수록 효율이 떨어진다. not B

[듣기 29~30] 38

여자: 외국어로 노래하는 뮤지컬 공연에서 실시간으로 한글 자막을 볼 때마다 어떻게 하는 걸까 궁금했는데요. 대사와 자막을 일치시키는 일이 쉽지 않으시겠어요?
남자: 아무래도 노래 한 마디, 한 마디에 맞춰 한글 자막을 모니터를 통해 실시간으로 입력하려면 신경을 많이 써야 합니다. 그래서 배우와 같이 노래를 부른다고 생각하면서 같이 따라 하는 편입니다. 대사 같은 경우는 배우들의 호흡이나 행동, 입 모양을 주로 보면서 자막을 보여 줍니다.
여자: 정신적으로도 신경을 많이 쓰시겠지만 체력적으로도 신경을 많이 쓰셔야겠네요.
남자: 네. ❹만일의 경우 대신할 사람이 없는 만큼 체력 관리는 필수지요. 그리고 ❸계속되는 작업 때문에 손목이 자주 아프기도 합니다. 하지만 공연장에 있다는 즐거움이 무엇보다 크기 때문에 열심히 노력하고 있습니다.

29. ❹

◉ 여자는 뮤지컬 공연에서 실시간으로 한글 자막을 볼 때마다 궁금했다고 하였고 남자는 한글 자막을 모니터를 통해 실시간으로 입력한다고 하였다.

30.

① 남자 대신에 일할 사람은 ~~준비되어 있다.~~
➡ 남자 대신에 일할 (사람이 없다). not A
② 계속되는 작업 때문에 ~~어깨가~~ 아픈 경우가 많다.
➡ 계속되는 작업 때문에 (손목이) 아픈 경우가 많다. not B
③ ~~최근 모든 공연에 자막을 입력하는 것이 유행이다.~~
➡ 정보 없음
❹ 대사를 자막으로 입력할 때 배우의 입 모양을 본다.
➡ 정답

만 3세 미만의 아이들은 단순히 무엇인가를 알고 싶어 하는 호기심 때문에 잘못을 저지르곤 한다. 아직 무엇이 좋고 무엇이 나쁜지 몰라서 그런 것일 뿐이다. 그래서 이 시기에는 부모가 아이에게 큰 소리로 꾸짖기보다는 적당히 (눈을 감아 주는) 것이 필요하다. 아이의 버릇을 고쳐 주겠다는 생각으로 잘못을 저지를 때마다 혼을 낸다면 좋지 않은 영향을 미칠 수 있기 때문이다. 소리를 지르거나 혼내는 경우 소심하고 자신감 없는 아이를 만들 수 있다.

21. ❹

◎ '아이에게 큰 소리로 꾸짖기보다는 적당히 (어떻게 하는 것이 좋다). 혼을 낸다면 좋지 않은 영향을 미칠 수 있다.'로 내용이 이어지고 있다. 잘못을 해도 꾸짖거나 혼내지 않아야 한다는 '잘못을 용서해 주다'의 의미기 때문에 '❹ 눈을 감아 주다.'가 정답이다.

22. ❹

◎ 중심 생각 Ranking 유형 (10) '두 문장 반복'에 해당한다. 큰 소리로 꾸짖고 혼내면 좋지 않은 영향을 미칠 수 있고, 소심하고 자신감 없는 아이를 만들 수 있다고 반복하고 있다.

우리 아이가 다섯 살 때의 일이다. ❹남편이 기자라서 집에 영화표가 많이 들어왔다. 그 중 '슈퍼맨' 영화표가 눈에 띄어 ❸아이와 함께 영화를 보러 갔다. 영화를 보고 와서 아이는 자기가 슈퍼맨이 되기라도 한 듯이 빨간색 보자기를 등 뒤에 두르고 온 집안과 동네를 헤집고 다녔다. 처음에는 '며칠 저러다가 말겠지'라고 생각을 했다. 그러던 어느 날 마당에서 빨래를 널고 있는데 2층 아이 방 창문에 아이가 빨간 보자기를 두르고 서 있었다. 그러더니 아이는 "엄마, 나 날 수 있어. 자, 간다."하고 2층에서 뛰어내리는 것이 아닌가. <u>순간 나는 아무 말도 할 수 없었고 몸도 움직일 수가 없었다.</u> 천만다행으로 아이가 빨랫줄에 걸려 마당에 사뿐히 서게 되었다. 아이는 자기가 얼마나 위험했는지 알지 못하고 날았다며 기뻐하고 있었다. 나는 아이에게 달려가 아무 말 없이 엉덩이를 때릴 뿐 아무 말도 할 수가 없었다.

23. ❶

◎ 밑줄 친 부분 '순간 나는 아무 말도 할 수 없었고 몸도 움직일 수가 없었다.'의 앞과 뒤의 내용을 보면

앞: 아이가 2층에서 뛰어 내렸다.
뒤: 천만다행으로 다치지 않았다.
아이가 2층에서 뛰어내렸을 때 놀라서 어떻게 해야 할지 몰랐을 것이다.

24.

① 나와 직업은 기자이다.
   ➡ (내 남편의) 직업은 기자이다. not A
❷ 아이는 슈퍼맨 놀이를 즐겼다.
   ➡ 정답
③ 나는 남편과 함께 영화를 보러 갔다.
   ➡ 나는 (아이와) 함께 영화를 보러 갔다. not B
④ 아이는 엄마가 빨래하는 것을 도와줬다.
   ➡ 정보 없음

25. ❶ 〈최신 화제〉

연일 미세먼지 기승, 전통 시장 상인 울상

◎ 미세먼지가 심해진 탓에 전통 시장의 장사가 잘 되지 않아 상인들이 걱정한다는 내용이다.

26. ❶ 〈건강 정보〉

스마트폰이 가져온 '우리 뇌의 기억상실증'

◎ '기억상실증'은 머리에 충격을 받아서 어느 기간 동안의 기억이 사라져 버리는 증상을 말한다. 이 신문 기사 제목에서는 스마트폰 사용으로 인해 기억력이 나빠지고 있다는 의미로 사용되었다.

27. ❷ 〈사건사고〉

강원도 산불 확산, 이재민 1,200여 명 발생

◎ 산불이 번지면서 피해를 입은 사람들이 1,200여 명 발생했다는 내용이다.

28. ❸

길을 걷다 보면 수도관이나 하수관을 점검하거나 청소하기 위한 동그란 뚜껑을 볼 수 있다. 이것이 바로 맨홀 뚜껑인데 왜 모두 동그란 모양일까? 그것은 맨홀 뚜껑이 구멍 속으로 빠지지 않게 하기 위해서이다. ❹원은 어느 방향에서 길이를 재어도 ❸(지름의 길이가 동일하기) 때문에 구멍 속으로 절대 빠지지 않는다. 그런데 맨홀 뚜껑을 ❹'삼각형이나 사각형 모양으로 만든다면 ❸'가로, 세로의 길이와 대각선의 길이가 차이가 생겨 뚜껑이 빠질 수 있다.

◎ 대응 유형으로 반의어를 활용하여 빈칸에 들어갈 알맞은 내용을 찾으면 된다.
❹원은 어느 방향에서 길이를 재어도 ➡ ❸(길이가 같기) 때문에 빠지지 않는다.
❹'삼각형이나 사각형 모양으로 만든다면 ➡ ❸'가로, 세로의 길이와 대각선의 길이가 차이가 생겨 뚜껑이 빠진다.

29. ❶

사람과 황소가 싸우는 투우 경기를 보면 투우사가 빨간색 천을 흔든다. 빨간색 천을 본 ❹황소는 투우사를 ❸적으로 생각하고 흥분하여 공격한다. 사람들은 황소가 빨간색 때문에 흥분을 한다고 생각한다. 그런데 사실 황소는 색맹이라 색을 구별하지 못한다. 투우사가 다른 색의 천을 흔들어도 황소는 빨간색 천을 봤을 때와 똑같은 반응을 보인다. 이는 ❹'황소가 투우사를 ❸'(적으로 생각해서 공격하는) 것일 뿐 빨간색에 반응하는 것이 아닌 것을 알 수 있다.

◎ 대응 유형으로 비슷한 표현을 활용하여 빈칸에 들어갈 알맞은 내용을 찾으면 된다.
❹황소는 투우사를 ❸적으로 생각하고 흥분하여 공격한다.
❹'황소가 투우사를 ❸'(적으로 생각해서 공격하는) 것이다.

30. ❶

사람들은 일반적으로 의자가 편안하게 앉기 위한 도구로 만들어졌다고 생각한다. 그러나 의자는 권력층이 자신들의 ❹(계급과 신분을 구분하고자) 만든 것이다. ❹'왕의 의자는 동물의 다리 모양으로 다리를 만들었다. 심지어 거기에 금을 바르고 보석 등으로 장식을 하여 권위를 보여 주었다. ❹"귀족들이 사용한 의자는 왕의 의자보다 장식이 간소하고 높이도 낮았으며, 귀족의 계급에 따라 다리 모양도 달랐다. 반면 당시 ❹'''서민들은 의자 없이 바닥에서 앉아서 생활을 하였다.

◎ 종합 유형

❹신분에 따라 달랐다

❹'
왕의 의자는 동물의 다리 모양으로 다리를 만들었다

❹"
귀족들이 사용한 의자는 왕의 의자보다 장식이 간소하고 높이도 낮았으며

❹'''
서민들은 의자 없이 바닥에서 앉아서 생활을 하였다

31. ❸

새로움과 복고를 합친 신조어로 복고를 새롭게 즐긴다는 '뉴트로'가 유행이다. 실제로 과거에 유행했던 디자인이 수십 년 뒤에 다시 유행하는 복고는 흔한 일이다. 그래서 최근 ❹'추억을 떠올리게 하는 제품이 인기이다. 70~80년대 인기 있던 소주, 80년대 추억의 고전 게임, 90년대 먹을거리 등이 그 예이다. 그만큼 인간이 ❹(과거를 그리워한다는) 것이다. 이런 점을 이용해 기업에서는 ❹"추억 속 제품에 현대적 해석으로 재해석한 제품을 시장에 내놓고 있다.

◎ 종합 유형

❹인간은 과거를 그리워한다는

❹'
추억을 떠올리게 하는 제품이 인기이다

❹"
추억 속 제품에 현대적 해석으로 재해석한 제품을 시장에 내놓고 있다

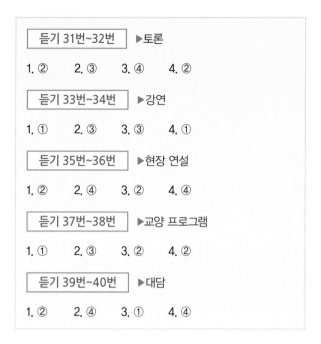

듣기 31번~32번 ▶토론

1. ②　　2. ③　　3. ④　　4. ②

듣기 33번~34번 ▶강연

1. ①　　2. ③　　3. ③　　4. ①

듣기 35번~36번 ▶현장 연설

1. ②　　2. ④　　3. ②　　4. ④

듣기 37번~38번 ▶교양 프로그램

1. ①　　2. ③　　3. ②　　4. ②

듣기 39번~40번 ▶대담

1. ②　　2. ④　　3. ①　　4. ④

 듣기 31번~32번 ▶토론　　　　　p.205

[1~2] 🎧 39

여자: 케이블카 설치는 자연 경관을 해칠 것이고 관광객이 몰리면서 생기는 오염 문제 등 환경 훼손이 불가피할 것입니다.

남자: 환경전문기관의 조사에 따르면 케이블카가 설치되면 등산객을 분산시켜 오히려 산림을 보호할 수 있다는 결과가 있습니다. 그리고 관광객이 증가하면 경제적 효과가 높아질 것이라고 생각합니다.

여자: 그건 케이블카의 설치 효과를 너무 단순하게 봐서 그런 것 같습니다. 그리고 경제적 효과도 중요하겠지만 후손들에게 현재 자연의 모습 그대로를 전해 줄 의무가 있지 않겠습니까?

남자: 그렇기는 하지만 케이블카는 더 많은 사람들에게 산을 즐길 수 있게 해 줄 것입니다. 케이블카가 설치되면 산을 오르기 힘든 노약자나 신체가 불편한 사람들에게 산을 즐길 수 있는 기회를 제공할 수 있지 않겠습니까?

1. ❷

◎ 중심 생각 Ranking 유형 (7) '-(ㄴ/는)다고 생각하다'와 유형 (10) '두 문장 반복'에 해당한다. 남자의 생각은 경제적 효과가 높아질 것, 그리고 노약자나 신체가 불편한 사람 등 더 많은 사람들이 산을 즐길 수 있기 때문에 여러 가지 장점이 있다로 정리할 수 있다.

2. ❸

◎ 남자는 환경전문기관의 조사 결과와 노약자나 신체가 불편한 사람 등의 예를 들면서 자신의 주장을 말하고 있다.

[3~4] 40

여자: 우리 지역에서 주관하고 있는 김치 축제는 그동안 많은 노력을 해서 성공적이었다고 평가합니다. 물론 좀 더 나은 축제가 되도록 계속 노력할 것이고요.

남자: 과연 성공적이라고 할 수 있을까요? 참가자 대부분이 내국인이었고 외국인은 찾아보기 힘들었습니다. 외국인에게 충분히 홍보하지 못한 점만으로도 성공했다는 판단은 이른 감이 있습니다.

여자: 축제 참가자 수는 전체적으로 증가를 했습니다. 그걸 외국인과 내국인의 비율로 나누어 보는 건 지나치다고 생각하는데요.

남자: 아니지요. 외국인에게 김치의 맛과 우수성을 알리겠다는 것이 축제의 기본 목적입니다. 지금처럼 김치만 소개할 것이 아니라 김치를 재료로 만들 수 있는 다양한 요리도 소개했으면 합니다. 좀 더 다양한 프로그램을 만들어서 외국인의 참가를 유도할 필요가 있다고 봅니다.

3. ❹

◎ 중심 생각 Ranking 유형 (6) '-(으)면 좋겠다'와 유형 (7) '-(ㄴ/는)다고 보다'에 해당한다. 남자의 생각은 다양한 요리를 소개할 것, 그리고 외국인의 참가를 유도할 필요가 있다로 정리할 수 있다.

4. ❷

◎ 성공적이었다는 여자의 평가에 대해 남자는 성공적이라고 판단하기에 이른 감이 있다고 말했다. 또 외국인과 내국인을 나누어 보는 건 지나치다는 여자의 지적에 축제의 기본 목적을 이야기하면서 외국인 참가를 유도해야 한다고 반대하고 있다.

듣기 33번~34번 ▶강연 p.208

[1~2] 41

남자: 웃음의 기원에 대한 가설 중에서 '거짓 경보 이론'이란 것이 있습니다. 그럼 아주 오래 전 인류의 조상을 상상해 볼까요? 사냥이나 채집 등을 통해 자연에서 먹을거리를 구하던 인간은 낯설거나 ⑧두려운 대상을 자주 만났을 겁니다. 이때 인간은 치아를 드러내는 ④위협적인 표정을 지었습니다. 그런데 그 대상이 ⑥위협적인 존재가 아니라는 것을 확인하게 되면 표정이 풀리게 됩니다. 이때 표정이 반쯤 풀리는 것이 미소이고 "하하하" 소리 내어 웃는 것이 웃음이라는 겁니다. 이 이론에 따르면 인류 최초의 웃음은 자신이 발견한 위험이 거짓 경보라는 것을 알고 걱정할 필요가 없다는 것을 주위에 알려 주는 신호로 작용했다는 설명입니다.

1. ❶

◐ 내용을 듣기 전 선택지를 확인하면 '웃음'이 주제이다. 그리고 내용에서는 인간의 웃음이 어떻게 시작되었는지에 대해 자세하게 설명하고 있다.

2.

① 얼굴 표정이 풀리면 자연스럽게 긴장도 해소된다.
➡ (긴장이 해소되면 얼굴 표정도 풀린다). not C
② 인류의 조상은 두려운 상대를 만나면 미소를 지었다.
➡ 인류의 조상은 두려운 상대를 만나면 (위협적인 표정을) 지었다. not A
❸ 웃음은 자신이 느낀 위험이 거짓임을 나타낸 것이다.
➡ 정답
④ 인간은 두려운 대상과 친해지려고 웃는 행동을 한다.
➡ 인간은 (두려운 대상이 아니라는 것을 확인하게 되면) 웃는 행동을 한다. not B

[3~4] 42

여자: 과거에는 지역과 지역이 서로 소식을 전할 때 말을 이용하였습니다. 그 말을 '파발마'라고 하였습니다. 우리나라 지명 중에 '구파발', '말죽거리', '역촌동'이라는 이름도 모두 ④역참제도와 관련이 있는 땅 이름입니다. 역참이란 말이 달려서 하루에 갈 수 있는 거리마다 역을 세운 것을 말합니다. ⑧역참과 역참 사이의 거리인 약 40킬로미터를 '한참'이라고 하였습니다. 여기에서 유래하여 '한참'이라는 말이 생겼습니다. '한참'이란 말은 역참과 역참 사이의 거리가 멀기 때문에 그 사이를 오가는 시간이 오래 걸린다는 뜻으로 쓰던 말이었습니다. 그런데 현대에는 '시간이 상당히 지나는 동안'을 뜻하는 말이 되었습니다. ⑥공간 개념의 어휘가 시간 개념의 어휘로 의미 변화를 하게 된 것입니다.

3. ❸

◐ 내용을 듣기 전 선택지를 확인하면 '지명' 즉 '땅의 이름'이 주제이다. 그리고 내용에서는 역참제도와 관련된 이름이 생겨난 이유와 의미를 설명하고 있다.

4.

❶ 과거에는 말을 이용하여 소식을 전달하였다.
➡ 정답
② 옛날 지명을 유지하고 있는 곳은 거의 없다.
➡ 옛날 지명을 유지하고 (있는 곳이 있다). not A
③ 역참과 역참 사이의 거리는 약 4킬로미터였다.
➡ 역참과 역참 사이의 거리는 약 (40킬로미터였다). not B
④ 어휘는 시간이 지나도 의미가 잘 변하지 않는다.
➡ 어휘는 시간이 (지나면 변한다). not C

듣기 35번~36번 ▶현장 연설 p.211

[1~2] 43

남자: 오늘 이 자리는 신랑 김민수 군과 신부 이수미 양, 두 사람이 하객들을 모시고 하나가 되려 하는 자리입니다. ④두 사람은 같은 대학에서 함께 영어교육을 전공한 후 현재 고등학교에서 교사로 일하고 있습니다. 이렇게 공통점이 많은 걸 보면 두 사람이 인연이라는 생각이 듭니다. 오늘 저는 신랑, 신부에게 한 가지 당부를 하고 싶습니다. 두 사람의 삶이 항상 평화롭지만은 않겠지만 혼자가 아닌 두 사람이 같이 하는 인생길에 이전보다 더 향기롭고 아름다운 미래가 펼쳐지리라 믿어 의심치 않습니다. 모쪼록 두 사람이 서로를 자신처럼 위하고 사랑하며 행복하게 살아가기를 기원합니다.

1. ❷

◎ 내용을 듣기 전 선택지를 확인하면 '결혼'이 주제이다. 그리고 남자의 말에 '신랑, 신부, 하객' 등의 단어로 이야기하는 장소가 '결혼식장'인 것을 알 수 있다. 남자는 두 사람에게 결혼 생활에 대해 당부를 하고 행복하게 살기를 바란다고 이야기하고 있다.

2.

① 남자는 신랑과 신부의 ~~선생님이다.~~
  ➡ 정보 없음
② 신랑과 신부는 전공 분야가 ~~다르다.~~
  ➡ 신랑과 신부는 전공 분야가 (같다). not A
③ 신랑과 신부는 ~~직장에서~~ 처음 만났다.
  ➡ 신랑과 신부는 (대학에서) 처음 만났다. not A
❹ 남자는 두 사람의 행복을 기원하고 있다.
  ➡ 정답

[3~4] 🎧 44

남자: 오늘 이렇게 우리 회사가 최우수 기업상을 받게 되었다는 소식을 알리게 되어 무척 기쁩니다. 제가 한 일이라고는 함께 일하는 여러분을 믿고 일하기 편한 환경을 만들어 주려고 노력한 것뿐이었습니다. 그런데 ❹여러분께서 저와 회사를 믿고 꾸준히 최선을 다해 일해 주었기 때문에 이런 큰 상을 받게 되었습니다. 이번 기회를 통해 서로를 믿는다는 것이 얼마나 중요한 것인지 깨닫게 되었습니다. 우리 회사가 지금 이 자리에 서게 된 것은 모두 저를 믿고 따라 준 여러분 덕분입니다. ❸5년 전 창업 초기부터 지금까지 한결같은 모습으로 함께 해 준 직원 여러분께 다시 한 번 진심으로 감사드립니다.

3. ❷

◎ 내용을 듣기 전 선택지를 확인하면 기업 행사에서의 연설인 것을 알 수 있다. 그리고 남자가 '최우수 기업상을 받게 되었다.'는 말을 한 후 상을 받게 된 이유와 직원들의 노력에 감사하고 있다.

4.

① 이 기업은 ~~10년~~ 전에 처음 세워졌다.
  ➡ 이 기업은 (5년) 전에 처음 세워졌다. not B
② 이 기업은 직원들의 ~~이직률이 높았다.~~
  ➡ 이 기업은 (직원들이 꾸준히 최선을 다해 일해 주었다). not A
③ ~~이 기업은 예전에 이 상을 받은 적이 있다.~~
  ➡ 정보 없음
❹ 이 기업의 직원들은 서로를 믿으며 일했다.
  ➡ 정답

듣기 37번~38번 ▶교양 프로그램 p.214

[1~2] 🎧 45

여자: 사람들과의 관계에서 첫인상이 중요하다는 것은 누구나 아는 이야기인데요. ❸첫인상이 사람들에게 미치는 영향이 어느 정도인가요?

남자: 사람들은 다른 사람을 판단할 때 ❹자신이 처음 받은 느낌이나 인상을 유지하고 싶어 합니다. 그래서 자신의 판단과 다른 것은 무시하고 같은 것만 평가하려고 합니다. 예를 들어 상대방에게 성실하다는 인상을 받았을 때는 상대방이 자신의 판단과 다르게 행동해도 일부러 무시해 버립니다. 반대로 불성실하다는 인상을 받았을 때는 상대방이 아무리 예의 바르게 행동해도 그걸 쉽게 받아들이지 않습니다. 이처럼 첫인상이 중요한 만큼 우리는 다른 사람에게 보이는 이미지에 신경을 많이 써야 합니다.

1. ❶

◎ 중심 생각 Ranking 유형 (2) '-아/어야 하다'에 해당한다. 첫인상이 사람들에게 미치는 영향이 어느 정도인가를 묻는 질문에 남자는 첫인상이 중요한 만큼 다른 사람에게 보이는 이미지에 신경을 많이 써야 한다고 대답하였다.

2.

① 사람들은 ~~상대방과 입장을 바꾸어 생각한다.~~
  ➡ 정보 없음
② 사람들은 첫인상에 크게 ~~신경을 쓰지 않는다.~~
  ➡ 사람들은 첫인상에 크게 신경을 (쓴다). not B
❸ 사람들은 자신이 내린 판단과 같은 것만 믿는다.
  ➡ 정답
④ 사람들은 자신의 느낌과 인상을 ~~꾸준히 의심한다.~~
  ➡ 사람들은 자신의 느낌과 인상을 (유지하고 싶어 한다). not A

[3~4] 46

여자: 박사님, 유년기의 아이들 중에 말을 할 때 말을 제대로 이어 가지 못하고 더듬는 아이들이 있는데요. 아이가 말을 더듬을 때 부모의 역할이 중요하다고 들었습니다.

남자: 아이들은 18~24개월 사이에는 엄청나게 많은 양의 어휘를 배우게 됩니다. ❹알게 된 어휘는 많은데 표현 능력은 아직 부족한 때이지요. 그러다 보니 말하는 과정이 힘들 수밖에 없기 때문에 말을 더듬게 되는 것입니다. 이 중 80%는 시간이 흐르면서 자연스럽게 문제가 해결됩니다. 그러나 20%는 환경적 요인에 의해 말을 더듬는 것이 지속되는데요. 이때 부모의 역할이 중요합니다. ❻아이가 말을 더듬는다고 해서 주의를 주거나 말을 못하게 하면 절대로 안 됩니다. 아이가 말 더듬기 현상을 인식하기 시작하면 급격히 나빠지기 때문입니다. 따라서 부모는 시간을 가지고 아이가 스스로 좋아지게 기다려 주는 것이 더 낫습니다.

3. ❷

◎ 중심 생각 Ranking 유형 (1) '-는 게 좋다'에 해당한다. 부모는 아이가 말을 더듬어도 스스로 좋아지게 기다려 주는 것이 더 낫다는 것이 남자의 중심 생각이다.

4.

① 아이들은 표현 능력은 좋지만 아는 어휘가 ~~부족하다.~~
  ➡ 아이들은 표현 능력은 (부족하지만) 아는 어휘가 (많다). not A
❷ 유년기의 말 더듬기 현상은 대부분 자연스럽게 해결된다.
  ➡ 정답
③ 아이가 말을 더듬는 것을 ~~인식시켜 주는 것이 필요하다.~~
  ➡ 아이가 말을 더듬는 것을 (인식시켜 주면 안 된다). not B
④ 아이가 말을 더듬을 때 잠시 말을 못하게 하면 ~~효과적이다.~~
  ➡ 아이가 말을 더듬을 때 잠시 말을 못하게 하면 (절대로 안 된다). not B

 듣기 39번~40번 ▶대담 p.217

[1~2] 47

여자: 수질 오염이라고 하면 흔히 공장 폐수나 가축을 기르면서 생기는 오물 정도를 생각하게 되는데 쓰레기 때문에 바다가 오염되는 문제가 심했던 거군요.

남자: 네, 혹시 태평양 한가운데 있는 쓰레기 섬에 대해 들어 본 적이 있으십니까? ❹이 섬은 세계 각지에서 버려진 생활 쓰레기가 태평양으로 흘러 들어와 생긴 섬입니다. 한반도의 열다섯 배 정도의 크기니까 엄청나게 큰 면적입니다. 그런데 이 ❸쓰레기 섬 때문에 수많은 해양 생물들이 피해를 보고 생태계마저 파괴되고 있습니다. 결국 ❻이러한 현상은 육지 생태계에도 영향을 끼치게 되고 인간 또한 피해를 입게 될 것입니다. 따라서 현재의 해양 오염은 인류의 미래를 위해서 반드시 해결해야 합니다. 그리고 더 늦기 전에 세계 각국은 쓰레기 섬을 치우는 데 서로 협력을 해야 할 것입니다.

1. ❷

◎ 여자는 쓰레기 때문에 바다가 오염되는 문제가 심했다고 하면서 대담을 시작한다. 이에 대해 남자는 태평양 한 가운데 쓰레기 섬에 대해 대담을 시작한다. 따라서 이 담화 앞의 내용은 '바다의 오염이 심각하다'이다.

2.

① 육지 생태계의 파괴는 ~~해양~~ 생태계의 파괴로 이어진다.
  ➡ 육지 생태계의 파괴는 (해양/육지) 생태계의 파괴로 이어진다. not C
② 태평양 한가운데는 ~~생활 쓰레기를 처리하는~~ 섬이 있다.
  ➡ 태평양 한가운데는 (생활 쓰레기가 모이는) 섬이 있다. not A
③ 쓰레기 섬의 오염 물질은 ~~아직까지 심각한 수준은 아니다.~~
  ➡ 쓰레기 섬의 오염 물질은 (심각한 수준이다). not B
❹ 인류의 미래를 위해 바다 속 오염 물질을 제거해야 한다.
  ➡ 정답

여자: 우리가 아무 생각 없이 버리는 전자 제품 속에 그런 값비싼 금속이 들어 있었다니 놀라운데요. 그런 금속을 어떻게 재활용을 해야 하는 건가요?

남자: 말씀하신 대로 버려지는 전자 제품 속에는 금과 은, 구리 같은 값비싼 금속이 포함되어 있습니다. 원래 자연 상태의 광물에서 사용할 수 있는 상태의 금속을 만들려면 많은 양의 에너지가 필요합니다. 그런데 버려진 전자 제품에서 ❹재활용할 수 있는 금속을 다시 만드는 데 소비되는 에너지는 그 10% 정도밖에 되지 않습니다. 다시 말해 버려진 전자 제품을 재활용한다면 비용도 아낄 수 있고 환경도 보호할 수 있습니다. 따라서 앞으로는 땅속에 묻혀 있는 새로운 금속을 찾는 데에만 노력할 것이 아니라 버려지는 ❺전자 제품 속의 금속들을 재활용하기 위해서도 노력해야 합니다.

3. ❶

💬 여자는 버리는 전자 제품 속에 값비싼 금속이 들어 있는 것이 놀랍다고 하면서 대담을 시작한다. 이에 대해 남자는 다시 한번 그 사실에 대해 설명하고 있다.

4.

① 금속 재활용은 비용이 ~~너무 많이~~ 든다.
  ➡ 금속 재활용은 비용이 (적게) 든다. not A
② 전자 제품을 ~~재활용하는 방법을 연구 중이다.~~
  ➡ 전자 제품을 (재활용하기 위해 노력해야 한다). not B
③ ~~땅속에 묻혀 있는 금속의 양이 점점 줄어들고 있다.~~
  ➡ 정보 없음
❹ 전자 제품의 금속을 재활용하는 것이 더 효과적이다.
  ➡ 정답

▼
5급 Chapter 2 정보 전달

읽기 32번~34번 ▶설명문

1. ④   2. ③   3. ①

읽기 35번~38번 ▶중심 생각

1. ④   2. ④   3. ③   4. ③

읽기 39번~41번 ▶순서 배열

1. ③   2. ④   3. ②

1.

변비는 대장 안에 대변이 오래 머물러 제때 배출하지 못하는 증상을 말한다. 이러한 변비는 ❹편식을 하거나 평소 물을 적게 마시는 사람, 불규칙적으로 식사를 하는 사람들이 많이 걸린다. 또 밥과 야채를 너무 적게 먹는 사람들도 걸리기 쉽다. 그 외에 평소 운동량이 적거나 과도한 스트레스를 받는 사람들에게 많이 생긴다. 또 한 가지는 허리를 굽히고 앉거나 비스듬히 앉는 것이 원인이 되기도 한다.

① 변비는 ~~식사량이 많은~~ 사람이 잘 걸린다.
  ➡ 변비는 (편식을 하는) 사람이 잘 걸린다. not A
② ~~스트레스를 풀려면 물을 자주 마시는 것이 좋다.~~
  ➡ 정보 없음
③ ~~불규칙적인 식사 습관은 소화 기능을 약화시킨다.~~
  ➡ 정보 없음
❹ 변비는 앉는 자세가 안 좋은 사람이 걸리기도 한다.
  ➡ 정답

2.

경찰청은 ❹지난 9월 28일부터 자동차 전 좌석 안전띠 착용 의무화를 실시한다고 밝혔다. 그 동안 운전석과 조수석에만 실시하던 안전띠 착용을 뒷좌석까지 확대 적용하기로 한 것이다. 이를 어기면 운전자에게 3만 원의 벌금이 부과된다. 이때 동승자가 ❺13세 미만 어린이인 경우 벌금이 6만 원으로 늘어난다. 그러나 6세 미만 영유아의 경우 유아용 시트가 없을 경우 적용되는 벌금을 당분간 부과하지 않기로 했다. 유아용 시트 보급률이 높지 않기 때문에 당분간 계도와 홍보에 주력하겠다고 밝혔다.

① ~~어린이의 경우 안전띠를 매지 않아도 된다.~~
  ➡ 어린이의 경우 안전띠를 (매야 한다). not B
② ~~자동차 전 좌석 안전띠 착용을 실시할 예정이다.~~
  ➡ 자동차 전 좌석 안전띠 착용을 (실시하고 있다). not A
❸ 안전띠를 착용하지 않으면 운전자는 벌금을 내야 한다.
  ➡ 정답
④ ~~유아용 시트 보급률을 높이기 위한 방안을 검토하고 있다.~~
  ➡ 정보 없음

3.

풍산개는 ❹함경북도 풍산 지방의 고유한 품종으로 호랑이 사냥에 이용되었던 전형적인 한국형 수렵견이다. 풍산개라는 이름은 지방의 이름에서 따 온 것이다. 강인하고 영리한 풍산개는 추위와 질병에 강한 것이 특징이다. ❺성질은 온순하나 일단 적수와 맞서 싸울 때는 당해 낼 만한 짐승이 거의 없을 정도로 몹시 사납다. 8.15 광복 후 ❻북한의 천연기념물로 적극적인 보호 정책 아래 품종이 잘 유지되고 있는 것으로 알려져 있다.

❶ 풍산개의 이름은 지명에서 유래하였다.
　➡ 정답
② 풍산개는 한국의 대표적인 ~~애완견이다.~~
　➡ 풍산개는 한국의 대표적인 (수렵견이다). not A
③ 풍산개는 ~~한국의~~ 천연기념물로 지정되었다.
　➡ 풍산개는 (북한의) 천연기념물로 지정되었다. not C
④ 풍산개는 성질이 ~~사나워 주인도 다루기 힘들다.~~
　➡ 풍산개는 성질이 (온순하다). not B

| 읽기 35번~38번 | ▶중심 생각 | p.225 |

1. ❹

통계 그래프는 정보를 종합한 후 그 변화를 시각적으로 나타내어 현상을 쉽게 파악하도록 돕는다. 그러나 그래프를 어떻게 그리느냐에 따라 그래프에서 보이는 정보의 인상은 상당히 다르다. 똑같은 퍼센트의 증가이지만 그래프의 모양이나 크기에 따라서 조금 증가한 것으로도 많이 증가한 것으로도 생각될 수 있다. 따라서 우리는 그래프를 볼 때 선이나 그림 등으로 표현되는 의미를 객관적으로 파악하는 눈이 필요하다.

◎ 중심 생각 Ranking 유형 (4) '-는 게 필요하다'에 해당한다. '그래프를 볼 때 의미를 객관적으로 파악하는 눈이 필요하다.'와 같은 의미를 선택지에서 고르면 된다.

2. ❹

계획을 세울 때는 장기 계획과 함께 단기 계획도 세워야 한다. 장기 계획만 세우면 목표 달성까지 시간이 오래 걸리기 때문에 도중에 포기하기 쉽다. 따라서 원하는 목표를 달성하기 위해서는 장기 계획과 함께 짧은 기간 동안 이룰 수 있는 구체적인 계획도 세우는 것이 좋다. 단기 계획을 이루어 가면서 얻는 즐거움을 통해 더 큰 목표로 계속 나아갈 수 있기 때문이다.

◎ 중심 생각 Ranking 유형 (1) '-는 게 좋다'에 해당한다. '목표를 달성하기 위해서는 장기 계획과 함께 짧은 기간 동안 이룰 수 있는 구체적인 계획을 세우는 것이 좋다.'와 같은 의미를 선택지에서 고르면 된다.

3. ❸

사랑을 고백할 때는 긍정적인 대답을 듣고 싶다면 상대방의 왼쪽 귀에 대고 하는 것이 좋다. 감정을 표현하는 말은 오른쪽 뇌가 담당하는데 왼쪽 귀가 오른쪽 뇌와 연결되어 있기 때문이다. 그래서 사랑 고백뿐만 아니라 감사, 칭찬 등의 감정을 표현할 때는 왼쪽 귀에 대고 하는 것이 효과적이다. 반면에 지시나 정보 전달과 같은 이성적인 말은 오른쪽 귀에 대고 말하는 것이 효과적이다. 이성은 왼쪽 뇌가 담당하기 때문이다. 이처럼 하려고 하는 말이 무엇이냐에 따라 말을 하는 방향을 고려해야 한다.

◎ 중심 생각 Ranking 유형 (2) '-아/어야 한다'에 해당한다. '하려고 하는 말이 무엇이냐에 따라 말을 하는 방향을 고려해야 한다.'와 같은 의미를 선택지에서 고르면 된다.

4. ❸

위급한 상황에서 도움을 요청할 때 여러 사람을 보면서 막연하게 도와 달라고 하면 안 된다. 그러면 다들 '내가 아닌 다른 사람이 도와주겠지.' 하고 직접 나서지 않기 때문이다. 이러한 현상을 '책임 분산의 법칙'이라고 하는데 목격자가 많을수록 책임감이 분산되어 개인이 느끼는 책임감이 적어져 행동하지 않게 되는 것을 말한다. 그래서 도움을 요청할 때는 "거기 파란색 티셔츠 입으신 분, 119에 전화해 주세요."와 같이 하는 것이 효과적이다.

◎ 중심 생각 Ranking 유형 (1) '-는 게 좋다'에 해당한다. '도움을 요청할 때는 "거기 파란색 티셔츠 입으신 분, 119에 전화해 주세요."와 같이 하는 것이 효과적이다.'와 같은 의미를 선택지에서 고르면 된다.

1. ❸

언어는 인간의 전유물이다. 이는 인간의 기본 조건 중 하나가 언어임을 의미하는 것이다. (㉠) 아직까지 사람 이외의 다른 동물들이 언어를 가졌다는 증거는 나타나지 않았다. (㉡) 그런데 꿀벌은 자기의 벌집 앞에서 날갯짓으로 다른 벌한테 먹이가 있는 곳을 알려 준다고 한다. (㉢) 의사 전달에 사용되는 수단이 극히 제한되어 있고, 그것이 표현하는 의미도 매우 단순하다. (㉣)

| 보기 |

그러나 동물의 이러한 의사 전달 방법은 사람의 말에 비교한다면 매우 불완전하다.

◎ 지시어 '이러한'은 '날갯짓으로 다른 벌한테 먹이가 있는 곳을 알려 주는' 것을 가리킨다. 그리고 '의사 전달'이라는 표현이 뒤 이어서 나오게 된다.

2. ❹

한국어의 가장 큰 특징은 문장 구조가 서술어 중심이라는 것이다. (㉠) 이는 문장의 의미가 문장의 끝에 오는 서술어에 의해 상당 부분 좌우되기 때문이다. (㉡) 가령 '민수는 수미를 정말 _____'라는 문장에서 빈칸에 '사랑한다'가 오느냐 '미워한다'가 오느냐에 따라 문장의 의미가 달라지는 것이다. (㉢) 그래서 상대방의 이야기에 정확하게 대답을 하려면 이야기를 끝까지 들어보고 해야 하는 것이다. (㉣)

| 보기 |

이런 한국어의 특징으로 인해 '한국말은 끝까지 들어봐야 안다'는 옛말까지 있을 정도이다.

◎ 지시어 '이런'은 한국어의 여러 가지 특징 설명을 가리킨다. 그리고 '끝까지 들어봐야 안다'는 표현이 중복된다.

3. ❷

사회신경과학의 창시자 존 카치오포 박사의 『인간은 왜 외로움을 느끼는가』는 최신 과학으로 밝혀 낸 외로움의 모든 것을 담고 있다. (㉠) 저자는 인간의 뇌와 사회 문화적 과정이 어떻게 연관되는지 30여 년 동안 연구해 왔다. (㉡) 이 책은 어려운 용어 사용을 최대한 자제하여 일반인도 쉽게 읽을 수 있도록 했다. (㉢) 저자는 이 책에서 외로움을 느낀다는 건 사회생활에 문제가 있음을 알리는 것이니 주위를 둘러보라고 조언하고 있다. (㉣)

| 보기 |

그 연구의 결과로 현대인의 만성병이라는 외로움을 사회과학적인 측면에서 책으로 정리한 것이다.

◎ 지시어 '그 연구의 결과'가 언급되었으므로 앞 문장에 연구에 대한 표현이 있어야 한다. 그리고 사회과학적 측면도 있어야 한다.

p.232

[듣기 31번~40번]

31. ④	32. ①	33. ①	34. ③	35. ③	36. ②
37. ④	38. ③	39. ②	40. ④		

[읽기 32번~41번]

32. ③	33. ④	34. ②	35. ②	36. ②
37. ②	38. ②	39. ③	40. ③	41. ④

[듣기 31~32] 🎧 49

여자: 편의점에서 판매하는 상비약은 1회 1일분만 판매한다는 원칙이 있습니다. 그런데 최근 조사에 따르면 이것이 잘 지켜지지 않고 있습니다. 부작용이 우려되는 상황에서 계속 편의점에서 약을 판매하는 것을 허용해도 되는 것일까요?

남자: 소화제나 감기약 같은 간단한 약 정도는 편의점에서 구입할 수 있도록 하자는 것이 원래 취지였습니다. 부작용이 우려된다고 해서 편의점 약 판매를 금지한다면 약국이 문을 닫은 시간 이후에는 어떻게 해야 합니까?

여자: 원래 취지가 좋더라도 지금처럼 원칙이 지켜지지 않는다면 국민 건강을 해칠 수 있습니다. 편의점에서 산 약을 먹고 문제가 생긴다면 누가 책임을 집니까?

남자: 편의점에서 판매되는 감기약이나 진통제 등은 약국에서도 별다른 처방 없이 원하면 살 수 있지 않습니까? 편의점에서 파는 것만 문제가 된다는 것이 이해가 되지 않습니다.

31. ❹

◉ 중심 생각 Ranking 유형 (10) '두 문장 반복'에 해당한다. 남자의 생각은 '편의점 약 판매를 금지했을 경우의 문제점과 편의점에서 파는 약만 문제가 되는 것은 이해가 되지 않는다.'로 정리할 수 있다.

32. ❶

◉ 남자는 여자의 문제 제기에 대하여 약국이 문을 닫았을 때의 문제점, 편의점과 약국 판매약에 큰 차이가 없는 점을 예로 들면서 반대하고 있다.

[듣기 33~34] 🎧 50

여자: 우리는 살아가면서 많은 사람들 앞에 서야 할 때가 있습니다. ❶많은 사람들의 시선을 한 몸에 받는다는 것은 부담스럽고 ❷긴장이 되는 일입니다. 그래서 실수를 하는 경우도 있습니다. 반면에 많은 사람들 앞에서 오히려 자신이 가지고 있는 능력 이상을 발휘하는 경우도 볼 수 있는데요. 실제로 가수들은 관중이 많을 때 알 수 없는 힘이 생겨서 더 좋은 공연을 할 수 있다는 말을 하곤 합니다. 또 주목 받지 못한 선수가 큰 경기에서 우승하고 나서 본인도 믿을 수 없는 결과라고 말할 때도 있습니다. 사람은 누구나 다른 사람에게 인정받으려는 마음이 있기 때문에 누군가가 보고 있다고 느끼면 자기도 모르는 사이에 더 잘하려고 애쓰는 것입니다. 그래서 이것을 '관중 효과'라고 합니다.

33. ❶

◉ 내용을 듣기 전 선택지를 확인하면 '관중'과 관련된 것이 주제이다. 그리고 내용에서는 관중이 많을 때 일어나는 긍정적인 예들을 설명하고 있다.

34.

① 사람은 많은 사람 앞에 나서는 것을 ~~좋아한다.~~
   ➡ 사람은 많은 사람 앞에 나서는 것을 (부담스러워한다). not A
② 사람은 긴장이 되면 ~~능력 이상의 모습을 보여 준다.~~
   ➡ 사람은 긴장이 되면 (실수를 하는 경우도 있다). not B
❸ 사람은 보는 사람이 많다고 느끼면 더 잘하려고 노력한다.
   ➡ 정답
④ 사람은 인정받고 싶어 하지만 뜻대로 되지 않는 경우가 많다.
   ➡ 정보 없음

남자: 오늘 기념회에 참석해 주신 여러분, 진심으로 감사의 말씀을 드립니다. '세계 동물의 날'은 1931년 이탈리아 피렌체에서 열린 생태학자 대회에서 시작되었습니다. '인간과 동물의 유대감을 강화하고 멸종위기에 처한 동물을 보호하자'는 의미에서 만들어진 날입니다. 하지만 아직도 전 세계의 많은 멸종위기의 동물들이 위험에 처해 있습니다. 지금도 인터넷에서 많은 동물들이 불법으로 사고 팔리는 실정입니다. 특히 ❹온라인 매체가 야생동물 불법거래를 아주 빠르게 확산시키고 있는 것입니다. 우리는 이러한 밀거래를 지속적으로 감시하고 단속하여 동물보호와 희귀동물 보존을 위해 노력할 것입니다. 우리의 이러한 노력이 동물을 상품으로 생각하는 시각을 바꿀 수 있는 좋은 계기가 될 것이라고 봅니다.

35. ❸

◉ 내용을 듣기 전 선택지를 확인하면 '동물'과 관련된 것이 주제이다. 남자는 세계 동물의 날 기념식에서 동물을 보호하려는 노력을 지속적으로 할 것이라고 강조하고 있다.

36.

① 시민들의 신고로 멸종동물 밀거래를 단속했다.
➡ 정보 없음
❷ 세계 동물의 날은 1931년 이탈리아에서 시작되었다.
➡ 정답
③ 인터넷을 통한 멸종 동물 불법 거래는 줄어들고 있다.
➡ 인터넷을 통한 멸종 동물 불법 거래는 (확산되고 있다). not A
④ 온라인 매체를 통한 불법 거래 신고 체계가 확립되었다.
➡ 정보 없음

여자: 새로 지은 건물 안에서 거주자들이 느끼는 건강 문제와 불쾌감을 '새집증후군'이라고 하는데요. ❹지금도 꾸준히 문제가 되고 있는데 어떻게 하면 해결할 수 있을까요? 박사님.

남자: '새집증후군'이란 ❸새 집을 지을 때 사용한 건축 자재의 해로운 물질로 인해 호흡기나 피부 질환 등이 생기는 것을 말합니다. 새 아파트로 이사한 사람들이 두통, 기침, 가려움증, 눈 따가움 등을 느끼는 것이 증상입니다. 성인의 경우 어느 정도의 면역력이 있기 때문에 사람에 따라 가벼운 증상을 나타내거나 증상이 나타나지 않을 수도 있습니다. ❹그러나 어린이의 경우 성인에 비해서 면역력이 약하기 때문에 각종 질병에 걸리기가 쉬워 특히 조심해야 합니다. 따라서 이러한 피해를 줄이기 위해서는 이사 전이나 입주 후에도 두세 달 동안 환기를 꾸준하게 자주 해 주어야 합니다.

37. ❹

◉ 중심 생각 Ranking 유형 (2) '-아/어야 하다'에 해당한다. 여자가 새집증후군의 해결 방법을 질문하였고 남자는 "두세 달 동안 환기를 꾸준하게 자주 해 주어야 한다."고 대답하였다. 이와 같은 내용을 선택지에서 고르면 된다.

38.

① 새집증후군 문제는 점차 해결되어 가고 있다.
➡ 새집증후군 문제는 (꾸준히 되고 있다). not A
② 새집증후군은 어린이보다 어른이 더 위험하다.
➡ 새집증후군이 (어른보다 어린이가) 더 위험하다. not C
❸ 새집증후군은 사람에 따라 증상이 다르게 나타난다.
➡ 정답
④ 새 집을 지을 때 사용한 건축 자재는 인체에 무해하다.
➡ 새 집을 지을 때 사용한 건축 자재는 인체에 (해롭다). not B

여자: 출산율 저하의 원인이 결혼 연령이 높아지고 아이 낳기를 꺼리는 여성뿐만 아니라 남성에게도 있다니 생각하지 못했던 점인데요. 그럼 박사님, 출산율 저하가 가져올 문제점에는 무엇이 있을까요?

남자: 출산율이 저하되고 평균 수명이 늘어나면서 65세 이상 노인 인구가 증가하고 있습니다. 그렇게 되면 미래에는 15세에서 64세까지의 생산 활동 인구가 급격히 감소해 노동력이 부족해집니다. 또 노인층의 사회 복지 비용을 소수의 젊은층이 부담해야 하는 문제가 발생하지요. 이런 문제를 해결하기 위해서는 여성과 노인의 노동력을 활용할 수 있는 대책을 정부에서 마련해야 합니다. 여성의 경우 육아 부담을 덜어 주어 사회 활동이 가능하도록 해야겠지요. 그리고 🅐노인의 경우 직장의 정년을 연장하고 🅑고령자 채용 시 국가가 보조금을 지급해야 합니다. 그러기 위해서는 지금부터 재원을 확보하고 제도 정비를 해야 할 때입니다.

39. ❷

◎ 여자는 출산율 저하의 원인이 남성에게도 있었다고 하면서 앞의 내용을 정리하고 있다. 이와 같은 내용을 선택지에서 고르면 된다.

40.

① 취업률을 높이기 위해 직장의 정년을 줄이고 있다.
　➡ 취업률을 높이기 위해 직장의 정년을 (연장해야 한다). not A
② 여성과 노인의 노동력은 생산 활동 인구에서 제외된다.
　➡ 정보 없음
③ 여성의 사회 활동을 위해 국가가 보조금을 지급할 것이다.
　➡ (고령자의) 사회 활동을 위해 국가가 보조금을 (지급해야 한다). not B
❹ 출산율 저하로 생산 가능 인구가 줄어들어 노동력이 부족해진다.
　➡ 정답

32.

　사람들은 흔히 산에서 곰을 만나면 죽은 척을 하면 안전하다고 알고 있다. 하지만 🅐죽은 척을 하고 있으면 곰이 다가와서 죽었는지 확인을 하기 때문에 오히려 더 위험하다는 실험 결과가 있다. 그리고 🅑곰은 나무를 잘 타기 때문에 나무 위로 올라가는 것도 좋은 방법이 아니다. 또 큰 소리로 위협을 하거나 등을 돌려서 도망가서는 안 된다. 따라서 곰을 만났을 때 안전하게 피하기 위해서는 조용하게 등을 보이지 않은 채로 뒤로 천천히 물러서야 한다.

① 곰은 자신을 위협하지 않으면 사람을 공격하지 않는다.
　➡ 정보 없음
② 산에서 곰을 만났을 때 죽은 척하면 위험을 피할 수 있다.
　➡ 산에서 곰을 만났을 때 죽은 척하면 (더 위험할 수 있다). not A
❸ 곰을 만났을 때 공격을 받지 않으려면 등을 보이면 안 된다.
　➡ 정답
④ 곰은 나무에 잘 오르지 못하기 때문에 나무 위로 피하면 된다.
　➡ 곰은 나무에 (잘 오르기) 때문에 나무 위로 피하면 (안 된다). not B

33.

　둥근 모양의 경기장에서 펼쳐지는 🅐육상 경기는 경기를 할 때 시계 반대 방향으로 돈다. 그런데 처음부터 그랬던 것은 아니다. 🅑제1회 아테네 올림픽에서는 시계 방향과 같은 오른쪽으로 돌았다. 그러나 올림픽이 끝난 후 많은 선수들이 불편을 호소해 지금처럼 왼쪽으로 도는 규칙을 정하였다. 이는 오른손잡이가 많았기 때문이다. 오른손잡이는 오른쪽 근육이 더 발달하기 때문에 왼쪽으로 도는 것이 더 편안하게 느껴진다.

① 육상 경기 중 시계 방향으로 도는 종목이 있다.
　➡ 육상 경기 중 시계 방향으로 도는 (종목은 없다). not A
② 육상 경기는 처음부터 시계 반대 방향으로 돌았다.
　➡ 육상 경기는 (처음에는 시계 방향으로) 돌았다. not B
③ 왼손잡이 선수들은 육상 경기에 참가할 수 없다.
　➡ 정보 없음
❹ 대부분의 선수가 오른손잡이라서 왼쪽으로 도는 규정이 생겼다.
　➡ 정답

34.

시간은 물리적인 시간과 심리적인 시간으로 나눌 수 있다. ❹물리적인 시간은 시계 바늘이 가리키는 잴 수 있는 시간이라면 심리적인 시간은 사람들이 주관적으로 체험하고 파악하는 시간이다. 예를 들면 게임에 열중하는 1시간과 지루한 연설을 듣는 1시간은 크게 다르다. 이것은 우리가 무엇에 열중하고 있을 때의 시간이 짧게 느껴지기 때문이다. 다시 말해 ❺물리적인 시간은 인생을 양적으로 얼마나 사느냐를 뜻하는 것이고 ❻심리적인 시간은 인생을 질적으로 얼마나 만족스럽게 사느냐를 의미한다.

① 심리적인 시간은 잴 수 있는 시간을 말한다.
  ➡ (물리적인 시간은) 잴 수 있는 시간을 말한다. not A
❷ 심리적인 시간은 질적으로 어떻게 사느냐를 뜻한다.
  ➡ 정답
③ 인생의 길고 짧음을 나타내는 시간이 심리적인 시간이다.
  ➡ 인생의 길고 짧음을 나타내는 시간은 (물리적인 시간이다). not B
④ 물리적인 시간은 만족스러운 삶을 살고 있는가를 나타내는 시간이다.
  ➡ (심리적인 시간은) 만족스러운 삶을 살고 있는가를 나타내는 시간이다. not C

[읽기 35~38]

35. ❷

대화란 마주 대하여 이야기를 주고받는 행동이다. 두 사람 이상이 말을 주고받는 행위가 있어야 대화가 성립한다. 대화를 할 때 중요한 것은 자신의 생각을 말로 잘 나타내는 것이다. 그러나 무엇보다도 중요한 것은 다른 사람이 하는 말을 잘 듣는 것이다. 자신이 하고 싶은 말이 있더라도 잠시 기다리면서 다른 사람의 말을 경청하는 것은 훌륭한 대화를 위해 반드시 필요한 자세이다.

◎ 중심 생각 Ranking 유형 (4) '-는 게 필요하다'와 유형 (9) '무엇보다도'이다. '무엇보다도 중요한 것은 다른 사람이 하는 말을 잘 듣는 것이다.'와 '다른 사람의 말을 경청하는 것은 훌륭한 대화를 위해 반드시 필요하다.'와 같은 의미를 선택지에서 고르면 된다.

36. ❷

저축 목표를 세울 때는 장기적인 목표와 함께 단기적인 목표도 세워야 한다. 장기적인 목표만 세우면 목표 달성까지 시간이 오래 걸려서 도중에 포기하기 쉽다. 또 사람들은 저축을 통해 목표를 이루어 가는 과정에서 저축의 즐거움을 알게 된다. 따라서 원하는 목표를 달성하기 위해서 장기적인 목표와 함께 짧은 기간 동안 이룰 수 있는 구체적인 목표도 세우는 것이 좋다. 다시 말해 '부자가 되기 위해서'와 같은 목표보다는 '3년 후 자동차를 사기 위해서'나 '5년 후 유럽 여행을 가기 위해서'와 같은 목표가 더 효과적이다.

◎ 중심 생각 Ranking 유형 (1) '-는 게 좋다'와 유형 (2) '-아/어야 하다'이다. '저축 목표를 세울 때는 장기적인 목표와 함께 단기적인 목표도 세워야 한다.'와 '장기적인 목표와 함께 짧은 기간 동안 이룰 수 있는 구체적인 목표를 세우는 것이 좋다.'와 같은 의미를 선택지에서 고르면 된다.

37. ❷

인간의 유형을 '상어형'과 '돌고래형'으로 분류하는 견해가 있다. 미래학자들은 미래형 인재로 돌고래형을 꼽는다. 상어형은 혼자만의 생활을 즐기고 공격적인 성향이 강하다. 개인적인 역량은 뛰어나지만 독선적이며 권위적이어서 조직에 해를 끼치기도 한다. 반면에 돌고래형은 함께 어울리는 생활을 좋아하고 친화력이 좋다. 개인 능력도 뛰어나고 무엇보다 조직적이어서 협동심이 강하고 분위기도 밝게 만든다. 빠르게 변화하는 현대 사회에서 높은 성과를 내기 위해서는 전문성과 친화력을 함께 갖춘 돌고래형 인간이 더욱 선호될 것으로 보인다.

◎ 중심 생각 Ranking 유형 (10) '두 문장 반복'이다. '미래형 인재로 돌고래형을 꼽는다.'와 '돌고래형 인간이 더욱 선호될 것으로 보인다.'가 반복되고 있다. 이와 같은 의미를 선택지에서 고르면 된다.

38. ❷

사람들은 몸 안의 수분 보충을 위해 물을 자주 마시는 것이 좋다고 생각한다. 그러나 훈련이나 운동 등 지구력이 필요한 활동을 할 때 너무 많은 수분을 섭취하면 뇌장애로 인해 사망할 수도 있다는 연구 결과가 있다. 이 질환은 군인이나 여성 운동 선수들이 가장 취약한 것으로 알려졌다. 실제로 여성 마라톤 선수가 경기 중 다량의 스포츠 음료를 마신 뒤 사망한 사건이 있기도 했다. 결국 물은 자주 마시는 게 중요한 게 아니라 적절한 상황에 적당한 양의 섭취가 이루어져야 하는 것이다.

◐ 중심 생각 Ranking 유형 (2) '-아/어야 하다'이다. '물은 적절한 상황에 적당한 양의 섭취가 이루어져야 한다.'와 같은 의미를 선택지에서 고르면 된다.

[읽기 39~41]

39. ❸

사람들은 누군가에게 칭찬을 해 주면 그 말을 들은 상대방은 용기를 내서 더욱 일을 잘 할 것이라고 생각한다. (㉠) 그러나 이러한 칭찬이 상대방에게 항상 좋은 영향을 주는 것은 아니다. (㉡) 칭찬을 듣고 용기를 얻는 사람도 있지만 부담감을 느끼는 사람도 있기 때문이다. (㉢) 무조건 칭찬할 것이 아니라 칭찬할 대상의 성격에 따라 칭찬의 방법과 횟수를 다르게 하는 것이 효과적이다. (㉣)

> **보기**
>
> 따라서 칭찬을 할 때 사람의 유형을 고려하지 않고 무조건 칭찬을 많은 하는 것은 좋지 않다.

◐ 〈보기〉의 '사람의 유형'에 대한 내용은 (㉢) 앞의 '용기를 얻는 사람'과 '부담감을 느끼는 사람이 있다.' 또 '무조건 칭찬을 많이 하는 것은 좋지 않다'와 (㉢) 뒤의 '무조건 칭찬할 것이 아니라'와 이어진다.

40. ❸

손을 움직이는 것은 두뇌와 관련되어 있다. (㉠) 왼쪽 뇌는 오른손을, 오른쪽 뇌는 왼손과 연계되어 있다. (㉡) 대부분의 사람들은 오른손을 많이 사용하고 있어 왼쪽 뇌는 잘 발달한다. (㉢) 그런데 오른쪽 뇌는 새로운 것을 만들어 내는 창의력을 관장한다. (㉣) 그러므로 창의력을 기르려면 왼손을 많이 움직이는 것이 좋다.

> **보기**
>
> 그에 비해서 오른쪽 뇌는 왼쪽에 비해 덜 발달한다.

◐ 〈보기〉의 '그에 비해서'의 비교 표현을 통해 '오른쪽 뇌'와 비교되는 내용을 찾으면 (㉢) 앞의 '왼쪽 뇌는 잘 발달한다.'이다.

41. ❹

만화가 권태성의 단편 만화집 '추억 연필'이 화제를 끌고 있다. (㉠) 이 책은 한 사람이 나고, 자라고, 어른이 되면서 여러 다양한 사람들과 만나서 인연을 맺는 과정을 그렸다. (㉡) 가족과 친구, 작가가 사랑하는 많은 것들에 대한 가슴 따뜻한 이야기가 연필 선으로 그려졌다. (㉢) 작가는 주인공인 자신의 옛 기억을 바탕으로 추억을 느낄 수 있도록 연필로만 그림을 완성한 것이라고 한다. (㉣)

> **보기**
>
> 하지만 가만히 보고 있노라면 만화 속 주인공이 마치 독자 자기인 듯한 착각에 빠지게 만드는 매력이 있다.

◐ 〈보기〉의 '만화 속 주인공이 마치 독자 자기인 듯한 착각에 빠진다.'에서 원래 주인공은 작가 자신이라는 것을 알 수 있다.

6급 Chapter 1 소설

읽기 42번~43번 ▶등장인물의 심정, 내용 일치

1. ②　　2. ①　　3. ④　　4. ③

읽기 42번~43번 ▶등장인물의 심정, 내용 일치　　p.242

[1~2]

"도와 드릴까요."

아주 듣기 좋은 저음이었다. 키가 훌쩍 큰 남자였다. 남자는 웃고 있었지만 비웃는 웃음은 아니었다. 그는 엉거주춤 허리를 굽혀 나하고 같은 눈높이가 되면서 ▲빨간 단추를 살짝 만지고 나서 카메라를 내 눈에다 대주었다.

"이제 보이지요?"

그러나 나는 뭐가 보이나를 확인하기 전에 그를 다시 한번 쳐다보았다. ⑧선량하고 친절한 인상이 마음에 들었다. 바위 뒤에 숨어 있던 늑대가 사방을 휘둘러보면서 걸어 나왔다. 나는 카메라로 늑대를 쫓다 말고 키 큰 남자를 돌아다보면서 물었다. (중략)

"그럼 여태껏 건성으로 듣고 있었단 말이에요?"

나는 그에게 따지듯 물었다. 그러나 곧 그의 위로하는 듯한 웃음을 따라 웃고 말았다. ●그는 나하고 카메라를 번갈아 들여다보면서 이것저것 설명을 하려고 했다. 나는 듣는 척하다가 한숨을 쉬면서 어깨를 한번 으쓱했다가 축 늘어뜨려 보였다.

1. ②

◉ 밑줄 친 부분의 앞 내용을 보면 '사진을 찍는 법을 배우고 있는 중'이라는 것을 알 수 있다. 이때 나는 설명을 듣는 척하다가 (1) 한숨을 쉬고 (2) 어깨를 한번 으쓱하고 (3) 어깨를 축 늘어뜨리려 보이고 있다.

2.

❶ 나는 카메라를 통해 늑대를 봤다.
　➡ 정답
② 나는 카메라의 사용법을 잘 알고 있다.
　➡ 나는 카메라의 사용법을 잘 (모른다). not A
③ 나는 남자에게 카메라에 대해 설명했다.
　➡ (남자는 나에게) 카메라에 대해 설명했다. not C
④ 나는 남자의 인상을 좋게 보지 않았다.
　➡ 나는 남자의 인상을 좋게 (좋게 보았다). not B

[3~4]

어느 날 내가 울타리를 엮고 있을 때 ▲평소 서로 말을 않고 지내던 점순이가 살며시 와서 괜히 말을 건다. "너희 집에는 이거 없지?"하며 구운 감자 세 알을 내놓는 것이다. ●나는 "안 먹는다."하며 고개도 안 돌리고 감자를 도로 밀어버린다. 점순이는 나를 독하게 쏘아보고 눈에는 눈물까지 글썽거리더니 이를 악물고 가 버린다. 그 후로 점순이는 기를 쓰고 나를 괴롭힌다. 나의 집 암탉을 때려 알집을 터뜨려 놓았을 뿐만 아니라 나를 "바보"라고 놀리다 못해 ⑧내 아버지까지 흉을 보기도 한다. 툭하면 사나운 자기네 집 수탉과 나의 작은 수탉을 싸움 붙여 놓는다. ●나는 싸움에 이기게 하기 위하여 닭에게 고추장까지 먹여 보았으나, 점순이네 수탉에 쪼여 반죽음 당하기는 먹이지 않았을 때와 마찬가지이다.

3. ④

◉ 밑줄 친 부분의 앞 내용을 보면 '점순이'가 나에게 감자를 주었고 '나'는 안 먹는다면서 도로 밀어버린다. 이때 점순이는 (1) 나를 쏘아보고 (2) 눈물까지 글썽거리고 (3) 이를 악물고 가 버린다. 이때 점순이의 심정은 '불만스럽고 밉다.'가 자연스럽다.

4.

① 나와 점순이는 사이가 좋은 편이다.
　➡ 나와 점순이는 사이가 (좋지 않은 편이다). not A
② 나는 점순이와 아버지의 흉을 봤다.
　➡ (점순이는 우리 아버지의) 흉을 봤다. not B
❸ 나는 점순이가 준 감자를 안 먹었다.
　➡ 정답
④ 나는 점순이네 수탉에게 고추장을 먹였다.
　➡ 나는 (나의) 수탉에게 고추장을 먹였다. not C

6급 Chapter 2 정보 전달

읽기 44번~45번 ▶세부 내용, 화자의 태도

1. ②　　2. ①　　3. ③　　4. ③

읽기 46번~47번 ▶순서 배열

1. ③　　2. ③　　3. ④　　4. ④

읽기 48번~50번 ▶논설문

1. ②　　2. ①　　3. ④　　4. ③　　5. ④　　6. ③

[1~2]

　　정부가 5년 전 발표한 옥외 가격 표시제는 일정 면적 이상의 업소는 매장 외부에 가격을 표시하도록 한 제도이다. 소비자들의 합리적인 소비와 업소 간 건전한 가격 경쟁 유도를 위해 도입하였다. 하지만 여전히 (제 구실을 하지 못하고) 있어 소비자들의 알 권리가 제대로 보호받지 못하고 있다는 지적이다. 특히 일반음식점, 미용실 등에서 지켜지지 않는 것으로 나타났다. 이는 지방 자치 단체의 소극적인 단속과 해당 업소의 무관심 등이 원인으로 지적되고 있다. 그래서 이들 업소를 대상으로 일제 점검을 벌이고 있지만 아직 경고 수준에 그치는 상황이다. 더욱이 A4용지 크기에 일부 가격만 적어 놓으면 될 뿐이어서 쉽게 보이는 곳에 붙였는지 굵고 진한 글씨로 표기했는지 등의 세부 규정도 마련되어야 한다는 지적이다. 이와 관련하여 지자체에서는 명확한 규정이 없어 아직까지 업주에게 강요할 수 없는 형편이라며 가격표 설치 지원과 단속 강화 등 제도 정착을 위한 다각적인 방안을 모색하고 있다고 말했다.

1. ❷

◎ 〈정책〉 관련 글로 중심 생각 Ranking 유형 (2) '–아/어야 하다'에 해당한다. '옥외 가격 표시제'가 도입 이후 제대로 시행되지 못하는 이유가 세부 규정이 없는 것 때문이라고 판단하고 있다가 글의 주제이다.

2. ❶

◎ (빈칸) 앞에 '하지만 여전히'는 앞 문장과 반대되는 표현을 찾아야 한다. 또 뒤 문장에 '소비자들의 알 권리가 제대로 보호받지 못하고 있다.'는 내용에서 '옥외 가격 표시제'가 기능을 제대로 하지 못하고 있는 것을 알 수 있다.

[3~4]

　　은혜시가 학교 급식의 위생 관리를 위하여 매년 두 차례에 걸쳐 '학교 급식 점검단'을 운영하겠다고 발표했다. 학교 급식의 위생 관리와 안전 점검을 강화하기 위해 공무원 1명과 학부모 1명이 2인 1조를 이루어 운영하는 방식이다. 점검 사항은 학교 급식법 규정에 따라 83개 항목을 점검할 예정이다. 이를 시행하기에 앞서 은혜시 교육청은 학부모 점검단의 역할과 자세, 학교 급식 위생·안전 점검 요령에 대한 전문 교육을 진행했다. 앞으로 두 차례의 점검을 마치게 되면 연 2회 평가회를 열어 점검단 운영 결과와 우수 학교도 소개할 예정이다. 그리고 점검단의 (역할이 급식 위생 점검에만 그치지 않고) 좀 더 나은 학교 급식을 위해 교육부와 함께 정책 토론을 진행하는 자리도 마련할 예정이다.

3. ❸

◎ 중심 생각 Ranking 유형 (10) '두 문장 반복'에 해당한다. '학교 급식 위생 관리'를 어떠한 방법으로 운영하겠다는 내용을 계속 반복하면서 소개하고 있다.

4. ❸

◎ (빈칸) 앞의 단어는 '점검단의 (무엇)'인데 앞의 내용을 종합하면서 기능, 역할 등의 내용이 된다. 뒤에는 '정책 토론을 진행하는 자리도 마련할 예정'이라고 하여 〈포함: 추가〉의 내용이 뒤따른다. 따라서 (빈칸)의 내용은 '점검단의 (무엇)은 물론이고'의 내용이어야 한다.

[1~2]

　　일반적으로 사막은 강우량보다 증발량이 많은 지역을 의미한다. (㉠) 그런데 원래 사막이 아닌 곳이 사막으로 변하는 사막화 현상이 지구 곳곳에서 나타나고 있다. (㉡) 사막화는 오랫동안의 가뭄으로 인한 자연적인 사막화와 ❹인간의 과도한 개발로 숲이 사라져서 생기는 인위적인 사막화로 나눌 수 있다. (㉢) 지구는 점차 ❺산소가 부족해져 야생동물은 멸종 위기에 이르고 물 부족 현상으로 작물 재배가 불가능해져 극심한 식량난에 빠지게 된다. (㉣) 또한 이산화탄소의 양이 많아져 지구온난화의 원인이 된다.

1. ❸

> **보기**
> 이러한 사막화로 인해 숲이 사라지게 되면 인류는 심각한 위기를 맞게 된다.

◎ 〈보기〉에서 지시 표현 '이러한 사막화'는 사막화에 대한 설명으로 (㉢) 앞에 나와 있다. 그리고 〈보기〉의 '숲이 사라진다'는 표현도 (㉢) 앞 문장에서 바로 나온다. (㉢) 뒤의 내용은 〈보기〉의 '심각한 위기'에 해당하는 내용들로 이어진다.

2.

① 오랜 가뭄으로 야생동물이 멸종 위기에 있다.
　➡ (사막화로) 야생동물이 멸종 위기에 있다. not B
② 인간의 과도한 개발로 사막화가 사라지고 있다.
　➡ 인간의 과도한 개발로 사막화가 (나타나고) 있다. not A
❸ 지구온난화의 원인은 이산화탄소의 증가 때문이다.
　➡ 정답
④ 자연적인 사막화보다 인위적인 사막화가 더 심각하다.
　➡ 정보 없음

[3~4]

　　❹정전기는 날씨가 건조해지면 자주 나타나는데 주로 옷을 벗을 때, 머리를 빗거나 모자를 벗을 때에 찌지직 하면서 전기가 일어나는 것을 경험할 수가 있다. (㉠) 심지어 어떤 사람은 ❸정전기 때문에 컴퓨터가 고장이 난 적도 있다고 한다. (㉡) 따라서 컴퓨터 같은 기기를 분해하거나 조립할 때도 조심을 해야 한다. (㉢) 기름과 가스를 운반하는 유조차는 잘못하면 반짝하는 정전기의 불꽃으로 불이 날 수 있으므로 매우 조심해야 한다. (㉣) 식품을 포장하는 데 쓰는 얇은 비닐은 정전기를 띠고 있어서 물건에 잘 달라붙는다. 이러한 성질을 이용해 식품을 깨끗하게 보관할 수 있는 것이다.

3. ❹

> **보기**
> 그러나 정전기가 우리에게 도움을 줄 때도 있다.

◎ 〈보기〉에서 접속사 '그러나'는 뒤의 내용에 앞의 내용들과 반대되는 내용이 있어야 한다. 따라서 정전기의 나쁜 점과 좋은 점의 관계를 살피면 된다.

4.

① 정전기는 습도가 높은 날 자주 발생한다.
　➡ 정전기는 습도가 (낮은) 날 자주 발생한다. not A
② 정전기를 이용하면 컴퓨터 수리가 가능하다.
　➡ (정전기 때문에) 컴퓨터 수리가 (고장 날 수 있다). not B
③ 식품을 포장할 때 정전기 때문에 상할 수 있으므로 조심해야 한다.
　➡ 정보 없음
❹ 유조차는 정전기 때문에 화재가 날 수 있으므로 항상 유의하는 것이 좋다.
　➡ 정답

읽기 48번~50번　▶논설문　p.254

[1~3]

　　얼마 전 한 민간단체가 발표한 2014년판 '남녀격차 보고'에서 한국은 조사 대상 142개국 중 117위를 기록하였다. 남녀평등 순위에서는 지난해 111위에서 6계단 더 하락한 것으로 나타났다. 이번 한국 남녀평등 순위는 같은 아시아 국가 중 필리핀(9위), 중국(87위)보다 한참 낮은 순위이며, 남녀격차는 제도적 정비에도 오히려 더욱 심화되고 있는 것으로 조사됐다. 이런 사회적 분위기와 제도에 문제를 삼고 여성의 평등을 위해 노력해야 한다는 움직임이 최근에 일고 있다. 하지만 여성 운동에서는 ❹'모든 인간이 존중되는 평등을 지향해야지 ❹''성 평등만을 지향해서는 안 된다. 오늘날 벌어지고 있는 차별은 성 차별에만 국한되지 않는다. 인종, 민족, 종교, 지위 등을 이유로 지구촌 곳곳에서 인간으로서의 기본 권리가 침해 받고 있다. ❹'''인권이 보호되지 않고서 성 평등이 무슨 의미가 있겠는가? ❹여성 운동은 인권 운동과 (보조를 맞추면서) 바람직한 사회를 만들어 나가는 데 노력을 기울여야 할 것이다. 여성 운동은 사회적 변화를 이루고자 하는 새로운 차원의 시민운동이기 때문이다.

1. ❷

◎ 글을 쓴 목적은 먼저 중심 생각(주제)을 찾아야 한다. 이 글은 중심 생각 Ranking 유형 (2) '-아/어야 하다'에 해당한다. 따라서 중심 생각은 "여성 운동은 인권 운동, 바람직한 사회를 만들어 나가는 데 노력을 기울여야 한다."이다. 이를 바탕으로 글을 쓴 목적을 고르면 답은 '❷ 올바른 여성 운동의 방향을 제시하기 위해'가 된다.

2. ❶

◎ 종합 유형으로 '여성 운동은 인권 운동과 (어떻게)'를 찾아야 한다. 이와 같은 내용을 위에서 찾으면 다음과 같다.

❹ 여성 운동은 인권 운동과 (어떻게) 노력을 기울여야 할 것이다.
↑ 함께
❹' 여성 운동은 인간이 존중되는 평등을 지향
❹'' 성 평등만 지향해서는 안 된다.
❹''' 인권 보호 > 성 평등

3. ❹

◎ 필자는 '인권이 보호되지 않고서 성 평등이 무슨 소용이 있겠는가?'라는 반어적 의문문을 통해 '인권이 보호되지 않으면 성 평등도 소용이 없다.'라는 점을 강조하고 있다.

'국민참여재판'은 국민이 형사 재판에 직접 참여하는 제도이다. 재판에서 피고인의 유죄 여부와 형량에 대해 재판부와 함께 판단을 내리는 일을 한다. 이때 재판에 참여하는 사람을 배심원이라고 하는데 만 20세 이상의 대한민국 국민으로 해당 지방법원 관할구역에 거주하는 주민 중에 무작위로 선정된다. 배심원은 재판에 참여하여 검사와 변호인의 주장을 듣고 증거 조사 과정을 지켜보게 된다. 그리고 재판 중에 증인이나 피고인을 신문할 때 궁금한 점을 질문할 수 있다. 그리고 재판 과정의 마지막에는 배심원들이 따로 모여 이야기하고 의견을 모으게 된다. 하지만 Ⓐ배심원들의 의견이 Ⓑ재판 결과로 이어지지 않는다. Ⓐ'한국의 국민참여재판에서는 배심원들의 의견이 Ⓑ'(고려되기는 하지만 효력은 없다). 그래서 판사의 판결이 배심원들의 결론과 다를 수 있다. 사실 한국의 국민참여재판 제도는 재판의 공정성과 절차적 투명성에 대한 불신 때문에 도입된 측면이 강하다. 그런데 배심원의 의견이 결국 판사의 수용 여부를 거쳐야 하는 현행 시스템은 국민재판 무용론에 빌미를 제공할 소지가 크다고 할 수 있다.

4. ❸

◎ 글을 쓴 목적은 먼저 중심 생각(주제)을 찾아야 한다. 이 글은 중심 생각 Ranking 유형 (10) '두 문장 반복'에 해당한다. 따라서 중심 생각은 반복되는 내용인 '국민 재판에서 배심원들의 의견이 재판의 결과로 이어지지 않는다.'이다. 이를 바탕으로 글을 쓴 목적을 고르면 답은 '❸ 국민참여재판의 방식과 문제점을 설명하려고'가 된다.

5. ❹

◎ 대응 유형으로 Ⓐ배심원들의 의견이 Ⓑ재판의 결과로 이어지지 않는다. Ⓐ'배심원들의 의견이 (어떻다) Ⓑ'재판의 결과로 이어지지 않는다'와 같은 내용을 선택지에서 고르면 된다.

6. ❸

◎ '현행 시스템이 국민재판 무용론에 빌미를 제공할 소지가 크다.'에서 필자는 현재 한국의 국민재판의 문제점에 대해 우려를 하고 있다. 이와 같은 내용을 선택지에서 고르면 된다.

6급 Chapter 3 공식적 대화

듣기 41번~42번	▶중심 내용

1. ④   2. ②   3. ④   4. ①

듣기 45번~46번	▶세부 내용

1. ①   2. ①   3. ④   4. ③

듣기 49번~50번	▶화자의 태도

1. ①   2. ②   3. ③   4. ①

듣기 47번~48번	▶대담

1. ③   2. ②   3. ④   4. ②

| 듣기 41번~42번 | ▶중심 내용 | p.259
| --- | --- |

[1~2] (54)

남자: 여러분, '깨진 유리창 이론'을 들어본 적이 있나요? 이것은 사소한 범죄에 대해 즉시 처벌하지 않으면 더 큰 범죄로 이어질 수 있다는 이론입니다. 어느 심리학자가 실험을 했는데 유리창이 깨진 자동차를 거리에 그냥 두고 사람들의 행동을 관찰했습니다. 사람들은 자동차의 부품을 훔쳐갔고 나중에는 자동차를 마구 파괴해 버렸지요. 이것은 유리창이 깨진 자동차가 거리에 방치되면 사람들은 사회의 법과 질서가 지켜지지 않고 있다는 표시로 여긴다는 겁니다. 즉 작은 실수부터 바로 잡아야 큰 실패를 막을 수 있다는 이론입니다. 실제로 한 Ⓐ도시에서 범죄율을 낮추기 위해 사소한 범죄부터 엄격하게 단속을 했습니다. Ⓑ우선 도시 전체의 낙서를 지우기 시작했고 신호위반 등을 엄격하게 단속했더니 범죄율이 줄어든 것은 물론이고 큰 범죄까지 줄어드는 결과를 얻게 되었습니다.

1. ❹

◎ 중심 생각 Ranking 유형 (10) '두 문장 반복'에 해당한다.
"사소한 범죄에 대해 처벌하지 않으면 더 큰 범죄로 이어질 수 있다는 이론이다."
"작은 실수부터 바로 잡아야 큰 실패를 막을 수 있다는 이론이다."와 같은 내용의 반복을 통해 중심 생각을 나타내고 있다.

2.

① 범죄의 경중에 따라 유동적으로 처벌했다.
➡ (사소한 범죄부터 엄격하게) 처벌했다. not A
❷ 범죄율을 줄이기 위해 도시의 낙서부터 지웠다.
➡ 정답
③ 사소한 범죄를 처벌했지만 범죄율은 변함없었다.
➡ 사소한 범죄를 (처벌했더니 범죄율이 줄어들었다). not B
④ 범죄율을 낮추려고 큰 범죄를 엄격하게 단속했다.
➡ 범죄율을 낮추려고 (사소한) 범죄를 엄격하게 단속했다. not A

듣기 45번~46번 ▶세부 내용 p.262

[3~4] 🎧 55

[1~2] 🎧 56

여자: 자, 그럼 이 사진을 보시지요? 이 사진은 '신문고'라는 북입니다. 신문고는 조선시대에 생긴 것으로 ❹백성들의 억울한 일을 직접 해결해 줄 목적으로 대궐 밖에 설치했던 북입니다. 백성들은 억울한 일이 있으면 이 북을 쳐 임금에게 알렸습니다. 하지만 백성들의 억울함을 모두 해결해 주는 것은 불가능했지요. 주로 나라의 일과 관련된 억울한 일이나 생명과 연결되는 범죄, 누명에 대한 억울한 일로 제한을 했습니다. 그리고 북을 함부로 치면 매우 큰 벌을 받았습니다. 본래 취지는 많은 백성들이 이용하게 하는 것이었지만 실제로는 크게 이용되지 못했습니다. ❸주로 서울 부근에 사는 관리나 일부 백성들만 현실적으로 이용이 가능했습니다. 그렇지만 백성의 의견을 직접 듣고 해결해 주려고 했던 그 의도는 높이 평가되어야 한다고 봅니다.

여자: 여러분은 혹시 디지털 치매에 대해 들어본 적이 있으십니까? 디지털 치매는 디지털 기기에 너무 의존해서 기억력이 나빠지는 현상을 말합니다. 이 현상은 디지털 기기에 친숙할수록 증상이 발생할 가능성이 높기 때문에 (연령대와 상관없이 나타나는 것이 특징입니다.) 전화번호를 외우지 못하거나 내비게이션이 없으면 도로 운전이 매우 불안해지는 경우가 대표적인 경우입니다. 그렇다면 디지털 치매를 예방하려면 어떻게 하는 것이 좋을까요? 디지털 치매를 예방하기 위해서는 되도록 ❹직접적으로 뇌를 자극할 수 있는 일을 하는 것이 좋습니다. 예를 들어 가까운 사람에게 ❸전화할 때는 저장된 번호를 이용하지 말고 번호를 직접 누르는 것이 좋습니다. 또 일정이나 약속 같은 ❸메모도 직접 종이에 쓰는 것이 도움이 됩니다.

3. ❹

🔘 중심 생각 Ranking 유형 (7) '-(ㄴ/는)다고 보다'에 해당한다. "신문고 제도의 의도가 높이 평가되어야 한다고 본다."와 같은 내용을 선택지에서 고르면 된다.

4.

❶ 신문고는 함부로 치면 큰 벌을 받았다.
➡ 정답
② 신문고는 지방마다 설치했던 북을 말한다.
➡ 신문고는 (대궐 밖에) 설치했던 북을 말한다. not A
③ 신문고는 원래 관리들을 위해 만든 것이다.
➡ 신문고는 (백성)들을 위해 만든 것이다. not A
④ 신문고는 전국의 모든 사람들이 이용하였다.
➡ 신문고는 (주로 서울 부근에 사는) 사람들이 이용하였다. not B

1.

❶ 디지털 치매는 나이와 상관없이 나타날 수 있다.
➡ 정답
② 메모는 컴퓨터에 입력하는 것이 기억하기에 좋다.
➡ 메모는 (직접 종이에 쓰는 것이) 기억하기에 좋다. not C
③ 뇌를 자극하려면 디지털 기기를 많이 사용할수록 좋다.
➡ 뇌를 자극하려면 (직접적으로 하는 것이) 좋다. not A
④ 저장된 전화번호를 이용하면 디지털 치매를 막을 수 있다.
➡ (전화번호를 직접 누르면) 디지털 치매를 막을 수 있다. not B

2. ❶

🔘 먼저 중심 생각을 찾아보는 것이 좋다. 중심 생각 Ranking 유형 (1) '-는 게 좋다'로 중심 생각은 "디지털 치매를 예방하려면 직접적으로 뇌를 자극하는 일을 하는 것이 좋다."이다. 여자는 중심 생각에 대해 객관적인 태도를 유지하면서 직접적으로 뇌를 자극하는 방법에 대해 설명하고 있다.

여자: 여러분은 '배설물 화석'이라고 들어 보셨나요? 화석은 먼 옛날 공룡이 살았던 시대의 생물이 남긴 유골이나 흔적을 말합니다. 그런데 이때 동물의 배설물도 화석이 될 수 있습니다. 배설물 화석이 무슨 가치가 있을까 의심하는 분들도 있을 것입니다. 하지만 배설물 화석은 지구의 생물에 대한 소중한 정보를 주는 고마운 존재입니다. 다시 말해 그 시대에 살았던 수많은 동물과 식물들에 대한 중요한 정보를 제공해 준다는 것입니다. 예를 들어 공룡의 배설물 화석을 분석하면 그 공룡이 무엇을 즐겨 먹었고, Ⓐ육식공룡인지 채식공룡인지를 알 수 있습니다. 하지만 지금까지 이 '배설물 화석'은 가치가 없다고 여겨 Ⓑ연구가 거의 이루어지지 않았는데요. 앞으로의 연구가 무척 기대되는 분야입니다.

3.

① 배설물 화석은 발견하기가 쉽지 않다.
   ➡ 정보 없음
② 배설물 화석은 ~~육식공룡의~~ 배설물만 분석된다.
   ➡ 배설물 화석은 (육식공룡과 채식공룡 모두의 배설물이) 분석된다. not A
③ 배설물 화석의 연구가 ~~활발하게 진행되고 있다.~~
   ➡ 배설물 화석의 연구가 (거의 이루어지지 않고) 있다. not B
❹ 배설물 화석은 과거 생물에 대한 정보를 제공한다.
   ➡ 정답

4. ❸

◑ 먼저 중심 생각을 찾아보는 것이 좋다. 중심 생각 Ranking 유형 (10) '두 문장 반복'으로 중심 생각은 "배설물 화석은 지구 생물에 대한 소중한 정보, 중요한 정보를 제공해 준다."로 반복해서 말하고 있다. 여자는 이어서 〈예를 들어〉 배설물 화석을 분석하면 얻을 수 있는 사례와 연구의 가치에 대해 기대를 하고 있다.

여자: 오늘은 한국의 전통 건축 방식에 대해 살펴보도록 하겠습니다. 여러분이 생각하는 한국 건축의 아름다움은 무엇입니까? 저는 자연 중심적인 건축 철학이라고 생각합니다. 왜냐하면 한국의 전통 건축물을 보면 비대칭적인 모습을 보이기 때문입니다. 그렇다고 해서 자연을 있는 그대로 보존하면서 집을 짓기 때문에 비대칭적인 것은 아닙니다. 대칭적으로 건축할 수 있는 Ⓐ평지에 지어진 건물의 경우에도 비대칭적 모습을 보입니다. 이것은 한국의 전통 건축에서 비대칭이 더 선호되었다는 것을 의미합니다. 한국의 전통 건축은 구조가 단조로울 수 있고 비슷한 재료를 사용하기 때문에 모든 집이 비슷할 수 있습니다. Ⓑ하지만 칸을 분리하여 비대칭으로 구성함으로써 배치의 역동성을 준 것입니다. 또한 비대칭은 다양하고 개성 있는 질서를 추구할 수 있어 Ⓒ다른 나라에서는 찾아볼 수 없는 아름다움을 지니고 있습니다.

1.

❶ 비대칭이 선호된 이유는 자연 중심적인 사고 때문이다.
   ➡ 정답
② 한옥과 같은 건축 기법은 ~~외국에서도 찾을 수 있다.~~
   ➡ 한옥과 같은 건축 기법은 (외국에서는 찾아볼 수 없다). not C
③ 평지에 지어진 ~~집은 대체로 대칭의~~ 구조를 가지고 있다.
   ➡ 평지에 지어진 (집도 비대칭의) 구조를 가지고 있다. not A
④ 한옥은 구조가 단순하고 재료가 ~~비슷하여 집 구조가 대칭이다.~~
   ➡ 한옥은 구조가 단순하고 재료가 (비슷하지만 비대칭이다). not B

2. ❷

◑ 먼저 중심 생각을 찾아보는 것이 좋다. 중심 생각 Ranking 유형 (7) '-(ㄴ/는)다고 생각하다'로 중심 생각은 "한국 건축의 아름다움은 자연 중심적이면서 비대칭적인 건축 철학이라고 생각한다."이다. 화자는 이어서 각각의 예를 들어 자연 중심적인 한국 건축의 특징을 설명하고 있다.

여자: 현대 산업 사회의 특징 중의 하나가 집단 이기주의입니다. 집단이기주의란 특정집단이 공동체나 국가 전체의 이익을 고려하지 않고 자기 집단의 이익만을 고집하는 행위를 말합니다. 이는 개인적으로 상당히 **Ⓐ도덕적인 사람들까지도** 자기가 소속된 집단의 이익을 위해서는 이기적인 경향을 나타내기 때문에 그 정도가 심각합니다. 이러한 집단이기주의는 우리 주변에서 쉽게 발견할 수 있습니다. 자기 지역에 **Ⓑ쓰레기장이나 장애인 교육 시설이 들어오는 것을 반대하는 모습이 그 예입니다.** 이처럼 서로를 배려하지 않고 **Ⓒ자기의 이익만 생각하는 이기주의가 사라지지 않는다면** 평등하고 정의로운 사회가 될 수 없습니다. 따라서 다른 사람과 함께 사는 세상을 만들기 위해서 이기주의는 반드시 버려야 할 사회악입니다.

3.

① ~~나와 남을 모두~~ 생각하는 것이 이기주의이다.
➡ (자기의 이익만) 생각하는 것이 이기주의이다. not Ⓒ
② 도덕적인 사람들이 ~~많아야~~ 집단이기주의를 막을 수 ~~있다.~~
➡ 도덕적인 사람들이 (많아도) 집단이기주의를 막을 수 (없다).
　　not Ⓐ
❸ 정의로운 사회를 만들기 위해 이기주의는 버려야 한다.
➡ 정답
④ 쓰레기장 건설 반대 시위는 ~~이기주의와 별로 관계가 없다.~~
➡ 쓰레기장 건설 반대 시위는 (이기주의의 예이다). not Ⓑ

4. ❶

○ 먼저 중심 생각을 찾아보는 것이 좋다. 중심 생각 Ranking 유형 (2) '-아/어야 하다'로 "다른 사람과 함께 사는 세상을 만들기 위해서 이기주의는 반드시 버려야 한다."면서 부정적인 태도를 보이고 있다.

여자: 2017년 **Ⓐ새로운 정부가 들어서면서** 국민들이 직접 의견을 제안하는 청와대 국민청원이 도입되었는데요. 실장님, 현재까지 청와대 국민청원에 대해 어떻게 평가하시나요?

남자: 청와대 게시판은 '국민이 물으면 정부가 답한다.'는 입장에서 국민과 직접 소통하겠다는 취지로 신설된 게시판입니다. 정치 문제를 비롯해서 생활과 밀접하게 관련된 일자리, 복지, 육아 문제 등 다양하게 주제를 분류해 놓았습니다. 청원을 받기만 하는 것이 아니라 **Ⓑ20만 명 이상의 동의가 있을 경우** 30일 이내에 공식적인 답변을 들을 수 있도록 했습니다. 제도를 시행한 이후 청원 내용 중에 인권, 남녀평등에 대한 의견이 가장 많은데요. **Ⓒ현재도 많은 분들의 관심이 지속되고 있습니다.** 국민이 직접 정책을 제안하고 의견을 내는 직접 민주주의의 모범이 되고 있다고 평가할 수 있겠습니다.

1.

① 정부는 국민들의 ~~요청으로~~ 청와대 국민청원을 도입하였다.
➡ (새로운 정부가 들어서면서) 청와대 국민청원을 도입하였다.
　　not Ⓐ
② 청와대 국민청원에 대한 국민들의 관심이 ~~점점 줄어들고~~ 있다.
➡ 청와대 국민청원에 대한 국민들의 관심이 (지속되고) 있다.
　　not Ⓒ
❸ 인권과 남녀평등에 관한 의견이 국민청원에 가장 많이 접수된다.
➡ 정답
④ 청와대 국민청원은 ~~10만~~ 명 이상의 동의가 있을 경우 답변을 들을 수 있다.
➡ 청와대 국민청원은 (20만 명) 이상의 동의가 있을 경우 답변을 들을 수 있다. not Ⓑ

2. ❷

○ 질문자가 '청와대 국민 청원에 대한 평가'를 질문하였다. 이에 마지막 문장에서 화자는 "국민이 직접 정책을 제안하고 의견을 내는 직접 민주주의의 모범이 되고 있다고 평가한다."면서 긍정적인 태도를 취하고 있다.

여자: 출산율의 저하로 ❹대학에 진학할 학령인구가 점
점 줄어들고 대학의 신입생 충원도 어려워지고
있는데요. 2021년에는 대학별로 미달 사태가 점
점 심해진다는 예상이 나왔습니다. 그래서 ❸교
육부에서는 강력한 대학구조조정을 시행하고 있
는데 진행 상황은 어떻습니까?

남자: 대학구조조정이란 일률적인 평가지표에 따라 대
학을 평가한 후 그 결과에 따라 재정지원금을 차
등지급하고 정원 감축을 유도하는 것입니다. 처
음에는 이러한 정책이 불가피하다고 판단하였지
요. 하지만 그에 따른 부작용도 생기고 있습니다.
많은 대학들이 평가에서 좋은 결과를 얻기 위해
임시방편적인 대책을 시행하는 데 급급하고, 교
육의 질적 개선을 위한 노력은 소홀히 하고 있기
때문입니다. 따라서 강제적인 정책보다는 대학의
자율적인 정원 감축 등을 유도하는 환경을 조성
하는 정책으로 전환하는 것이 더 효과적이라고
생각합니다.

3.

① 대학의 구조 조정은 ~~자율적으로~~ 진행되고 있다.
➡ 대학의 구조 조정은 (교육부에서 강력하게) 진행되고 있다.
    not B

② ~~대학의 수가 증가하여~~ 입학 정원이 미달되고 있다.
➡ (대학에 진학할 인구가 줄어들어) 입학 정원이 미달되고
    있다. not A

③ ~~교육부의 정책에 따라 문을 닫는 대학이 증가하였다.~~
➡ 정보 없음

❹ 출산율 저하로 인해 대학에 진학할 학생 수가 감소했다.
➡ 정답

4. ❷

◎ 질문자가 '대학구조조정의 진행 상황'을 질문하였다. 이에 마지막
문장에서 화자는 "강제적인 정책보다 대학이 자율적으로 조정하
는 것이 더 효과적이라고 생각한다."면서 부정적인 태도를 보이고
있다.

듣기 43번~44번	▶다큐멘터리
1. ②	2. ④	3. ④	4. ④

듣기 43번~44번   ▶다큐멘터리   p.272

남자: 박쥐는 어두운 동굴 천장에 거꾸로 매달려 대규
모로 서식을 한다. 박쥐는 이 어두운 공간에서
어떻게 방향을 알 수 있는 것일까? 박쥐는 야행
성 동물이지만 눈이 거의 퇴화된 상태이기 때문
에 눈으로는 물체를 직접 식별하기 어렵다. 그래
서 박쥐는 시력 대신 초음파로 거리를 측정하고
방향을 탐색한다. 코나 입에서 내보낸 초음파가
물체에 부딪쳐 되돌아오는 메아리를 감지해 그
위치를 파악하는 것이다. 그럼 박쥐의 얼굴을 보
자. 눈과 코, 입에 비해 귀가 유난히 큰 것을 알
수 있다. 이는 되돌아오는 초음파를 감지할 수 있
도록 진화한 것이다. 박쥐는 눈을 가려도 20센티
미터에서 30센티미터 간격의 그물망을 쉽게 통과
하는 것도 이렇게 초음파를 활용하는 재주 때문
이다.

1. ❷

◎ '박쥐'에 대한 다큐멘터리로 '박쥐가 어두운 공간에서 어떻게 방
향을 알 수 있을까?'에 대한 물음으로 시작된다. 이후 박쥐가 방
향을 알 수 있는 방법에 대한 답이 중심 생각이다. 중심 생각
Ranking 유형 (10) '두 문장 반복'에 해당하는데 '초음파로 거리를
측정한다.', '초음파가 물체에 부딪쳐 되돌아오는 메아리를 감지해
그 위치를 파악한다.'로 내용을 반복하고 있다.

2. ❹

◎ '박쥐의 귀'에 대한 정보를 어느 부분에서 말하는지를 잘 들어야
한다. 박쥐의 귀가 큰 이유를 '되돌아오는 초음파를 감지할 수 있
도록 진화한 것이다.'에서 찾아야 한다.

남자: 안동 하회 마을에서 탈춤 축제가 열리고 있다. 이 탈춤의 목적은 신분 갈등에서 생기는 문제를 풀기 위한 것이었다고 한다. 그렇다면 사람들은 왜 탈을 쓰고 춤을 추었을까? 그것은 탈춤 내용에 사회를 비판하는 내용이 많았기 때문이다. 무엇인가를 비판한다는 것, 게다가 얼굴을 드러내고 한다는 것은 무척 어려운 일이다. 그런데 탈은 자신의 얼굴을 가리는 도구가 된다. 따라서 탈을 쓰고 춤을 추면서 사회에 대해 직접 표현하기 어려운 말과 생각을 표현할 수 있었던 것이다. 그래서 탈춤에는 사회 지배층인 양반을 비판하는 내용이 대부분이다. 놀라운 것은 이렇게 양반을 마음대로 비웃을 수 있는 것은 탈춤 추는 날 하루뿐이었다는 것이다. 양반들이 아랫 사람을 일 년 내내 억압하다가 이 날 하루만큼은 스트레스를 해소시켜 준 것이다.

3. ❹

◎ 중심 생각 Ranking 유형 (10) '두 문장 반복'에 해당한다.
'탈춤은 신분 갈등에서 생기는 문제를 풀기 위해서, 사회를 비판하는 내용이 많다'는 내용이 반복된다.

4. ❹

◎ '탈을 쓰고 춤을 추는 이유'에 대한 정보를 어느 부분에서 말하는지를 잘 들어야 한다. 초반부에 질문 형식으로 이야기를 한 후 '비판하는 내용이 많고, 얼굴을 드러내고 비판하는 것이 어려운 일'이라고 말하고 있다.

▼6급 실전모의고사

p.280

[듣기 41번~50번]				
41. ④	42. ②	43. ④	44. ③	45. ①
46. ①	47. ③	48. ④	49. ④	50. ①

[읽기 42번~50번]				
42. ④	43. ①	44. ②	45. ④	46. ④
47. ③	48. ④	49. ③	50. ④	

남자: 여러분, '결혼하다'와 같은 의미로 '장가들다'와 '시집가다'라는 어휘가 있습니다. 남자는 '장가든다.'라고 말하고 여자는 '시집간다.'라고 말합니다. 그럼 '장가들다'와 '시집가다'라는 말의 어원은 무엇일까요? 이 어휘들 속에는 과거 한국의 결혼 풍습이 그대로 담겨 있습니다. ❶'장가들다'는 남자가 결혼하여 여자의 집으로 들어가서 살았다는 의미입니다. 당시 남자는 결혼을 하게 되면 신부 집에서 살면서 일을 해 주다가 ❷첫 아이를 낳으면 독립해서 나왔습니다. 그래서 신랑이 장인, 장모의 집에 들어가서 산다고 하여 '장가들다'라는 표현을 사용했던 것입니다. 그러다가 17세기 후반, ❸남성 중심 체제가 강화되면서 '장가들다'가 '시집가다'로 바뀌게 됩니다. '시집가다'는 여자가 결혼하면 시부모의 집으로 가서 산다는 의미인 겁니다. 우리가 사용하는 어휘 중에는 과거의 풍습을 고스란히 담고 있는 경우가 종종 있습니다.

41. ❹

◎ 중심 생각 Ranking 유형 (10) '두 문장 반복'에 해당한다.
'장가들다'와 '시집가다'라는 어휘 속에는 과거 한국의 결혼 풍습이 그대로 담겨 있다. 우리가 사용하는 어휘 중에는 과거의 풍습을 고스란히 담고 있는 경우가 종종 있다. 의 같은 내용의 반복을 통해 중심 생각을 나타내고 있다.

42.

① 시부모는 신랑과 신부의 아이가 크면 독립하게 하였다.
　➡ (장인, 장모는) 신랑과 신부가 (첫 아이를 낳으면) 독립하게 하였다. not B
❷ 장가를 들면 첫 아이를 낳을 때까지 신부의 집에서 살았다.
　➡ 정답
③ '시집가기'로 결혼 풍습이 바뀐 후 남성 중심 체제가 되었다.
　➡ (남성 중심 체제로 강화된 후 '시집가기'로 결혼 풍습이 바뀌었다). not C
④ '장가들다'는 여자가 결혼한 후 시부모의 집에서 산다는 의미이다.
　➡ '장가들다'는 (남자가) 결혼한 후 (여자의 집으로 들어가서) 산다는 의미이다. not A

남자: 앵무새는 다른 새들과 다르게 사람의 말을 쉽게 따라한다. 그렇다면 앵무새는 어떻게 사람의 말을 모방할 수 있는 것일까? 앵무새는 세 살에서 여섯 살 정도의 인간 지능을 가질 정도로 똑똑하다. 그래서 사람의 소리를 듣고 기억했다가 소리를 흉내 내는 것이다. 물론 일주일 이상 반복적으로 훈련을 시켜야 가능하다. 그리고 앵무새의 나이가 어릴 때부터 훈련을 시켜야 잘 따라한다. 지능으로만 본다면 까마귀 등 비교적 지능이 높은 새들도 사람의 소리를 모방할 수 있어야 한다. 하지만 앵무새는 다른 새들과 다른 발음 기관을 가지고 있어서 사람의 소리를 따라할 수 있다. 다른 새들은 입을 아래로만 움직이지만 앵무새는 위아래로 움직일 수 있다. 또한 앵무새는 입안 구조와 성대가 사람과 비슷하고, 통통한 혀를 가지고 있기 때문에 사람의 소리를 흉내 낼 수 있는 것이다.

43. ❹

◎ '앵무새'에 대한 다큐멘터리로 '앵무새는 어떻게 사람의 말을 모방할 수 있는 것일까'에 대한 물음으로 시작한다. 앵무새가 사람의 말을 모방할 수 있는 근거에 대한 답이 중심 생각이다. 중심 생각 Ranking 유형 (10) '두 문장 반복'에 해당하는데 '입을 위아래로 움직일 수 있다.', '입안 구조와 성대가 사람과 비슷하다.', '통통한 혀를 가지고 있다.'의 내용을 나열하고 있다.

44. ❸

◎ '앵무새'의 신체 구조에 대한 부분을 잘 들어야 한다. 문제 43번의 3가지 특징 중 하나를 고르면 된다.

여자: 기업에서 원하는 인재는 시대에 따라 변화를 보여 왔습니다. ❹1960년대 기업들은 성실하고 책임감이 강한 순응형 인재를 선호했습니다. 이후 정부 주도의 경제발전이 본격화한 ❸1970년대에는 경제 성장을 이끌 만한 적극성과 진취성을 갖춘 지도자형이 각광을 받았습니다. 그리고 글로벌 경영이란 개념이 도입된 ❻1990년대에 들어서는 도전 의식이 강하고 창의적인 자기 주도형 인재가 주목을 받았습니다. 다시 지식 기반 경제로 전환한 2000년대에는 전문적인 지식과 경험을 갖춘 인재를 요구했습니다. 그러다가 최근에는 도덕성과 글로벌 역량, 주인 의식 등을 갖춘 인재를 요구하고 있습니다. 따라서 자신의 능력을 키우는 것도 중요하지만 그 시대가 요구하는 인재상이 무엇인지 파악하는 것도 중요한 일 중의 하나입니다.

45.

❶ 2000년대에는 전문성과 경험을 갖춘 사람을 요구했다.
➡ 정답
② ~~1990년대에는~~ 성실하고 책임감이 강한 사람을 선호했다.
➡ (1960년대에는) 성실하고 책임감이 강한 사람을 선호했다. not A
③ ~~1970년대에는~~ 도전적이고 창의적인 사람이 주목을 받았다.
➡ (1990년대에는) 도전적이고 창의적인 사람이 주목을 받았다. not C
④ ~~1960년대에는~~ 적극적이고 진취적인 사람이 인기가 많았다.
➡ (1970년대에는) 적극적이고 진취적인 사람이 인기가 많았다. not B

46. ❶

◎ 먼저 중심 생각은 '그 시대가 요구하는 인재상이 무엇인지 파악하는 것이 중요하다.'이다. 여자는 중심 생각에 대하여 시간순으로 분류하여 말하고 있다. 이와 같은 방식을 선택지에서 고르면 된다.

여자: 전기차의 보급은 세계적인 흐름인데요. 최근 수소 전기차가 주목을 받고 있습니다. 수소 전기차가 무엇인지 설명해 주시겠습니까?

남자: 네, 수소 전기차는 전기차와 같이 화석 연료를 사용하지 않는 무공해 차량입니다. 기존 전기차는 고전압 배터리를 충전하는 방식이었는데요. 수소 전기차는 수소와 공기 중의 산소를 직접 반응시켜 전기를 생산하는 배터리를 이용하는 방식으로 배출되는 것이 물밖에 없어 매우 친환경적이라고 할 수 있습니다. 전기차와 수소 전기차의 성능을 비교하면 수소 전기차가 더 효율적입니다. ④전기차는 주행거리가 짧은 편이고, 충전 시간이 길다는 점, ⑧배터리 수명이 짧은 점이 단점입니다. 이에 비해 수소차는 주행 거리가 긴데 한번 충전 후 약 600킬로미터를 주행할 수 있습니다. ⑥충전 시간도 약 5분 정도로 매우 짧습니다. 그러나 수소 전기차의 단점은 충전소가 매우 적어 현재 14곳만 운영 중이라는 겁니다. 게다가 수소 충전소 설치 비용이 많이 들기 때문에 충전소의 설치와 확충이 해결해야 할 과제입니다.

47.

① 수소 전거차는 배터리의 수명이 짧다.
➡ (전기차는) 배터리의 수명이 짧다. not B
② 수소 전기차는 주행거리가 짧은 편이다.
➡ (전기차는) 주행거리가 짧은 편이다. not A
❸ 수소 전기차는 주행을 하면 물을 배출한다.
➡ 정답
④ 수소 전기차는 충전 시간이 50분이 걸린다.
➡ 수소 전기차는 충전 시간이 (5분이) 걸린다. not C

48. ❹

◎ 여자가 '수소 전기차가 무엇인지'를 질문하였다. 이에 남자는 전기차와 수소 전기차를 비교 설명한 후 마지막 문장에서 수소 전기차가 해결해야 할 과제를 제시하고 있다.

여자: 오늘은 동전에 대한 이야기를 하려고 합니다. 동전의 옆면을 보면 줄무늬가 있는 것을 볼 수 있습니다. 사람들은 보통 이것을 디자인이라고 생각합니다. 하지만 ④동전 옆면이 처음부터 줄무늬가 있었던 것은 아닙니다. 그럼 동전의 무늬가 왜 생겨났을까요? 동전은 값비싼 금이나 은으로 만들었습니다. ⑧원래부터 금과 은은 큰 가치를 갖고 있었지요. 그래서 ⑥사람들은 금과 은의 가루를 얻기 위해 몰래 동전의 옆면을 깎기 시작했던 것입니다. 그래서 이걸 막기 위해 동전의 옆면에 줄무늬를 넣은 것입니다. 줄무늬가 있으면 더 이상 깎기가 어려워지니까요. 지금은 동전을 금이나 은으로 만들지 않기 때문에 동전 옆면에 줄무늬를 넣을 필요가 없어졌는데도 여전히 줄무늬를 넣습니다. 그 이유는 시각 장애인이 동전을 구분할 수 있도록 하거나 자판기가 동전을 인식할 수 있도록 사용하고 있는 것입니다.

49.

① 동전은 처음에는 줄무늬가 있었다.
➡ 동전은 처음에는 줄무늬가 (없었다). not A
② 금화를 사용하면서 금의 가치가 높아졌다.
➡ (원래부터 금의 가치는 높았다). not B
③ 동전의 아름다움을 위해 줄무늬를 넣었다.
➡ 동전의 (옆면을 깎는 것을 막기 위해) 줄무늬를 넣었다. not C
❹ 시각 장애인을 위해 동전에 줄무늬를 넣는다.
➡ 정답

50. ❶

◎ 중심 생각 Ranking 유형 (10) '두 문장 반복'으로 '동전 옆면에 줄무늬가 생긴 이유'에 대하여 설명하고 있다. 이어서 현재까지 동전의 줄무늬가 남아 있는 것에 대한 예를 설명하고 있다. 이와 같은 방식을 선택지에서 고르면 된다.

[쓰기 54]

54.

개요

I. 서론

(1) 인간의 특성
- 공동체 생활을 한다. 갈등이 발생한다.

(2) 토론의 의미와 필요성
- 토론이란 어떤 문제에 대하여 여러 사람이 각자의 의견을 말하여 논의하는 것을 말한다.
- 토론은 공동체 생활에서 생긴 갈등을 조정하거나 해결하기 위해 필요하다.

- 토론은 사회의 합의 과정을 이끌어 내기 위해 필요하다.

2. 본론

(1) 토론을 잘하기 위해 준비해야 할 것
- 문제 상황에 대한 이해가 이루어져야 한다.
- 객관적 사실이나 과학적 법칙을 바탕으로 한 근거를 준비해야 한다.
- 설득의 기술을 갖추어야 한다.

(2) 토론을 할 때의 자세
- 상대방의 이야기를 경청하는 자세가 필요하다.
- 상대방의 의견을 인정하고 받아들이는 자세가 필요하다.

3. 결론
- 문제 상황에 대한 이해, 경청, 설득의 기술을 갖추고 토론을 한다면 사회적 합의 과정으로서의 기능을 효과적으로 해 낼 수 있다.

서론

　인간은　공동체를　떠나서는　살아갈　수 없는　존재이다.　그런데　공동체　생활을 하다가　보면　어떤　문제　상황에　대해 상대방과　의견이　달라서　갈등을　겪는 일이　생긴다.　이때　갈등을　조정하거나 해결하는　좋은　방법이　바로　토론이다. 토론이란　어떤　문제에　대하여　여러　사 람이　각자의　의견을　말하여　논의하는 것을　말한다.　이러한　토론의　과정을　통 해　갈등을　해결하고　사회의　합의　과정 을　이끌어　내는　것이　토론이　필요한 이유이다.

본론

　먼저　토론을　잘하기　위해서는　토론에 들어가기　전　문제　상황에　대한　이해가 이루어져야　한다.　그리고　나서　객관적 사실이나　과학적　법칙을　바탕으로　한 근거를　준비해야　자기주장을　합리화할 수　있다.　다음으로　설득의　기술을　갖추 어야　한다.　상대방에게　무조건　나의　생 각을　따르도록　설득한다면　감정적으로 불편해지게　된다.　따라서　상대방의　감정 을　존중하면서　이성을　움직이는　논리적 설득이　필요하다.
　또한　토론에　임하는　자세도　중요하다. 토론을　할　때에는　먼저　상대방의　이야 기를　경청해야　한다.　상대방의　이야기를 잘　듣지　않은　상태에서　하는　나의 주장은　설득력이　떨어질　수밖에　없기 때문이다.　그리고　경청을　하다가　보면 내　생각보다　좋을　때가　있는데　이때 그것을　인정하고　받아들이는　자세도　필

결론

요하다.　이처럼　문제　상황에　대한　이해 와　경청,　설득의　기술을　갖춘다면　토론 은　사회적　합의　과정으로서의　기능을 효과적으로　해　낼　수　있을　것이다.

[읽기 42~43]

　옛날 학마을에서는 해마다 봄이 되면 한 쌍의 학이 찾아오곤 했었다. Ⓐ언제부터 학이 이 마을을 찾아오기 시작했는지는 아무도 모른다. 어쨌든 올해 여든인 이장 영감이 아직 나기 전부터라고 했다. 또 그의 아버지가 나기도 더 전부터라고 했다.
　씨 뿌리기 바로 전에 학은 꼭 찾아오곤 했었다. 그러고는 정해 두고 마을 한가운데 서 있는 노송 위에 집을 틀었다. 마을 사람들은 이 노송을 학나무라고 불렀다.
　이장이 마흔네 살이 되던 해였다.
　Ⓑ씨 뿌릴 준비를 다 해 놓고 마을 사람들은 학을 기다렸다. 그런데 웬일인지 계절이 다 늦도록 학은 돌아오지 않았다. 그들은 하는 수 없이, 학 없이 씨를 뿌렸다. 가뭄이 들었다. 모든 곡식은 바삭바삭 말라 버렸다. 마을 사람들은 그저 헛되이 학나무만 쳐다보았다. Ⓒ학나무에는 지난해에 틀었던 학의 둥지만이 빈 채 달려 있었다.

42. ❹

☛ 밑줄 친 부분의 앞 내용을 보면 마을 사람들은 학을 기다렸지만 오지 않았고 가뭄이 들어서 곡식이 말라 버린 상황이다. 사람들은 학이 오지 않아서 이런 상황이 되었다고 믿고 학나무만 쳐다보고 있다. 이때 마을 사람들의 태도는 어떠했을까? 학도 오지 않고 농사도 잘 되지 않는 상황이라면 '절망하다'가 가장 자연스럽다.

43.

❶ 학이 찾아오지 않은 해에 가뭄이 들었다.
　➡ 정답
② 학이 마을을 찾아오기 시작한 지 얼마 되지 않았다.
　➡ 학이 마을을 찾아오기 시작한 지 (오래되었다). not A
③ 마을 사람들은 학이 마을에 오는 것을 싫어한다.
　➡ 마을 사람들은 학이 마을에 오는 것을 (기다린다). not B
④ 마을 사람들은 학나무에 달려 있던 둥지를 치워 버렸다.
　➡ 마을 사람들은 학나무에 달려 있던 둥지를 (치우지 않았다). not C

114 정답 및 해설

난독증은 지능, 시각, 청각에 문제가 없는데도 ❹글자를 읽고 이해하는 데에 어려움을 겪는 증상이다. 말하는 데는 문제가 없는데 (글을 제대로 인지하지 못하는) 아이들이 약 5%에 이른다. 그런데 이 증상은 단순한 학습 능력 부진이나 집중력 부족이라고 잘못 판단하기 쉬워 치료 시기를 놓치는 경우가 많다. 게다가 난독증 아동은 잦은 실수와 낮은 학업 성취 때문에 자신감이 부족해질 수 있고 인간관계도 서툴러질 수 있다. 학습 능력이 부진한 아이에게서 특별한 원인을 찾을 수 없다면 난독증을 의심해 봐야 한다. 난독증 때문에 어려움을 겪는다는 것을 부모가 빨리 인식하고 대처해야 하기 때문이다. 따라서 난독증은 학교 교육을 받기 전에 전문적으로 치료를 받는 것이 좋다. 왜냐하면 문자 학습 시기부터 단계적으로 치료를 받아야 효과가 있기 때문이다.

44. ❷

⟡ 중심 생각 Ranking 유형 (1) '-는 게 좋다'와 (2) '-아/어야'이다. '난독증은 학교 교육을 받기 전에 전문적으로 치료 받는 것이 좋다.'와 '문자 학습 시기부터 단계적으로 치료를 받아야 효과가 있다'와 같은 의미를 선택지에서 고르면 된다.

45. ❹

⟡ 대응 유형으로 비슷한 표현을 활용하여 빈칸에 들어갈 알맞은 내용을 찾으면 된다
지능, 시각, 청각에 문제가 없는데도 글자를 이해하는 데에 어려움을 겪는 증상 말하는 데는 문제가 없는데 (글자를 제대로 인지하지 못하는) 아이

백화점의 마케팅 전략 중 널리 알려진 것은 1층 화장실, 창문, 시계가 없다는 것이다. 이 세 가지가 없는 이유는 매우 단순하다. 고객을 조금이라도 매장에 더 머물게 하여 매출을 올리기 위해서이다. (㉠) 이러한 전략 외에 더 중요한 것이 있는데 그것은 바로 백화점에서 틀어 주는 음악이다. (㉡) 백화점에서는 매출을 올리기 위해 시간대에 따라 다른 음악을 틀어 준다. (㉢) 하지만 ❹세일 기간에는 빠른 음악을 틀어 줘서 고객들의 쇼핑 속도를 끌어 올리려고 한다. (㉣) 이외에도 손님이 적은 ❸오전 시간에는 조용한 음악을, 손님이 많은 오후 시간에는 경쾌한 음악을 틀어 줌으로써 고객들이 상품을 더 많이 구입하게 한다.

46. ❹

⟡ ⟨보기⟩는 평상시 음악과 세일 기간 음악이 다른 것에 대한 이유를 나타낸다. 평상시 음악과 세일 기간의 음악의 특징을 설명한 내용 뒤에 위치해야 된다.

47.

① 할인 판매 기간에는 잔잔한 음악을 틀어 준다.
　➡ 할인 판매 기간에는 (빠른) 음악을 틀어 준다. not A
② 백화점 안에 사람이 많을 때 조용한 음악을 들려준다.
　➡ 백화점에 사람이 많을 때 (경쾌한) 음악을 들려준다. not B
❸ 빠른 음악을 들으면 사람들은 물건을 더 많이 사게 된다.
　➡ 정답
④ 평소 오전에는 빠른 음악을, 오후에는 느린 음악을 틀어 준다.
　➡ 평소 오전에는 (조용한) 음악을, 오후에는 (경쾌한) 음악을 틀어 준다. not B

　　장애인에 대한 사회적 편견, 장애인을 위한 시설 확충 등이 과거보다 많이 좋아졌다고 하나 앞으로도 지속적인 관심이 필요한 영역이다. 장애인들과 우리 모두가 함께 살아갈 수 있도록 해야 할 가장 중요한 일은 사회 시설을 바꾸고 제도를 개혁하는 일이다. 그렇게 하는 데에는 비용도 많이 들고 여러 가지 노력도 기울여야만 한다. 그럼에도 불구하고 이 일은 반드시 해야만 한다. <u>그 이유 중의 하나는 우리 모두가 장애인이 될 수도 있다는 것이다.</u> 2018년 말 현재 우리나라에 등록된 장애인의 숫자는 약 259만 명으로 전체 인구의 5%에 달하고 이 중 90% 이상이 사고로 인한 후천성 장애인이라는 사실이 이를 증명해 준다. 그러나 ④사회 시설과 제도 개혁을 해야 하는 더 중요한 이유는 그렇게 하는 것이 ⑧장애인뿐만 아니라 비장애인에게도 도움이 되기 때문이다. 장애인을 위한 ④'사회 시설과 제도 개혁은 ⑧'(장애인과 비장애인이 더불어 사는) 건전한 사회를 만든다. 이것은 결국 우리 모두의 삶을 질적으로 향상시키는 것이 된다.

48. ❹

◎ 글을 쓴 목적은 먼저 중심 생각(주제)을 찾아야 한다. 이 글은 중심 생각 Ranking 유형 (10) '두 문장 반복'에 해당한다. 중심 생각은 '장애인들과 우리 모두가 함께 살아갈 수 있도록 사회 시설을 바꾸고 제도를 개혁해야 한다.'가 3번이나 반복되고 있다. 이를 바탕으로 글을 쓴 목적을 고르면 된다.

49. ❸

◎ 대응 유형으로 비슷한 표현을 활용하여 빈칸에 들어갈 알맞은 내용을 찾으면 된다. ④사회 시설과 제도를 개혁해야 하는 더 중요한 이유는 그렇게 하는 것이 ⑧장애인뿐만 아니라 비장애인에게도 도움이 되기 때문이다. ④'사회 시설과 제도 개혁은 ⑧'(장애인과 비장애인이 더불어 사는) 건전한 사회를 만든다.

50. ❹

◎ 필자는 '우리 모두가 장애인이 될 수도 있다'라고 말하면서 후천성 장애인의 통계 수치를 말하고 있다. 이는 장애라는 것이 결코 다른 사람의 이야기가 아닌 우리의 이야기일 수도 있다고 말하는 것이다. 이와 같은 내용을 선택지에서 고르면 된다.